Introdução ao estudo do direito
Ensaios didáticos

Coleção **Direito Internacional**
Organizador: Paulo Borba Casella

PAULO BORBA CASELLA

Introdução ao estudo do direito
Ensaios didáticos

Editora dos Editores

© 2008, 2009, 2019, Paulo Borba CASELLA originalmente publicado com o título: abz – ensaios didáticos
primeira edição: Imprensa Oficial do Estado, São Paulo, 2008 segunda edição: Imprensa Oficial do Estado, São Paulo, 2009
terceira edição: Editora dos Editores, São Paulo, 2019

Produção editorial: Equipe Ee.

Dados Internacionais de Catalogação na Publicação (CIP)
Angélica Ilacqua CRB-8/7057

Casella, Paulo Borba
Introdução ao estudo do direito : ensaios didáticos / Paulo Borba Casella. -- São Paulo :
Editora dos Editores, 2019.
330 p.

Bibliografia
ISBN 978-85-85162-37-5

1. Direito - Ensaios 2. Educação I. Título

CDU 340.07

19-2201

Índices para catálogo sistemático:
1. Direito - Ensaios

Este livro foi criteriosamente selecionado e aprovado por um Editor científico da área em que se inclui. A *Editora dos Editores* assume o compromisso de delegar a decisão da publicação de seus livros a professores e formadores de opinião com notório saber em suas respectivas áreas de atuação profissional e acadêmica, sem a interferência de seus controladores e gestores, cujo objetivo é lhe entregar o melhor conteúdo para sua formação e atualização profissional.

Desejamos-lhe uma boa leitura!

EDITORA DOS EDITORES
Rua Marquês de Itu, 408 – sala 104 – São Paulo/SP
CEP 01223-000
Rua Visconde de Pirajá, 547 – sala 1.121 – Rio de Janeiro/RJ
CEP 22410-900

+55 11 2538-3117
contato@editoradoseditores.com.br
www.editoradoseditores.com.br

Índice

Prefácio

A renovação da Velha Academia

Dentre as características da tradicional Escola de direito de São Paulo, uma deve ser preservada a qualquer custo, pois dela depende seu próprio futuro: a renovação.

As centenas de alunas e alunos que, a cada ano, ingressam pela tríplice porta do Largo de São Francisco devem significar justamente o espírito rejuvenescedor, imprescindível para que a instituição se mantenha na vanguarda do direito no Brasil. Tal vanguarda não se limita a lutar na linha de frente em prol do ensino jurídico, mas, igualmente, a estar atento às grandes causas que tiveram, neste chão franciscano, a primeira trincheira. No passado, protagonizamos, entre outras, a revolução constitucionalista e as "diretas, já". O presente e o futuro estão a nos reclamar um posicionamento firme a favor da ética e contra a corrupção. A falta de ética e a corrupção, males universais a que não estamos imunes, insidiosamente corroem as bases do verdadeiro progresso econômico e social, pelo qual estão ávidos milhões de brasileiros.

O direito, mais do que um campo do conhecimento, é um microcosmo apto a, de um lado, satisfazer as mais variáveis inquietações intelectuais e, de outro, a propiciar o substrato econômico para uma vida digna e prazenteira. É necessário que a euforia inicial de haver conseguido cruzar estes umbrais, dê lugar à motivação de seguir os cinco anos do curso com fervor sempre renovado. Esse afã deve estar presente na escolha das matérias, buscando além do aprendizado, teórico e prático do direito, vislumbrar um campo de especialização. Oferecendo o mundo jurídico um variável leque de possibilidades profissionais, há que se perquirir, tão logo quanto possível, qual delas é mais atraente para cada qual, centrando a partir daí os esforços para conquistá-la.

Não menos importante do que tudo o que já foi lembrado, é ter em mente que as novas acadêmicas e os novos acadêmicos, que ora ascendem à idade adulta, e aos quais a vida lhes acaba de propiciar o palco ímpar de São Francisco, devem entrar em cena com o espírito desarmado e sem preconceitos. Espírito desarmado para poder se abeberar das mais diversas doutrinas e para selecioná-las por sua própria convicção; sem idéias preconcebidas, para que elas não impeçam a busca da verdade.

É imperioso desvestir-se de qualquer espécie de intolerância, antes de cruzar as portas férreas desta Academia. A prévia intolerância a idéias ou a pessoas tem sido a causa, mais frequente e dolorosa, de retrocesso e de grandes conflagrações, nos quatro cantos do globo, em pleno século XXI.

Entrar nesta escola corresponde professar fé no direito e, por decorrência, no estado de direito, em que o Brasil afortunadamente vive. Entrar nesta escola significa receber um legado dos antepassados e comprometer-se a entregá-lo, devidamente enriquecido, aos pósteros. Entrar nesta Escola quer dizer estar compromissado com o Brasil e com todos os brasileiros.

Para que não sejam pegos de surpresa, é importante lembrar que o aproveitamento escolar, traduzido nas notas, é pré-requisito para cursar pós-graduação, tanto aqui, como no exterior; bem como para poder ser aceito nos melhores estágios e empregos. Face ao grande número dos que estudam e se bacharelam em direito, o sucesso começa a ser construído agora!

Ademais de inscrever-se nesta Escola, as novas alunas e os novos alunos estão filiando-se à Universidade de São Paulo, que nossa Academia passou a compor desde 1934. Sendo o direito uma das partículas da sabedoria, pode ser mais facilmente buscada no recinto da maior Universidade latinoamericana, que já desponta entre as mais importantes do mundo.

Pela primeira vez, um professor da Escola brinda as/os ingressantes com um texto preparado intencionalmente. E não se tratam de páginas quaisquer! Embora ainda moço, o Professor Paulo Borba CASELLA, cujos predicados humanísticos, didáticos e de erudição estão visíveis a cada instante, coloca em prosa cativante, pensamentos que vem amealhando e elaborando ao longo de sua vida, como professor e como profissional do direito, reconhecido inclusive fora do Brasil.

Os títulos cativantes encerram duplo encadeamento: um, formal, a sucessão em ordem alfabética, e este se conjuga com o encadeamento temático, os assuntos tratados, em cada ensaio. Ambos tem por foco a relação do direito e com o direito, na perspectiva da formação universitária, para os que ingressam nesta área de graduação, como facetas da vida.

Do vasto conjunto de desdobramentos e de interações com o direito e deste com a vida, em sua inserção social, destacaram-se os temas selecionados e ordenados alfabeticamente. Para fazer descobrir. Para instigar. Para despertar a vontade de ir mais adiante. Para querer conhecer. Para vir a saber mais. Esta a vocação e o papel do professor: despertar nos alunos a vontade de aprender. Sugerir meios e modos, para que se faça esse aprendizado. Sem imposições de autoridade, mas para fazer surgir e se desenvolver o interesse e o uso inteligente da capacidade intelectual de cada aluno e aluna. Iniciativa pioneira no âmbito da semana de recepção aos calouros da Faculdade de Direito da Universidade de São Paulo, estas páginas certamente ajudarão a iluminar o caminho das novas discípulas e dos novos discípulos de São Francisco.

Na proto-história de nossa Escola, um grande paulista – Frei Antônio de Sant'Ana GALVÃO – guardava as portas do já então vetusto Convento de São Francisco, distribuindo sábios conselhos, tanto aos mais simples, como aos poderosos, que recebia indistintamente. A partir de 1827, muitas figuras ilustres, dentre as quais Rui BARBOSA, Joaquim NABUCO, Barão do RIO BRANCO, CASTRO ALVES, WASHINGTON LUÍS, MONTEIRO LOBATO, Ulisses GUIMARÃES, Lygia FAGUNDES TELLES, Hilda HILST, Miguel REALE, Goffredo da SILVA TELLES Jr., Paulo BONFIM e Celso LAFER passaram a povoar o antigo mosteiro, antes de se tornarem parte da história do Brasil. Quando aqui chegaram não eram predestinados, nem melhores que vocês; o ideal, a dedicação e a pertinácia os levaram aos píncaros. Qualquer de vocês pode (e deve) fazer o mesmo! Em assim o fazendo, contribuirão para tornar cada vez mais verdadeiro o epíteto de nossa Escola: "a velha e sempre nova Academia".

João Grandino RODAS

Introdução metodológica

> ABC ou Gradus ad Parnassum, para aqueles que gostariam de aprender. Este livro não se destina aos que chegaram ao pleno conhecimento do assunto sem conhecer os fatos.
>
> Ezra ROUND, **ABC da literatura** (1934, ed., 1974)[1]

ABZ ensaios didáticos propõe de forma que procura ser simples e direta a consideração a respeito de algumas das grandes questões da vida e do mundo. *ABZ ensaios didáticos* tem *propósito metodológico*, mas não reducionista, porquanto a vida é mais rica e mais aberta que todas as formulações teóricas possíveis a respeito e tem de ser buscada em suas grandes linhas, para que se mantenha a visão de conjunto, no momento em que a especialização, cada vez mais complexa e mais necessária, sempre acarreta o risco de causar a perda de visão abrangente e, ainda mais grave o risco, de perda de contato vital com a realidade, o que já faz passar para quadro patológico.

Por meio de *redução estrutural*[2] se dissocia a realidade do mundo e dos seres, onde esta se torna análise teórica, e como tal, componente de estrutura, que permite seja estudada em si mesma, como algo autônomo. A redução estrutural leva o objeto de estudo a ser considerado como sistema e como fim em si mesmo. Isso deve ser evitado, para não privar a vida de suas dimensões mais ricas e mais flexíveis.

O paralelo com os ensaios da didática poundiana mostra a relação destes com precursor ilustre, a **didática magna** (1657) de João Amós COMÊNIO (1592-1670), forma latinizada do original checo, KOMENSKY[3]. Depois do **labirinto do**

---

[1]   Ezra L. POUND, **ABC da literatura** (do original **ABC of reading**, © 1934, trad. Augusto de CAMPOS e José Paulo PAES, org. e apres. da ed. bras. Augusto de CAMPOS, São Paulo: Cultrix / EDUSP, 1977, cit. p. 17).

[2]   Em paralelo com o conceito, tal como é usado em análise e crítica literária, V. ANTONIO CÂNDIDO Mello e Souza, **O discurso e a cidade** (São Paulo: Duas Cidades / Rio: Ouro sobre azul, 3ª. ed., 2004).

[3]   João Amós COMÊNIO ou KOMENSKY, **Didáctica magna** (do original latino, contido no tomo I da

mundo e do paraíso do coração (1621), relato alegórico que se encerra como tratado místico, redige a **porta aberta sobre as línguas** (1631), que lhe assegura, em toda a Europa a reputação de reformador da pedagogia, COMÊNIO confirma essa vocação com o **orbis pictus** (1654) e a já referida **didática magna**. Herdeiro do humanismo ainda pautado pelo universalismo da renascença, mas já perpassado pela inquietude da era barroca, oferece síntese de curiosidade científica, fervor religioso e gênio literário.

A intenção aqui, como nos ensaios de POUND: pretende o poeta que os seus ensaios sejam lidos, com prazer e com proveito – naquele caso, para os que não mais estavam na escola, e enquanto nesta estavam, sofreram o que sofreram, até sair; aqui, para os que nesta ingressam, ao cabo do ensino fundamental e médio. O foco é distinto; o propósito, o mesmo, porquanto se enfatiza a fruição, e o caráter prazeroso da atividade intelectual – porque sempre se pode ir fazer outras coisas na vida, para quem não sente e não tem em si a vocação para o trabalho acadêmico.[4]

Inicialmente destinados a servir como material de debate e de reflexão, para o trabalho de acolhida dos alunos do primeiro ano da graduação, na Faculdade de Direito da Universidade de São Paulo, podem se mostrar úteis também para outros estudantes, em momentos diversos da vida acadêmica. Este foi o foco imediato e o ponto de partida do trabalho, e sob esta ótica devem ser considerados: questões complexas são tratadas de forma simples, não como fins em si mesmas, e longe de se pretenderem exercícios de erudição, ou enfoque enciclopedicamente abrangente de cada uma das questões tratadas, mas pequenos 'roteiros' metodológicos, programas esquemáticos para situar alguns dados de base, em relação a temas que tenham a sua importância, para o conjunto da vida de cada um e de todos. Estes textos se põem em enfoque específico de estudante que enceta a sua vida universitária, e escolheu fazê-lo em uma faculdade de direito, a partir da qual lhe serão dadas visão de âmbito profissional, mas também conjunto de percepções a respeito da vida e da cultura, como da especificidade daquela escola, e das tradições da casa, que teve e tem importância para a formação e a consolidação da nacionalidade.

Esta escola se mantém *primus inter pares*. Cabe a cada um que nela ingressa e dela participa ter consciência do que esta representou, representa e pode representar, como núcleo de excelência e fermento, para a criação de quadros para a república, como de conceitos e de inovações jurídicas. Sem negligenciar a contribuição da casa, para outras áreas – mas, esta é uma outra história, para outra ocasião.

Opera didactia omnia, 1657, edição da "Academia Scientiarum Bohemoslovenica, Praga, 1957", intr., trad. e notas de Joaquim Ferreira GOMES, Lisboa: Fundação Gulbenkian, 4ª. ed., 1996)

[4] V. tb. James ANTELL, **The pleasures of Academe**: a celebration & defense of higher education (Lincoln and London: Univ. of Nebraska Press, 1998).

Servem estes ensaios, assim, para serem vistos pelo que são. Ponto de partida. Elementos que visam instigar a reflexão e a discussão de alguns dos grandes temas, com os quais se compraz e se debate a humanidade, desde longa data, em relação a muitos deles e nem tanto tempo assim, em relação a outros.

Não devem ser vistos além do que são. Ou seja, não podem nem devem buscar tratamento que se pretenda 'definitivo', nem tampouco que sejam fins em si mesmos, ou ainda que tivessem a pretensão de serem profissionalmente estruturados, em relação a todas e cada uma das abordagens interdisciplinares que aqui se enceta. Não são trabalhos destinados a profissionais das respectivas áreas, da geografia à sociologia, ou da história à filosofia, mas devem servir para que os estudantes de primeiro ano de graduação em direito, percebam alguns dados do mundo, como a respeito de si próprios, e como pode ser feita a interação entre cada um e o mundo circunstante.

Cabe situar estes breves ensaios em relação ao momento e ao contexto, para o qual se destinam, quando ocorre, em meio à crise previsível da adolescência, a passagem do fim da infância para o início da vida adulta, conjugada à grande e crucial transição entre o mundo fechado dos anos de ensino fundamental e médio, para algo progressivamente mais especializado, mas não necessariamente mais aberto do que pode, quem sabe, permitir chegar ao universo infinito da vida universitária, a partir do qual os limites do conhecimento se põem não pelos currículos de base, mas pela busca da excelência[5] e da possível inovação, nas respectivas áreas do conhecimento. Até aqui os limites eram dados pela escola e pela família; a partir de agora, com o ingresso na vida universitária, os limites são colocados pelos maiores expoentes da área, deste e de outros tempos, deste e de outros países, em relação aos quais se pode construir o trabalho de quem chega e começa a operar no mesmo ramo do conhecimento. Somente um dado, para assinalar essa grande mutação de *status* e de condição de vida: dificilmente se conceberia viesse a Universidade chamar os pais ou responsáveis de qualquer aluno, para conversar a respeito do aproveitamento deste – a relação passa a ser da USP com o próprio estudante!

A vida e o mundo nunca mais serão os mesmos, depois do ingresso na universidade: por isso esta é uma das chamadas crises previsíveis da vida, como outra será a conclusão da universidade e o ingresso na vida profissional. E ainda mais se dividem os caminhos, depois da conclusão dessa fase da vida.

Estes breves ensaios didáticos têm caráter metodológico e propedêutico. São pequenos esboços, que podem sugerir caminhos, podem acenar para questões de método, podem ensejar leituras e pesquisas adicionais, podem permitir ordenar o

---

[5] V. ensaio '*busca da excelência*'.

pensamento e preparar a mente para a recepção de informação e de formação na área do conhecimento, na qual cada um pesquise, mas sem esquecer que todos os dados se inscrevem no conjunto vivo e mutável de cada um de nós, no todo da vida e em meio à inserção de cada um na vida e no mundo. Têm, antes, a intenção de contribuir para explicitar, para esclarecer, para instigar a reflexão, para permitir evitar perdas de tempo e de sentido, e deixar alguns alicerces metodológicos e de trabalho, para poder viver, de modo intelectualmente produtivo, sem deixar de lado tantas coisas boas da vida, como o esporte, o lazer, a atividade profissional, a vida social e afetiva, que se inscrevem em conjunto vitalmente necessário e do qual cada um deve encontrar os seus parâmetros específicos.[6]

A introdução serve[7] para dizer a que vem e como vem o trabalho que se segue. Para ilustrar o modo como se faz o percurso que levará até a conclusão, como perfazimento do trajeto, e, além do tempo de convivência com o texto, o objeto que neste se vai tratar.

A introdução servirá para mostrar o caminho que se tenciona seguir. Paradoxalmente serve para mostrar e preparar o caminho, mas sem fazer parte do principal, pois de outro modo, deixaria de ser introdutório.

Conseguir proporcionar antevisão do que deve vir, até o termo deste percurso, para que a introdução cumpra o seu papel e a sua missão. A partir daí, cada um dos ensaios deverá conter os seus elementos, de construção do raciocínio e da fundamentação, de forma a poder alcançar a coerência e a consistência do conjunto. Podem ser lidos em qualquer ordem. No percurso que se faça, até a conclusão, deverão estar esboçados os fundamentos do trabalho intelectual, no presente contexto histórico e cultural pós-moderno, para buscar a ordenação (teleologicamente) humana do mundo.

Em tempos de baboseiras politicamente corretas[8], convém ressaltar que homem e humano se utilizam no sentido genérico de ser humano e de humanidade[9], sem conotação sexista, ou sem intenção de discriminar homem e mulher. Parece-me ridícula a utilização sistemática de ambos os gêneros, a cada menção que

---

[6]   V. especialmente os ensaios: '*nada em excesso*' e '*qualidade de vida*'.

[7]   HOUAISS, **Dicionário da língua portuguesa** (Rio: Objetiva, 1ª. ed., 2001, p. 1640): "introdução – ato ou efeito de introduzir(-se) / 2. o que serve de abertura para uma tese, um livro etc., prefácio / 3. mus. parte inicial de uma peça musical, não essencial ao entendimento da forma".
Curiosamente, ao tratar de música, aponta-se que a parte inicial não seria essencial ao entendimento da forma. Seria, assim, diverso quando não se tratar de música, no sentido de ser a introdução essencial ao entendimento da forma? Sim, no sentido de que se faça a explicitação da metodologia.

[8]   V. tb. o ensaio '*contaminação da irrelevância*'.

[9]   Em grego existe diferença entre *anthropós*, ser humano e *andrós*, homem.

se faça – o discurso aos *brasileiros e brasileiras* – e no sentido humanamente mais abrangente devem ser situados. Enquanto seres humanos. Em respeito à inteligência e ao discernimento de cada um.

Para encetar o caminho ABZ, o primeiro ensaio considera a 'apreciação da beleza' enquanto 'caminho para a verdade, segundo PLATÃO'. E, assim, preparar o caminho para os ensaios seguintes.

Sejam bem vindos: cada um(a) de vocês passa a fazer parte da vida e da história da primeira faculdade de direito do país!

São Paulo, aniversário da fundação da cidade, 2008
Paulo Borba CASELLA

Apreciação da beleza
Caminho para a verdade, segundo PLATÃO

chaque expérience de beauté rappelle un paradis perdu et appelle un paradis promis.

François CHENG, **Cinq méditations sur la beauté** (2006)[10]

A apreciação da beleza se põe como conquista da dimensão intrinsecamente humana. Depois da existência corpórea, o ser, que nasce e cresce, se estabelece, na sua relação com o tempo, com o espaço, com os demais seres e com o meio, além de físico, intelectual, cultural e em todos os demais planos.

Em todos esses planos, nos quais cada um está inserto, caberá estabelecer os laços do ser com o mundo. A percepção da beleza estará dentre os elementos que trarão o homem mais perto de sua essência, e ensejarão que este possa estar mais presente e mais consciente, dentro de si mesmo, na medida em que se capacite a enxergar e a perceber o outro, os outros, o mundo, e os dados do mundo.

A beleza não se põe nem pode ser vista como detalhe supérfluo, mas constitui dado essencial para o equilíbrio do conjunto e a realização da vida humana. Como elemento chave do conjunto vitalmente necessário para o perfazimento da condição plenamente humana do ser haverá de ser apreciada.

Para que possa dar-se a apreciação da beleza, o ser terá de estar ao mesmo tempo situado dentro de si e consciente do mundo exterior. Instalado em seu mundo, mas receptivo para a captação do mundo como todo, vivo, orgânico e circunstante!

A beleza pode ser considerada a experiência mais supérflua e, ao mesmo tempo, a mais vitalmente humana e necessária: aquela vivência que mais perto nos

---

[10] François CHENG, **Cinq méditations sur la beauté** (Paris: Albin Michel, 2006, « Deuxième méditation », pp. 29-52, cit. p. 52). Para Fr. CHENG, a beleza se põe como força de contraposição ao mal.

traz de nós mesmos, naquilo que temos de mais (humanamente) precioso em nossas vidas, e nos põe em contato e sintonia (ao menos possível com) todas as áreas do conhecimento e da ação (logicamente, mais uma vez, humanas). Como outras coisas da vida e na vida, há de se descobrir a beleza e aprender a apreciá-la, para que esta possa se integrar à nossa vida, de cada um, a cada dia, e possa passar a fazer parte do conjunto, que se enriquece com a contemplação da beleza.

Pode ser considerada supérflua a beleza em visão reducionista e estritamente utilitária da vida e do sentido das ações do homem: o que se ganha com a beleza, para que serve a beleza, se não aporta nem benefício econômico, nem resultados monetariamente quantificáveis? Talvez.

Muitos poderão aceitar tal argumentação reducionista como válida[11]. O reducionismo tem a vantagem de rebaixar aos seus dados mais elementares mesmo coisas complexas, de tal modo que possam ser facilmente reconhecidas e aceitas, sem necessidade de grande esforço intelectual. Isso sempre encontra acolhida favorável: sucesso freqüentemente se faz com coisas tão diluídas, que se tornam facilmente digeríveis ...

E quem quiser, que viva a vida desse modo: estes poderão perceber um dia, quem sabe, antes que seja demasiado tarde, quanto perderam e de quanto se privaram. Somente se pode lamentar que e quanto esse tipo de reducionismo – porventura economicamente justificável –, empobrece a dimensão humana da vida e do mundo.

Pode ser considerada a experiência mais humana, porquanto a beleza trará vida e sentido para as ações do homem, justamente, a vivência que mais perto nos traz de nós mesmos, naquilo que temos de mais humanamente precioso em nossas vidas. Entenda-se não somente a beleza em si e por si, o que já seria contribuição inestimável, mas, cabe considerar, sobretudo, a beleza nos efeitos que traz para o sujeito que interage: este se enriquece como ser e se completa, na medida em que a contemple e por esta se deixe imbuir: por isso, a *apreciação da beleza*, aqui vem sugerida, como elemento de humanização do ser.

Para que tenha efeito sobre o ser, a beleza terá de ser percebida. E essa captação constrói-se a partir de e como canal de comunicação do ser com o mundo, circunstante. Dizer que o mundo está em torno é óbvio, mas somente passa a fazer sentido a partir do momento e do modo como o sujeito cognoscente o descubra e com este interaja[12]. Aí, pode começar a fazer sentido a percepção do mundo e do papel da beleza.

---

[11] Luc FERRY, **Le sens du beau**: aux origins de la culture contemporaine (« suivi d'un débat FERRY / SOLLERS sur l'art contemporain », Paris : Cercle d'Art, 1998).

[12] V. tb. os ensaios '*rerum cognoscere causas – sujeito cognoscente e sua relação com o mundo*' e '*yo soy yo y mi circunstancia*'.

A beleza, em si, poderá permanecer, ao mesmo tempo, bela e ineficaz. Será preciso que se estabeleça a interação com o ser para que ocorra a apreciação e desta possa resultar a humanização do ser. Em decorrência da percepção de si mesmo, da percepção deste a respeito do mundo e da interação entre ambas. A relação tem de se estabelecer entre o sujeito cognoscente, o agente, e o objeto cognoscível, aquilo para o qual se volta a percepção. Aí pode instaurar-se a relação do homem, consigo mesmo, com o mundo, e com a beleza. Podem, ainda, defluir os efeitos desta sobre o ser.

Para que possa atuar sobre nós, é preciso adotar posicionamento que enseje a receptividade – a expressão popular e direta: "vê se você se enxerga" – de modo tal que nos permita captar, absorver, nos deixar envolver pelo que está em torno de nós, mas, ao mesmo tempo, permanece fora e além de nós mesmos, adiante de nossos limites físicos, de tempo, de espaço, de perceptibilidade. Em tudo isso se coloca a percepção do mundo e do outro, como condição para qualquer possível captação.

Sem o mínimo grau de abertura para com o mundo não será possível captar nada. Será o autismo deliberado: não como deficiência, mas como escolha – o que a torna ainda mais triste. E nefasto, em seus efeitos.

Nestes tempos que correm, quando tantas coisas parecem ameaçar a existência humana e a vida inteligente no planeta, qual lugar pode ter a apreciação da beleza? Pode ser cabível pretender abordar a necessidade de apreciação desta como elemento intrinsecamente humano e necessário para que o ser, enquanto sujeito cognoscente, se ponha em relação ao mundo e às percepções que cada um pode exercitar deste?

Justamente tempos de transição, como o atual contexto pós-moderno, tornam, ainda mais, oportuno e necessário, construir seres focados: em si mesmos, no mundo e na interação entre o ser (microcosmo) e o mundo (macrocosmo). Que percebam o que acontece, consigo, e com o mundo. E despertos para a percepção da dimensão intrinsecamente humana da vida. E aí se põe a relação com a beleza, e a capacidade de a enxergar e viver.

A beleza não se perfaz como dado abstrato, mas terá efeito sobre cada um na medida em que o sujeito se deixe captar por essa percepção que o leva além e adiante de si mesmo, para permitir que justamente o ser se encontre consigo mesmo, se encontre com o mundo e estabeleça a interação entre a vida do ser e a do mundo. É preciso, assim, projetar-se fora do mundo de cada um, para poder enxergar o mundo, como todo mais amplo, e, ao mesmo tempo, interagentes, onde pode inserir-se a percepção da beleza e da falta desta, no mundo em torno de nós. Em momento seguinte, também dentro de nós mesmos.

Para PLATÃO, o belo é o esplendor da verdade, ou seja, além do dado e do prazer estético, o conteúdo de verdade estaria expresso na beleza. E caber ter presentes as considerações deste em algumas das suas principais facetas.

Cumpre ter sempre presente a advertência de PLATÃO, no **Menexenus**,[13] no sentido que a vida em sociedade (politicamente organizada) nutre os homens: *bons homens, quando esta é boa, maus homens, quando esta é baixa*. A maior parte do tempo, a política não prima pela qualidade[14].

Na natureza humana estão simultaneamente presentes os impulsos para a vida em sociedade e para a agressividade[15]. Ai pode inscrever-se o direito[16].

Nesse dilema relacional humano, dentre as formas de vida[17], se inscreve, como um todo, o direito. Este pode e deve ser modo de regular socialmente a solução de controvérsias entre indivíduos, de modo a evitar o recurso à violência, e ao uso direto da força, por pessoas e grupos, dentro de determinada sociedade, sob pena de comprometer o funcionamento institucional desta. O 'exercício arbitrário das

---

[13] PLATO, **Menexenus** (edição bilíngüe, "with an English translation" by R. G. BURY, **PLATO**, vol. IX, 1st. publ., 1929, reprinted 1989, pp. 329-381, cit. par. 238-C): "politeia gar throfi anthropon estí; kali men agathon, i dé enantía kakôn".

[14] Sabiamente advertia Dom PEDRO II, a respeito da política: "nenhuma lei fez vestal da Messalina". Os tempos que correm mostram quanto estava certo.

[15] Konrad LORENZ, **So kam der Mensch auf den Hund** (1a. ed., Viena: Verlag Borotha-Schroeder, 1950; München: Saur, 2002), Edwin I. MEGARGEE e Jack E. HOKANSON, **Dinâmica da agressão**: análise de indivíduos, grupos, nações (trad. Dante Moreira LEITE, São Paulo: E.P.U. / EDUSP, 1976); Erich FROMM, **Anatomia da destrutividade humana** (do original **The anatomy of human destructiveness**, © 1973, trad. Marco Aurélio de Moura MATOS, Rio: Ed. Guanabara, 1987).

[16] V. tb. ensaio *'direito como dado da vida em sociedade'*.

[17] Rudolf HALLER, **Wittgenstein e a filosofia austríaca** (trad. de Norberto de ABREU E SILVA Neto, São Paulo: EDUSP, 1990, esp.cap. 9, 'forma de vida ou formas de vida?', pp. 133-139, cit. p. 133, 135-136 e 137-138): "não são as diferentes formas de vida, formas de ação ou tipos de ação que devem ser compreendidas como incluídas no 'comportamento comum da humanidade', mas, pelo contrário, algo que poderia ser chamado a natureza da existência humana, algo que poderia ser melhor esclarecido pela noção clássica de *zoon politikon* – o ser humano como um ser social. (...) "WITTGENSTEIN reuniu sua concepção do que pode ser significativamente dito com a idéia de um espaço lógico permissor de mudanças de perspectiva dentro dele, um espaço de jogo que inclui e limita tudo o que poderia possivelmente ser dito. O que é novo nas últimas reflexões e investigações é que, por um lado, os fundamentos são buscados e descobertos nas práticas da vida cotidiana e na interconexão entre hábitos, costumes e instituições, e, por outro, que as atividades e visões das pessoas tornam-se essenciais para a compreensão da ação lingüística. A compreensão da ação lingüística, como a do significado lingüístico, apenas é possível contra o pano de fundo das práticas cotidianas, da atividade humana. (...) "ele coloca a questão da extensão, na qual o indivíduo, que busca encontrar e construir sua própria forma de vida, é capaz de liberar-se das formas que compreendem a sociedade e a cultura. Ele acredita que, de fato, o indivíduo tem liberdade para escolher sua própria forma de vida, e assim deve fazê-lo, mas que a totalidade de formas de vida – 'todas as formas são linguagens' – ou aquilo que é também chamado a cultura de uma sociedade, não pode ser moldada e criada por indivíduos."

próprias razões' não é risco somente nos âmbitos internos, mas igualmente presente e recorrente, também no contexto internacional.

PLATÃO, em outro diálogo, **Carmides** 161 D[18], oferece dado referencial para a ordenação da vida, segundo a idéia da 'temperança': temperança é ocupar-se das próprias coisas: executar a própria obra, e fazer o que incumbe a cada um. Tão simples de aceitar, como proposta, quanto difícil de cumprir, como programa.

Muitos séculos depois de PLATÃO, o pensador italiano Benedetto CROCE, no seu livro **La filosofia di G. B. VICO** (do prefácio da segunda edição, 1921)[19] traria, talvez, outra formulação para a mesma idéia, quando afirma ser *"utile e doveroso è, per me, tirare innanzi per la mia via"*, ou seja, é útil e corresponde ao meu dever, é para mim ir adiante no meu caminho. Ao mesmo tempo pressupõe se faça a delimitação do caminho e das escolhas possíveis, para cada um.

Fica, assim, colocado o método: conforme ensinam os diálogos socráticos de PLATÃO, se há de fazer a descoberta de si e do mundo pelo ser, e depois se construir a interação entre o ser e o mundo, e entre o ser e os demais seres e as demais formas do mundo, no respeito mútuo, na possibilidade de divergir polidamente, e na firme convicção da necessidade da busca do saber para poder alcançar a melhor forma de vida, a mais consentânea com a dignidade e a natureza do homem[20].

---

[18] Temperança é ocupar-se das próprias coisas: sofrosynen einai tó ta eauton prattein. PLATÃO, **Carmides** (original em grego, with an English translation by W. R. M. LAMB (ed. LOEB Classical Library, Cambridge / Londres: Harvard / Heinemann, PLATO, vol. xii, 1st. printed, 1927, reprinted, 1986, pp. 1-91 / também em vernáculo, PLATÃO, **Diálogos**, na tradução de Carlos Alberto NUNES, São Paulo: Melhoramentos, 1970, pp. 145-173). Como sempre, oportunos e relevantes os comentários de W. JAEGER, **Paideia: a formação do homem grego** (trad. do original **PAIDEIA: die Formung des griechischen Menschen** © 1936, de Artur M. PARREIRA, São Paulo: Martins Fontes, 1979, "diálogos socráticos menores de PLATÃO", pp. 551-576, cit. pp. 562-563): "O **Carmides** está vinculado por múltiplos laços ao problema e às teorias fundamentais da **República**. É nele que aparece, pela primeira vez, como um 'enigma', o conceito tão difícil de traduzir do 'tá eauton prattein', isto é, 'executar a sua própria obra', devotando-se a ela e a nada mais; e é sobre este conceito que assenta a divisão das funções e das classes na **República** de PLATÃO. Salienta-se aqui repretidas vezes o imediato alcance que para o legislador e para o governo do estado tem o problema do que seja a prudência e o domínio de si mesmo, tema do **Carmides**."

[19] Benedetto CROCE **La filosofia di Giambattista VICO** (Bari: Laterza, 1980, citação do prefácio da segunda edição, 1921, ed. cit., p. 10); v. tb. Isaiah BERLIN, **Vico e Herder** (do original **Vico and Herder: two studies in the history of ideas** © 1976, trad. Juan Antonio GILI Sobrinho, Brasília: Ed. UnB, 1982 / Col. pensamento político, vol. 49).

[20] Erik JAYME, **Le droit international privé du nouveau millénaire**: la protection de la personne humaine face à la globalisation (RCADI, 2000, tomo 282, pp. 1 ss.) indaga justamente qual possa ser o papel do direito internacional privado na proteção do ser humano, face ao fenômeno da globalização. Tanto mais se há de perquirir e buscar assegurar a proteção e garantia dos direitos fundamentais do ser humano, no plano internacional, pelo direito internacional pós-moderno.

Sem dúvida se poderia remontar muito longe na história e fazer observar que o cidadão antigo era regido por leis da sua *pátria*, as leis às quais tinham obedecido seu *pai* e aqueles que o tinham precedido, como mostra o diálogo **Criton**,[21] de PLATÃO: na medida em que Sócrates acreditava serem justas as leis e deverem ser cumpridas as decisões dos tribunais, demove seu amigo Criton da intenção de fazê--lo escapar da cadeia, e da morte iminente.[22]

O legado, intelectual e filosófico, da Grécia clássica, influenciando direta e imediatamente Roma, que a conquistara, e, a partir daí, todo o conjunto da Europa e das civilizações, que repercutiram a partir desta, não é elemento contingente, mas estrutural para a compreensão do mundo, com base nessa mesma perspectiva.[23] Fenômenos aparentemente díspares podem ter elementos basilares comuns, e trazer a partir destes, bases mais amplas e mais seguras, para a compreensão desses eventos em curso no mundo[24].

Pode não ser esta a tônica que pauta os relacionamentos entre os homens, nos planos internos, nem tampouco os relacionamentos entre os estados e demais agentes, no plano internacional, mas aqui se afirma a necessidade de conscientização e retomada de perspectiva humanista, pluralista e tolerante de enfoque e regulação das normas de convivência, entre os indivíduos, como entre os estados. O papel da civilização e da cultura na formação do ser, individualmente considerado, como das sociedades que estes integram.

A compreensão da sociedade internacional como comunidade legal, de que falava MOSLER[25]. As normas multilaterais, multilateralmente adotadas e aplicadas, não obstante as limitações que possam encontrar, são o que de melhor até hoje humanamente se alcançou, como modelos de regulação de convivência juridicamente organizada, entre sujeitos de direito internacional.

---

[21] PLATÃO, **Criton**, 49 (e) – 54 (e) (PLATO, "in twelve volumes", vol. i, **Euthyphro, Apology, Crito, Phaedo, Phaedrus** with an English translation by Harold North FOWLER, Loeb Classical Library, Cambridge, Ma. / London: Harvard UP / W. Heinemann, 1st. printed, 1914, reprint 1977, pp. 147-191)

[22] PLATÃO (op. cit., 53 (c)-(d) e a seguir 54 (b) – (c), ed. cit.): "não há nada tão estimável para os homens, como a virtude e a justiça, a legalidade e as leis? (...) Por isso, Sócrates, deixa-te guiar por nós, que te criamos, e não dês nem aos filhos, nem à vida, nem a nada mais valor que à justiça."

[23] Contrapõem-se-lhes as condições nas quais se dera a consolidação de Roma, entre o saque pelos gauleses, em 390 a.C. e a metade do século ii a.C., quando o exército de camponeses, em tempo parcial, comandado pela oligarquia, conquistou primeiro a Itália e, depois, o Mediterrâneo. v. Michael Hewson CRAWFORD, **The Roman republic** (Glasgow: Fontana / Collins, © 1978, 4th impression, 1988); v. tb. Carl GRIMBERG, **La Grèce et les origines de la puissance romaine** (© 1963, para o original sueco, trad. fr. Gérard COLSON, adapté sous la dir. de Georges H. DUMONT, Paris : Marabout, 1974).

[24] Pierre BOURDIEU, **Esquisse d'une théorie de la pratique** précedé de trois études d'ethnologie kabyle (originalmente publicado, 1972, Paris : Seuil, 2000).

[25] H. MOSLER, **The international society as a legal community** (RCADI, 1974, t. 140, pp. 1-320).

O legado da civilização é tanto intangível quanto precioso. E igualmente frágil. A ser consciente e zelosamente conservado, contra as tentativas de fazer prevalecer a barbárie e a força bruta.

Ernst CASSIRER, no "ensaio sobre o homem" (1944, ed. 2001)[26] constrói (toda a segunda parte do ensaio em torno da) relação entre o "o homem e a cultura" – a natureza do homem está escrita em letras maiúsculas na natureza do estado – e, quando PLATÃO parte da antiga máxima *conhece-te a ti mesmo*, que SOCRÁTES aplicara em relação ao próprio indivíduo e a transpõe para o contexto da vida humana, no plano político e social, projeta essa antiga sabedoria para plano mais amplo: a vida política não é a única forma de existência comunitária humana.

Na história da humanidade, o estado, em sua forma presente, é produto tardio do processo civilizador. Não pode o estado tornar-se fim em si mesmo, e pretender a ele submeter o homem, como ensaiam todos os totalitarismos – à direita, como à esquerda!

Muito antes de descobrirem essa forma de organização social (o estado), os homens fizeram outras tentativas de organizar seus sentimentos, desejos e pensamentos. Tais organizações e sistematizações estão contidas na linguagem, no mito, na religião e na arte. Devemos aceitar essa base mais ampla, se quisermos desenvolver uma teoria do homem.

O estado, por mais importante que seja, não é tudo. Não pode expressar ou absorver todas as outras atividades do homem.[27]

Por sua vez, para Jacob DOLINGER (1994)[28], "o grande divisor entre os povos provêm do seu recíproco desconhecimento": "é impossível respeitar o desconhecido, não temos como simpatizar com povos e com culturas que nos são estranhos. PLATÃO defendia a necessidade de os cidadãos de Atenas encontrarem-se para se

---

[26] Ernst CASSIRER, **Ensaio sobre o homem: introdução a uma filosofia da cultura humana** (do original **An essay on man: an introduction to a philosophy of human culture**, © 1944, 1972, trad. Tomás Rosa BUENO, 1ª ed. bras. 1994, 3ª tiragem, 2001, esp. parte ii, 'o homem e a cultura', pp. 105-372, 'prefácio' de E.CASSIRER, pp. 1-5, cit. p. 2): "Um de meus objetivos mais importantes foi o de convencê-lo [o leitor] de que todos os temas tratados neste livro são apenas, afinal, um *único* tema. São caminhos diferentes que levam ao mesmo centro – e, a meu modo de ver, cabe a uma filosofia da cultura descobrir e determinar esse centro."

[27] E. CASSIRER (op. cit., 1944, ed. 2001, cap. vi, 'a definição do homem nos termos da cultura humana', pp. 107-120, cit. p. 108) e prossegue: "É claro que essas atividades, em sua evolução histórica, estão intimamente ligadas ao desenvolvimento do estado; em muitos aspectos, elas dependem das formas de vida política. No entanto, embora não possuam uma existência histórica separada, têm mesmo assim um propósito e um valor próprios".

[28] Jacob DOLINGER, *O direito e o amor* ("aula inaugural na Faculdade de direito da U.E.R.J., proferida em 24.03.1994", Rio: Revista da Faculdade de direito / Universidade do estado do rio de janeiro, "edição comemorativa dos 60 anos", 1994, n. 2, 1-465, pp. 233-245).

familiarizarem e se tornarem amigos: 'não há bem maior para o estado do que os cidadãos se tornarem conhecidos uns dos outros', proclamou em seus **Diálogos**".[29]

"Encontramos um eco dessa posição no plano internacional, em FREUD, que, em seu curto e não muito conhecido ensaio intitulado *Pensamentos para os tempos sobre a guerra e a morte*, que ele escreveu em 1915, meses após o início da primeira guerra mundial, faz a seguinte consideração: 'as guerras não cessarão enquanto as nações viverem sob condições tão diferentes, enquanto o valor da vida humana for tão diversamente valorizado e enquanto as animosidades que os dividem representarem forças motivadoras da mente tão poderosas".[30]

Por sua vez, o aluno de PLATÃO, enfatiza ARISTÓTELES, na **Ética a Nicômaco**, livro viii,[31] a importância da amizade, visto ser esta "uma virtude, ou implica virtude, sendo, além disso, sumamente necessária à vida": "porque sem amigos ninguém escolheria viver, ainda que possuísse todos os outros bens".[32]

ARISTÓTELES transpõe a noção, do plano interpessoal, para plano das relações entre estados: "a amizade também parece manter unidos os estados, e dir-se-ia que os legisladores têm mais amor à amizade que à justiça, pois aquilo a que visam acima de tudo é à unanimidade, que tem pontos de semelhança com a amizade; e repelem o faccionismo como se fosse o seu maior inimigo. E quando os homens são amigos não necessitam de justiça, ao passo que os justos necessitam também da amizade; e considera-se que a mais genuína forma de justiça é uma espécie de amizade", porquanto "não é ela, contudo, apenas necessária, mas também nobre, porquanto louvamos os que amam os seus amigos, e considera-se uma bela coisa ter

---

[29]   PLATÃO, **Laws** (with an English transl. by R. G. BURY, Cambridge / Londres: Harvard UP / Heinemann, Loeb Classical Library, PLATO in twelve volumes; vol. x, livros i-vi; vol. xi, livros vii-xii, 1ˢᵗ printed, 1926, reprint, 1984) cit. livro v, 738: "the people may fraternize with one another at the sacrifices, and gain knowledge and intimacy, since nothing is of more benefit to the state, than this mutual acquaintance; for where men conceal their ways one from another in darkness rarher than light, there no man will ever rightly gain either his due honour or office, or the justice that is befitting. Wherefore every man in every state must above all things endeavour to show himself always true and sincere towards everyone, and no humbug, and also to allow himself to be imposed upon by such persons."

[30]   Sigmund FREUD, **Reflexões para os tempos de guerra e morte** (do original **Zeitgemässes über Krieg und Tod**, 1915, edição Standard brasileira das obras psicológicas completas de Sigmund FREUD, com os comentários e notas de James STRACHEY, em colab. com Anna FREUD et al., trad. do alemão e do inglês, sob a direção geral de Jayme SALOMÃO, trad. de Themira de Oliveira BRITO, Paulo Henriques BRITO e Christiano Monteiro OITICICA, rev. técnica de Darcy Mendonça UCHOA, Rio: Imago, © 1969, 1ª ed., 1974, vol. xiv, pp. 309-341).

[31]   ARISTÓTELES, **Ética a Nicômaco** (trad. de Leonel VALLANDRO e Gerd BORNHEIM da versão inglesa de W. D. ROSÁ, São Paulo: Abril, 1973, pp. 245-436, livro viii, pp. 377-395).

[32]   ARISTÓTELES (op. cit., livro viii, cap. i, 1155 a – 1155 b).

muitos deles. E pensamos, por outro lado, que as mesmas pessoas são homens bons e amigos".

Para DOLINGER haveria a necessidade de concebermos o mundo como campo para a extensão do conhecimento: "Diria eu que no fundo estas diversidades não são a causa do ódio que leva à guerra, mas sim o desconhecimento, a incompreensão da cultura, da civilização dos outros povos".[33]

E o direito pode ser ferramenta para fazer aumentar o conhecimento entre os homens, especialmente o direito internacional: "surge aqui o transcendental valor do estudo do direito comparado e do direito internacional privado, disciplina que pede o permanente enfoque comparatista", pois "efetivamente, como posso entender-me com povos vizinhos e distantes se não os compreendo? René DAVID, o líder dos comparatistas franceses, expôs a mesma idéia, dizendo que o estudo das instituições legais dos outros povos é um meio de conhecê-los e de melhorar o relacionamento com eles, evitando mal entendidos e estados de tensão internacional".

E dos Estados Unidos nos vem uma lição que os americanos ainda não aprenderam, pela pena de John Henry MERRYMAN, com cuja visão sobre o direito codificado não estou de acordo (...) mas que bem situou a importância do direito comparado, pelo que me apraz reproduzi-la: "uma das razões de dissensão entre as nações e os povos é a ignorância recíproca".[34]

Em suma, para DOLINGER, "pensadores da Grécia antiga, e mestres da idade moderna, franceses, americanos e brasileiros, todos firmes na convicção de que o direito e a filosofia, o direito e a política internacional, o entendimento entre os povos, tudo depende da compreensão, da compreensão que leva à amizade, da compreensão que leva à tolerância, caminho único, capaz de conduzir à paz universal".[35]

O direito, como a construção de uma habitação, necessita de muitas bases, inúmeros fundamentos, teorias várias que compõem a sinfonia jurídica, a harmoniosa dogmática erigida sobre os princípios gerais do direito, a analogia e as demais fontes de direito, não sendo possível sintetizar todo este manancial por meio de

---

[33] J. DOLINGER (conf. cit., 1994, p. 239).

[34] Cita: René DAVID, **Traité élémentaire de droit civil comparé** (p. 39, sem refs. adicionais) ; John Henry MERRYMAN e David CLARK, **Comparative law : Western European and Latin American legal systems – cases and materials** (p. 23, s/ refs. adicionais, e prossegue): "os comparatistas vêm sustentando de há muito que sua disciplina conduz à redução do paroquialismo e dos estreitos nacionalismos, e assim, a mais compreensão e cooperação internacionais. Esta visão que em parte é responsável pelo grande desenvolvimento do ensino do direito comparado nos Estados Unidos após a segunda guerra mundial, é obviamente válida: sua validade é demonstrada pelo trabalho dos comparatistas que tem levado à harmonização de certas áreas do direito relativas ao comércio internacional."

[35] J. DOLINGER (conf. cit., 1994, p. 240 e a seguir, p. 243).

uma só expressão. Já HILLEL – "sábio talmúdico, conhecido por sua temperança e bom humor", comenta DOLINGER –, adotou outra orientação: para ele há um fenômeno que capta toda a construção do direito, um aspecto na vida social que é capaz de resumir todas as obrigações do homem para com o seu semelhante, uma manifestação-mor que compreende tudo, engloba tudo, fundamenta tudo: é o amor, o amor que ordena ao homem a compreensão pelo semelhante, a empatia pelo vizinho, a tolerância para com o estranho.

"Diferentes povos, religiões diversas, nações várias tiveram a mesma inspiração, não importa a fórmula que criaram, todos compreenderam que o direito jamais cumprirá a sua missão, jamais alcançará seus objetivos se o homem viver sem amor pelo vizinho, pelo vizinho próximo, pelo vizinho distante". E conclui: "não há direito – que, em sua essência, visa garantir a justiça, como formulado por ULPIANO – sem que a tolerância pelo outro e sem o respeito pelo que é do outro, não há vida individual em paz com o universo, como formulado por KELSEN, sem a compreensão pelas necessidades do coletivo e de cada membro da coletividade, mensagem de que o direito pode ser uma norma fria e até cruel, quando desvestido do espírito que o vivifica, mensagem de que a convivência humana em harmonia e tranqüilidade requer alma e não só norma, amizade e não apenas regras, que o respeito pelo alheio – base fundamental das relações humanas – não é alcançável sem amor pelo semelhante. Nesta mensagem vão se unir as lições religiosas do judeo-cristianismo, a filosofia dos gregos e o espírito jurídico dos romanos, numa magnífica confluência de propósitos que a nós todos cabe materializar em nossas vidas privadas e em nossa atuação profissional, trazendo nossa colaboração para uma vida erigida sobre o direito e o amor".[36]

Para melhor compreender e situar a noção, é preciso ter a dimensão do tempo (histórico) e contexto (cultural) nos quais se inscreva a eunomia internacional: "que todo homem existe na história e que não há história, a não ser para o homem, todos sabemos. Mas isso, longe de eliminar o problema, o constitui", como ponderam André COMTE SPONVILLE e Luc FERRY (1999)[37].

---

[36] J. DOLINGER (conf. cit., 1994, p. 245).
[37] André COMTE SPONVILLE e Luc FERRY, **A sabedoria dos modernos: dez questões para o nosso tempo** (do original **La sagesse des modernes**, © 1997, 1ª ed., 1998; trad. Eduardo BRANDÃO, São Paulo: Martins Fontes, 1999, 'preâmbulo', pp. 5-11, cit. p. 7).

FUSTEL DE COULANGES (1864, ed. 1975)[38] enfatiza ser muito claro o processo de feitura das leis antigas: "não foram inventadas por um homem, SÓLON, LICURGO, MINOS e NUMA puderam escrever as leis das suas cidades, mas não as fizeram. Se entendemos por legislador o homem que foi autor de um código, pelo poder de seu gênio e o impôs aos mais homens, tal legislador nunca existiu entre os antigos. A lei antiga não se originou também (*sic*, tampouco) dos votos do povo. O pensamento de que o número dos sufrágios pudesse promulgar uma lei apareceu muito tarde nas cidades e só depois de duas revoluções as terem transformado.Até então as leis apresentavam-se como algo muito antigo, imutável e venerável. Tão velhas como a cidade, o fundador as estabeleceu ao mesmo tempo que estabelecia o lar, *moresque viris et moenia ponit*. Instituiu-as ao mesmo tempo em que insitituia a religião. Mas ainda não podemos afirmar que as imaginasse por si mesmo. Qual foi, pois, o seu verdadeiro autor?"[39]

O autêntico legislador, entre os antigos, nunca foi o homem, mas a crença religiosa de que o homem era portador.[40] As leis, por muito tempo, constituíam coisa sagrada. Por aí podemos avaliar o respeito e o acatamento que os antigos sentiam por suas leis, por muito tempo. Não viam nelas obra humana. Tinham origem sagrada. Não é afirmação vã, a de PLATÃO, de que obedecer às leis é obedecer aos deuses.

PLATÃO não faz mais que dar-nos a conhecer o pensamento grego, quando, em **Críton**,[41] nos mostra SÓCRATES dando a vida porque as leis o exigem.[42] Na

---

[38] Numa Denis FUSTEL DE COULANGES, em seu clássico, **A cidade antiga: estudos sobre o culto, o direito, as instituições da Grécia e de Roma** (do original **La cité antique: étude sur le culte, le droit, les institutions de la Grèce et de Rome**, 1864, trad. Jonas Camargo LEITE e Eduardo FONSECA, São Paulo: Hemus, 1975).

[39] N. D. FUSTEL DE COULANGES (op. cit., 1864, ed. 1975, cap. xi, 'a lei', pp. 150-154, cit. p. 151) : "Se fizermos um confronto entre essas leis e a equidade natural, descobriremos muitas contradições, e torna-se evidente que os antigos não as foram procurar na noção do direito absoluto e no sentimento de justiça. (...) O homem não esteve estudando sua consciência dizendo: isso é justo, aquilo não. Não foi assim que apareceu o direito antigo. (...) A lei surgiu desse modo, apresentando-se por si própria e sem o homem necessitar ir ao seu encontro. Brotou como conseqüência direta e necessária da crença; era a própria religião, aplicada às relações dos homens entre si."

[40] N. D. FUSTEL DE COULANGES (op. cit., 1864, ed. 1975, cap. xi, 'a lei', pp. 150-154, cit. p. 152).

[41] PLATÃO, **Criton**, 49 (e) – 54 (e) (PLATO, "in twelve volumes", vol. i, **Euthyphro, Apology, Crito, Phaedo, Phaedrus** with an English translation by Harold North FOWLER, Loeb Classical Library, Cambridge, Ma. / London: Harvard UP / W. Heinemann, 1st. printed, 1914, reprint 1977, pp. 147-191); v. tb. P. B. CASELLA, **Fundamentos do direito internacional pós-moderno** (São Paulo: Quartier Latin, 2008, esp. item i, 'construção do direito internacional e contexto pós-moderno').

[42] PLATÃO (op. cit., 53 (c)-(d) e a seguir 54 (b) – (c), ed. cit.): "não há nada tão estimável para os homens, como a virtude e a justiça, a legalidade e as leis? (...) Por isso, Sócrates, deixa-te guiar por nós, que te criamos, e não dês nem aos filhos, nem à vida, nem a nada mais valor que à justiça."

verdade, o que, no direito antigo, obriga o homem não é a consciência, nem o sentimento do justo, mas a fórmula sagrada. Essa fórmula, quando pronunciada por dois homens, estabelece entre ambos o vínculo de direito. Onde não houvesse fórmula não existia o direito.[43]

Mas nem sempre o caráter sagrado e a condição imutável da norma se coadunavam com a condição humana.[44] Poderiam ocorrer conflitos, e a extensão destes teria de ser suprida, por meio de 'interpretação' – ai intervém o elemento, que torna as normas coisa humana, por vezes demasiado humana, e não mais escorada na pretensão de origem divina, reflexo das bases conceituais e de valores morais da coletividade, que esta se destinaria a regular.

A lei antiga nunca teve considerandos. Porque haveria ela de os ter? Não necessitava de explicar as suas razões: existia porque os deuses a fizeram. A lei não se discute, impõe-se; não é obra da autoridade; e os homens obedecem-lhe porque crêem nela.[45]

Michael CRAWFORD, estuda a república romana (1978, ed. 1988)[46], e enfatiza "na história da república, fez-se apelo aos conceitos de *libertas* e de *dignitas*, tanto por parte daqueles que procuravam introduzir mudanças radicais, notadamente buscando apoio popular contra o consenso aristocrático, bem como tentando aumentar os privilégios materiais do povo, e por parte daqueles que buscavam

---

[43] N. D. FUSTEL DE COULANGES (op. cit., 1864, ed. 1975, cap. cit., p. 154) : "As formas estranhas do antigo processo romano não nos surpreenderão se considerarmos que o direito antigo era uma religião: a lei, um texto sagrado, e a justiça, um conjunto de ritos. O requerente procede judicialmente contra alguém, de acordo com a lei: *agit lege*. Pelo enunciado da lei, apodera-se do adversário. Mas que tome cuidado: para ter a lei a seu favor torna-se indispensável conhecer-lhe os termos e declará-los com exatidão. Quando troca uma palavra por outra, a lei deixa de existir, e não poderá defendê-lo. (...) Não bastava o enunciado da lei. Tornava-se preciso, também, um conjunto de sinais exteriores, como que ritos de uma cerimônia religiosa, chamada contrato ou processo judicial."

[44] N. D. FUSTEL DE COULANGES (op. cit., 1864, ed. 1975, cap. cit., p. 152) : "Em princípio, a lei era imutável, porque era divina. Deve-se notar que nunca se revogavam as leis. Podiam fazer-se leis novas, mas as antigas sempre subsistiam, por maior antagonismo que houvesse entre elas. (...) A pedra onde se gravava a lei era inviolável; quando muito, os menos escrupulosos julgavam poder interpretá-la ao contrário. Esse princípio foi causa principal da grande confusão que se nota ter existido no direito antigo. Leis opostas e de diferentes épocas achavam-se associadas, e todas tinham direito de ser igualmente respeitadas."

[45] N. D. FUSTEL DE COULANGES (op. cit., 1864, ed. 1975, cap. cit., p. 153) : "Durante longas gerações, as leis eram apenas orais : transmitiam-se de pai a filho, com a crença e as fórmulas de oração. Constituíam tradição sagrada, que se perpetuava ao redor do lar da família ou do lar da cidade."

[46] Michael Hewson CRAWFORD, **The Roman republic** (Glasgow: Fontana / Collins, © 1978, 4th impression, 1988).

preservar o *status quo*, tanto em termos de poder político, como em termos de distribuição de recursos".[47]

José Antonio PASTOR RIDRUEJO(1998)[48], ao analisar o direito internacional, e destacar o papel de normas, fatos e valores, mostra quanto se desenvolveram os valores que informam o direito internacional pós-moderno, mas, todavia, os interesses estatais são predominantes[49]. Podem, os indivíduos, conseguir progressos, como mostra a evolução da regulação e da proteção internacional dos direitos humanos, na medida em que sejam os estados pressionados.[50]

A necessidade da estrita aplicação da lei, não incidental, mas fundamental para a construção da cidade[51] e o equilíbrio desta[52]. Como o traçado das ruas e dos edifícios públicos para a configuração do espaço politicamente organizado, no qual se pode desenvolver plenamente a natureza do homem, cujo ser se perfaz na vida em sociedade politicamente organizada.

Onde se insere a apreciação da beleza? Como caminho para a busca da verdade. A beleza e a verdade são dois eixos de indagação filosófica, de interação constante. E de múltiplas conexões, ao longo do tempo e de distintas civilizações.

Épocas caóticas tendem a gerar visões ideais de ordenação eunômica, como contraposição ao quadro presente, na busca de ordenação justa da convivência

---

[47] M. H. CRAWFORD (op. cit., ed. 1988, 'historical introduction', pp. 13-14): "The struggles between politicians during the Republic were given free rein by the failure to develop communal institutions for the maintenance of order; thus even legal procedure often involved the use of an element of self-help, as in bringing a defendant to court. Such a state of affairs perhaps did not matter greatly in a small rural community, and the struggle of the orders, between patricians and plebeians, was in the end resolved in the course of the fifth and fourth centuries b.C.. But when men turned to force in the late Republic to resolve political differences, the result was catastrophic, with armies composed of many legions rapidly involved."

[48] José Antonio PASTOR Ridruejo, **Le droit international à la veille du vingt et unième siècle : normes, faits et valeurs : cours général de droit international public** (RCADI, 1998, t. 274, pp. 9-308).

[49] J. A. PASTOR Ridruejo, (op. cit., 1998, esp. cap. iv, 'faits, valeurs et normes dans le droit international conteporain', pp. 294-308, cit. par. 18.6.4, pp. 307-308): "Malgré la présence des nouvelles valeurs que nous avons examinées, l'inlfuence des intérêts étatiques est encore prédominant dans le droit international contemporain."

[50] Do mesmo J.-A. PASTOR Ridruejo, curso anterior na Haia, **Les procédures publiques spéciales de la Commission des droits de l'homme des Nations Unies** (RCADI, 1991, t. 228, pp. 183-272)

[51] Lewis MUMFORD, **The city in History**: its origins, its transformations and its prospects (Londres: Penguin, 1st. publ., 1961, reprinted in Peregrine Books, 1987).

[52] TACITUS, **Anais IV.32**: "Talvez a maior parte dos fatos que relatei e dos que ainda relatarei parecerão pequenos e indignos da história, não o ignoro; mas não se devem comparar estes **Anais** às obras compostas pelos historiadores da antiga república. Grandes guerras, tomada de cidades, reis vencidos e cativos, e quando voltavam seus olhos para os assuntos internos, as querelas dos cônsules e dos tribunos, as leis agrárias e frumentárias, as rivalidades da plebe e do partido conservador, ofereciam aos seus relatos vasto e livre curso. A nossa via é estreita e sem glória: paz profunda ou raramente perturbada, Roma cheia de cenas aflitivas, um príncipe pouco engajado em fazer recuar as fronteiras do império."

humana. Toda a literatura utópica entraria nesse quadro. Como utópicos foram os pais do direito internacional e os pensadores que imaginaram projetos de paz perpétua na Europa, durante vários séculos, enquanto sangrentas batalhas eram travadas.

PLATÃO declara que a filosofia é a filha do espanto: a reflexão crítica se faz a partir do 'espanto' diante do estado do mundo e dos meios e modos deste. A reflexão crítica leva adiante o espírito humano, nas suas distintas áreas de atuação.

A reflexão política começa com os gregos[53]. Desde o espartano TIRTEU, que cifrara a ordem perfeita na tradição de Esparta, o ateniense SÓLON eleva-se acima dessa concepção, derivando a *pólis* justa das eternas exigências da razão moral.

PLATÃO merece mais que as breves menções feitas aqui, e a bibliografia disponível a respeito deste e sua obra é tão extensa como relevante[54]. PLATÃO não se

---

[53] Ernest BARKER, **Teoria política grega: Platão e seus predecessores** (do original **Greek political theory: Plato and his predecessors**, trad. Sérgio BATH, Brasília: Ed. UnB, 1978, cap. i, 'a teoria do estado grega', pp. 21-38, cit. primeiro parágrafo): "Sua origem está vinculada ao racionalismo claro e tranqüilo da mente grega. Em vez de se projetar na esfera da religião, como os povos da Índia e da Judéia; em lugar de aceitar o mundo em confiança e de vê-lo sob a luz da fé, os gregos trilharam o caminho do pensamento e, ousando especular sobre as coisas visíveis, procuraram conceber o universo sob o ponto de vista da razão. Um instinto natural leva a aceitar a ordem das coisas que a experiência manifesta. É fácil aceitar o mundo físico, e o mundo das instituições humanas, como dados igualmente inevitáveis, e não levantar dúvidas sobre o significado das relações entre o homem e a natureza, e das relações entre o indivíduo e instituições como a família ou o estado. Se acaso surgem dúvidas, estas são silenciadas prontamente pela voz do torvelinho, que grita: 'pode aquele que questiona contestar o Todo-poderoso?' Mas esta aceitação, natural para a mente religiosa de todos os tempos, era impossível para os gregos. Eles não tinham a fé que se contenta em referir todas as coisas a Deus."

[54] Ernest BARKER, **Teoria política grega: PLATÃO e seus predecessores** (do original inglês, trad. Sérgio BATH, Brasília: Ed. UnB, 1978); Werner JAEGER, **Paideia** (op. cit., trata de PLATÃO esp. pp. 439-933); R. L. NETTLESHIP, **The theory of Education in PLATO's Republic** (with an introduction by Spencer LEESON, Oxford: University Press, 1st. publ., 1935, reprinted lithographically 1969); Zdravko PLANINC, **PLATO's political philosophy: prudence in the Republic and the Laws** (Londres: Duckworth, 1991); Constantin RITTER, **The essence of PLATO's philosophy** (do original alemão, translated by Adam ALLES, New York: Russell & Russell, 1st. publ., 1933, reissued 1968); Giovanni REALE, **Para uma nova interpretação de PLATÃO** (do original italiano © 1991, Milão: Vita e Pensiero, trad. Marcelo PERINE, São Paulo: Loyola, 1997) bem como do mesmo Giovanni REALE, seu monumental **História da filosofia antiga** (do original **Storia della filosofia antica** 1ª ed. obra completa em cinco volumes, 1975-1980, 9ª ed., 1992) **I. das origens a SÓCRATES** (trad. Marcelo PERINE, 2ª ed., rev. São Paulo: Loyola, 1993), **II. PLATÃO e ARISTÓTELES** (trad. Henrique Claudio de Lima VAZ e Marcelo PERINE, São Paulo: Loyola, 1994), **III. os sistemas da era helenística** (trad. Marcelo PERINE, São Paulo: Loyola, 1994), **IV. as escolas da era imperial** (trad. Marcelo PERINE e Henrique C. de Lima VAZ, São Paulo: Loyola, 1994), **V. léxico, índices e bibliografia** (com a colab. de Roberto RADICE, trad. Henrique C. de Lima VAZ e Marcelo PERINE, São Paulo: Loyola, 1995). A edição básica, das obras de PLATÃO, edited by G. P. GOOLD et al., na **LOEB Classical Library**, em 12 volumes (Harvard: University Press / Londres: Heinemann, tem tradutores e edição citados, cf. obra referida), bem como outras edições, referidas conforme o caso. Para crítica deste, como autor de projeto político que pode ameaçar a sociedade aberta, Karl POPPER, **A sociedade aberta e seus inimigos** (do original **The open society and its enemies**, trad. Milton AMADO, São Paulo : EDUSP / Belo Horizonte : Itatiaia, 1974, especialmente volume I **O fascínio de Platão**).

limita a dar conselhos sobre a forma melhor de ordenação do estado, a partir da premissa de determinada forma de governo, mas aborda o assunto de forma radical, tomando como ponto de partida o problema da justiça.

PLATÃO não põe a justiça somente em termos de obediência às leis do estado, a legalidade que tinha sido outrora o baluarte protetor do estado jurídico, mas adquire significado diverso, mais interior. O conceito platônico de justiça situa-se por cima de todas as normas humanas, e remonta à sua origem na própria alma: é na mais íntima natureza do homem que pode ter origem e fundamento aquilo que o filósofo denomina justo.

Para PLATÃO, o argumento da força não pode ser sustentação válida para a autoridade do estado. No **Górgias**[55] se faz arauto da força o político Cálicles, e este não considera, de modo simplista, a tendência ao poder e à influência como a finalidade evidente de todo homem. Procura encontrar explicação profunda, extraindo-a da própria natureza, que, para o pensamento grego, é sempre a fonte de todas as normas que regem a conduta humana. No conceito de Cálicles, o poder defender-se a si próprio constitui o poder do verdadeiro homem, e espécie de justificação ética da tendência ao poder, como se o estado primitivo se prolongasse até o presente[56]: declara como lei da natureza o forte usar o seu poder, em relação aos fracos, impede-o, porém a lei dos homens, põe entraves ao forte, por meio da cultura e do ensino, e para o dominar, inculca-lhe ideiais que favoreçam o fraco.

SÓCRATES contrapõe a tal discurso interpretação essencialmente diferente da própria vida e do sentido desta[57]. Parecem perfeitamente familiares, nestes tempos que correm, o discurso de ódio à lei (internacional) e no uso da força como argumento, negam-se direitos aos mais fracos. Deve servir a comparação para algo.

A distinção entre duas concepções do mundo diametralmente opostas e se enfrentam com nitidez os conceitos de poder e de educação (*paideia*). Representam para PLATÃO duas concepções antagônicas da natureza humana: optar entre a filosofia do poder e a filosofia da educação. Esta é a visão da educação, como o caminho ou meio para o aprimoramento das qualidades inatas do homem, conforme o destino de sua própria natureza.

A filosofia do poder é doutrina baseada na violência. Em toda parte, na natureza e na vida do homem, se vê luta e opressão, pelo que considera sancionada a

---

[55] PLATÃO, **Górgias** 469 C e 470 E (original grego com trad. inglesa e intr. de W. R. M. LAMB, edição LOEB, vol. III, 1st. publ. 1925, reprinted 1991, pp. 247-533), ou em vernáculo **Górgias ou a oratória** (trad., apres. e notas de Jaime BRUNA, São Paulo: Difel, 1970).

[56] PLATÃO, **Górgias** 482 E - 483 B.

[57] PLATÃO, **Górgias** 492 E: "Porventura alguém saberá se não é a nossa vida que é a morte e esta a vida?"

violência. O sentido e razão de ser, do estado ou de qualquer construção humana, somente podem ser estribados na obtenção do máximo poder que seja alcançável. Esta seria lógica dita de eficiência, ou de resultados. Os fins anulam os meios, se não os justificam. PLATÃO contrapõe a esta a visão essencialmente ética: não a violência, mas a cultura (*paideia*) constitui o verdadeiro sentido da natureza humana.

O direito enquanto construção humana se inscreveria no mesmo sentido. O direito internacional como o modo de regulação da convivência entre sujeitos (e demais agentes) de direito internacional, somente projetaria no contexto do mundo, essa construção inicialmente sobretudo interior.

A visão da educação como fundamento para a dignidade e consciência do homem é depois ainda mais desenvolvida na **República**[58]. PLATÃO opõe o poder (*dynamis*) e o espírito (*phronesis*), e faz distinção entre poder no sentido físico (*dynamis*) e poder (*kratos*), poder no sentido legal, político-jurídico.

Depois de SÓCRATES ter refutado a teoria de que a justiça possa ser reduzida a ser apenas a expressão da vontade do que diz o partido mais forte naquele momento, e de ter oposto ao direito positivo a verdadeira essência do que é justo, prossegue o exame da justiça em si, como alto bem, independentemente da sua utilidade social e do consenso[59] dos cidadãos[60]. Nem tudo pode ser resolvido por meio da opinião pública.

A noção de eqüidade comparece como a forma de corrigir desvios da mera aplicação da lei, que se desvie da justiça. ARISTÓTELES atribui grande importância às relações entre a justiça e a eqüidade, e a esta dedica o capítulo x do livro v da **Ética a Nicômaco**[61]: "o eqüitativo é justo, porém não o legalmente justo, e sim uma

[58] PLATÃO, **República** (intr. e notas de Robert BACCOU, trad. J. GUINZBURG, São Paulo: Difel, 1973, 2 vols.), ou, **The Republic** (edição LOEB, original grego e intr. e trad. Paul SHOREY, 1st. publ. 1930, reprinted 1978, 2 vols.).

[59] Nelson F. de CARVALHO, *Arqueologia do consenso* (in **Direito e comércio internacional: tendências e perspectivas: estudos em homenagem ao prof. Irineu STRENGER**, org. L. O. BAPTISTA, H. M HUCK e P. B. CASELLA, São Paulo: LTr, 1994, pp. 353-406); José Eduardo FARIA, **Poder e legitimidade: uma introdução à política do direito** (São Paulo: Perspectiva, 1978); Celso LAFER, *Ordem, poder e consenso: caminhos da constitucionalização do direito internacional* (in **As tendências atuais do direito público: estudos em homenagem ao professor Afonso Arinos de Melo Franco**, pref. de Aliomar BALEEIRO, Rio: Forense, 1976, pp. 89-110); Miguel REALE, **Horizontes do direito e da história** (São Paulo: Saraiva, 1977); Giorgio DEL VECCHIO, **La société des nations au point de vue de la philosophie du droit international** (RCADI, 1931, t. 38, pp. 541-650).

[60] PLATÃO, **República** 357 A e cont.

[61] ARISTÓTELES, **Ética a Nicômaco** (trad. de Leonel VALLANDRO e Gerd BORNHEIM da versão inglesa de W. D. ROSÁ, São Paulo: Abril, 1973, pp. 245-436, livro v, cap. x, pp. 336-337): "o eqüitativo, embora superior a uma espécie de justiça, é justo, e não é como coisa de classe diferente que é melhor do que o justo. A mesma coisa, pois, é justa e eqüitativa, e, embora ambos sejam bons, o eqüitativo é superior".

correção da justiça legal. A razão disso é que toda lei é universal, mas a respeito de certas coisas não é possível fazer uma afirmação universal que seja correta".[62]

Prossegue ARISTÓTELES "quando a lei se expressa universalmente e surge um caso que não é abrangido pela declaração universal, é justo, uma vez que o legislador falhou e errou por excesso de simplicidade, corrigir a omissão – em outras palavras, dizer o que o próprio legislador teria dito se estivesse presente, e que teria incluído na lei, se tivesse conhecimento do caso", e aduz, às considerações anteriormente expendidas: "por isso o eqüitativo é justo, superior a uma espécie de justiça – não a justiça absoluta, mas ao erro proveniente do caráter absoluto da disposição legal. E essa é a natureza do eqüitativo: uma correção da lei, quando ela é deficiente em razão da sua universalidade. E, mesmo, é esse o motivo por que nem todas as coisas são determinadas pela lei: em torno de algumas é impossível legislar, de modo que se faz necessário um decreto. Com efeito, quando a coisa é indefinida, a regra também é indefinida". [63]

Desse modo, entende ARISTÓTELES, "torna-se bem claro o que seja o eqüitativo, que ele é justo e é melhor que uma espécie de justiça. Evidencia-se, também, pelo que dissemos, quem seja o homem eqüitativo: o homem que escolhe e pratica tais atos, que não se aferra aos seus direitos em mau sentido, mas tende a tomar menos que o seu quinhão, embora tenha a lei por si, é eqüitativo; e essa disposição de caráter é a eqüidade, que é uma espécie de justiça, e não uma diferente disposição de caráter".

Considerando a "eqüidade em direito internacional", para Vicente MAROTTA RANGEL (1989)[64] haveria a necessidade de reportar-se, para a compreensão desta, a ARISTÓTELES, em suas meditações sobre a felicidade, "que é resultado, não da razão mas da virtude".[65] No exame de tais relações, ARISTÓTELES comenta o mesmo embaraço, apontado por outros que também abordaram a questão, no

---

[62] ARISTÓTELES, **Ética a Nicômaco** (ed. cit., 1137 b – 1138 a) : « Nos casos, pois, em que é necessário falar de modo universal, mas não é possível fazê-lo corretamente, a lei considera o caso mais usual, se bem que não ignore a possibilidade de erro. E nem por isso tal modo de proceder deixa de ser correto, pois o erro não está na lei, nem no legislador, mas na natureza da própria coisa, já que os assuntos práticos são dessa espécie por natureza."

[63] ARISTÓTELES (op. cit., ed. cit., loc. cit.): "como a régua de chumbo usada para ajustar as molduras lésbicas: a régua adapta-se à forma da pedra e não é rígida, exatamente como o decreto se adapta aos fatos."

[64] Vicente Marotta RANGEL, *L'equité en droit international: des développements récents* (Tessaloniki : Aristoteleio Panepistimio « Nomos », « Anatypo » : separata, 1989, pp. 937-950, p. 937) : "capítulo que foi, a justo título, qualificado um dos mais notáveis dessa obra".

[65] V. MAROTTA RANGEL (art. cit., Tessaloniki, 1989, pp. 937-938).

tocante às relações entre a eqüidade e a justiça, nunca claramente determinadas e que a natureza da eqüidade permanece circundada de mistério.

A busca do sentido da justiça, que começou nos corredores da Academia de Atenas, ainda é uma história inacabada, como observa MAROTTA RANGEL, onde a eqüidade desempenha estranho papel, na estrutura do direito: separada deste, faz, contudo, parte dele.[66] Caberia considerar o que chama C. JENKS de "qualidade amorfa" da eqüidade, sem ter a consistência institucional necessária, "para cristalizar princípios em obrigações claramente estipuladas".[67]

ARISTÓTELES dividia a virtude política, em justiça legal, que é convencional e variável, e justiça natural, que não depende nem das opiniões nem dos decretos dos homens, e tem caráter universal e imutável. Sobre tal distinção funda a teoria da eqüidade.

Para Antoine FAVRE (1974)[68] a noção de equidade vai além do domínio do direito, comportando accepções diferentes que é preciso definir. A eqüidade consiste em invocar a justiça natural contra os rigores da lei. Nesse sentido, encontra aplicação em todos os campos do direito material: "ela o é, assim, em direito internacional, sem acordo das partes. A eqüidade opera a adaptação da norma jurídica às circunstâncias particulares do caso, a fim de harmonizar os interesses presentes. A sentença permanecerá, assim, conforme ao direito."

Os pré-socráticos, ao inaugurarem o pensamento filosófico e o pensamento ocidental, defrontaram-se com a necessidade de determinar o ponto de partida e várias teorias e correntes foram sendo formuladas, pelos milésios, a partir do século VI a. C., TALES, ANAXIMANDRO e ANAXIMENES e seus sucessores, PITÁGORAS e os pitagóricos, antigos e recentes, XENÓFANES, HERÁCLITO e PARMÊNIDES, SÓCRATES, PLATÃO e ARISTÓTELES, ZENÃO DE ELÉIA, MELISSO DE SAMOS e EMPÉDOCLES de AGRIGENTO[69]. A mesma perplexidade se renova ao

---

[66] Ralph A. NEWMANN, **Equity in the world's legal systems** (Bruxelles : Bruylant, 1973, 'introduction', p. 15); Charles de VISSCHER, **De l'équité dans le règlement arbitral ou judiciaire des litiges de droit international public** (Paris : Pedone, 1972, esp. pp. 83-84) enfatiza "les aspects multiformes de l'équité."

[67] V. MAROTTA RANGEL (art. cit., Tessaloniki, 1989, loc. cit., n. 3, e nota 6, p. 938) : « Étant une notion d'un caractère 'amorphe' et 'complexe', prise parfois en des sens contradictoires, l'equité ne serait même pas susceptible de définition » ; cita : « D'après C. JENKS, **Law in the world community** (1967, p. 10), l'equité a même une 'amorphous quality', sans avoir la consistence institutionnel necessaire 'to crystalize principles into clear-cut obligations'. »

[68] Antoine FAVRE, **Principes du droit des gens** (Fribourg : Libr. de droit et de jurisprudence / Éd. interuniv., 1974, cap. iv, 'la règle du droit des gens', item 18, n. iii, 'équité', pp. 292-294).

[69] A referência de base em relação aos pré-socráticos permanece H. DIELS- W. KRANZ, **Die Fragmente der**

longo do tempo, em várias correntes de pensamento e autores diversos, e chega aos dias de hoje. Mas é preciso resistir à tentação fácil de embarcar em digressão amadorística sobre o nascimento da filosofia e a construção da ciência.

Pode-se, contudo, guardar o sentido comum: a perplexidade e a necessidade de formular perguntas gerais[70]. Dentre as quais as questões da apreciação da beleza e da busca da verdade.

A busca de ordem, em meio à sucessão de casos aparentemente isolados e fortuitos, de critério, de modo ordenado de ação. A construção de ordem social, em determinado agrupamento humano. Novamente, aqui, é preciso resistir à tentação fácil de embarcar em digressão a respeito da formação do estado e dos fundamentos deste. Boa parte da história, toda a teoria geral do estado, doravante denominada oficialmente ciência política se dedica a essa busca e várias são as explicações possíveis para tal propósito. Ter presente, sem adentrar essa outra seara. Novamente, cabe manter a distância e guardar o sentido. A busca tem objeto específico.

Interessante a contraposição entre PLATÃO e GRÓCIO desenvolvida por Werner JAEGER, em relação à questão da guerra e da conduta desta, pelos estados[71]. Ainda na obra **De jure belli ac pacis,** escrita no século xvii, pelo grande hu-

Vorsokratiker (1ª ed., Berlim, 1903, 2 vols; 2ª ed., Berlim, 1934-37, 3 vols.), pelo qual foi feita a edição francesa **Les présocratiques** (ed. établie par Jean-Paul DUMONT et al., Paris: Gallimard – Pleiade, © 1988, impr. 1989). Não posso deixar de referir: Werner JAEGER, **Paideia: a formação do homem grego** (trad. de Artur M. PARREIRA, São Paulo: Martins Fontes, 1979), Wolfgang SCHADEWALT, **Die Anfänge der Philosophie bei den Griechen: Die Vorsokratiker und ihre Voraussetzungen** (*Tübingen Vorlesungen Band 1,* unter Mitwirkung von Maria SCHADEWALT, herausgegeben von Ingeborg SCHUDOMA, Frankfurt: Suhrkamp, 1978), **Die Anfänge der Geschichtsschreibung bei den Griechen: HERODOT - THUKYDIDES** (*Tübingen Vorlesungen Band 2,* unter Mitwirkung von Maria SCHADEWALT, herausgegeben von Ingeborg SCHUDOMA, Frankfurt: Suhrkamp, Erster Auflage, 1982, 3. Aufl, 1990), **Die frühgriechische Lyrik (und PINDAR)** (*Tübingen Vorlesungen Band 3,* unter Mitwirkung von Maria SCHADEWALT, herausgegeben von Ingeborg SCHUDOMA, Frankfurt: Suhrkamp, Erster Auflage, 1989), **Die griechische Tragödie** (*Tübingen Vorlesungen Band 4,* unter Mitwirkung von Maria SCHADEWALT, herausgegeben von Ingeborg SCHUDOMA, Frankfurt: Suhrkamp, Erster Auflage, 1991).

[70] Aponta Bertrand RUSSELL **História do pensamento ocidental** (trad. Laura ALVES e Aurélio REBELLO, São Paulo: Ediouro, 2003, p. 26): "fazer perguntas gerais é o início da filosofia e da ciência. Então qual é a forma dessas perguntas? No sentido mais amplo, elas correspondem à busca de uma ordem naquilo que, para o observador casual, parece uma série de eventos fortuitos e acidentais. É interessante notar de onde deriva pela primeira vez a noção de ordem. Segundo ARISTÓTELES, o homem é um animal político. Não vive isolado, mas em sociedade. Mesmo no nível mais primitivo, isto envolve algum tipo de organização e a noção de ordem brota desta fonte. A ordem é, antes de tudo, a ordem social. Algumas mudanças regulares que ocorrem na natureza, como a seqüência do dia e da noite e o ciclo das estações, foram descobertas, sem dúvida, há muito tempo. Contudo, foi à luz de alguma interpretação humana que essas mudanças puderam ser compreendidas pela primeira vez."

[71] Werner JAEGER, **Paideia** (ed. cit., 1979, pp. 781-2), observa (nota 296): "Para Hugo GRÓCIO, o capítulo da **República** de PLATÃO sobre o direito da guerra constituia, naturalmente, um documento da maior

manista e pai do moderno direito internacional, Hugo GRÓCIO reconhecia como não contrário à natureza o direito de escravizar os inimigos, em caso de guerra[72].

Na opinião de GRÓCIO só o Cristianismo conseguiu o que o SÓCRATES platônico em vão pregara aos gregos, como preceito do instinto nacional de auto--conservação. Mas o próprio GRÓCIO observa, também os maometanos seguiam essa mesma regra de direito internacional, nas lutas contra povos da sua religião.

Devemos, portanto, generalizar a sua tese no sentido de que não foi o estado antigo nem tampouco a idéia nacional do século iv aC., mas sim a comunidade de fé das religiões universais, que se estendia a povos diversos, a que suscitou os fundamentos que possibilitaram a realização parcial dos postulados de PLATÃO. Essa base religiosa era mais ampla que a da própria nação, para que se estatuíam as regras platônicas. Sem embargo, tinha certa afinidade com o esquema platônico, pois nem sequer ela abrangia toda a humanidade, mas se identificava com a comunidade concreta de fé cristã, ou maometana, que até na guerra continuava a irmanar os povos da mesma fé[73].

Assim se poderia chegar à visão da ordem internacional, como a composição dos interesses dos estados, visando reciprocamente assegurar-se a conservação de cada um desses mesmos estados e a reserva de suas respectivas esferas internas de atuação e de parâmetros e limites na interação entre os estados, na ordem internacional: pela mesma razão, para a beleza é preciso não somente cada coisa permaneça igual a si mesma, mas também, juntas, estabeleçam recíproca comunhão, cada uma segundo as próprias propriedades. Esta seria a formulação ideal do bom e justo no contexto internacional.

Ainda se poderia lembrar a lição do poeta inglês John KEATS no sentido de ser a beleza algo que traz eterna alegria – *"a thing of beauty is a joy for ever"*.[74] KEATS retoma a formulação de PLATÃO, ao exclamar ser a beleza verdade e a verdade,

---

autoridade".

[72] Hugo GRÓCIO, **O direito da guerra e da paz** (intr. Antonio Manuel HESPANHA, trad. de Ciro MIORANZA, do original **De jure belli ac pacis**, col. clássicos do direito internacional, Ijuí: Ed. Unijuí, 2004, 2 vols.), no final do capítulo "de jure in captivos", GRÓCIO cita o historiador bizantino GRÉGORAS, como testemunho de que os romenos e tessálios, os ilírios, os povos tribais e os búlgaros, em virtude de longa tradição e graças à sua comunhão de fé cristã, observavam a regra de não tomar como despojo, nas guerras entre uns e outros, senão as coisas, sem fazerem das pessoas escravos, nem matarem ninguém fora da luta.

[73] Até que medida caberá a contraposição entre o interesse do estado, e a capacidade deste em aceitar limites e compromissos na ordem internacional? Mesmo que isso vise à manutenção de sua esfera de atuação, na ordem interna, ou internacional.

[74] John KEATS, *Endymion* (Bk. I, l. 1): "A thing of beauty is a joy for ever: / Its loveliness increases; it will never / Pass into nothingness".

beleza; e chega a dizer ser isso tudo o que se precisa saber: *"beauty is truth, truth beauty – that is all / Ye know on earth, and all ye need to know"*.[75]

Para encerrar este breve ensaio, sobre a apreciação da beleza, enquanto caminho para a verdade, conserve-se a assertiva messiânica de DOSTOIEVSKY, quando este afirma: "a beleza salvará o mundo". Nos tempos que correm, podem ser mais necessárias que nunca, a beleza e a verdade – questões fundamentais para a sobrevivência da humanidade.

A seguir se passa a considerar a 'busca da excelência'.

---

[75] John KEATS, *Ode on a Grecian Urn.*

Busca da excelência

> – Ma, degli uomini, non tutti possono giungere a quello, dove può arrivar uno o due.
> – Basta che tutti corrono; assai è ch'ognuno faccia il suo possibile.
> Giordano BRUNO, **De gli eroici furori** (II.342)[76]

A busca da excelência se põe em todas as áreas do conhecimento e da ação humanas, e pode ter desdobramentos específicos, segundo o modo e o campo de que se trate. Assim, alguns dados terão caráter genérico, e outros, conteúdos específicos. Aqui cabe considerar essa busca, na perspectiva do direito.

A busca da excelência pode ter as suas técnicas, mas será antes a expressão da realização de vocação e de arte, mais que ciência. A referência a Giordano BRUNO se põe, justamente, no sentido de que, "dentre os homens, nem todos podem aceder aonde podem chegar um ou dois", mas "basta que todos corram; basta que cada um faça o seu possível": a concomitância dos esforços individuais possíveis pode levar ao aperfeiçoamento do conjunto.

A soma dos absolutos pode levar ao aperfeiçoamento do relativo, enquanto conjunto? Não se põe a construção de absolutos teóricos impossíveis, mas, antes, de possíveis relativos, dosados segundo a possibilidade de cada um fazer "o seu possível". A busca da excelência será determinar o que para cada um pode constituir esse possível, e como construir essa busca (absoluta) da excelência (possível).

Aí se põe a especificidade da busca dessa dimensão, no campo jurídico: do relativo (dos resultados que podem ser atingidos), diante, também, do absoluto (da

---

[76] Giordano BRUNO, **De gli eroici furori** (Paris, 1585) (**Oeuvres completes de Giordano BRUNO vol. VII**, ed. bilingue, texte établi par Giovanni AQUILECCHIA, intr. et notes de Miguel Angel GRANADA, trad. de Paul-Henri MICHEL, revue par Yves HERSANT, Paris: Les belles lettres, 1999).

busca, onde cada um "faça o seu possível"). E cada um será a medida dessa busca da excelência. Mas sem que se remeta à relativização de todos os dados.

A assertiva filosófica de PROTÁGORAS, quanto a ser "o homem a medida de todas as coisas" se presta a muitas distorções e mal-entendidos[77]. E podem estes ser, aqui, evitados: o foco não está voltado no sentido de aumentar a controvérsia, mas de apontar rumo possível, para as trajetórias individuais, compreendidas enquanto expressão de busca de absoluto (das buscas individuais), todavia sempre passível de aperfeiçoamento, na dimensão social do direito, resultado relativo, condicionado pelo tempo histórico e pelo contexto cultural de sua implementação e das condições específicas de sua aplicação[78].

Este o sentido, no qual se põe a busca da excelência: na construção de estudo, de método de trabalho e de reflexão, pautado pelo imperativo do absoluto (ou ao menos da busca deste), no plano individual. A busca da excelência se perfaz na soma destes absolutos individuais, no plano coletivo da vida em sociedade, ou da vida entre as sociedades. A construção de vínculos será equivalente, mesmo ante a diversidade dos contextos nos quais cada uma ocorre.

A avaliação dos resultados virá, depois, se for o caso, e intervirá *ex post facto*. Ou seja, quando se fizer a avaliação, a busca estará terminada, o percurso terá transcorrido, e não mais se poderá colocar como busca (absoluta), terá sido somente a excelência (relativa). E passada.

A construção do direito, enquanto sistema, traz a dimensão de sua materialidade. Esta materialidade traz a necessidade de contemplar seus modos de aplicação e seus desdobramentos.

Ao considerar o direito, em seus modos de aplicação e em seus desdobramentos, obram os canais e os setores, em que se perfaz e se manifesta o direito, como fato do nosso tempo histórico e contexto cultural. Colocadas as bases conceituais e históricas, como e quanto se manifesta como regulação material, de que modo se exprime, concretamente, como regulador do contexto social, regulado, por meio da lei.

A partir da materialidade do direito, se coloca a aplicação deste na prática: como e quanto atua, de modo eficaz, na regulação da convivência, entre os sujeitos desse sistema de direito, de que modo se exprime, na solução de controvérsias, entre esses mesmos sujeitos.

[77] H. DIELZ e W. KRANZ, **Les pré-socratiques** (éd. établie par J.-P. DUMONT, Paris : Gallimard-Pleiade, 1988, pp. 983-1007).

[78] Segundo DIÒGENES LAÉRCIO (**Vidas**, IX.51), PROTÁGORAS teria sido o primeiro a afirmar que existem, sobre todos os assuntos, (ao menos) dois discursos opostos. Cfr. H. DIELZ e W. KRANZ (ed. cit., 1988, p. 1001).

A forma pela qual se constrói e pela qual se aplica o direito difere entre os sistemas internos de direito. A criação da legislação não se faz sempre do mesmo modo, por meio da atuação de forças e canais institucionais, distintos, em diferentes contextos históricos e culturais.

Como se concebeu e se desenvolveu, histórica e contextualmente, tem de ser previamente examinado, para poder, depois de situar as suas bases, visar, em suas manifestações concretas, os mecanismos e os campos nos quais se exprimem, por meio desse instrumental, conceitual e normativo. Como se veio a explicitar, apto a atuar de modo significativo e eficaz, sobre a realidade presente, na configuração pós-moderna.

Existe registro material de incidência e de aplicação consistentes do direito no contexto pós-moderno. Ao mesmo tempo em que ocorrem notórias violações do mesmo, e estas nem sempre serão interpretadas e reprimidas de modo equivalente.

Cabe determinar o conteúdo e o papel do direito material, no contexto pós--moderno. Materialmente, o direito não se pode compreender como sistema abstrato: não o é, nem pode ser visto e estudado no vazio intelectual, mas se terá de testar, para ter a dimensão da prática e da aplicação, sem que estas dimensões empíricas sejam contudo determinantes para o conteúdo do sistema.

A reflexão pode ser abstrata, a partir e sobre direitos concretos. A construção do direito se faz nessa vertente e perspectiva: refletir sobre os direitos, não os substitui, mas visa compreendê-los, em seus conceitos e enquanto construções intelectuais.

Pode o direito ser compreendido enquanto exercício abstrato, a partir de realidades concretas, a respeito dos (vários) direitos, enquanto sistemas, institucional--normativos. Pode o direito voltar-se para a prática, na medida em que se cotejem soluções, modos de tratar e de solucionar questões que a regulação legal da convivência social torna necessária.

O direito será pós-moderno, além da dimensão estritamente técnica, ao apontar parâmetro de implementação da norma legal, como elemento de estabilidade, na regulação do mundo, sem esquecer a inevitável diversidade e complexidade deste mundo, com suas diferenças e fraturas culturais, para a regulação eficiente da convivência entre sujeitos de direito.

A multiculturalidade será traço marcante do mundo pós-moderno e conseqüentemente também do direito, enquanto sistema, nesse mesmo tempo histórico e contexto cultural. Ai se terá o desafio de acomodar a convivência e aceitar as diferenças, na medida em que estas diferentes culturas e sistemas respeitem-se reciprocamente.

Com a citação de Giordano BRUNO se põe o parâmetro de método e de conteúdo, onde aos "argumentos de autoridade", se contraponham os de "liberdade", de respeito, as especificidades de cada uma das vocações, a observância da diversidade dos seres, e da multiplicidade das culturas, mediante o levantamento das referências sociais e de valores, que informarão a criação e a aplicação das normas. Contudo, deve e tem o trabalho de manter-se dentro dos limites de disciplina jurídica, como dados indispensáveis, enquanto ferramentas para que o trabalho de construção do direito possa ter continuidade.

Será este processo desenvolvido segundo enfoque pós-moderno, na medida em que se viabiliza e se facilita retomar e prosseguir a partir das fontes, e como e em que medida poderão estas mostrar-se úteis para outros esforços, sejam estes na mesma direção e sentido, ou opostos. O diálogo com as fontes permite resgatar o que pode ser útil do passado, para a construção do futuro.

O direito, no contexto pós-moderno, pode e deve ser o modo de regular a convivência entre distintas visões e modos de solução da regulação das questões sociais e controvérsias entre sujeitos e agentes, quer nos respectivos planos internos, como internacional. O diálogo e a compreensão recíproca, não somente enquanto expressões de *comitas gentium*, de dados de "cortesia internacional", mas, concretamente, de modo a ensejar enxergar o outro, e os outros, respeitar a diversidade de escolhas e de caminhos, o que se torna imperativo, com o papel crucial a ser desempenhado pelo direito internacional, como meio e modo de evitar o recurso à violência, e ao uso direto da força, por estados, como por pessoas e grupos, sob pena de comprometer o funcionamento institucional da sociedade internacional.

Neste contexto pós-moderno se reafirma a convicção quanto à necessidade, o papel e o alcance do direito, enquanto conteúdo material, no tempo histórico e no contexto cultural presentes, ao apontar o que possa ser o direito, enquanto ferramenta, no contexto da pós-modernidade, tal como hoje se vive e se põe: imperativo de convivência entre sociedades humanas e suas superestruturas políticas estatais. Na construção das premissas, colocam-se suas formas de implementação.

À luz do tempo histórico e do contexto cultural presentes determinam-se quais podem ser e como podem ser os fundamentos do direito, como sistema, simultaneamente formal e material, no contexto pós-moderno. A construção de formas de vida se faz à escala humana. As mutações das sociedades como conjuntos dinâmicos, não se fazem nem somente pelo jogo das assim chamadas forças sociais, nem tampouco pela obra e ação de indivíduos.

A materialidade do direito, no contexto pós-moderno se exprime nos modos de construção e aplicação destes direitos, por sua vez, direitos (internos) e direito (internacional), ou mesmo se poderia dizer 'internacionais', o que traria elementos adicionais de complexidade e de interação entre sistemas. De nada adianta manter a discussão, a respeito do direito e de suas interações polissêmicas como sistema regulador da vida social, se não se atentar para a dupla condição de sistema simultaneamente material e formal, como ilustraria o direito internacional pós-moderno, no plano do debate teórico.

Pode haver espaço para a discussão teórica e a avaliação acadêmica do que seja, como seja, onde e de que modo se forme, se aplique ou se transforme o direito. Cabe ter claramente delimitada a separação de competências: no meio acadêmico em boa parte se analisará o direito, também o direito internacional, e também o será o direito comparado, no contexto pós-moderno.

O direito, enquanto sistema normativo positivo, não se cria no meio acadêmico. Quando as teorizações passam a se ver adotadas como políticas públicas, destas se extraem parâmetros e normas, para regular a futura atuação, dos sujeitos de direito. Mas, ai já se deixou o contexto acadêmico e se passou à formulação da política, enquanto reguladora da vida social.

Seria inútil e tautológico dizer que a construção do direito pode ser tão limitada quanto a política, e possa ser igualmente motivado, e marcado por questões que não se podem erigir em princípios, nem tampouco pretender erigir em imperativos categóricos kantianos, no sentido de poder transformar em regras passíveis de aplicação universal, para a proteção e a consecução dos interesses do maior número possível dos cidadãos. Na construção do direito não se podem separar os planos material e formal, que, contudo, diferem pela sua natureza, mas por seu âmbito de aplicação.

Pode-se conservar essa distinção entre o meio acadêmico e a prática, como delimitação de trabalho. Sem adentrar em debates, que podem ser suscitados em outros contextos. Serve como parâmetro de delimitação, para excluir o desvio de foco e estar presente no exame da materialidade do direito, no contexto histórico e cultural pós-moderno.

A materialidade do direito, no contexto pós-moderno se exprimirá nos meios e modos pelos quais este se aplique. A existência e funcionamento deste direito não podem ficar totalmente submetidos ao controle da vontade e da aceitação pelos sujeitos, no plano dos estados, mas se põe como o grande desafio, no plano do direito internacional, no sentido de o dotar de conteúdos materiais, que sejam aceitos como normas gerais de caráter vinculante (*jus cogens*).

A existência, materialmente objetiva, do direito internacional pós-moderno traz a conseqüente aceitação da existência e operação do direito comparado, como vetor de exame e de aferição da adequação conceitual e sistêmica das normas dos direitos internos como do internacional pós-moderno, independentemente da vontade e da aceitação de determinado estado, em determinada situação. Como e quanto isso assim se verifique ainda pode apresentar-se como objeto de controvérsias.

Toda a discussão a respeito das normas cogentes de direito internacional pós-moderno, o conteúdo e a extensão da aplicação destas se reflete nesse mesmo debate[79].

As reminiscências de dualismo que porventura ainda circulem não estão excluídas, mas deverão ser cuidadosamente circunscritas. O problema não está no fato de tenha tido aceitação, no final do século XIX e no começo do século passado, a concepção dualista: mas, sim, no fato de ainda poder haver quem defenda tais concepções, mesmo se atenuadas pela qualificação do que se poderia chamar 'dualismo moderado'. Na época de ANZILOTTI e TRIEPEL pode ter sido moeda corrente: surpreende que, em alguns grotões culturalmente insulados, ainda possa permanecer moeda em curso legal. Recorrência de visões tanto política quanto culturalmente obsoletas. Mas nem por isso desCartadas.

O direito internacional como base de regulação política mundial: ao mesmo tempo tautologicamente verdadeiro e utópico. Charles de VISSCHER advertia quanto à necessidade de "deixar à política o que o direito se mostra incapaz de ordenar".[80] Essa constatação se põe como confissão de limite, e questão de adequação, entre meios e modos: "é perfeitamente vão atacar o direito, em razão da impossibilidade em que se está de nele encontrar apoio, para reivindicações sem fundamento jurídico".[81]

Verdadeiro na medida em que por meio do direito internacional exprimem os sujeitos de direito internacional a expressão de seu consenso, de suas vontades concertadas, mediante tratados, ou mediante a consolidação de costumes, enquanto normas,

---

[79] Cf. a respeito, P. B. CASELLA, **Fundamentos do direito internacional pós-moderno** (com prólogo de Hugo CAMINOS, São Paulo: Quartier Latin, 2008, esp. item ix, 'busca do fundamento e norma cogente de direito internacional'); Eduardo Correia BAPTISTA, *Ius cogens* **em direito internacional** (Lisboa: Lex Ed., 1997) e Robert KOLB, **Théorie du** *ius cogens* **international: essai de relecture du concept** (Paris: PUF / publications de l'IUHEI, Genebra, 2001).

[80] Charles de VISSCHER, **Théories et réalités en droit international public** (Paris : Pedone, 1953, p. 344) : « il faut laisser à la politique ce que le droit est impuissant à ordonner ».

[81] Ch. de VISSCHER (op. cit., 1953, p. 372-373) : « il est parfaitement vain de s'en prendre au droit de l'impossibilité où l'on est d'y trouver un appui pour des revendications sans fondement juridique. »

de direito internacional geral, em relação às quais se consolide norma objetiva, não passível de modificação, exceto por outra, de natureza e alcance equivalentes.

Utópico poderá ser considerado o direito comparado, na medida em que não se põe dentre as estabelecidas bases de regulação das principais questões da vida em sociedade, nem tampouco muitas das principais questões controversas, mas atuam outras forças (não internacionais) e critérios (não jurídicos). Ante tais evidências, o direito comparado limitar-se-ia ao papel de especulação teórica, e exercício crítico meramente conjuntural, no sentido de reduzir a termo o que se decidiu ou se impôs, pela política ou pela conjugação das forças sociais – como continuação da política por outros meios – seja esta oriunda de meios internos como internacionais, ou reunindo elementos de ambas.

Será, contudo, justamente necessário ir além das mais comezinhas visões da utilidade do direito enquanto sistema normativo empírico e reduzido à sua função de regulador social, para que se possa pretender fazer ciência jurídica. O direito comparado se põe nessa vertente: há de se pensar o direito, enquanto sistema e enquanto convivência entre sistemas, para que se possa alçar além dos dados mais comezinhos do dia-a-dia, do que é necessário, para a vida social, mas não esgota todas as dimensões do direito, também enquanto indispensável especulação jurídica.

No final do século XIX o movimento de unificação do direito começa justamente a partir das questões de normas de conflito, porquanto estas, simultaneamente, eram necessárias e urgentes, e se apresentavam como menos ameaçadoras para as soberanias nacionais, sem tocar no conteúdo dos direitos materiais. A partir daí a matéria teve evolução relevante, e desdobramentos para diversos outros campos jurídicos. Torna-se presente e necessária, como reflexão à guisa de 'controle de qualidade', do direito enquanto norma e enquanto sistema.

Não cabe buscar o direito comparado como ciência autônoma, e tanto mais porque o direito, como todo, não se põe como tal, mas antes como técnica de regulação social para a consecução dos fins determinados pela política, como via o KELSEN tardio. O direito comparado terá o seu papel e a sua ação enquanto elemento de reflexão sobre a gênese e o desenvolvimento do direito, enquanto sistema, como todo, e das conseqüências deste, aplicadas à regulação da vida em sociedade.

A excelência se põe, justamente, em focar o ponto de intersecção entre o absoluto (da busca) e o relativo (dos resultados), como especificamente ilustra a construção do percurso vital de cada um, mas todos estes socialmente integrados. Estes dados humanos, de história de cada um, confluirão para dimensão social, por sua natureza e seu conteúdo, muito além da mera dimensão econômica, para se completarem com transformações jurídicas, tanto nos dados correntes, quanto nas mutações estruturalmente inovadoras.

Nessa vertente se põe a busca da excelência como contribuição específica do trabalho de cada um – e essa busca individual há de pautar-se pelo absoluto de fazer cada um "o seu possível". Enquanto isso, espera-se possa vir a fazer escola entre nós, a busca da excelência, no momento em que se enfatiza a interação entre a dimensão individual e a social.

Essa dimensão social exprimir-se-á na necessidade da reflexão a respeito dos rumos e dos conteúdos do direito como todo, e dos desvios que este, enquanto repositório de cada sociedade, pode padecer. O que, por sua vez, remete à soma das trajetórias individuais.

A criação de massa crítica de reflexão sobre o direito, por meio de estudos comparados e da confluência deste direito, como direito geral e como direito para a integração, na sociedade e das sociedades, entre si, pode permitir alçar a visão além dos desmandos dos partidos nos atuais governos, para vislumbrar planos de concepção de sistemas normativos institucionais e normativos, em si e entre si, mais voltados para o fim último, de todo o direito e de todo governo: a dignidade humana e a realização desta, por meio da vida em sociedade.

Dizer que tal anseio seja utópico (enquanto dado desvinculado da realidade) não o pode privar da validade (enquanto busca da excelência). Exceto se aceitarmos como imperativo de construção da convivência a total desumanização da vida e da sociedade.

Aí se terá feito a inversão dos valores: o homem, de sujeito, vê-se reduzido a objeto. E o sistema, enquanto estrutura formal – superestrutura? – se porá como fim e não como meio.

A busca da excelência, no plano jurídico, se põe como esforço, voltado para o absoluto, enquanto soma e conjunto das trajetórias individuais, como estudo, como método e como trajetória, cada uma das quais de inexorável caráter individual. Mas cada uma destas buscas se porá como dado relativo, diante do resultado, que transcende a dimensão individual, porque o direito não se esgota enquanto sistema teórico, de modo a se comporem em conjunto social.

A transposição do direito para a prática, em boa medida, pode deixar de ser direito – pode mesmo deixar de ser justo –, para se tornar política, maior ou menor, mais ou menos institucionalizada, enquanto dado regulador da vida em sociedade e entre as sociedades. Mas essa prática – ou práxis? – se terá de ver informada pelo conteúdo (materialmente) humano e pelos valores que acolhe em seu seio, e por meio dos instrumentos (formais) exprimirá a sua atuação.

A inserção dos valores e dos conteúdos materiais, no direito, traz a grande indagação: quem determinará quais devem ser acolhidos e protegidos, e como se fará a sua consecução? Pois, se o direito, abstraído do questionamento a respeito dos seus conteúdos, pode se tornar desumano, mais nefasto ainda poderá mostrar-se, caso se desvinculem esses valores e esses conteúdos materiais da mais estrita observância dos meios formais.

A construção do direito, enquanto ferramenta formal não pode abstrair-se da contemplação dos fins a que se destina, de pautar-se pela consecução do resultado, no mais absoluto respeito pela humanidade, pela sua unidade na diversidade, pela sua condição. O respeito pela diversidade não se põe como cortesia ou mera tolerância do conjunto em relação às especificidades individuais ou setoriais, mas como expressão da necessidade de preservação do todo, mediante o respeito de cada uma das partes, que o compõem e o congregam: o respeito a cada um e o respeito de cada um, para que se componha e se conserve o respeito do todo.

O respeito à minoria não é favor dispensado pela maioria, mas a expressão da garantia possível da proteção de todos. A interação entre o plano individual e o plano coletivo se inverte, para passar a ser a expressão da dimensão humanamente indispensável e não somente possível.

Nem todos podem aceder a tal ponto – mas basta que todos tentem, e cada um faça "o seu possível". Cada um pode chegar, de acordo com as suas possibilidades, à sua meta particular[82].

Nesse ponto se dará a interseção entre os planos individual e social da busca da excelência, enquanto construção humanamente possível (relativa), condicionada, histórica e culturalmente, ao mesmo tempo em que vislumbre a dimensão dos fins

---

[82] Rodolfo MONDOLFO, *A ética e o progresso da humanidade* no ensaio *Giordano Bruno* (in **Figuras e idéias da filosofia da renascença**, 1954, trad. Lycurgo Gomes da MOTTA, São Paulo: Mestre Jou, 1967, pp. 37-104, cit. p. 89): "no curso da história da humanidade, BRUNO vê realizar-se o infinito progresso, que para ele é um incremento contínuo, quantitativo e qualitativo, ao mesmo tempo do espírito humano. O industrioso labor a que esse espírito é impelido, incessantemente, por sua capacidade interior de desenvolvimento, e pelo aguilhão da necessidade, cria – se o espírito não se entregar à inércia e à morte, como ocorre nas épocas de estagnação e retrocesso – a formação do mundo da cultura, da conquista da verdade, filha do tempo, isto é, o processo, quase divino, do progresso humano". Ainda de R. MONDOLFO, *A idéia do progresso humano em Giordano Bruno* (no mesmo volume, **Figuras e idéias**, 1967, pp. 225-231), bem como R. MONDOLFO, **En los orígenes de la filosofia de la cultura** (Buenos Aires: Iman, 1942) e **El infinito en el pensamiento de la antigüedad clásica** (Buenos Aires: Iman, 1953).

a que se destina, na proteção da dignidade da humanidade (enquanto absoluto). E essa busca tem de se manter humana, dentro do humanamente possível e viável.[83]

A seguir se passa a considerar a 'contaminação da irrelevância'. Como dado em relação ao qual cada um tem de manter a sua atenção, para preservar o essencial.

---

[83] Para evitar dar razão à advertência de Carl SCHMITT, no sentido de que quem se vale da invocação da humanidade estará imbuído da intenção de fraudar a sua argumentação. Ou seja, parece querer negar que se possa invocar a humanidade para a proteção desta como todo, e não como expediente para a intenção escusa do agente, autor da invocação.

contaminação da irrelevância

> It seems I must buy knowledge with my peace
> W. B. YEATS, *The gift of Harun Al-Rashid* (1923)[84]

A contaminação da irrelevância seria o reflexo dos tempos que correm, da massificação do conhecimento e da indeterminação dos rumos da ação humanas, onde se tende a confundir *volume* e *conteúdo*, e *quantidade* de informação com *qualidade* desta. E é preciso distingui-las. Mas como?

Por isso, a lição do poeta YEATS, quanto a se comprar conhecimento pagando-o com a paz e deste lamentar: *How much wisdom wasted as knowledge / How much knowledge wasted as information* – "quanta sabedoria se desperdiça como conhecimento", "quanto conhecimento se desperdiça como informação". Esse processo é aqui chamado de 'contaminação da irrelevância'. E pode ser evitado, com alguns cuidados básicos.

Dentre os parâmetros possíveis para mensurar a condição da participação social encontra-se a assim chamada 'inclusão digital', ou seja, quem não estiver conectado digitalmente estaria fora do mundo. Algo tão taxativo e excludente como a pretensão veiculada, em tempos passados, de expressão hegemônica da inserção por meio da religião institucionalmente organizada, na frase *extram ecclesiam nulla salvatio* (fora da igreja não há salvação).

Como é possível pretender que Deus possa aceitar condenar à exclusão qualquer de seus filhos somente por não estar filiado a determinado 'clube' confessional, institucionalmente organizado? Essa é a grande questão da interferência institucional humana, na relação entre Criador e criatura.

---

[84] William B. YEATS, **Collected poems** (1st. ed. 1933, London: Macmillan, reprint, 1987, "*The gift of Harun Al-Rashid*" (1923), pp. 511-519, cit. p. 518).

Se determinismos de tal ordem não mais se aceitam, fora dos círculos fundamentalistas os mais exacerbados, trocou-se o contexto de expressão do extremismo pela questão da assim chamada *inclusão digital*. Esta como a religião, não é mal em si: depende de como seja usada, para o bem da humanidade e para o progresso e o perfazimento dos dons que cada um recebeu.

A contaminação da irrelevância, como aqui chamada, seria a expressão deste nosso mundo, onde a *inclusão digital* se põe como imperativo categórico – ou seja, como se não pudesse haver vida inteligente fora da Internet. Esta se apresenta como ferramenta extraordinária, de acesso à informação, por permitir, em segundos, alcançar e percorrer milhares de chaves de entrada a campos e dados sobre os temas os mais variados, praticamente tudo o que se possa imaginar – e mais um pouco – mas, ao mesmo tempo, a essa *informação* não vem acoplada a *formação*: ou seja, ninguém ensina *como* deva ser utilizada a ferramenta, para que se possa fazer a pesquisa e contribuir para aprendizado eficaz e durável.

Com a pletora de informação e a falta de critério para a sua utilização, fica-se a meio caminho, entre não-saber e saber que não se sabe. Como o semi-analfabeto.

O semi-analfabeto pode ser muito mais perigoso que o totalmente analfabeto, porquanto este, com a presença dos limites com os quais é obrigado a conviver, não poderá deixar de saber até onde pode pretender ir; ao semi-analfabeto, por sua vez, pode parecer que, conhecendo os rudimentos, tem tudo o que precisa para manejar o conhecimento e, abertos os caminhos, pode mesmo chegar a presidente da república, e imbuído de sua ignorância, querer impor como bom e adequado o modelo da falta de discernimento. Querer a todos nivelar por baixo.

Isso, de perto, conhecemos, e podem ser apontados alguns exemplos recentes e notórios, não somente entre nós, mas não se trata deste tema, aqui. Aviltar o conhecimento nos rebaixa a todos, enquanto seres humanos, e sobretudo nós, universitários, nos veríamos esvaziados de foco e de propósito. Isso se chama de contaminação da irrelevância.

Esta contaminação da irrelevância seria a condição, para todos presente, do risco de se deixar levar pelo acúmulo de dados, sem saber o que fazer com eles. A cada 'toque' (*click*) podem ser 'baixadas' (*downloaded*) milhares de páginas de dados a respeito de cada tópico ou tema que se puder imaginar. Assim por que e como fazer, ainda, 'pesquisa' em 'livros'? É possível, ainda, precisar subir e descer escadas, para retirar volumes de estantes empoeiradas, e, depois, sentar-se à mesa, com livros? Para percorrê-los, virar as páginas com os dedos, enquanto os olhos lêem? Os olhos – as janelas para o mundo – permitem que a informação seja transmitida em conexão direta para o intelecto.

Sim, por mais surpreendente que possa parecer, ainda existe e se faz 'pesquisa', com 'livros impressos' e isto em 'bibliotecas'. E esse aprendizado é indispensável.

Muitas e várias digressões sobre a relação com os livros e quanto isso pode ter de espécie de 'loucura mansa', poderiam ser encetadas. O que, em certa medida, pode ser verdade. Mas, existem vícios piores, e mais anti-sociais que os livros. E, ademais, não é este o tópico.

A questão se põe no sentido de ser, assim, premissa inquestionável da necessidade de inserção digital – *fora da Internet não há salvação!* – e ao mesmo tempo em que se garanta o acesso a esta, e assim, assegurado o título de cidadania, no mundo virtual, o que fazer com todos os milhares de dados que, a qualquer tempo, podem ser obtidos sobre qualquer tema? Como saber o que é relevante? Não somente para a salvação da alma, mas mesmo sobre assuntos mais prosaicos, do dia-a-dia da vida e dos homens?

Não se trata nem teria qualquer cabimento pretender rejeitar a ferramenta – a Internet – mas de tentar utilizar esta para fim de informação e de formação. Que seja esta a ferramenta e que nós saibamos utilizá-la a nosso serviço, e não ocorra o inverso: para que não sejamos nós a ferramenta, e não passemos a ser usados por ela.

A mesma advertência vale, em relação a todas as outras coisas que podem nos escravizar: a moda, o dinheiro, o cigarro, a bebida, e tantas coisas que estão por aí. Podem ser dados da vida, ou podem ser dados para a destruição. A questão será manter o equilíbrio entre cada um e cada uma dessas coisas: quanto estarão em nossas vidas, quanto nos faremos dependentes ou conscientes, e em que momentos se pode deixar de estar 'conectado'.

Em boa medida dependerá de nosso consentimento: as coisas e as pessoas entrarão em nossas vidas até o ponto que permitirmos. Sermos invadidos e sermos manipulados pode depender de nossas escolhas – ou da aparente falta delas, que compõem outras escolhas, e levarão a equivalentes resultados.

Pode ser parecida a utilização do telefone celular: em si é algo bom e positivo. Pode parecer surpreendente que há vinte anos as pessoas conseguiam viver e se organizar sem telefone celular. Todos viviam, trabalhavam, tinham vida social e lazer, sem telefone celular. Surpreendente, mais existia.

A presença e o funcionamento destes aparelhos pode ser conforto e comodidade. Pode ser ferramenta. E esta pode ser útil para o conforto e a comodidade da vida.

Pode, igualmente, o telefone celular ser sinal e sintoma da contaminação da irrelevância, para tornar-se a expressão mais corrente da tirania da mediocridade e da falta de educação: pode tocar, em qualquer lugar e a qualquer momento. Seja em meio a velório ou a concerto, seja à mesa ou em meio a uma aula.

A culpa é do telefone celular? Não, a responsabilidade é toda de quem se serve da ferramenta sem ter os parâmetros conceituais adequados para a sua utilização. Saber que há momentos e há lugares em que devam ou não ser usados. Sem que seja preciso passar por constrangimentos nem os causar a outros.

A propósito de discernimento no uso de telefone celular e do risco de contaminação da irrelevância está dado o recado: evite ter de passar pelo constrangimento de esquecer o seu brinquedinho ligado e ter de "pagar o mico" de fazer parar a sala inteira de aula. Para ainda agüentar a gozação de colega, ou do professor, que venha a 'soprar' a resposta: *"não posso falar agora; estou no meio da aula!"*

A contaminação da irrelevância se dá em relação ao manejo da informação e do conhecimento: é preciso saber utilizar esta informação e este conhecimento, como qualquer outra ferramenta. A questão se põe na linha do que fazer com coisas, intrinsecamente boas, mas que devem, cada uma, ser vistas e insertas, no contexto da vida, e da destinação que a elas cabe, e isso, sempre, e mais uma vez, no contexto da vida, de cada um de nós, e da inserção, de cada um, no contexto da sociedade.

É preciso contar com as ferramentas, que pudermos ter, para viver do modo melhor e mais adequado: ninguém – exceto alguns casos específicos, de que não se trata considerar aqui – pretenderá rejeitar a luz elétrica, o automóvel e o avião, a telefonia, e, em geral, as telecomunicações, bem como a anestesia para tratamentos dentários ou operações, ou o uso de medicamentos analgésicos, para aliviar a dor, ou de antibióticos, como meios auxiliares para curar determinadas doenças.

Os casos de rejeição deliberada e intencional a todos estes dados da vida moderna nos levariam longe e para fora do contexto presente. Mas todos devem ser vistos como dados *da* vida e *para* a vida, podem ser úteis para contribuir para a nossa vida e conforto – mas, depende de cada um, não nos deixarmos escravizar, e fazer obsessão do que deve existir e ser usado por nós e para nós e não o inverso, em que nós sejamos usados e instrumentalizados.

A contaminação da irrelevância é o alerta em relação ao que corre, enquanto risco de se perder de vista a dignidade e a importância da condição humana de cada um, em favor de vender a 'alma ao diabo', deixar-se escravizar, deixar-se instrumentalizar, para ter o último modelo de carro, de telefone celular ou qualquer outro brinquedo eletrônico – cujo prazo de validade mais e mais se aproxima da categoria de 'produtos perecíveis', como os produtos lácteos: dura tão pouco a alegria do último modelo de telefone celular que agrega vinte e tantas outras funções, como leite fresco, em poucos dias vira 'coalhada'. Não dura quase nada; logo fica superado ... Por isso, aprenda a não colocar a sua alma nas coisas que passam, para não perder as que não passam!

A contaminação da irrelevância se põe em relação ao discernimento para o uso da informação: é preciso ter acesso a ela; é preciso assegurar a inserção digital ao maior número possível de pessoas no planeta; é bom e útil contar com o acesso à informação. Mas é preciso saber usá-la, como quase todas as coisas da vida: podem ser úteis em si, mas podem se tornar pesadelo e problema, quando inadequadamente utilizadas. Nisso se põe questão de formação, ou se pode dizer, de educação: é preciso saber usar as coisas da vida, e saber qual papel podemos e devemos deixar que tenham em nossas vidas.

A citação do trecho do poema a respeito da necessidade de se gastar a paz, para se alcançar o conhecimento, suscita a necessidade de se fazer a distinção entre os domínios da 'sabedoria', do 'conhecimento' e da 'informação', e esta, justamente, pode ser parâmetro para orientar essa questão da contaminação da irrelevância: qual medida? Justamente aí se pode ter indício a respeito da forma de cuidar do acesso à informação sem perder de vista para que esta sirva.

Cabe considerar os três termos. Em seguida, tirar algumas conclusões a respeito.

A *informação* é o dado. Em si, vale pelo que vale. Pode ser mais ou menos completa, mais ou menos atualizada. Pode haver acúmulo ou falta desta. Pode ser coletada, pode ser armazenada, pode ser transmitida, dos modos os mais diversos.

O *conhecimento* se dá mediante a interligação entre dados de *informação*. Na medida em que se conectem os dados, pode-se alcançar outra etapa e chegar ao que se chame conhecimento. Este, por sua vez, pode ser mais ou menos profundo, pode ser mais ou menos próximo da realidade, pode ser qualificado de várias formas e de vários modos, mas se caracteriza, aqui, como a interligação entre dados de informação, para que componha todo ordenado e tendente a ser orgânico.

A *sabedoria*, por sua vez, traz etapa adicional de interligação. A passagem da informação para o conhecimento requer a interligação entre dados, para permitir a mudança qualitativa destes, para outro patamar, o conhecimento. Para que o conhecimento possa ser qualificado como sabedoria será preciso que este seja interligado à vida.

Poderá ser sabedoria o conhecimento que se inscreva no conjunto da vida e repercuta nesta, de modo a desenvolver a sua realização e seu aperfeiçoamento. A sabedoria poderá ocorrer onde haja conjugação entre o conhecimento e a vida, e voltado para o bem desta e do sujeito cognoscente, aquele sujeito, o agente, que conhece e estuda: onde haja interação entre a informação e a interligação destas unidades, multiplicadas, mas não desordenadas, sob a forma de todo tendente a ser orgânico, de tal modo que permita aceder ao patamar de conhecimento e deste, por sua vez, quando puder ser interligado com a vida, poder-se-á aceder à sabedoria.

Para combater a contaminação da irrelevância a receita será a sabedoria. E onde encontrar esta? Além do título de sucesso editorial recente, obra de divulgação de fácil digestão[85].

Não há receita pronta. A sabedoria se há de construir. E isso se pode fazer, como desfazer, diuturnamente, ou seja, sempre e a cada dia um pouco.

A sabedoria pode ser construída a partir da informação. Portanto, bastaria acumular informação, para alcançá-la? Pronto, está dada a chave da solução do problema? Não será tão simples assim.

A informação não somente em si, como fluxo ou como volume acumulado. Mas a informação que se integra, a que se congrega, para que possa fazer sentido. E o sentido depende de quem maneje a informação e a faça funcionar, a interligue em vários todos maiores e mais abrangentes. Quem sabe, possa chegar o conjunto de informação a compor base de conhecimento.

A mutação qualitativa da *informação* para o *conhecimento* se faz mediante a *formação*, a *educação* será o termo corrente, para designar esse processo de 'gerenciamento' e de atribuição de sentido a conjuntos mais ou menos amplos de *informação*: o discernimento, o critério, a construção do todo orgânico, do conjunto ordenado, que possa fazer sentido, como *conhecimento*.

O estudo e a pesquisa intervêm aqui. Para que se possa passar da *informação* para o *conhecimento*. E para isso servem os anos de escolaridade. Do ensino fundamental ao último ano possível de ensino formal, sob a forma de cursos de pós-graduação. Podem ser ferramentas para aceder ao *conhecimento*: para aprender a manejar e a ordenar conjuntos de *informação*, de modo que estes se transmudem em *conhecimento*, mediante o estabelecimento de interligações entre os dados. De tal forma que se agregue ao volume de *informação* a qualidade que transforma esse volume em *conhecimento*.

A construção do *conhecimento* pode ser a obra de uma vida. E sempre terá de ser renovado. E sempre poderá ser aperfeiçoado. E sempre terá de ser revisto e repensado. E sempre será preciso questioná-lo.

---

[85] Harold BLOOM, **Onde encontrar a sabedoria?** (do original **Where shall wisdom be found?** © 2004, trad. José Roberto O'SHEA, rev. Marta M. O'SHEA, Rio: Objetiva, 2005, 320 pp.).

Conhecimento é mais do que aprender a preencher formulários. Como parecem pretender algumas faculdades e institutos de 'ensino' – que se opõem ao conhecimento, ao venderem a imagem de enfoque 'prático' e voltado para a utilização direta pelo mercado. Este é enfoque mesquinho e reducionista a respeito do papel do conhecimento para o conjunto da vida humana, e do valor do conhecimento, para a vida em sociedade. E para o aprendizado das relações entre sociedades.

Conhecimento é mais amplo que os processos de aprendizado automatizado. Exige reflexão a respeito da *informação* que se absorva. Para que estas informações, ao se conjugarem, possam fazer 'sentido'. A busca do sentido poderia ensejar muitas indagações, mas não será aqui possível encetar considerar.

É preciso saber fazer a construção do *conhecimento*, com humildade e com discernimento. Com respeito pelo trabalho feito pelos que nos precederam. Podem ter havido motivos, para que as coisas se tenham feito como foram, em outros tempos e contextos.

É sempre preciso falar e tratar com cuidado a contextualização do *conhecimento*: a consciência do tempo histórico e do contexto cultural, no qual intervieram os dados. Não podemos simplesmente querer transpor o que nos veio de outros tempos para o nosso tempo histórico e contexto cultural, sem atentar para o fato de que as coisas podem ser vistas e compreendidas de modo diverso, segundo o tempo e o meio no qual sejam vistas e estudadas[86].

Dizer, hoje, que fora da igreja não há salvação pode parecer curiosidade histórica: mas não se pode esquecer quanta gente foi literalmente enviada para a fogueira, em nome da liberdade de pensamento. Para se poder ter, hoje, a liberdade de escolher os caminhos da vida, de cada um, no passado muitos pagaram, literalmente, com as próprias vidas.

Essa liberdade é preciosa: nunca deixe que a tirem de você. Custou muito para a humanidade poder dispor dessa liberdade. E muitos abrem mão dela, sem sequer se dar conta.

Este é o sentido do *discurso sobre a servidão voluntária* do pensador francês do renascimento, Étienne de La BOÉTIE: escrito por um rapaz de dezesseis ou dezoito anos, e publicado em 1576, esse discurso nada perdeu de sua atualidade,

---

[86] Enfatiza a necessidade de contextualização para permitir a compreensão, a grande obra de Oswald SPENGLER, **Der Untergang des Abendlandes: Umrisse eine Morphologie der Weltgeschichte** (originalmente publicada em dois tomos, respectivamente em 1918 e 1922, nova impressão, Düsseldorf: Albatroz, 2007, XVI + 1250 pp.).

sob a incompreensível submissão dos povos a 'um só', jamais se escreveu algo mais pertinente e mais adequado.[87]

Esse risco de nos submetermos voluntariamente à servidão, de que falava La BOÉTIE (1576), permanece, apesar dos progressos técnicos. Talvez tenha sido agravado por esse mesmo progresso técnico, em razão do acúmulo e do volume de informação, a que temos acesso, a todo o momento, e que nos submerge – como triar o que é relevante?

A contaminação da irrelevância é esse fenômeno presente e que nos afeta a todos, a todo o momento. Ninguém está isento do risco de contaminação – como, tampouco, da contaminação pela gripe aviária, ou pela síndrome de imunodeficiência adquirida (ou AIDS). Pode afetar qualquer um, mas algumas precauções podem ser tomadas, a cada caso.

É preciso saber defender-se da contaminação da irrelevância, como de qualquer outra contaminação. Contaminação é o que nos afeta e nos invade, contra a nossa vontade e nossa consciência.

É preciso estar consciente. E mesmo consciente, é possível experimentar a tentação da *servidão voluntária*. De deixar-se levar pela escravidão. De deixar-se submeter a algo, em nome de alguma promessa de salvação. Que nos priva do que mais precioso tem o ser humano: a sua liberdade e a sua capacidade de discernimento.

Cada um tem o poder e o dever de encontrar, de preservar e de desenvolver essa capacidade de discernimento. A cada um segundo as suas possibilidades, e segundo os seus caminhos.

Ao se conjugar o conhecimento com a vida, poderá estar colocado o caminho para se chegar à sabedoria. Esta pode ser alcançada pelo ser humano. Não são muito numerosos os casos, mas existem e estes mostram quanto pode valer a pena o esforço.

Até porque ninguém pode ser obrigado à atividade intelectual. Pode o demagogismo governamental pretender estabelecer quotas, para este ou aquele segmento da sociedade, mas isso somente serve para esconder perguntas mais sérias – por que as 'quotas'? Não haverá distorções mais graves e mais profundas, no funcionamento da sociedade?

---

[87] Étienne de La BOÉTIE, **La servitude volontaire** (suivi de vingt-neuf sonnets et d'une lettre de MONTAIGNE à son père sur la mort d'Étienne de La BOÉTIE, mis en français moderne et présenté par Claude PINGANAUD, Paris : arléa, 2003, 110 pp.).

A contaminação da irrelevância também aí mostra os seus tentáculos. Como querer fazer por decreto a correção de disfunções da sociedade. Mas esta é outra história, que não cabe tratar aqui.

A resposta que cada um pode dar ao risco de contaminação da irrelevância está em buscar a interação entre informação – conhecimento – sabedoria. A intuição do poeta mostrou de modo conciso e claro "quanta sabedoria se desperdiça como conhecimento, e quanto conhecimento se desperdiça como informação".

Compra-se o conhecimento, ao preço do sossego. Perde-se o sossego, para aprender. Perde-se a *beata ignorância*. De quem confortavelmente acredite estar bem como está, e não precisar aprender mais.

Pode, agora, parecer mais claro? A informação seria o tijolo. Na medida em que se componham em todo ordenado, podem vários tijolos compor uma parede. Várias paredes podem compor uma casa. Aí se passaria ao patamar do conhecimento. Em seguida, ao se integrar o conhecimento à vida haveria a possibilidade de "encontrar a sabedoria".[88]

O caminho inverso também pode ser trilhado. Isso muitas vezes é referido como "jogar pérolas aos porcos" – ou como "pérolas aos poucos", joga com a velha frase Ná OZZETTI, para lhe dar novo conteúdo[89].

O caminho inverso se dará quando a sabedoria se desperdiça como conhecimento, e quando o conhecimento se desperdiça como informação. Ou seja, quando se despreza, quando se deixa de ver o quanto aquele conjunto de conhecimento, integrado à vida – o que seria *sabedoria* – somente como conjunto de informação é visto e compreendido. E, indo mais abaixo, o conhecimento pode ser menosprezado e compreendido somente como conjunto de informação, ao se esquecer que o conhecimento é mais do que banco de dados acumulados.

Para aprender a manejar e aprimorar o discernimento deveria servir a universidade. Não simplesmente para instruir como manejar um banco de dados. É preciso saber: quem alimenta os dados? Quais critérios norteiam o fornecimento destes?

Para evitar a contaminação da irrelevância, a receita pode ser simples, mas tem de ser seguida, sempre: cada vez que acessar qualquer banco de dados lembre-se da diferença entre *informação, conhecimento* e *sabedoria*. E não se esqueça de preservar a sua liberdade. Conserve a sua condição humana, no que esta tem de mais precioso.

---

[88] O já referido ensaio de Harold BLOOM, **Onde encontrar a sabedoria?** (2004, trad. bras. 2005).

[89] O CD é excelente: André MEHMARI e Ná OZZETTI, piano e voz (dezembro de 2004). A primeira faixa, *"Pérolas aos poucos"* de Zé Miguel WISNIK e Paulo NEVES (Maianga Produções Culturais). As letras das canções interpretadas neste CD estão disponíveis no site: www.naozzetti.com.br. Uma de nossas melhores cantoras.

Saiba buscar e acessar a informação. Saiba que ter a informação o livra do injusto e penoso risco da exclusão digital. Mas saiba que tem somente o início da solução. O passo seguinte será o de integrar, entre si, os dados. Para passar da *informação* ao *conhecimento*. Quem sabe, um dia, poderá chegar a patamar mais elevado de *integração do conhecimento*, com a sua vida, para atingir a *sabedoria*.

Quem tem a *informação* terá de controlar a qualidade desta – está correta? está atualizada? a fonte é segura? o tratamento dado é adequado? – e a partir daí, trabalhar a informação, para que mediante a sua formação, possa esta fazer sentido. Para isso, deveria servir, também, o ensino formal, desde o ensino fundamental até o término dos cursos de pós-graduação. Mas tudo isso ainda é somente o primeiro degrau.

Ao ordenar a *informação*, como *conjunto*, pode-se chegar ao *conhecimento*. Este, novamente, pode ser mais ou menos adequado, pode estar mais ou menos atualizado, pode ser mais ou menos seguro, pode ter fontes mais ou menos confiáveis. O *sentido* será atribuído não pela *massa de informação*, mas por quem a maneje, quem faça desse conjunto algo vivo.

Para quem puder, a *conjugação do conhecimento* com a vida pode levar à *sabedoria*. Esta pode ser alcançada em diferentes graus e de diferentes formas. As distintas culturas e tradições históricas mostram caminhos variados para a busca da sabedoria.

A *sabedoria*, embora humanamente viável, é frágil e leva tempo para ser construída. É preciso investir muito tempo e muito esforço. Até que se alcance o patamar de *iluminação* ou de *graça*, ou outro nome, que nas diversas tradições se lhe atribua.

Na tradição do budismo tibetano, a lição de MILAREPA (1040-1123)[90]. Outras tradições tem os seus 'santos' ou 'profetas', 'sábios' e 'iluminados'.

Em seus patamares mais elevados, pode a sabedoria ir além do conhecimento racional e se colocar como percepção intuitiva da realidade. Por isso, as vezes, ao lado dos sábios e dos filósofos, se vai buscar a sabedoria na intuição dos poetas: estes podem vislumbrar o que racionalmente sequer seriam capazes de explicar, mas de algum modo entenderam e o exprimem, na sua criação.

A busca sempre valerá a pena, pois nesta se põe a mais estrita e mais rica dimensão humana, o que nos torna humanos, como frisava o poeta e pensador alemão J. W. von GOETHE: na medida em que o homem busca a sabedoria, apesar de saber que nunca encontrará a perfeição, ou seja a plena realização desta sabedoria, não

---

[90] MILAREPA, **Les cent mille chants** (trad. du tibétain et annoté par Marie-Joseph LAMOTHE, Paris: Fayard, 1986, XII + 292 pp.).

deixar de continuar a tentar é justamente a grandeza e o dado específico, que combina alegria e sofrimento da condição humana: não desistir de continuar a busca.

Lutar contra a contaminação da irrelevância para nos manter humanos. Como escreveu GOETHE[91], o homem sabe que nunca poderá atingir a perfeição, mas a dignidade do homem está em nunca desistir de continuar a tentar.

A seguir se passa a considerar o 'direito como dado da vida em sociedade'.

---

[91] Johann Wolfgang von GOETHE, **Werke** ("Hamburger Ausgabe", 14 vols., "textkritisch durchgesehen und kommentiert", Erich TRUNZ et al., Munique: DTV, 1982). Do vasto e fascinante universo goetheano, destacaria: Richard FRIEDENTHAL, **Goethe: sein Leben und seine Zeit** (Munique: Piper, © 1963, 9ª ed., 1982) e K. R. EISSLER, **Goethe: eine psychoanalytische Studie 1775-1786** (Munique: DTV, 1987, 2 vols.): „*Seh ich die Werke der Meister an / So seh ich das, was sie getan; / Betracht ich meine Siebensachen / Seh ich, was ich hätt'sollen machen*".

Direito como dado
da vida em sociedade

aware of the fact that the law of a community – national or international – and especially its constitution or constituent treaty, may be changed not only by formal amendments carried out in accordance with the procedure laid down for this purpose in the law itself. It may be modified also by its actual application based on an interpretation, which more or less consistent with the letter of the law, is not in conformity with the ascertainable intention of its authors. This is the way the law adapts itself to changing circumstances if it is too difficult or impossible to put in operation the amendment procedure.

Hans KELSEN, "Recent trends in the Law of the United Nations" (1951)[92]

a influência histórica e a importância absoluta de uma idéia não dependem nunca da

---

[92] Hans KELSEN, *Recent trends in the law of the United Nations* ("a Supplement to the Law of the United Nations", publ. under the auspices of the London Institute of World Affairs, London: Stevens & Sons Ltd., 1951, pp. 911-912), prossegue, a partir do trecho referido em epígrafe: "This is the case with the amendment procedure prescribed in the Charter of the United Nations. Since the rule of unanimity among the five great powers having permanent seats in the Security Council applies to this procedure, amendments to the Charter are practically impossible. (...) The actions analysed in this Supplement are all attempts to find a way out of the impasse in which the unfortunate rule of unanimity has led the United Nations. Viewed retrospectively with regard to the Charter these actions may, in some of their aspects, be considered unconstitutional. But directing our view towards the future, we may see then as the first steps in the development of a new law of the United Nations. / "In the main work the author has frequently emphasized that the principle *ex injuria jus non oritur* – law cannot originate in an illegal act – has important exceptions. There are certainly cases where a new law originates in the violation of an old law. If and in so far as the organisation of collective self-defense through the North Atlantic Treaty, the action in Korea, the re-appointment of the Secretary-General, and the resolution 'Uniting for Peace' are inconsistent with the old law of the United Nations, they, perhaps, constitute one of these cases of which we may say *ex injuria jus oritur*."

> sua novidade, mas sim da profundidade e da
> força com que foi compreendida e vivida.
> Werner JAEGER, **Paideia** (© 1936)[93]

O direito se põe como superestrutura, para a regulação técnica da vida em sociedade. Mas não se pode esquecer quem o faz e para que o faz? Nem, tampouco, a sua dimensão humana e a necessidade de perquirir os fins aos quais se destina e os meios de se serve, para implementar os conteúdos que acolhe como 'legais' = o que é conforme à lei.

A cultura e a história são dados necessários para o estudo e compreensão das humanidades, e especialmente do direito. A pós-modernidade, ao integrar perspectivas interdisciplinares, pode agregar elementos para a compreensão dos fenômenos humanos, dentre os quais o direito, como dado da vida em sociedade.

É preciso estudar e tratar o direito e, especificamente o direito internacional, como partes de fenômenos mais amplos e que tem relação direta e necessária com o tempo e contexto no qual se inscrevem e do qual derivam. Erik JAYME (2000)[94] deixa claro o propósito: "quando se fala em informação, também se alcança a educação. A mensagem para o ensino e para a ciência do direito internacional privado é a informação sobre os conflitos de leis e de jurisdições sobre a base de comparação mundial das soluções. E é sobretudo na Haia, sede da conferência de direito internacional privado, que é preciso guardar a vocação de elaborar e de sonhar soluções globais".[95] Ressalta JAYME : velocidade, ubiqüidade, liberdade, são características da globalização que não constituem uma ameaça para a pessoa informada a respeito.

---

[93] Werner JAEGER, **Paideia: a formação do homem grego** (trad. do original **PAIDEIA: die Formung des griechischen Menschen** © 1936, de Artur M. PARREIRA, São Paulo: Martins Fontes, 1979, "o homem trágico de Sófocles", pp. 293-310, cit. p. 302).

[94] Erik JAYME, *Le droit international privé du nouveau millénaire : la protection de la personne humaine face à la globalisation* : « conférence prononcée le 24 juillet 2000 » (RCADI, 2000, t. 282, pp. 9-40).

[95] E. JAYME (conf. cit., 2000, 'conclusions', pp. 37-38, 1. *'la protection de la personne humaine au moyen de l'autonomie de la volonté des parties*): « En droit international privé, il y a, pour la protection de la personne humaine face à la globalisation, deux approches juridiques. Les états peuvent, pour la mise en oeuvre d'une telle protection, arrêter des règles impératives d'application immédiate quelle que soit la loi normalement applicable au contrat. Cette approche domine encore les actes législatifs relatifs aux conflits de lois en matière de contrats individuels de travail. L'on peut mentionner les lois récentes des pays membres de l'Union européenne qui concerne le détachement temporaire des travailleurs. Le futur droit de travail aura besoin de la plus large flexibilité. Imposer les dispositions de l'état où le travail s'accomplit commes des lois de police est à mon avis rétrograde. / Pour les conflits de juridiction une telle solution conduirait à des fors de la partie demanderesse dite 'faible' et à l'interdiction des conventions attributives de juridiction. / L'autre approche serait le renforcement de l'autonomie de la volonté des parties qui pourraient choisir la loi applicable et le for compétent pour leurs litiges, solution pour laquelle je voudrais opter. / Je détecte des signes pour une tendance que le professeur Von OVERBECK a caractérisée d''irrésistible extension de l'autonomie en droit international privé'. Les rattachements objectifs – comme le lieu du délit – sont vus dans l'optique de la

Isso é crucial: não se pode fazer cessar os efeitos da globalização, mas é preciso que o direito internacional pós-moderno e a educação em geral levem em consideração o tempo (histórico) e contexto (cultural) nos quais se inscrevem, para que sejam dotados dos meios consentâneos à consecução dos fins a que se destinam: em lugar de desumanizar o ser humano, moldando-o à imagem e semelhança do mundo globalizado, cabe preparar o homem, para manter a sua dignidade, mesmo no mundo globalizado. A educação como ferramenta fundamental. E o direito, no contexto pós-moderno, como condição para a sobrevivência da humanidade neste novo milênio.

O direito como dado da vida em sociedade tem de ser compreendido como parte do conjunto das criações humanas: no contexto das relações humanas se insere, e tem de ser situado, apontava E. JAYME (1992)[96]. Como bem lembra o mesmo E. JAYME (1995), a referência ao pós-modernismo permite lembrar que o direito faz parte da cultura[97].

É vital contemplar o direito como parte do conjunto do conhecimento e do agir humanos, no sentido de estudo das 'humanidades', da reflexão sobre o homem e os meios e os modos deste em relação a si, aos seus pares, ao meio ambiente próximo e ao mundo, como todo – e não como fim em si mesmo: o direito é e deve se manter <u>como instrumental, serve a, deve servir para, não como ciência</u>, nem como ciência

volonté des parties qui est en train d'être accueillie même dans les sein des systèmes juridiques qui la rejettaient. En outre, l'on peut mentionner le choix caché de la loi applicable par la mise en oeuvre des fors alternatifs. Finalement, l'autonomie est réalisée en droit africain où l'option de statut est considérée comme une solution acquise. / La seconde approche, c'est-à-dire celle de l'autonomie, ne laisse pas la personne humaine sans aide. C'est plutôt '*Hilfe zur Selbsthilfe*', l'aide à s'aider soi-même par la garantie d'une information appropriée que nous trouvons dans des actes communautaires plus récents en matière de protection des consommateurs. Vélocité, ubiquité, liberté, ces caractéristiques de la globalisation ne constituent pas une menace pour une personne informée. » ; cita A. Von OVERBECK, *L'irrésistible extension de l'autonomie en droit international privé* (in **Nouveaux itinéraires en droit : hommage à François RIGAUX**, Bruxelles : , 1993, pp. 619 ss.).

[96] Erik JAYME (op. cit., 1992, "Einleitung", pp. 3-10, cit. pp. 3-4): "Es gehört zu den Wesenszügen Europas, dass sich die Europäer trotz ihrer Vielfalt immer wieder auf ihre gemeinsamen Würzeln besinnen. Mythischer Ursprung und praktischer Notwendigkeiten haben immer geholfen, die Gegensätze zu überwinden. Dabei ist Europa mehr als Antike und Christentum oder eine geographisch-klimatische Eingrezung. Das europäische Bewusstsein führt ein Eigenleben; es nährt sich aus seiner Geschichte und seiner Kultur, die immer wieder als gemeinsame begriffen werden. Dabei ist es nicht nur der Westen, der Europa bildet, sondern gerade auch der Osten. Das romäische Byzanz und das dritte Rom der Orthodoxie in Russland sind integrale Bestandteile europäischen Denkens. So führten die politische Unwälzungen in Mittel- und Osteuropa dazu, dass Gesamteuropa wieder sichtbar wurde."

[97] Erik JAYME (op. cit., 1995, pp. 35-36): "La référence au postmodernisme me permet, d'abord, de rappeler que le droit fait partie intégrante de la culture. Il est vrai qu'on emploie le terme de postmodernisme pour caractériser certains traits de l'art contemporain, par exemple le retour, après des décennies, à l'art figuratif dans la peinture, qui a repris sa place à côté de l'art abstrait. L'art postmoderne favorise en outre un certain éclectisme, c'est-à-dire l'usage simultané de plusieurs formes historiques. A première vue, il semble téméraire d'appliquer au droit la notion de postmodernisme."

pura, mas como *"técnica social para a consecução dos fins determinados pela política"* (KELSEN, 1950)[98].

A forma e o conteúdo das normas são significativamente influenciadas pelos desenvolvimentos históricos. A esta assertiva cumpre aduzir que os juízes (e em certa medida, em alguns sistemas, as partes e os respectivos advogados) têm maior extensão de possibilidade de ajustar o conteúdo e a operação das normas, do que se poderia supor. Assim, o papel da pesquisa acadêmica é contribuir para a compreensão do processo que trouxe o direito até o ponto em que se encontra hoje, de tal modo que os desenvolvimentos da matéria possam ficar libertos de servidão inadequada em relação aos acasos da história e, em vez disso, possa se focar nas necessidades e nos desafios deste novo milênio.[99]

Para compreender o direito como dado da vida em sociedade, Henri BATI-FFOL (1968)[100], no seu **Filosofia do direito**, apresenta várias correntes: (i) os positivismos, (ii) a orientação sociológica, (iii) a natureza das coisas e (iv) a procura dos valores. Aí se inscreveria a pós-modernidade, também para o direito internacional, enquanto busca de visão integradora do direito, em relação ao conjunto da vida social.[101]

Integrar os valores ao direito internacional pós-moderno continua a ser o grande desafio e a tarefa todavia a ser completada. Entre o que chamei, CASELLA (2008)[102], de conjugação entre "técnica, espírito e utopia", como formas de organização vital nem podem ser somente um sem o outro, nem somente uma nem somente o outro: não por acaso Hans KELSEN, tantas vezes citado como expoente da assim chamada 'teoria pura do direito' aponta, a respeito dos desenvolvimentos práticos, no direito da Organização das Nações Unidas, que "o direito se adapta às

---

[98] H. KELSEN, **The Law of the United Nations** (London: Stevens & Sons Ltd., 1950, prefácio *"on interpretation"*).

[99] John David McCLEAN, *De conflitctu legum:* **perspectives on private international law at the turn of the century: general course on private international law** (RCADI, 2000, t. 282, pp. 41-228, *'envoi'*, p. 227).

[100] Henri BATIFFOL, **A filosofia do direito** (do original **La philosophie du droit** © Paris, PUF, s/d, trad. Neide de FARIA, rev. A. Vilas Boas da MOTA, São Paulo : Difel, 1968).

[101] H. BATIFFOL (op. cit., 1968, cap. iv, pp. 83-132, cit. p. 85): "uma das principais correntes examinadas até o momento, parece que não pode ser filiada, direta ou indiretamente, à teoria da procura e da apreciação dos resultados. Trata-se do formalismo de KELSEN. Mas ele quis evitá-lo, exatamente, por causa dos problemas que cria tal teoria. / (...) Os juristas do antigo direito tiveram consciência de que o direito busca o bem público, mas disso tiraram poucas conseqüências no que se refere à filosofia do direito, achando suficiente o âmbito do direito natural."

[102] P. B. CASELLA, **Fundamentos do direito internacional pós-moderno** (op. cit., 2008, esp. item iii, 'direito internacional pós-moderno: entre técnica, espírito e utopia').

circunstâncias cambiantes, se for excessivamente difícil ou impossível por em operação os procedimentos (padrão) de revisão".[103] A realidade se impõe.

Charles De VISSCHER[104], em sua longa trajetória[105], enfatiza a necessidade
de manter o elo com a realidade, como questão de "método e sistema em direito
internacional",[106] para não se deixar levar por concepções teóricas desligadas da realidade[107]. Para contrabalançar as teorizações excessivas, e a tendência à concepção de
sistemas, cabe enfatizar o direito internacional como *método* – que se traduza em *mecanismos de implementação*. Em sentido equivalente P. De VISSCHER (1952 e 1972)[108].

O direito é e tem de ser visto e tratado como dado da vida em sociedade. Não
é ciência, porquanto se deixa condicionar pelo contexto cultural do qual emana, e
no qual se inscreve, como se deixa marcar pela história e pela geografia. Nem é ciência, nem é abstrato. Tem de ser concebido como técnica para a regulação da vida
em sociedade, segundo fins determinados pela política.

A construção do direito como todo se faz entre a acepção formal e o conteúdo
material de comando que possa ser efetivado. T. P. WISEMAN (1979)[109] adverte com relação aos riscos do que denomina pensamento antihistórico (*Unhistorical
thinking*), no qual se reconhece ser praticamente impossível enfoque empírico desin-
teressado[110]. Os maus frutos deste ainda se colhem, em nossos dias.[111]

[103] Hans KELSEN (op. cit., loc. cit.).

[104] Ch. De VISSCHER, **Cours général de principes de droit international public** (RCADI, 1954, t. 86, pp. 445-556) ; Ch. De VISSCHER, **Théories et réalités en droit international public** (Paris : Pedone, 1953).

[105] Ch. De VISSCHER, **Les avis consultatifs de la Cour permanente de justice internationale** (RCADI 1929, t. 26, pp. 1-76) ; Ch. De VISSCHER, **Le déni de justice en droit international** (RCADI 1935, t. 52, pp. 365-442).

[106] Ch. De VISSCHER, *Méthode et système en droit international* (RCADI, 1973, t. 138, pp. 75-80).

[107] Ch. De VISSCHER, **De l'équité dans le règlement arbitral ou judiciaire des litiges de droit international public** (Paris : Pedone, 1972) ; Ch. De VISSCHER, **Aspects récents du droit procédural de la Cour internationale de Justice** (Paris : Pedone, 1966).

[108] P. De VISSCHER, **Les tendances internationales des constitutions modernes** (RCADI, 1952, t. 80, pp. 511-578) ; P. De VISSCHER, **Cours général de droit international public** (RCADI, 1972, t. 136, pp. 1-202).

[109] T. P. WISEMAN, T.P., **Clio's cosmetics : three studies in Greco-Roman literature** (Leicester: UP / Rowman and Littlefield, 1979)

[110] T. P. WISEMAN (op. cit., part I, chap. iv, 'unhistorical thinking', pp. 41-53, cit. pp. 46-47) com base em depoimentos declarados mesmo por TITO LÍVIO como *fabulator*: "This is even true of Roman law. One would expect the jurists, whose way of thinking was essentially empirical and practical, and whose procedures required a proper respect for evidence in order to establish what really happened, to have had a healthy influence on Roman historical methods. (…) But no: POMPONIUS' history of Roman law at the beginning of the **Digest** contains details almost certainly invented by the historians of the second and first centuries b.C., and the jurists may even have added to the corpus of pseudo-historical fictions, if they were responsible for inventing the aetiological stories – to account for legal terms and procedures – which were pressed into service by the historians as part of the actual events of early Rome."

[111] V. também o ensaio 'história e as suas lições'.

O direito, durante séculos, parece ter sido dominado pelo ideal de justiça absoluta, concebida ora como se fosse de origem divina, ora como natural ou racional, fez que este fosse definido como *ars boni et aequi* [112] a arte de determinar o que é justo e eqüitativo. No direito internacional as expectativas normalmente se pautam por padrões comportamentais e normativos mais humanamente realistas. Mas sem deixar de acolher o espírito e de reservar espaço para a utopia, que podem, ambos, voltar a enriquecer o direito internacional pós-moderno, acrescentando-lhes novos fatores e novas dimensões de atuação.

Como adverte Chaim PERELMAN (1979, ed. 1998)[113], apesar desse ideal absoluto, mesmo quando as leis são apresentadas como revelações de ser divino ou quase divino, sua aplicação jamais deixou de suscitar controvérsias, entre os mais qualificados intérpretes, como se vê claramente pelos textos talmúdicos. Se tanto pode ser dito, mesmo em relação a sistemas supostamente coesos, com laços históricos, culturais, político-administrativo-institucionais comuns, tanto mais em relação ao contexto internacional presente, descentralizado e fragmentário, em todas essas mesmas dimensões.

Desse modo, no mundo do direito, a solução justa parece ser menos o resultado da aplicação indiscutível de regra inconteste do que da confrontação de opiniões opostas e de uma decisão subseqüente, por via de autoridade. Quando as autoridades se opõem, pode-se estabelecer hierarquia entre elas, ou pode-se levar em conta o número de pareceres abalizados, mas nada prova que a decisão, diante da qual será necessário inclinar-se, seja efetivamente a única solução justa para o problema levantado[114].

---

[112] **Digesto**, I. I. 1: "Iuri operam datarum prius nosse oportet, unde nomen iuris descendat, est autem a iustitia appellatum: nam, ut eleganter CELSIUS definit, ius est ars boni et aequi." (**Corpus iuris civilis**, vol. primum, **Digesta** recognovit Theodorus MOMMSEN retractavit Paulus KRUEGER, Dublin / Zürich: Weidmann, 22ª. ed., 1973)

[113] Chaim PERELMAN, **Lógica jurídica**: *nova retórica* (trad. do original francês **Logique juridique** © 1979, Vergínia K. PUPI, rev. trad. Maria Ermantina GALVÃO, rev. técnica Gildo RIOS, São Paulo: Martins Fontes, 1998, 'introdução', pp. 1-26, cit. itens 6 e 7, pp. 8 e 9): "Se quisermos aprofundar ao máximo a experiência seremos obrigados a constatar que os raciocínios jurídicos são acompanhados por incessantes controvérsias, e isso tanto entre os mais eminentes juristas que atuam nos mais prestigiosos tribunais. Tais desacordos, tanto na doutrina quanto na jurisprudência, obrigam o mais das vezes, depois de eliminadas as soluções despropositadas, a impor uma solução mediante autoridade, trate-se da autoridade da maioria ou daquelas das instâncias superiores, as quais, aliás, na maior parte dos casos, coincidem. É nisso que o raciocínio jurídico se distingue do raciocínio que caracteriza as ciências, especialmente as ciências dedutivas – nas quais é mais fácil chegar a um acordo sobre as técnicas de cálculo e de medição –, e daqueles que encontramos em filosofia e nas ciências humanas, nas quais, na falta de um acordo e na ausência de um juiz capaz de encerrar os debates, com sua sentença, cada um permanece em suas posições. Por ser quase sempre controvertido, o raciocínio jurídico, ao contrário do raciocínio dedutivo puramente formal, só muito raramente poderá ser considerado *correto* ou *incorreto*, de um modo, por assim dizer, impessoal".

[114] Ainda PERELMAN (op. cit., ed. cit., loc. cit.): "Quem é encarregado de tomar uma decisão em direito, seja ele legislador, magistrado ou administrador público, deve arcar com as responsabilidades. Seu comprometimento pessoal é inevitável, por melhores que sejam as razões que possa alegar em favor de sua

A conclusão de PERELMAN é essencial: seja qual for a técnica de raciocínio utilizada em direito, este não pode desinteressar-se da reação das consciências diante da iniqüidade do resultado ao qual tal raciocínio conduziria[115]. Cabe esperar que o mesmo ocorra em relação aos desmandos no contexto internacional, como seria de se esperar ante a emergência da assim chamada 'sociedade civil internacional'.

As alternativas são a construção do mundo pós-moderno ou o colapso na crise da pós-modernidade, com ou sem a pós-modernização, a respeito do quais já se desenhavam panoramas sombrios, no início dos anos 1990, como em R. KURZ (1991, ed. 1992)[116] ou de modo mais positivo R. DAHRENDORF (1997)[117] ou E. HOBSBAWN (1997, ed. 2005)[118]. Esteve a humanidade muito perto de ambas. E ainda permanece.

As análises de conflito de civilizações, na linha de S. HUNTINGTON (1993, 1996, 1998)[119], depois do fim da confrontação leste-oeste, está servindo para mostrar quanto permanecem presentes e atuantes as forças disruptoras do sistema internacional, conforme interesse suscitá-las, em razão de manobras diversionistas. Como igualmente os clamores dos arautos do fim da história – antes do contemporâneo

---

tese."

[115] PERELMAN (op. cit., ed. cit., p. 13): "o esforço dos juristas, em todos os níveis e em toda a história do direito, procurou conciliar as récnicas do raciocínio jurídico com a justiça, ou ao menos com a aceitabilidade social da decisão. Esta preocupação basta para salientar a insuficiência, no direito, de um raciocínio puramente formal que se contentaria em controlar a correção das inferências, sem fazer um juízo sobre o valor da conclusão."

[116] Como sombriamente apontava Robert KURZ, **O colapso da modernização** (do original **Der Kollaps der Modernisierung**, © 1991, Frankfurt: Vito von Eichborn Verlag, trad. Karen Elsabe BARBOSA, Rio: Paz e Terra, 1992, esp. 'superação da crise e utopias', pp. 223-234, cit. p. 223): "O momento de inércia da vida e do pensamento humanos parece imenso, e a capacidade de sofrimento dos indivíduos talvez chegue muito perto daquela dos animais. Não obstante, existe um limite absoluto, mesmo que este esteja à beira da destruição do mundo, limite do qual ninguém pode dizer o quanto estamos distantes. É possível que a era das trevas da crise do sistema produtor de mercadorias, com suas formas de percurso e acontecimentos castastróficos, abranja boa parte do século xxi."

[117] Ralf DAHRENDORF, **Após 1989: moral, revolução e sociedade civil** (do original **After 1989: morals, revolution and civil society**, © 1997, trad. Patrícia ZIMBRE, apres. Fernando Henrique CARDOSO, Rio : Paz e Terra, 1997).

[118] Eric HOBSBAWN, **Sobre história: ensaios** (do original **On History** © 1997, trad. Cid Knipel MOREIRA, São Paulo: Cia. das Letras, 2005, esp. 3, 'o que a história tem a dizer-nos sobre a sociedade contemporânea? ', pp. 36-48, cit. pp. 36-37): "A postura que adotamos com respeito ao passado, quais as relações entre passado, presente e futuro não são apenas questões de interesse vital, para todos nós: são indispensáveis. (...) Necessitamos e utilizamos a história, mesmo quando não sabemos por quê." V. tb. o ensaio 'história e as suas lições'.

[119] Samuel HUNTINGTON, *The clash of civilizations* (Foreign Affairs, 1993, 72, n. 3, pp. 22 ss.); Samuel HUNTINGTON, **The clash of civilizations and the remaking of world order** (Londres: Simon & Schuster, 1998); Samuel HUNTINGTON, *The West unique, not universal* (Foreign Affairs, 1996, 75, n. 6, pp. 28 ss.).

F. FUKUYAMA, agora em edição revista, já em G. HEGEL[120], ao exclamar que seria NAPOLEÃO, a encarnação do espírito do tempo, e a marca do fim da história. Passaram uns e outros, mas a história prossegue. Paradoxalmente, mais próxima da realidade permaneceu a linha de I. KANT.[121]

A seguir se passa a considerar 'existência e sua consciência'.

---

[120] G. W. F. HEGEL, **Grundlinien der Philosophie des Rechts oder Naturrecht und Staatswissenschaft im Grundrisse** (mit H. eigenhändigen Notizen in seinem Handexemplar und den mündlichen Zusätsen, hrsg. und eingeleitet von Helmut REICHELT, Frankfurt: Ullstein, 1972 / em francês, **Principes de la philosophie du droit**, trad. A. KAAN, Paris: Gallimard, 1989), b/c seu **Einleitung in der Geschichte der Philosophie** (hrsg. von Johann HOFFMEISTER, Hamburg: F. Meiner, 3. Aufl., 1940).

[121] P. B. CASELLA, *Pax perpetua: a review of the concept from the perspective of economic integration* (in **Dimensão internacional do direito: estudos em homenagem a G. E. do NASCIMENTO E SILVA**, coord. P. B. CASELLA, São Paulo: LTr, 2000, pp. 69-88); A. DELORENZO Neto, *Duas concepções do pacifismo: os projetos de KANT e Max SCHELER* (in **Estudos jurídicos em homenagem ao professor Haroldo VALLADÃO: estudos, homenagens, manifestações de solidariedade, currículo**, Rio: Freitas Bastos, 1983, pp. 24-33, cit. p. 25): "KANT reconhece a insuficiência das nações individualmente consideradas, em preservar a liberdade dos cidadãos, mesmo quando subordinadas às normas jurídicas." (...) "O pensamento de KANT é realmente austero sem ser pessimista, levando-nos mesmo à confiança e à esperança."

Existência e sua consciência

A existência se põe como dado de fato, necessário para que se dê a efetividade material do fenômeno. A existência é fato, por todos os seres, compartilhado: todos são. Outro dado adicional, será saber-se ser. Daí a questão da existência e da sua consciência.

A condição adicional da consciência da existência se lhe agrega a especificidade da condição humana. Será este o dado, indispensável, para o estudo e compreensão da humanidade. Aqui, como em outros campos, ao integrar perspectivas interdisciplinares, a pós-modernidade pode permitir agregar elementos para a compreensão dos fenômenos vitais humanos.

Praticamente todos os sistemas religiosos e filosóficos abordaram a matéria. Esta pode ser vista com alegria, com angústia, com enorme pavor, diante do vazio, ou com a entrega total, em confiança, ao Criador. De todas as cores e de todas as facções, pode ser vista a dimensão do ser, em sua materialidade (a existência) e na reflexão deste sobre esta primeira condição (da consciência da existência).

Ante a impossibilidade e a inadequação de pretender enfoque exaustivo de todas as vertentes possíveis da abordagem da relação entre o ser e a essência deste, que se exprimiria pela consciência da existência, se põe a perspectiva de estudar o tema com bom humor. Por isso a referência a Ítalo CALVINO – que depois de ter ensaiado ser escritor 'sério' e autor 'engajado', com resultados que ele próprio percebia não serem literariamente adequados, passou a deixar fluir a sua veia satírica e bem humorada e torna-se o extraordinário escritor, que justamente veio a ser, e capaz de

---

[122] Italo CALVINO, **Il cavaliere inesistente** (1959, Turim : Einaudi, 12a. ed., 1984, p. 133).

tocar e de expor as verdades humanas, mais profundas, com toque de graça e com leveza. São estas qualidades humanas muito relevantes e dignas de serem apreciadas.

Nesse mesmo romance do cavaleiro inexistente, CALVINO tem passagens marcantes e deliciosas[123], dentre as quais o momento no qual o imperador CARLOS MAGNO chama o 'cavaleiro inexistente' – este era armadura vazia, sem ninguém dentro, movido somente pela vontade de ser, e inclusive combatia – e nomeia o 'bobo' como pajem do cavaleiro, por entenderem que se completariam: porquanto um era, sem o ser, e o outro não era, mesmo sendo.

Esta aí colocada e ilustrada a grande questão humana da *existência* e da sua *consciência*. Ao mesmo tempo ser e saber que se é. Mesmo com consciência de que "terminada a página, se retoma a vida, e se dá conta de que aquilo que se sabia é justamente nada". Lição de humildade e de humanismo, com leveza, e com bom humor. Lição de vida, também. Que, ademais, ilustra perfeitamente a questão da vida (*existência*) e a percepção desta (*consciência*). *QED*![124]

Para Oswald SPENGLER, n'**a decadência do ocidente** (1923, nova ed. 2007)[125] a consciência do ser a respeito de si mesmo estaria colocada como dado específico do que chama 'civilização ocidental', ou seja não se coloca como tal nem nas civilizações antigas, nem tampouco na indiana ou na chinesa. Seria dado do ocidente atual. Nem sempre se põe como indispensável para o ser que este se saiba individualmente como tal. Pode ser criativo o conjunto, pode alcançar resultado de construção relevante para a história igualmente a civilização que se vê como todo, mais que agregado de individualidades.

A mesma percepção do conjunto, acima de todas as individualidades, é dado, até hoje, característico da civilização chinesa. Em clássico a respeito da matéria, Marcel GRANET (1929)[126] enfatiza como a percepção do coletivo prima sobre o

---

[123] I. CALVINO (op. cit., ed. 1984, p. 63): "Questa storia che ho intrapreso a scrivere è ancora più difficile di quanto io non pensassi. Ecco che mi tocca rappresentare la più gran folia dei mortali, la passione amorosa, dalla quale il voto, il chiostro e il naturale pudore m'hanno fin qui scampata. (...) Dunque anche dell'amore come della guerra dirò alla buona quel che riesco a immaginare: l'arte di scriver storie sta nel saper tirar fuori da quel che nulla si è capito della vita tutto il resto; ma finita la pagina si riprende la vita e ci s'accorge che quel che si sapeva è proprio un nulla."

[124] « Quod erat demonstrandum » = o que cabia demonstrar, como habitualmente se apunha às exposições matemáticas.

[125] O. SPENGLER, **Der Untergang des Abendlandes: Umrisse eine Morphologie der Weltgeschichte** (1918 e 1922, edição definitiva, 1923, nova impressão, Düsseldorf: Albatroz, 2007, XVI + 1250 pp.).

[126] Marcel GRANET, **La civilisation chinoise**: la vie publique et la vie privée (ed. orig. 1929, Paris: Albin Michel, 1968). Essa obra madura e tranqüila de M. GRANET mereceria ser mais conhecida no Brasil, quando tanta gente se põe a estudar mandarim e a pretender compreender a China, sem nada entender dos fundamentos dessa civilização. A advertência é claramente formulada, no primeiro parágrafo da introdução: « La civilisation chinoise mérite mieux qu'un intérêt de curiosité. Elle peut paraître singulière, mais (c'est un

individual, e o interesse do grupo normalmente se sobrepõe em relação aos interesses de cada um – exceto quando se tratar de dirigente que imponha o seu dado como o referencial a ser observado e aplicado – e este será eixo cultural estável desse contexto humano e histórico.

O descompasso entre visão que privilegie os interesses e os direitos individuais e os coletivos por exemplo – sob reserva de boa fé de parte a parte – se põe, freqüentemente, em relação às críticas, tantas vezes feitas, pelo ocidente, em relação à China, por exemplo, no tocante à questão das restrições ao número de filhos por casal, com as penas severas que podem daí decorrer e a questão das meninas que por vezes são abandonadas, porque se prefere o filho único homem, como práticas atentatórias aos direitos fundamentais do ser humano, e a habitual resposta chinesa no sentido de que os direitos coletivos passam à frente dos direitos individuais e ante o risco de que todos passem fome – como foi dado histórico desta civilização – mais vale restringir escolhas pessoais, em favor do todo.

O conflito entre os argumentos mostra duas visões distintas da vida do ser e da vida da sociedade. Mostra, justamente, a questão da vida (a existência) e da consciência desta, e da questão dos valores[127].

A *existência* humana se perfaz na *consciência dessa existência*, ou seja, há que haver *consciência* para que se perfaça a *existência*. Para completar-se a *existência*, cumpre ocorra igualmente a *consciência* desta.

Quando Pierre BOURDIEU propunha **esboço de teoria da prática** (1972, nova ed., 2000)[128] justamente se coloca essa reflexão: construir modelo teórico a respeito da prática – a existência e a sua consciência, que ele não formula desse modo, mas como estudo de sociologia e de etnologia. Para o ser, individualmente considerado, como para as coletividades humanas, que também tem de passar da existência de fato, para a consciência desta.

A interação entre o homem e a obra foi sobremodo interessante, também no caso de BOURDIEU, porquanto o jovem pesquisador, mergulhado na filosofia, se vê, por contingência da história, jogado em meio à guerra da Argélia. Teve, assim, a consolidação da sua vocação de etnólogo e, a seguir, de sociólogo. Ou seja, ao mesmo tempo, em que se sustentava a causa da independência, tratou-se de, a

---

fait) en elle se trouve enregistrée une grande somme d'expérience humaine. Nulle autre n'a pendant autant d'années, servi de lien à autant d'hommes. Dès qu'on prétend au nom d'humaniste, on ne saurait ignorer une tradition de culture aussi riche d'attrait et de valeurs durables ».

[127] A respeito, v. ensaio 'valores e suas conseqüências'.

[128] Pierre BOURDIEU, **Esquisse d'une théorie de la pratique**: précédé de trois études d'ethnologie kabyle (1a. ed., 1972, Paris : Seuil, 2000).

qualquer preço, tentar compreender, da forma possível, o drama de sociedade dividida, que merecia mais que a adesão exaltada de apoio político incondicional. Será, assim, sobre terreno conturbado e em meio a clima intelectual polêmico que Pierre BOURDIEU virá consolidar os principais conceitos de sua compreensão do mundo social e humano. Progressivamente se destacará desse primeiro balanço metodológico e problemático, ainda marcado pelo esforço de se destacar dos padrões estabelecidos de estruturação e de apresentação do pensamento, para passar desse *esboço*, à formulação, oito anos mais tarde, do **sentido prático** (1980) e, mais adiante, a sua obra principal a respeito d'**as regras da arte** (1992)[129].

A seguir se passa a considerar 'faculdade enquanto possibilidade', e nesta linha refere-se paradigmaticamente 'o papel do largo de São Francisco'.

---

[129] Pierre BOURDIEU, **Le sens pratique** (1980); Pierre BOURDIEU, **Les règles de l'art** (1992).

Faculdade enquanto possibilidade
O papel do largo de São Francisco

> A moça disse pra outra:
> – Com este eu não me arrisco
> Pois ele estuda direito
> No largo de São Francisco
> trova acadêmica
>
> O contemporâneo surge aí como resumo e complemento das fases anteriores, a que os ensaios recorrem toda vez que se faça necessário compreender e vistoriar os quadrantes e o cerne do direito perquirido.
> Vicente Marotta RANGEL[130]

A criação de algo (aparentemente) tão simples como canção, ou conjunto delas, tais como as "trovas acadêmicas",[131] que se cantam em ocasiões determinadas de vida social, como algo que congrega elementos até então díspares, e lhes propõe identidade compartilhada, e a reforça, por meio desses pequenos sinais exteriores, de algo em comum. Logo se verá justamente não ser tão simples assim, mas constituir a ponta da expressão de identidade, ao mesmo tempo social e intelectual, de tradição e de certa consciência de pertencimento e de inserção.

Aqui se considera "faculdade" no sentido do termo, enquanto "possibilidade", onde possa ser esta "natural ou adquirida de fazer qualquer coisa, capacidade" – e que se pode subdividir, entre, de um lado, "aptidão natural, dom ou talento" e, de outro, "licença ou permissão que se dá a alguém". Rico o conjunto de acepções do

---

[130] V. MAROTTA RANGEL, na *Introdução aos princípios do direito internacional contemporâneo de A. A. CANÇADO TRINDADE*, datada de São Paulo, outubro de 1980 (in Antonio Augusto Cançado TRINDADE, **Princípios do direito internacional contemporâneo**, Brasília: Ed. UnB, 1981, pp. v-xiv, cit. p. viii).

[131] FACULDADE DE DIREITO DA UNIVERISDADE DE SÃO PAULO, **Recepção aos calouros** (2007, CD Rom contém acervo de "Trovas acadêmicas").

termo – e o exame deste é relevante, para a compreensão do que se trata, quando se ingressa na "faculdade".

Em sentido material, "faculdade" pode designar "propriedade, virtude ou poder de uma substância", como também "o conjunto das matérias que compõem cada uma das áreas do ensino superior" e, por extensão, "o corpo docente dessa instituição", "corpo especial encarregado do ensino em uma universidade" e, assim, "instituição de ensino superior (isolada ou integrante de uma universidade)". E o "lugar físico", onde se ministra o ensino universitário.

Em sentido abstrato, pode ser "cada uma das diversas utilizações, atividades ou subdivisões da alma, que receberam denominações e caracterizações heterogêneas na história da filosofia". Em suma, "faculdade" denota "o poder do conhecimento, sentimento e vontade, na divisão tripartite da alma humana, proposta pelo kantismo". Juridicamente designa o "poder de quem é civilmente capaz, para agir ou fazer, como sujeito ativo ou passivo, defendendo, adquirindo ou exercitando direitos, com o objetivo de obter um resultado jurídico".

"Faculdade" tem a conotação de "facilidade, meio, poder, possibilidade, força, virtude, propriedade, talento natural, capacidade, arte" e, utilizada no plural, "abundância, provisão, meios, recursos", como, ainda, "conhecimento, saber, capacidade, aptidão, direito, meio". E compreende "autoridade, capacidade, direito, força, poder, potência, privilégio, propriedade, qualidade, virtude".[132]

Cabe, sobretudo, ter presente "faculdade" enquanto possibilidade, ou seja: faculta-se alcançar determinado fim, mas este se põe como "direito", como "meio" – não se fala em constrição, mas em exercício de prerrogativa. Assim, pode-se usufruir e fazer frutificar o espaço e o tempo de que se disponha, na "faculdade", em sentido físico, para alcançar progresso em sentido intelectual: "força, virtude, propriedade, talento natural, capacidade, arte".

Vamos traduzir isso na prática. Além de mínimo formal, facilmente manejável, ninguém vai 'obrigá-lo' a estudar. Pode-se passar, incólume, pelos anos de aprendizado universitário, e sair-se dele com o mínimo indispensável que te assegure ser "aprovado" e receber o "diploma de bacharel em direito" – mas esta é somente a faceta externa, e parte ínfima do processo de "faculdade enquanto possibilidade". O melhor se terá perdido e terá sido desperdiçado.

"Faculdade", enquanto possibilidade, se põe para cada indivíduo que tenha a capacitação intelectual e o lazer econômico suficientes para dedicar alguns anos

---

[132] HOUAISS, **Dicionário da língua portuguesa** (Rio: Objetiva, 1ª. ed., 2001, p. 1299).

da vida à sua "formação universitária", em determinada área do conhecimento humano. Ao mesmo tempo, se põe como elemento formador de quadros, para uma sociedade.

Os quadros gestores de uma sociedade terão, além de suas trajetórias individualmente consideradas, também papel a desempenhar na vida dessa mesma sociedade, que aloca recursos e espaço temporal, como físico, para a formação de seus futuros quadros gestores. É minoria do total da população que o faz, e isso não serve para todos, e esta minoria, que pode beneficiar-se dessa prerrogativa – dessa "faculdade" – tem o correspondente dever de a fazer valer, da melhor forma que o possa.[133]

Aí temos um dos indícios do que vem a ser a criação de cursos superiores quando se instaura um país e do papel destes, para a formação não somente – como se desejava e se declara desde o início – de quadros de gestão para o novel império brasileiro, mas também como dado de identidade nacional, que então se esboçava, e se fez, concomitantemente ao funcionamento dessa escola, e da formação de sistema jurídico nacional, como de tradição, ao mesmo tempo legal e humanista, desta escola, nesta escola e a partir dela, de modo a repercutir para o estado e para o país. E se transforma, se adapta e se renova.

A análise do legado desta tradição de "faculdade enquanto possibilidade" se manifesta por múltiplas facetas. Serve, por exemplo, para evidenciar valores e critérios de condução da prática estatal externa do Brasil independente: quando esta é boa, pode dar bons frutos; quando não o for, ao menos poderá ser, no futuro, evitada, para que não se repitam os erros[134].

Desde cedo, no plano internacional, defende o país a igualdade jurídica dos estados e a solução pacífica de controvérsias. Poderiam estes ser dados relevantes, para a política externa e a atuação internacional do Brasil, perfeitamente consentâneos com o direito internacional pós-moderno e as exigências de inserção mundial, em contexto cada vez mais competitivo.

O papel e a importância de uma instituição não se medem somente pelos seus expoentes socialmente mais visíveis, como a quase dezena de presidentes da república que por lá passaram, as mais de quatro dezenas de presidentes da província e governadores do estado, nem tampouco as mais de cinco dezenas, dentre os ministros da mais alta corte do país, antigos alunos da casa, mas, e sobretudo, pelo papel da escola na formação de conjunto de quadros, que depois se instalaram e se

---

[133] V. tb. ensaios 'direito como dado da vida em sociedade' e 'existência e sua consciência'.

[134] P. B. CASELLA, **Fundamentos do direito internacional pós-moderno** (São Paulo: Quartier Latin, 2008, esp. item XIII, 'boa tradição e a que se deve evitar').

instauram na docência, na magistratura, na advocacia, na diplomacia, na política, nas organizações não-governamentais, neste e em outros estados, como também internacionalmente[135].

A formação de quadros – pois se passou a hostilizar a menção ao termo '*élites*' – apesar de o serem, mesmo que se repudie o termo: a minoria social que se destina a cursar a universidade e a formar os quadros gestores de qualquer sociedade o são e serão. Podem ser chamados de 'formadores de opinião', talvez, para tornar o grupo mais palatável, enquanto identificação socialmente aceitável?

Com o nome que se lhes atribua, estes têm papel na consolidação de um país e de sua identidade nacional, e isso é parte desse legado, que se trata de conhecer, e de manter vivo, e operacionalmente atuante, para resgatar o que é válido do passado, torná-lo presente, e integrá-lo ao que pode vir a seguir.

Para a formação do Brasil independente teve-se o cuidado de prover duas Academias de direito, na qual pudesse formar-se a *élite* nacional – de modo a não mais ser inexorável deslocar-se para Coimbra ou alhures, para a formação não somente profissional como intelectual e de vida. Façam-se as críticas que se fizerem, dentre os elementos para tal formação, desde o início do funcionamento das duas academias (março de 1828 para a de São Paulo e maio do mesmo ano, para a de Olinda) determinou-se o ensino e o estudo do direito das gentes! O que nunca se interrompeu no largo de São Francisco[136].

Dom PEDRO I, ao instituir "o embrião das universidades brasileiras", os cursos jurídicos, por Decreto de 11 de agosto de 1827, primeiros cursos universitários do Brasil independente, fundaria um em São Paulo, junto a um convento franciscano,

---

[135] Esse dado da internacionalização, ao lado dos bolsistas de outros estados, ilustrariam as levas de bolsistas africanos e latino-americanos que vieram freqüentar a pós-graduação em direito na USP, no curso dos últimos trinta anos.

[136] Tanto mais surpreendente parecerá contrapor-se-lhe a supressão da obrigatoriedade deste, e a inserção do direito internacional público ou privado como uma dentre várias disciplinas optativas, no regime federal do currículo mínimo, para os cursos de direito, tal como vigeu de 1972 até 1994!

outro em Olinda, junto a um mosteiro beneditino.[137] O ensino do direito das gentes, como então se chamava, se punha desde o primeiro ano.[138]

O curso de São Paulo foi instalado em março de 1828 e o de Olinda em maio do mesmo ano. As duas "Academias de direito", como então se chamavam, em 1854, passam a denominar-se "Faculdades de direito", e o curso de Olinda foi transferido para o Recife.

Em meio a volume considerável de informações biográficas de escasso interesse, nos cinco volumes das **tradições e reminiscências** da **academia de São Paulo** de José Luís de ALMEIDA NOGUEIRA (1851-1914)[139], surgem dados pitorescos, como extensas transcrições da correspondência do primeiro diretor (de 1827 a 1833), Dr. José AROUCHE de Toledo Rendon, nascido em São Paulo, aos 14 de março de 1756, doutor em direito, por Coimbra, em 1779. Em 1823 fez parte da Assembléia Constituinte, e de 1826 a 1830 da Primeira legislatura ordinária da Câmara dos Deputados. Faleceu nesta capital no dia 26 de junho de 1834.

Nas Cartas dirigidas ao Paço imperial, o Diretor, além de discutir e pedir autorização para providências administrativas, como acabar de desalojar o convento, para no espaço instalar a "faculdade" – naquele momento mais "possibilidade" que efetividade – discorre a respeito de atos de indisciplina de alunos, submete as

[137] Guido Fernando Silva SOARES, **Curso de direito internacional público** vol. 1 (São Paulo: Atlas, 2002, 'prefácio', ''. 15-18, cit. p. 15): "Em ambos os cursos, no primeiro ano, constava uma única disciplina, então considerada, nesse momento histórico, como essencial à formação da consciência jurídica nacional e à defesa da independência da jovem nação: o *Direito natural, público, análise da constituição do Império, direito das gentes e diplomacia*, sem dúvida uma interessante simbiose entre filosofia do direito, direito internacional público e direito constitucional. Os estudos internacionais continuariam no segundo ano, com a disciplina *Direito público e eclesiástico*, até que uma reforma de 28 de abril de 1834 fizesse com que uma parte dos assuntos dessa disciplina do primeiro ano passasse para o segundo ano, como matéria autônoma, com a denominação de *Direito das gentes e diplomacia*."

[138] G. F. S. SOARES (op. cit., 2002, pp. 15-16): "Desde então, a disciplina jamais saiu dos currículos universitários dos estudantes do Largo de São Francisco, sempre como matéria obrigatória, mesmo quando passou a denominar-se, como na atualidade *Direito internacional público*. Foram responsáveis por seu ensino brilhantes publicistas, que se destacaram no Brasil e no exterior, como seu primeiro catedrático: o Conselheiro BROTERO (Avelar BROTERO), ao qual se seguiram os mestres: AMARAL GURGEL, FERREIRA FRANÇA, OLIVEIRA COUTINHO, João (*sic*, José) MENDES, Brás ARRUDA e Vicente MAROTTA RANGEL, este, na atualidade, eminente Juiz do Tribunal Internacional do direito do mar, sediado em Hamburgo, e renomado especialista em direito do mar. Não menos brilhantes foram os alunos que estudaram e que dedicaram parte de suas vidas ao Direito internacional público e que passaram para a história como ilustres brasileiros e destacados defensores do Brasil, em foros internacionais. Para citar somente alguns do final do século xix e início do século xx: o Visconde de OURO PRETO, o Barão do RIO BRANCO e Rui BARBOSA." Detalha, a seguir, a evolução posterior do ensino do direito internacional.

[139] José Luís de ALMEIDA NOGUEIRA, **A Academia de São Paulo: tradições e reminiscências** (1ª. ed., em nove séries, 1907 a 1912, 2ª. ed., 1953, por iniciativa do Centro Acadêmico XI de Agosto, precedida de apresentação do prof. José Joaquim CARDOSO DE MELLO Neto, com notas e acréscimos de Carlos Penteado de REZENDE, 3ª. ed., São Paulo: Saraiva, 1977, em 5 vols.)

decisões em relação a estes adotadas à apreciação imperial, e não se furtar a expor, com detalhes, as agruras de seu relacionamento com o primeiro catedrático de direito internacional da casa, Dr. José Maria de Avelar BROTERO[140].

Este nasceu em Lisboa, aos 17 de fevereiro de 1798, e na Universidade de Coimbra fez o seu curso de direito e obteve o grau de doutor – em relação ao qual há controvérsias. Envolvido em conspiração contra o governo absolutista de Portugal, em 1824, teve de refugiar-se na ilha de Fayal, no arquipélago dos Açores, onde se casou com Ana DABNEY, "nascida em Paris, de nobre família inglesa, estabelecida em Boston". Em 1825 veio ao Brasil e fixou residência no Rio de Janeiro, onde exerceu a advocacia[141].

Certa feita AROUCHE RENDON, em Carta ao Imperador pede a "V.M.I." – Vossa Majestade Imperial – que o aposente, por não mais suportar o Conselheiro BROTERO, "antes que venha ter às mãos este sujeito". O Paço imperial condecora AROUCHE RENDON e este ainda será o diretor da faculdade durante mais alguns anos.

O direito internacional, então chamado direito das gentes, não somente foi ensinado na casa, sem interrupção, desde a sua fundação, mas foi o tema da aula inaugural do curso, em março de 1828. Nasceu o magistério jurídico desta casa sob a égide do direito internacional, e ministrado por professor que somente em 1833 se naturalizaria brasileiro. A vocação internacional da casa existe desde o seu surgimento.

Em 1869 foi implantada a reforma do ensino livre, segundo a qual o aluno não era obrigado a freqüentar as aulas, mas apenas a prestar os exames e obter aprovação.[142] Seria curioso fazer-se a avaliação dessa evolução.

---

[140] J. L. ALMEIDA NOGUEIRA, **Tradições e reminiscências** (ed. 1977, vol. I, pp. 34-35): "De 1828 em diante, a biografia do ilustre catedrático quase se identifica, no dilatado período de 45 anos (pois ele faleceu em 1873), com a história da Academia de São Paulo, da qual foi um dos mais notáveis lentes e uma figura das mais características."

[141] J. L. ALMEIDA NOGUEIRA, **Tradições e reminiscências** (ed. 1977, vol. I, observa C. Penteado de REZENDE, nota 3, p. 34): "A biografia do Conselheiro BROTERO acha-se inquinada de vários pequenos erros, repetidos por outros tantos autores. (...) José Maria de Avelar BROTERO, bacharel formado em leis pela Universidade de Coimbra, em 1820, transferiu-se em 1823, por motivos políticos, para os Açores. Ali, na ilha de Fayal, casou-se em 1824, com D. Ana (Nancy) DABNEY, nascida em Bordeaux, França (e não em Paris, como refere A.N.), filha de norte-americanos e descendente de um dos primeiros puritanos ingleses emigrados para os EUA. Em 1825 veio o casal para o Brasil, fixando-se no Rio de Janeiro, onde BROTERO advogou. Por Decreto de 12 de outubro de 1827 (e não 13 de outubro), foi nomeado lente do curso jurídico de São Paulo, por ele inaugurado no dia 1º. de março de 1828. Se outros títulos não tivesse em sua vida, poderia ostentar pelo menos este, honroso, de haver sido, cronologicamente, o primeiro professor de direito do Brasil. Naturalizou-se cidadão brasileiro em 1833."

[142] A temática do controle de freqüência, como se vê, não é nova.

Analisar o ensino jurídico no Brasil[143] e o currículo mínimo dos cursos de direito[144] aponta a chamada "flexibilização", ocorrida no período de 1972 a 1994[145]. Ainda se colhem os frutos dessa escolha equivocada. Até ser substituída pela Portaria 1886/94/MEC[146], que instaura o regime aplicável, a partir de 1994.[147]

O estudo e o ensino do direito, no globalizado e conturbado mundo pós-moderno não pode prescindir da formação em direito internacional: parecem ter se dado conta disso os burocratas responsáveis pelo ensino universitário – e essa necessidade se faz sentir junto ao mercado e pelo mercado, com a mudança considerável da percepção da necessidade e do papel das disciplinas do direito internacional, se considerarmos período histórico relativamente curto, como os últimos vinte e cinco anos: de interesse minoritário, como historicamente se manteve, passa a ter procura ampliada e suscitar interesse renovado, junto aos estudantes. É fundamental que essas possíveis vocações sejam, primeiro, bem formadas e, a seguir, bem orientadas.

Os materiais de ensino e de pesquisa ao lado do trabalho docente e discente em sala de aula, teóricas e seminários, comporão o funcionamento vivo da disciplina. Pode parecer surpreendente, mas até recentemente sequer tínhamos, ou eram raramente acessíveis edições dos clássicos do direito internacional – dentre os quais vários se traduzem, se não pela primeira vez, para o português, pelo menos por vez

---

[143] Horácio Wanderlei RODRIGUES, **Novo currículo mínimo dos cursos jurídicos** (São Paulo: RT, 1995, esp. cap. 1, 'ensino jurídico no Brasil: balanço geral', pp. 9-39) enceta breve relato histórico.

[144] H. W. RODRIGUES (op. cit., 1995, cap. 2, 'o currículo e suas reformas, na história do ensino jurídico brasileiro', pp. 40-61). Nos anos de 1972 a 1994, boa parte dos cursos de graduação em direito, seguindo a diretriz da Resolução 3/72/CFE, de 25 de fevereiro de 1972, emanada do Conselho federal de educação, manteve o direito internacional público ou direito internacional privado, como duas escolhas possíveis, dentre leque das matérias optativas.

[145] **Resolução 3/72/CFE**: O presidente do Conselho federal de educação, no uso de suas atribuições legais, na forma do artigo 26, da Lei 5540, de 28 de novembro de 1968, e tendo em vista o parecer 162/72 (...) resolve: art. 1º. O currículo mínimo do curso de graduação em direito compreenderá as seguintes matérias: (...) 1 a 11 (...) 12/13. "Duas dentre as seguintes: (a) direito internacional público, (b) direito internacional privado, (c) ciência das finanças e direito financeiro (tributário e fiscal), (d) direito da navegação (marítima), (e) direito romano, (f) direito agrário, (g) direito previdenciário, (h) medicina legal, de elenco compreendendo, ainda, a exigência de "prática forense, sob a forma de estágio supervisionado" e "o estudo de problemas brasileiros e a prática de educação física, com predominância desportiva, de acordo com a legislação específica" etc.

[146] **Portaria 1886/94/MEC**, art. 6º: "O conteúdo mínimo do curso jurídico, além do estágio, compreenderá as seguitnes matérias, que podem estar contidas em uma ou mais disciplinas do currículo pleno de cada curso. I – fundamentais: introdução ao direito; filosofia (geral e jurídica); ética geral e profissional; sociologia (geral e jurídica); economia e ciência política (com teoria geral do estado); II – profissionalizantes: direito constitucional, direito civil, direito administrativo, direito tributário, direito penal, direito processual civil direito processual penal, direito do trabalho, direito comercial e direito internacional. Parágrafo único: as demais matérias e novos direitos serão incluídos nas disciplinas em que se desdobrar o currículo pleno de cada curso, de acordo com suas peculiaridades e com observância de interdisciplinaridade."

[147] H. W. RODRIGUES (op. cit., 1995, cap. 3, 'a portaria 1886/94/MEC e o novo currículo mínimo dos cursos jurídicos', pp. 62-93).

primeira são aqui publicados[148] – literalmente suprindo lacuna enorme que permanecia aberta. Muito ainda há por ser feito.

Antonio Pereira PINTO (1864)[149] já apontava a função precípua do direito internacional, para regulamentar e solver conflitos entre estados de poderio marcadamente desigual [150]: "a jurisprudência que se encaminha a estabelecer a confraternidade entre os povos do universo, ligando-os pelos nós do comércio, das indústrias e da propagação de todos os conhecimentos úteis, que tem por alvo realizar a solução

[148] V. MAROTTA RANGEL, no 'prefácio à edição brasileira' do **Direito das gentes** de Emer de VATTEL (prefácio e tradução de Vicente MAROTTA RANGEL, Brasília: Ed. UnB / IPRI, 2004, pp. xlvii-lxix, cit. p. xlvii e, a seguir, p. lxi): "A publicação em nosso país do renomado tratado de Emer de VATTEL – **Le droit des gens**, ou **Principes de la loi naturelle appliqués à la conduite et aux affaires des nations et des souverains** – cerca de dois séculos e meio após ter sido editado pela primeira vez, não pode ser entrevista como ato de simples rotina editorial." Nesse sentido merecem cumprimentos iniciativas, encetadas no sentido de resgatar essas lacunas de memória e de formação, cruciais para as novas gerações de profissionais do ramo, tais como a *Coleção Clássicos IPRI*, promovida pelo Instituto de Pesquisa de Relações Internacionais e a Universidade de Brasília, com ênfase nas relações internacionais, a *Coleção clássicos do direito internacional*, promovida por iniciativa da Fondazione CASSAMARCA e da Universidade federal de Santa Catarina, publicados pela editora Unijuí, sob a coordenação de Arno Dal RI Jr., ou propondo reflexão sobre temas de atualidade de direito e relações internacionais, como **Reflexões sobre os 60 anos da ONU** (coord. Araminta de A. MERCADANTE e J. C. de MAGALHÃES, Ijuí: ed. Unijuí, 2005), e o trabalho de resgate de textos e documentos clássicos do direito internacional, há muito esgotados ou fora de comércio, como a *'terceira edição histórica'* do **Tratado de direito internacional** de Hildebrando ACCIOLY, por ocasião do cinqüentenário da segunda edição (1956-7) (pref. P. B. CASELLA, São Paulo: Quartier Latin, 2008, em três volumes), do texto integral, em vernáculo, do *Tratado de paz entre as potências aliadas e associadas e a Alemanha, e protocolo anexo (assinados em Versalhes, aos 28 de junho de 1919)* P. B. CASELLA, **Tratado de Versalhes na história do direito internacional** (São Paulo: Quartier Latin, 2007).

[149] A. Pereira PINTO, **Apontamentos para o direito internacional** (1ª. ed., Rio: F. L. Pinto & Cia. Livreiros e Editores, 1864; 2ª. ed., Brasília: Ministério da Justiça / Ed. UnB, 1980, 4 vols., vol. i, 'aos leitores', pp. 1-2): "é lícito todavia ponderar que, achando-se esparsos os tratados que temos celebrado com diferentes potências estrangeiras e outros inéditos, a reunião deles em um só corpo, acompanhada de sucintas apreciações históricas, como o fizemos, da transcrição de documentos hoje raros, e da legislação peculiar às convenções mais importantes, deve, sem controvérsia, aproveitar àqueles que intentarem escrever o direito internacional brasileiro. E assaz compensados seremos dos labores desta tarefa, se para a edificação daquele grandioso edifício servir de pequeno seixo o nosso insignificante trabalho."

[150] A. Pereira PINTO "introdução" ao primeiro volume (1864) dos **Apontamentos para o direito internacional** (ed. cit., Brasília, 1980, vol. i, 'introdução' pp. 3-4): "E, se infelizmente essa jurisprudência não tem atingido toda a perfeição de que é suscetível, se o orgulho das grandes potências impele-as ainda a lançar mão dos remédios violentos para extorquirem dos povos fracos concessões humilhantes e vantajosas somente à sua avidez, se contra nosso próprio país tem sido cometidas enormes vexações por um dos estados mais poderosos da Europa, *apezar* dos tratados, ou *por causa* dos tratados, se em geral o Império não tem auferido grandes lucros com a celebração dos contratos internacionais, tais fatos nem abalam a doutrina que deixamos expendida, nem por motivo deles devemos confiar menos em que uma reação se há de ir operando, entre as nações cultas, ou para refrearem os ímpetos belicosos de seus governos, apontando-lhes a trilha da discussão diplomática como oportuno e exclusivo recurso, para terminar as dissidências que acaso apareçam com estranhos países, ou para aconselhar-lhes que nos tratados com os estados de ordem menos importante guardem sempre a devida reciprocidade, não lhes impondo pactos leoninos que trazem ordinariamente em si o gérmen de futuras contestações."

das desavenças entre as nações pelos meios da discussão ilustrada e calma, é uma das mais belas conquistas da inteligência humana".[151]

V. MAROTTA RANGEL (1980)[152] divide em quatro etapas o estudo e o ensino do direito internacional público em nosso país, "que refletem, preponderantemente, eventos básicos de períodos históricos sucessivos". "Em verdade, a simples menção das balisas que marcam o início e o fim de cada etapa, nos sugere a profundidade das transformações por que tem passado as condições sociais e políticas da sociedade contemporânea, em que o direito internacional – como todo direito – se assenta".

– a primeira se projeta da independência até a conferência da paz, na Haia, em 1907: "o ensino do direito das gentes (segundo então era denominado) se iniciou com a instalação dos cursos jurídicos entre nós", com destaque para Lafayette Rodrigues PEREIRA e o Barão do RIO BRANCO;[153]

[151] A. Pereira PINTO (op. cit., 1864, loc. cit.): "Radicado, pois, esse pendor que se vai manifestando entre os países cultos para desenlaçarem pacificamente, pelos meios diplomáticos, e não pela espada do mais forte, as dissenções que surgem entre os povos e apertadas as suas relações de mútuo comércio e alianças pelo desenvolvimento do vapor e da eletricidade, não longínquos horizontes se devassam ao olho do observador perspicaz, nos quais se enxerga a lisonjeira época de uma tão perfeita e recíproca uniformidade de interesses internacionais, que não poderá ser violada, ainda pelos estados poderosos, sem total detrimento de sua prosperidade e grandeza. / E, pois, a aproximação dessa lisonjeira situação deve ser fervorosamente almejada por todos os homens generosos, por todos os estadistas e filantropos."

[152] V. MAROTTA RANGEL, *Introdução* (1980, publ. 1981, pp. v-xiv, cit. p. vii): "Das obras publicadas no Brasil, nessa quarta e última etapa, algumas poderiam a ela naturalmente pertencer por simples circunstância de ordem cronológica. Tal não ocorre com o livro que me cabe a honra de proemiar, porquanto ele significa uma resposta sensível e vital a indagações essenciais que marcam a presença do direito das gentes em nossos dias. Situa-se ele, por sinal, no centro de convergência de três termos inseridos no título com que se denomina e se apresenta ao público: **Princípios do direito internacional contemporâneo**. O primeiro desses termos distingue a obra por mencionar *princípios*, aos quais ela deseja cingir-se, já que o seu escopo não consiste em expor a sistemática diversificada, abrangente e complexa do direito das gentes mas as diretrizes de temas nucleares e vitais, desdobrados em partes, quatro ao todo: fontes, responsabilidade dos estados, competências das organizações internacionais, e, finalmente, posição internacional dos particulares. O segundo desses termos concerne ao próprio direito internacional cujas origens remontam, pelo menos em sua feição moderna, à época da descoberta do novo mundo, mas cujas estruturas e lineamentos sofrem o influxo das transformações sociais, a influência do progresso tecnológico e científico, o vigoroso condicionamento dos fatores políticos, econômicos, culturais. Trata-se, pois, a rigor do *international law*, segundo a terminologia dos países de *common law*, do qual se exclui necessariamente o direito internacional privado, *conflict of laws*. Precisamente em razão do impacto dessas transformações, o terceiro dos termos inseridos no título consiste no qualificativo de contemporâneo, outorgado a esse direito internacional, que se deseja entrever, difundir e analisar à luz dos eventos da década de oitenta, considerado na perspectiva dos momentos decisivos da sociedade global de que todos participamos como membros, mais expectadores que protagonistas."

[153] V. MAROTTA RANGEL (cit., 1980, pp. v-vi): "Os professores, que primeiro lecionaram matérias próprias a esse direito, na Academia de São Paulo, foram AVELAR BROTERO e AMARAL GURGEL que, alternadamente, o regiam. Coube àquele escrever a primeira obra de direito internacional público no Brasil: **Questões sobre presas marítimas**, editada em 1836, em São Paulo (que surgiu, como se verifica, apenas quatro anos depois da edição dos **Princípios de derecho das gentes**, da autoria de Andrés BELLO,

– a segunda se intercala entre esta conferência da paz, em 1907, e a guerra de 1914-1918: a participação do Brasil na segunda conferência da Haia, "teve ampla repercussão entre nós e estimulou estudos em profundidade do direito internacional";[154]

– a terceira se localiza entre os dois conflitos armados mundiais: "durante a terceira etapa se editaram exposições sistemáticas" V. MAROTTA RANGEL (1980)[155], durante a guerra o "o profundo estado de anormalidade refletiu-se como efeito adverso sobre a produção de direito internacional", cf. V. MAROTTA RANGEL (1992)[156];

---

obra marcante na bibliografia latino-americana). Prioridade do ensino, em Olinda, coube a Lourenço José RIBEIRO e Pedro Autran da MATTA E ALBUQUERQUE. Deste último, que prelecionou em Pernambuco, por mais de cinco décadas, é a autoria dos **Elementos do direito das gentes segundo a doutrina dos escritores modernos**, editado em 1851. Com o escopo de completá-lo e atualizá-lo subseqüentemente, dois outros cursos se publicaram no Recife, também da lavra de docentes da mesma escola: as **Preleções de direito internacional**, de Antonio de Vasconcellos Menezes de DRUMMOND, e as **Lições elementares do direito das gentes**, de João Silveira de SOUZA, datadas de 1867 e 1889, respectivamente. Foram também editados, na segunda metade do século passado, os **Elementos de direito internacional marítimo**, de Carlos Vidal de Oliveira FREITAS, e os **Apontamentos para o direito internacional, ou coleção completa dos tratados celebrados pelo Brasil**, de Antonio Pereira PINTO, repositório, em quatro volumes, de documentos de relevância, nas relações exteriores de nosso país. Todas as publicações do século passado estão como que a preparar o advento da obra marcante do primeiro período, os **Princípios de direito internacional**, de Lafayette Rodrigues PEREIRA, obra em dois tomos, publicada em 1902. Jurista de escol, no plano da teoria e da prática, avulta como se sabe, na última etapa do primeiro período, a prolongar-se no segundo, o Barão do RIO BRANCO."

[154] V. MAROTTA RANGEL (cit., 1980, p. vi): "a começar pelos realizados pelo próprio chefe da delegação brasileira à Conferência, Ruy BARBOSA, e continuados com os **Elementos de direito internacional**, de autoria de Manuel Augusto de Sá VIANA e a **Evolução do direito internacional**, de João CABRAL, que vieram à lume em 1908, no Rio de Janeiro. Em 1911 Epitácio PESSOA divulgou o seu **Projeto de código de direito internacional público**, no Rio de Janeiro. Do mesmo ano e da mesma cidade é o **Direito internacional público** (com segunda edição em 1939) de Clóvis BEVILAQUA." Dois pequenos reparos à observação: (i) a ênfase no 'direito público' primeiro e, depois, 'internacional', não é de pequena importância, em detrimento da dimensão internacional, com ênfase no direito público; (ii) a primeira edição (1910); C. BEVILAQUA, **Direito público internacional: a synthese dos princípios e a contribuição do Brasil** (1ª ed., 1910; Rio: Freitas Bastos, 2ª ed., 1939).

[155] V. MAROTTA RANGEL (cit., 1980, p. vi): "como as de Raul PEDERNEIRAS, **Direito internacional compendiado** (1931) e de Braz de Souza ARRUDA, **Estrutura do direito internacional** (1938), sobressaindo-se o **Tratado de direito internacional público**, em três tomos, de Hildebrando ACCIOLY, editado entre 1933 e 1935 (com segunda edição em 1956). Em 1936 publicaram-se no Rio de Janeiro, **Gênese e evolução da neutralidade** e **Natureza jurídica do mar**, de autoria, respectivamente de Linneu de Albuquerque MELLO e Breno Machado Vieira CAVALCANTI. Embora dedicando-se ao direito internacional privado, Haroldo VALLADÃO analisou temas de internacional público, a que deu desenvolvimento na etapa ulterior."

[156] V. MAROTTA RANGEL, *Public international law: the last five decades* (in **A Panorama of Brazilian Law**, edited by Jacob DOLINGER & Keith S. ROSENN, Rio: Ed. Esplanada / Coral Gables: Univeristy of Miami Nortth-South Center, 1992, pp. 287-308, cit. p. 290): "The profound abnormality of war period adversely affected the production of scholarly studies".

– a quarta flui a partir da segunda guerra mundial: "desde o último conflito armado mundial, o direito das gentes, sem perder o sentido natural de continuidade no tempo e de sorte a refletir o rumo e o espírito das mudanças por que tem passado a comunidade internacional, ampliou extraordinariamente o seu âmbito de competência ratione materiae";[157]

"Da interpenetração orgânica desses períodos e de sua ressonância no direito das gentes se dava conta" (...), "no decorrer da primeira guerra mundial, em página ainda repassada de atualidade, José MENDES, que o prelecionava na Faculdade de São Paulo".[158] Aqui há dado que merece ser destacado.

Oportuna e relevante a percepção da evolução histórica do direito, no contexto pós-moderno: "Teria a análise do direito das gentes contemporâneo o efeito de prescindir da busca desse direito em tempos menos recentes ? A leitura dos ensaios componentes da obra autorizará a resposta negativa e nos faz reconhecer neles a presença dos ensinamentos de José MENDES. O contemporâneo surge aí como resumo e complemento das fases anteriores, a que os ensaios recorrem toda vez que se faça necessário compreender e vistoriar os quadrantes e o cerne do direito perquirido".[159]

Para compreender o contemporâneo é preciso entender o que veio antes e poder conferir coerência ao conjunto, mediante a compreensão do que precede, para se chegar ao ora existente e daí para o que poderá vir a seguir. Destacar um momento fará perder a compreensão do todo.

"O direito está para o organismo social", dizia José MENDES (1913)[160], "como a veste para o organismo individual: um e outro acompanham o desenvolvimento do respectivo corpo. Cada fase da evolução social contém a fase anterior, com alguma coisa a mais. Cada fase é o resumo das fases anteriores, numa e noutra

---

[157] V. MAROTTA RANGEL (cit., 1980, p. vii): "O desenvolvimento dos estudos do direito internacional público, em nosso país, tem estado a acompanhar-lhe as vicissitudes de transformação e relevância crescente, como atestam os trabalhos de docência, de pesquisa e de orientação conduzidos por eminentes juristas, que hoje o cultivam, com segurança e descortino, nas diversas cátedras e departamentos das universidades brasileiras, assim como na diplomacia."

[158] V. MAROTTA RANGEL (pref. cit., 1980, p. viii) ; V. MAROTTA RANGEL (art. cit., 1992, p. 308).

[159] V. MAROTTA RANGEL (pref. cit., 1980, loc. cit.).

[160] José MENDES, **Direito internacional público: prelecções** (São Paulo : Duprat & Comp., 1913, 'prefácio', datado de 15 de novembro de 1913): "Este livro reflecte em synthese as minhas prelecções de direito internacional público, na Faculdade de direito de São Paulo. / Transumpto da explicação de todas as theses de meu programa, traz a nomenclatura de todas as questões de mais destaque no assumpto, discutidas e resolvidas durante o curso. / Contém as linhas essenciaes dos institutos jurídico-mundiaes, sem descer a detalhes, consoante já aconselhavam os *Estatutos* da Universidade de Coimbra de 1772. / A linguagem é simples, conforme o salutar exemplo dos modernos expositores da matéria scientífica. Sciencia e rhetorica são coisas que se não attraem. ORNARI RES IPSA VETAT, CONTENTA DOCERI."

evolução", retomaria J. MENDES (1918)[161], como o fizera no **direito internacional público** (1913)[162].

Desde 1945,[163] o direito internacional, acompanhou todas as transformações do contexto: da multiplicação dos sujeitos tradicionais de direito internacional, os estados, ao lado das organizações internacionais, bem como a emergência e a consolidação do ser humano como sujeito de direitos e de obrigações no plano internacional, como exprimem as garantias fundamentais (Declaração universal de 1948 e os Pactos internacionais de direitos, de 1966) até o surgimento e o desenvolvimento do direito internacional penal, com destaque para o Estatuto de Roma e a criação do Tribunal penal internacional.

Até 1907, quando se reuniu, na Haia, o concílio dos povos cultos, apenas foi possível tentar a regulamentação da guerra, para que fosse menos cruel, e menos destruidora das creações materiais e morais, a que a humanidade mais fortemente se afeiçôa, comentava Clóvis BEVILAQUA (1920)[164]: "em 1919, realisou-se um grande progresso ethico-jurídico. A codificação levada a effeito não mais teve por objecto as leis da guerra, porém os princípios tendentes a combatel-a e reduzil-a. Agora, sim começaram os homens a legislar sobre a paz, a preparar as condições sociaes e jurídicas da paz. Antes não puderam senão legislar sobre a guerra".[165]

[161] José MENDES, *Relação entre o direito internacional público e o direito nacional nos países americanos* (18 RT 81, 1918). José MENDES apontava com discernimento o papel a ser desempenhado pelo direito internacional: "este ramo da árvore jurídica em formação, adaptado à sociedade internacional, CIVITAS MAXIMA, SOCIETAS SOCIETATUM, ora também em formação e cujas condições de vida e desenvolvimento exigem, como as da sociedade nacional, reconhecimento e garantias tendentes à manutenção do equilíbrio das espheras de actividade dos estados, unidades do organismo social mundial".

[162] J. MENDES (op. cit., 1913, 'prefácio' cit.) encerrava-o: "É, pois, um manual de estudantes. Escrevel-o custou-me grande somma de exforços, a que me não poupei, cônscio do intento de satisfazer a uma necessidade vivamente sentida e repetidamente manifestada por meus discípulos, a cujas mãos o entrego, certo de que farão delle um dos factores do progresso de nossa cultura jurídico-internacional."

[163] V. MAROTTA RANGEL (cit., 1980, p. vi): "sofreu o impacto perturbador dos fatores econômicos, sociais, políticos e tecnoloógicos; acolheu novos sujeitos específicos, desde o ser humano, reidentificado à luz do direito positivo como pólo de irradiação e alvo de destino de todo ordenamento jurídico, até as organizações internacionais que, por seu turno, crescem, se diversificam e se reproduzem por si próprias; reavaliou as funções do estado, no contexto da sociedade global, embora sem desconhecer-lhe a presença e o prestígio de ator principal e indeclinável; acompanhou o relacionamento dos homens, em escala planetária e indagou, subseqüentemente, das condições dos cosmonautas e do regime jurídico dos corpos celestiais contactados; e voltou a perquirir dos valores fundamentais de convivência humana e de ordem jurídica respectiva."

[164] Clóvis BEVILAQUA, no 'prólogo' a **Soberania das nações** de M. F. Pinto PEREIRA (São Paulo: C. Teixeira & Cia., 1920, pp. ix-xii).

[165] C. BEVILAQUA ('prólogo' cit., pp. x-xi): "Essa lição do conflito mundial, que o jovem internacionalista assignala, da solidariedade, que as nações alliadas mutuaram, durante a lucta, e que se continuará na paz, sem prejuízo das soberanias nacionaes, produziu um fructo de conseqüências inestimáveis, a constituição da Sociedade das Nações, que, com o fluir dos tempos, merecerá melhor essa denominação, quando a reorganisação de modo a ser uma cooperação perfeita de esforços, tendo por alvo o bem da humanidade, por

Para M. F. Pinto PEREIRA (1920)[166], "o nosso século, que ao *ius inter gentes* há de traçar liames mais estreitos, muito terá caminhado si conseguir uma obediencia mais efficaz àquele velho princípio fundamental do direito, que é a base universa de quaisquer normas jurídicas. O ideal dos indivíduos, para o qual convergem todas as forças, é a realisação do direito; como também essa realisação é o ideal mais alto, à volta do qual, nas relações internacionaes, os esforços das *gentes* se intensam. / Quando a justiça prescreve direitos eguaes às nações, não quer que ellas se façam eguaes de facto, senão que se respeitem umas às outras, conforme são, no que são, pelo que são. Em tudo, como em toda parte, onde se practicar o direito, os mais intrincados problemas se reduzem à expressão mais simples pelo *suum cuique tribuere*" [167]: "e a justiça internacional, prezando taes differenças de facto, na esphera do direito, fará por que os grandes e os pequenos estados, egualmente soberanos, sejam juridicamente eguaes".[168]

A sociedade mundial, organizada politicamente, acresce dimensão de direito internacional positivo a esses pressupostos conceituais da igualdade e das regras básicas de convivência entre os estados, no plano internacional[169]: "organisar o mundo, numa só sociedade politica, é o mais complexo problema, que a mente humana tem concebido, já pela connexão com mil outros difficilimos problemas, já pela chocante desharmonia de outros tantos. É verdade que, nos povos civilisados, são muitas as convergencias de ideaes; não o é menos, todavia, que as divergencias são muitissimas".[170]

base os direitos dos estados, a soberania, a egualdade, a jurisdição sobre o respectivo território, e por elemento plástico os princípios jurídicos, em sua mais pura idealização."

[166] M. F. Pinto PEREIRA, **Soberania das nações** (prefácio de Clóvis BEVILAQUA, São Paulo: C. Teixeira & Cia., 1920).

[167] M. F. Pinto PEREIRA (op. cit., 1920, pp. 20-21): "Na era do presente, a humanidade delinea, de sob as ruínas de tanta velharia, o arcabouço de um novo edifício. Utilisará, em todo caso, muita coisa do que foi. / Causas geographicas, motivos políticos, particularidades economicas e situações peculiares, embora a mais intima convivência entre as nações, hão de sempre personalisal-as."

[168] M. F. Pinto PEREIRA (op. cit., loc. cit., par. 4º, 'da auto-limitação da soberania', pp. 22-27, cit.p. 27): "Cada qual das nações possue um complexo de bens e de coisas, predicados peculiares; formam-lhe o patrimônio, , pertencem-lhe, collocando-a nesta ou naquella situação, para mais ou para menos. O que não pesa no cômputo da independência, que o *jus inter gentes* lhe reconhece. / Elle as solidarisa, na *societas gentium*, onde a auto-limitação da soberania nacional é simplesmente a confirmação da personalidade jurídica dos estados livres."

[169] M. F. Pinto PEREIRA, **Soberania das nações** (prefácio de Clóvis BEVILAQUA, São Paulo: C. Teixeira & Cia., 1920, par. 5º, 'a sociedade mundial, organisada politicamente', pp. 28-39): "Da simples sociedade das nações, que é o seu convívio sob o direito internacional, à organisação política da sociedade mundial, vae irreductivel differença. Dissemos: *non gentium societas supremae uniuscujusque potestatis negatio implicet, plena ejusdem, autem affirmatio.* / Mas, com a organisação política da sociedade mundial, sob a fórma da 'Liga das Nações', impossível é conciliar-se a permanencia da soberania nacional. Aquella organisação, com ser política, necessariamente, implica a idéia de um governo universalmente obedecido."

[170] M. F. Pinto PEREIRA (op. cit., 1920, cap. cit., p. 29, a seguir, p. 35, e, mais adiante, p. 39): "A organisação política da Sociedade das Nações, numa Liga, é um pensamento que não se ajusta com a realidade. Muitos

O que se poderia chamar "princípio democrático no direito internacional", segundo o qual cada estado tem direito a voto e cada um destes tem igual peso, na ordem internacional, teria recebido defesa candente, por parte de Ruy BARBOSA, na segunda conferência da paz, da Haia, em 1907, advogado das nações menores, em defesa desse princípio, como aponta Ildefonso Dutra ALVIM (1953)[171]: "advogando intransigentemente a igualdade jurídica dos estados, reuniu prosélitos e conquistou para o Brasil glórias de preeminência naquele magno conclave. A Carta das Nações Unidas erigiu, hoje, à categoria de norma positiva esse princípio de igualdade dos povos. Todas as relações internacionais hão de ser baseadas nessa disposição e qualquer consideração à sua margem perde o sentido jurídico internacional".[172]

Com mais de seis décadas, desde a institiuição da ONU, constata-se, hoje, que a soberania dos estados permaneceu, e estes se multiplicaram, e, simultaneamente, as organizações internacionais multiplicaram-se em número e em abrangência de atuação, em desordenada convivência e interação. Adherbal MEIRA MATTOS (2005)[173] considera: "a Organização das Nações Unidas é a maior organização internacional que o mundo conheceu e conhece, a despeito de seus flagrantes aspectos negativos – alguns dos quais é vítima e não autora – que seus difusos pontos negativos não conseguem ocultar, numa série de acertos e desacertos que ora vêm à tona, ao ensejo dos 60 anos da complexa existência da entidade".[174]

---

são os mestres que o nutrem; mas, contrariadas pela experiencia, 'as autoridades não valem a menor prova de facto'." (...) "A soberania nacional permanecerá. Com ella é difficilimo o exito da 'Liga das Nações' e absolutamente impossível conciliar-se a organização política da sociedade mundial."

[171] Ildefonso Dutra ALVIM, **Limitações ao exercício da soberania** (Belo Horizonte: Imprensa oficial, 1953).

[172] I. D. ALVIM (op. cit., 1953, parte ii, 'soberania', cap. iii, 'limitações', pp. 159-196, pars. 217 a 274, cit. par. 250, p. 161 e, a seguir, par. 263, pp. 169-170): "Limitações mais objetivas, mais concretas da ação individual dos estados no exercício de seus poderes de soberania, decorrem das ações das Nações Unidas, destinadas à aplicação das regras jurídicas estatuídas e a dar-lhes vigor e sanção, quando se referem aos *meios* e *modos* para alcançarem os *fins* estabelecidos. Do exame coordenado das normas jurídicas instituídas pelas Nações Unidas, o jurista se convence de que o poder soberano não mais atribui ao estado que o exercita, a faculdade onipotente de criador, intérprete e aplicador da norma jurídica. *Sujeito passivo* daquelas normas, sua jurisdição fica limitada por outras, que a sobrepujam, criadas pela novel instituição."

[173] Adherbal MEIRA MATTOS, *Organização das Nações Unidas: 60 anos* (in **Reflexões sobre os 60 anos da ONU**, org. Araminta de Azevedo MERCADANTE e José Carlos de MAGALHÃES, Ijuí: Ed. Unijuí, 2005, pp. 83-100).

[174] A. MEIRA MATTOS (art. cit., 2005, p. 83): "A ONU possui, em plenitude, as três *jura* básicos, presentes no critério internacional dos estados: o *jus tractatum*, o *jus legationis* e o *jus belli*. O primeiro (direito de concluir tratados), compreende a negociação, assinatura, ratificação etc. de atos internacionais. Alguns dispositivos da Carta deixam bem claro esse detalhe. É o que ocorre com o art. 43, em que todos os membros, a fim de contribuir para a manutenção de paz e de segurança internacionais, proporcionarão ao Conselho de Segurança, toda a assistência possível, com base em acordos (tratados) especiais, com os arts. 52, 53 e 54, que possibilitam a criação e utilização de acordos intergovernamentais (FAO, UNESCO, OACI etc.) e com o art. 63, que cogita de acordos entre Conselho Econômico e Social e tais entidades especializadas. / O segundo (direito de legação) tal como ocorre com os estados, pode ser ativo e passivo. Assim, por meio

Contudo, dado ser inexorável o imperativo da convivência, a organização desta acarretará limitar o conceito e a extensão do exercício da soberania de cada estado, já percebia M. F. Pinto PEREIRA (1920): "o estado melhor organisado jamais lograra independencia absoluta, a menos que se isolasse do convivio mundial, e, nesse caso, a sua sorte seria fatalmente o anniquilamento. A comunidade das nações força-as a se darem reciprocamente as mãos e a se fazerem concessões recíprocas; embora em differentes situações políticas, conduz as poderosas a coadjuvarem, no quanto possível, as que o não são. Outro não é o ensinamento dos mestres. (...) Como, apezar do crescente progresso humano, já tantas vezes os interesses vitaes dos povos soberanos se chocaram, ferindo-se guerras, não tenhamos a ingenuidade de descrer que isso possa repetir-se; repetir-se-á, porém, com menor frequencia, si se temperar o conceito de soberania nacional pelo princípio salutar da solidariedade das nações".[175]

Em tempos pós-guerra fria, como vivemos, desde 1989, ficaram mais claras as fontes de ameaças e de efeitos disruptores sobre o conjunto do sistema internacional. O Brasil, contudo, ainda parece patinar, sem modelo claro de orientação de política externa, que melhor atenda aos interesses nacionais, em seu sentido mais amplo e mais duradouro, do que as idiossincrasias partidárias dos ocupantes deste turno do poder nacional, sem estar voltado para a consecução de resultados em suas

de seus agentes (permanentes) e observadores (não-permanentes), nos estados. Passivo, pois a ONU recebe representantes diplomáticos de todos os estados membros. Como as organizações internacionais não têm soberania territorial, a exemplo dos estados, a ONU garante privilégios e imunidades, mediante acordos especiais com os estados que enviam seus representantes. / O terceiro e último dos direitos é o de fazer a guerra, não por meio de vonttade individual dos estados-membros, mas da ação coletiva da organização, por seu Conselho de Segurança. Após o advento da ONU, a guerra deixou de ser um direito dos estados, para ser um direito da organização, como um todo. Aos estados cabe, apenas, o direito de legítima defesa (Carta de San Francisco, art. 51)."

[175] M. F. Pinto PEREIRA (op. cit., 1920, pp. 45-46, e prossegue, pp. 46-47): "A idéia da comunhão do direito, agitada por SAVIGNY no campo do direito internacional privado, e que é hoje um pensamento quase universal, assaz pode concorrer para as solidarisar. É mister que os paizes cultos cooperem para cimentar a sua grande communidade, regida, quando possível for, pelo direito pacifico. / Isso não obsta, bem o vemos, a que a cada qual fique a sua soberania, e como attributo essencial: o que se quer é que ella seja compartícipe activa da solidariedade de todos, na pratica da equidade e da justiça, para a realisação do maior bem commum. A cooperação das grandes e pequenas nações, soberanas e egualmente solidarias, não pede que na vida particular ellas ajam, umas exactamente conforme as outras. / A *societas gentium* é o ponto em que se hão de converter no bem estar da humanidade os contingentes do trabalho nacional de cada povo. Si circunstancias peculiares vigem, no sentido da differenciação intranacional dos estados, a vida internacional tende a semelhal-os, pela conjugação dos esforços communs em prol de todos. Eis o terreno da cooperação; ella 'supõe a diversidade de meios e simplesmente harmonia de fins'. / A verdadeira solidariedade das nações soberanas consiste no promoverem, sobre tudo, a justiça nas suas relações, obedecidas as sentenças dos tribunaes, que proclamam o direito, tendo-se a força armada como o extremo recurso no solucionar das pendências."

iniciativas, ignorando acordos com os principais parceiros comerciais, para privilegiar alegadas 'alianças estratégicas' que muito nos custam e nada nos trazem de volta.[176]

Na configuração de determinado sistema nacional de direito internacional público, V. MAROTTA RANGEL (1992)[177] aponta a necessidade de o considerar na dimensão do direito internacional constitucional, o que traz a inter-relação entre as normas hierarquicamente superiores do sistema jurídico interno, para a análise dessa matéria, o que permite mostrar a evolução do tratamento do direito internacional, pelo sistema jurídico interno.

Pode, à primeira vista, parecer surpreendente, que a Constituição vigente desde 5 de outubro de 1988, não reitere dispositivos constitucionais relativos à solução pacífica de controvérsias e à proibição de guerras de conquista: isso é compreensível, enfatiza MAROTTA RANGEL, porquanto normas cogentes do direito internacional pós-moderno "condenam qualquer agressão armada, mesmo não tendo propósito de conquista".[178] Ao presidente da República são conferidos poderes exclusivos, em caso de agressão externa, para declarar guerra "autorizado ou *ad referendum* do Congresso nacional", quando a agressão ocorra durante recesso parlamentar, bem como "declarar mobilização nacional, total ou parcial, nas mesmas condições".[179]

A Constituição vigente mantém a tradicional redação, atribuindo o poder específico ao presidente da República, para manter relações exteriores, mas inova ao conferir igualmente a este "acreditar os respectivos representantes diplomáticos". A

---

[176] Exemplo extremo, porém não o único, a tentativa de construção do **Diálogo América do sul –países árabes**, org. Heloisa Vilhena de ARAÚJO (Brasília: IPRI / FUNAG, 2005): mal concebida, mal conduzida e mal aproveitada, depois de encetada; v. tb. exemplos recentes, que se multiplicam como a lesão institucional, patrimonial, bem como à imagem do Brasil, com o papel ridículo de omissão e de tergiversação desempenhado pelo governo federal ante a expropriação boliviana de investimentos em dólares mais que bilionários, pela PETROBRÁS; sob a alegação de redução de desigualdades regionais são feitos investimentos com fundos públicos brasileiros no exterior, enquanto projetos nacionais esperam por falta de verbas, ou são sabotados para tardarem o suficiente para não poderem render trunfos eleitorais a adversários políticos, como a construção do 'rodoanel' em torno da cidade de São Paulo; exemplificativamente, ilustrativo o editorial *Uma política claramente ineficaz* (OESP, 6 de julho de 2006, p. A-3).

[177] Vicente Marotta RANGEL, *Public international law: the last five decades* (in **A panorama of Brazilian Law**, edited by Jacob DOLINGER and Keith ROSENN, Miami / Rio: Univ. of Miami North-South Center / Ed. Esplanada, 1992, pp. 287-308). Para tanto, divide em cinco períodos, relacionados a mudanças constitucionais, para aferição da evolução do direito internacional no Brasil, a partir de 1940, até o presente.

[178] (art. cit., 1992, p. 305): "The present Constitution preferred to note its commitment 'to the peaceful resolution of controversies' (preamble), and to include among the principles of international relations, that of defending peace and of peaceful resolution of conflitcts [Const. 1988, art. 4 (vi) and (vii)]. Such principles are sufficient to indicate a commitment identical to prior commitments *i.e,* to the peaceful resolution of conflitcts."

[179] Constituição da República, 1988, art. 84 (xix).

Constituição, art. 84, inc. viii, também trouxe inovações em relação ao procedimento para a conclusão de tratados, pelo presidente da República, com a aprovação do Congresso nacional. Nos termos do art. 49, inc. i, fica determinado ter o Congresso nacional a prerrogativa de decidir, em última instância, a respeito de tratados, acordos ou atos que acarretem ônus para o Tesouro nacional.[180]

A complexa questão da separação de poderes, entre executivo e legislativo, com relação à conclusão de atos internacionais, na opinião de MAROTTA RANGEL, "foi resolvida de modo supreendente, em boa medida desconhecida no direito constitucional comparado" [181]: o critério para a determinação quanto a poder ou não o presidente da República atuar isoladamente decorre do fato de o ato acarretar ou não ônus para o Tesouro nacional. Qualquer tratado, acordo ou ato internacional que tenha tal conseqüência terá de ser submetido à aprovação do Congresso nacional.[182]

Mantinham-se os poderes atribuídos ao Supremo tribunal federal, bem como os das cortes federais, até o advento da EC 45/2004, por meio da qual a competência originária do STF em relação à homologação de sentenças estrangeiras e Cartas rogatórias foi transferida ao Superior Tribunal de Justiça[183], criado pela Constituição de 1988. Estes foram, contudo, restringidos, em relação aos tratados, porquanto somente o STF pode declarar inconstitucional determinado tratado.[184]

---

[180] (art. cit., 1992, p. 306): "The vehement debates that arose over the legality of the foreign loan agreements contracted by the federal government, which resulted in the growth of the foreign debt, surely explain the wording of article 52 (iv) of this Constitution, in which any mention of 'foreign accords' was removed. Under the new provision, only the federal senate has the power to 'authorize foreign financial transactions of interest to the federal government, states, federal district, territories and counties' [art. 52 (v)]. The federal senate retains its prerogative of approving the heads of permanent diplomatic missions, even though the 1988 introduces a change in language from the corresponding provision in the 1969 Constitutional amendment. The change consists in adding that approval will be given 'after debate in a closed session'. Not only is the vote secret, but so too is the debate on the person nominated by the president of the republic to be the head of a permanent diplomatic mission."

[181] V. MAROTTA RANGEL (art. cit., 1992, p. 306).

[182] Jacob DOLINGER, **A dívida externa brasileira** (Rio: Nova fronteira, 1988); José Carlos de MAGALHÃES, **A dívida externa: uma questão de direito internacional público** (São Paulo: FDUSP, "tese de livre docência em direito internacional", 1989).

[183] A respeito, P. B. CASELLA, *Constituição e direito internacional* (in **Direito da integração**, coord. P. B. CASELLA e V. L. V. LIQUIDATO, São Paulo: Quartier Latin, 2006, pp. 29-55).

[184] J. Francisco REZEK, **Direito internacional público: curso elementar** (São Paulo: Saraiva, 10ª ed., "inteiramente revista e atualizada", 2005, n. 50, 'situações particulares em direito brasileiro atual', pp. 100-103, cit. pp. 102-103): "A questão (...) resolvida que foi pelo aditamento do terceiro parágrafo ao mesmo artigo constitucional: os tratados sobre direitos humanos que o Congresso aprove *com rito de emenda à Carta* – em cada casa dois turnos de sufrágio e o voto de três quintos do total de seus membros – integrarão em seguida a ordem jurídica no nível das normas da própria Constituição. Essa nova regra que se poderia chamar de *cláusula holandesa*, por analogia com certo modelo prevalente nos Países Baixos e ali pertinente à generalidade dos tratados" (...) "é sensato crer que ao promulgar esse parágrafo na Emenda constitucional 45, de 8 de dezembro de 2004, sem nenhuma ressalva abjuratória dos tratados sobre direitos humanos

Inovação foi também introduzida com relação à jurisdição dos tribunais, para decidirem questões trabalhistas contra estados estrangeiros.[185] A redação constitucional foi infeliz ao incluir, dentre propriedade do governo federal (e, por conseguinte, do Brasil) "os recursos naturais da plataforma continental", nos termos do art. 20, inc. v; a anterior incluía a *própria plataforma* (art. 4, inc. iii), o que significava que os recursos naturais, como acessórios seguem o principal, também eram nossos. A mudança da redação nada contribuiu para a clareza da determinação da extensão do território nacional.

A política, seja esta interna ou externa, ensejaria falar antes em tradição, olhando para o passado, e prática, considerando os usos correntes, mais que em princípios. E de perspectivas, em relação ao futuro. Dado o caráter empírico dessa tradição, e a pouca clareza que pode existir em relação a quais sejam as regras que orientam a prática corrente, algumas linhas mestras podem ser apontadas e lições podem ser tiradas, não somente como reflexão sobre o passado, mas como referências presentes e parâmetros para orientar ação futura.

Parte desse debate se fez e se faz no largo de São Francisco. Por isso pode ser relevante ter consciência do que representa a escola para o país e pode representar para a vida de cada um dos que tem a oportunidade e a responsabilidade de participar dela.

"Faculdade enquanto possibilidade", como se tratou neste ensaio, para ensejar reflexão a respeito do "papel do largo de São Francisco" sirva para mostrar não ser este somente um local geograficamente determinado. Existe conteúdo específico a ser considerado, em relação ao fato de, doravante, se estar integrado a esta casa. E a responsabilidade de cada um, em fazer o seu "possível",[186] a partir do que se lhe faculte, enquanto possibilidade.

---

outrora concluídos mediante processo simples, o Congresso constituinte os elevou à categoria dos tratados de nível constitucional. Essa é uma equação jurídica da mesma natureza daquela que explica que nosso Código tributário, promulgado a seu tempo como lei ordinária, tenha-se promovido a lei complementar à Constituição desde o momento em que a Carta disse que as normas gerais de direito tributário deveriam estar expressas em diploma dessa estatura"; antes José Francisco REZEK publicara **Direito dos tratados** (pref. BILAC PINTO, Rio: Forense, 1984); v. tb. J. F. REZEK, **Le droit international de la nationalité** (RCADI, 1986-III, t. 198, pp. 333-400).

[185] (art. cit., 1992, p. 307): "Prior Constitutions contained a conflict between the generic jurisdiction *ratione personae* of the federal district courts, and the generic jurisdiction, which judicial bodies formerly had to resolve, has today been decided in favor of the labor courts. Under article 14 of the present Constitution, 'the labor court system has the power to conciliate and adjudicate individual and collective labor disputes, between workers and employers, including foreign public entities …'".

[186] V. tb. ensaio '*busca da excelência*': como exortava Giordano BRUNO (1585): Dentre os homens nem todos poderão aceder lá onde podem chegar um ou dois. Basta que todos corram! Será o bastante se cada um fizer o possível.

A seguir se passa a considerar 'geograficamente situado'. A geografia não é somente campo do conhecimento de interesse e de necessidade para os profissionais do ramo, mas compõe dado para a contextualização do ser humano, no mundo, como do direito. E a evolução geográfica do Brasil pode servir de ilustração do processo.

Geograficamente situado

> Escolher um caminho de método significa levar em conta diversas escolas de manifestação da realidade, de modo a encontrar as variáveis significativas fundamentais. Estas comparecem como as personagens principais do enredo a estabelecer, levando sobretudo em consideração que o espaço geográfico se define como união indissolúvel de sistemas de objetos e sistemas de ações, e suas formas híbridas, as técnicas, que nos indicam como o território é usado: como, onde, por quem, por quê, para quê.
>
> Milton SANTOS e Maria Laura SILVEIRA (2001)[187]

A geografia se situa, enquanto matéria de relevância profissional, como a história, e como qualquer outra, dentre as disciplinas do conhecimento e da ação humanas, mas, acima e ao lado desta atuação 'profissional', cabe considerar o papel desta, como *informação* e como *formação* de qualquer ser humano, em sua humana condição. Aí se inscreve dimensão da geografia, que a todos interessa, e diz respeito. Como tal será, aqui, considerada.

A geografia não somente interessa aos profissionais desta[188]. Para estes profissionais, justamente, a condição pode ser ferramenta para melhor conhecimento técnico, mas também pode ser o mais fácil caminho para se perder a percepção da necessidade e da utilidade dessa que passa a ser antes ferramenta que instrumento de compreensão e de reflexão sobre o mundo.

---

[187] Milton SANTOS e Maria Laura SILVEIRA, **Brasil: território e sociedade, no início do século XXI** (Rio: Record, 2001, 'introdução', pp. 11-15, cit. p. 11).

[188] V. tb. ensaio 'história e suas lições'.

Não se trata, aqui, de fazer estudo da geografia, enquanto geografia[189], mas ter esta como pano de fundo, como necessidade de compreensão dos caminhos do mundo. Como ressaltam M. SANTOS e M. L. SILVEIRA (2001), "ao contar a história do território, o caminho percorrido entre etapas, um transcurso que leva do meio natural ao meio técnico e ao meio técnico-científico-informacional".[190]

Não se trata, aqui, de considerar a geografia enquanto sistema de atuação profissional, mas de tema de interesse para o profissional jurídico, enquanto ferramenta para a contextualização no mundo pós-moderno. Trata-se de situá-la, no contexto humanamente o mais abrangente possível: "buscamos apreender a constituição do território, a partir dos seus usos, dos seus movimentos conjuntos e do de suas partes, reconhecendo as respectivas complementaridades" – ou seja, da geografia enquanto manifestação da cultura, e parte desta[191].

Toda construção humana tem se reportar ao mundo e ao conceito de mundo[192], entendido como contexto (ao mesmo tempo físico e cultural), no qual se inscreva. Tem de *estar* no mundo, sem necessariamente *ser* do mundo: tem de tomar como parâmetro a realidade, sob pena de desligar-se desta, mas sem aceitar que essa realidade seja a única realização possível, para o mundo.

A sucessão de práticas do passado constituiria o legado do que opera nas referências presentes e deve orientar a formulação de condutas de ação futura, da mesma forma que se põe em relação à história, como considerado, porquanto, assim podem ser destacados elementos: a tradição, as referências presentes e parâmetros para orientar a ação futura.

Referir fases ou contextos, traz a percepção inexorável do papel da interação entre o homem e o seu meio, e isso se mostra na formação e evolução do território brasileiro, de forma crucial, e tudo isso afetará os seres vivos como o estado brasileiro, e o funcionamento das relações internacionais deste com os outros, na região.

---

[189] Mas pode-se remeter a magistrais estudos, ou as lições, ao mesmo tempo, formadoras e paradigmas, de Aziz Ab' SABER, Milton SANTOS e outros.

[190] Milton SANTOS e Maria Laura SILVEIRA (op. cit., 2001, loc. cit.): "O esforço central foi o de operacionalizar geograficamente a idéia de sistemas técnicos, entendidos como objetos e também como formas de fazer e de regular."

[191] M. SANTOS e M. L. SILVEIRA (op. cit., 2001, idem): "Daí falarmos em divisão territorial do trabalho, e em círculos de cooperação, o que, ao mesmo tempo, permite pensar o território como ator e não apenas como um palco, isto é, o território no seu papel ativo".

[192] Paul CLAVIER, **Le concept de monde** (Paris: PUF, 2000., cit. p. 4) : « Nous pouvons constater, à travers les époques et les générations, à travers les lieux et les milieux, l'existence de différentes façons de concevoir le monde : représentations mythologiques, interprétations scientifiques, doctrines théologiques, organisations politiques, approches économiques, choix éthiques, visions artistiques ... Et, à l'intérieur de chacune de ces approches, des conceptions divergentes. »

A particularidade maior do caso brasileiro estaria no fato de que a definição do título legal, ao menos enquanto versão oficial, teria precedido a efetividade da formação e do funcionamento do território, o que altera, em todas as dimensões e desdobramentos, seu funcionamento. A questão da existência, validade e eficácia, como dimensões distintas que podem ser apontadas.

Observa Pedro DALLARI (2004)[193], a formação do território brasileiro como fruto de quatro grandes eventos, ao qual cumpre acrescentar o mar territorial:

(I)   o primeiro, o tratado de Tordesilhas, de 1494, que antes mesmo da data a que se atribui oficialmente a descoberta do Brasil, estabeleceu para Portugal a maior parte da costa atlântica da América do Sul;

B. de MAGALHÃES, ao examinar a "expansão geográfica do Brasil colonial" (1915, ed. 1978)[194] frisava a medida na qual após a "descoberta a América em 1492, por Cristóvão COLOMBO, a serviço de ISABEL de Castela, a coroa lusitana, apoiada em investiduras do poder pontifício (o qual, pela inexistência de um código das gentes, só mais tarde surto graças à obra monumental de GRÓCIO, era o árbitro supremo das questões internacionais) julgou-se com direito a um quinhão das terras do novo mundo, e tão justa era a sua pretensão, que, interferindo ALEXANDRE VI no litígio, celebraram enfim Portugal e Espanha, a 7 de junho de 1494, o tratado de Tordesilhas, aprovado pela bula de 24 de janeiro de 1506, de JÚLIO II. / Por esse pacto, conquista admirável da diplomacia lusa, toda a extensa faixa xerográfica da nossa terra, então sem nome, limitada entre o Atlântico e uma reta traçada de pólo a pólo, a 370 léguas do arquipélago de Cabo Verde (isto é, pouco mais ou menos desde Belém do Pará, ao norte, até Laguna, ao sul), ficou integrada na soberania da casa de Aviz".[195] E prossegue.

---

[193] Pedro B. de Abreu DALLARI, *"Aspectos jurídicos da formação e da gestão do território nacional: o caso brasileiro"* (no volume **Relações internacionais: múltiplas dimensões**, coord. Pedro B. de Abreu DALLARI, São Paulo: Aduaneiras, 2004, pp. 12-18).

[194] Basílio de MAGALHÃES, **Expansão geográfica do Brasil colonial** (São Paulo / Brasília: Nacional / INL, 1ª. ed, 1915; 2ª. ed., 1935; 4a. ed., 1978).

[195] B. de MAGALHÃES (op. cit., ed. 1978, 'causas gerais da expansão geográfica do Brasil e razão de ordem do presente estudo', pp. 9-13, cit. p. 9, e a seguir, p. 10): "Preocupado com a miragem do Oriente, D. MANUEL I (o venturoso) limitou-se a mandar reconhecer, em 1501, o relevo da costa da sua possessão ocidental, por uma armada de três velas, a qual percorreu 2500 milhas, dando nomes a cabos, rios e baías, desde São Roque até Cananéia; depois arrendou a terra a um consórcio mercantil, dirigido por Fernão de NORONHA, por um triênio, e, nesse período, isto é, em 1503, aqui veio ter uma segunda frota de seis embarcações, de cuja exploração pouco se sabe; em 1506 e 1509 foi renovada a locação trienal, sempre com a mira de exploração do pau-brasil, e ao último período é que pertence a vinda da nau **Bretoa**, em 1511. Dois anos depois, uma frota de dois navios, devassando cerca de 700 léguas de terras novas, chegou provavelmente ao Rio da Prata, nome esse que 'ainda hoje proclama a primazia dos portugueses ao sul, como o das Amazonas perpetua a passagem dos espanhóis ao norte' [cita CAPISTRANO DE ABREU, **Noções de história do Brasil até 1800**, que refere como tese de 1883 e diz preferir na edição de 1907]. Esta expedição

Tornou-se imprescindível defender a região contra os intrusos que, levantando redutos em vários pontos, para o mesmo fim mercantil das raras feitorias lusas, pretendiam assenhorear-se dela, como de uma *res nullius*, que, por força do princípio do direito romano, nisso ainda então vigorante, devesse ceder ao primeiro ocupador; daí os conflitos, as reclamações internacionais em pura perda, e, por fim, as expedições guarda-costas.[196] Daí se passará às capitanias hereditárias, no conjunto pouco eficazes, mas com resultados em Pernambuco e São Paulo.

As circunstâncias referidas por B. de MAGALHÃES (1915, ed. 1978) d' "a descoordenação e a anarquia dessas células iniciais do organismo político da nossa terra impuseram ao monarca a providência salutar de um governo-geral, aqui estabelecido em 1549, depois que D. JOÃO III, por uma previdente medida, resgatara a Bahia, com a qual começa a organização das 'capitanias da coroa', depois em grande número".[197]

(II)   o segundo evento, a extrapolação da linha de Tordesilhas, no século xvii, criando situação pautada pelo princípio do *uti possidetis;*

Ainda B. de MAGALHÃES (1915, ed. 1978) fala em fenômenos, pelos quais se daria essa considerável extensão do território, mais que dobrado, em relação à projeção inicial [198]: de pesos desiguais, combinando iniciativas oficiais e privadas. As iniciativas oficiais (*entradas*) assinalam o "ciclo oficial da expansão geográfica, operada quase toda dentro de linha de Tordesilhas" (1504-1696), e concomitantemente,

---

se fez quando 'o trato do Brasil' passou a ter como arrendatário, desde 1512, Jorge Lopes BIXORDA".

[196] Como refere B. de MAGALHÃES (op. cit., ed. 1978, cap. cit., pp. 11-12) ante a ineficácia destas expedições pontuais, "D. JOÃO III a fim de que a sua conquista ultramarina do ocidente não ficasse em abandono, não caísse em comisso, chegou a cercear a própria autoridade da coroa, para aqui por em prática um regime de *enfiteuse*, o das *capitanias hereditárias*, revivescênica de uma tradição feudal, que, entanto não se radicara no reino de AFONSO HENRIQUES, porém vingara frutuosa nas largas ilhas férteis da África portuguesa" / "Dos quinze quinhões, distribuídos, dentro da linha de Tordesilhas, a treze fidalgos lusitanos, poucos lucraram eficazmente com a forma a que foram então vinculados" (...) "nos três primeiros lustros desse regime (1534-1549), começou, contudo, a repontar a base geral da nacionalidade futura, isto é a atividade agrária, em vez da dissoluta e desordenada exploração dos burgos mineiros da América espanhola. Pernambuco e São Paulo têm os seus fundamentos mais remotos nesse período de colonato desagregado, que, por pior e anacrônico que fosse, contribuiu, indiscutivelmente, a salvar o Brasil de males maiores e irremediáveis."

[197] B. de MAGALHÃES (op. cit., ed. 1978, loc. cit.): "Ali principia a segunda fase do colonato, que se estende até o reinado de D. JOSÉ, ou, melhor, do Marquês de POMBAL, que foi quando, após a fixação jurídica das fronteiras do Brasil, quase iguais às de hoje – levada à cabo pelo tratado de Madri, de 1750 – não só as donatarias particulares se reintegraram totalmente no domínio da coroa portuguesa, como também em seguida se unificavam os dois distintos governos da colônia (*estado do Brasil* e *estado do Maranhão*, este criado em 1621), possibilitando-nos assim, em vez de vários reiniculos desunidos e fracos, o império uno, a pátria grande e preparada para melhores destinos, que os nossos antepassados, ao influxo dos antecedentes históricos, emanciparam e fundaram em 1822."

[198] B. de MAGALHÃES (op. cit., ed. 1978, cap. 5, item (f) 'influência da expansão na política da metrópole e no desenvolvimento do Brasil', pp. 220-230).

com as iniciativas privadas (*bandeiras*), tem lugar "o ciclo espontâneo da expansão geográfica, realizada quase toda além da linha de Tordesilhas, o qual teve por origem e cenário o interior, desbravando-o, revelando-lhe as portentosas opulências, e, finalmente, ocupando-o, no espaço de tempo que vem de meados do século xvi até ao ano final do xvii."

Além e ao lado destes dois fenômenos, tem lugar "a avançada feita do litoral para o interior, pelos criadores de gado, notadamente no centênio compreendido entre 1590 e 1690, ajudados em grande parte pelos bandeirantes paulistas", conjugados aos "serviços dos missionários católicos, aos quais principalmente se deveu, no século xviii, o povoamento do vale do Amazonas" e "a expansão operada desde antes do século xviii até começos do xix", que, por sua vez, compreende: a conquista e o povoamento de Mato grosso, a conquista e o povoamento de Goiás, as viagens de Francisco de Melo PALHETA (1722-1723) e de Manuel Félix de LIMA (1742-1743) pelo rio Madeira, novos descobrimentos em Minas Gerais e no *Hinterland* da da Bahia e do Espírito Santo, nova expansão paulista, para o sul e para o oeste, mostrando a "influência da expansão na política da metrópole e no desenvolvimento do Brasil".[199]

É fora de dúvida, considera Basílio de MAGALHÃES, que foi a expansão espontânea dos bandeirantes paulistas para o sul que levou, no reinado de PEDRO II de Portugal, à "política imperialista de tentar estabelecer no rio da Prata os limites do Brasil, pela fundação da colônia do Sacramento, em 1680. Por outro lado, a irradiação paulista para o ocidente, acrescida das viagens de exploração dos rios daquele mesmo longínquo setor, possibilitou à metrópole o cogitar de um ainda maior aumento da sua possessão americana. E a isto se aliançou a penetração operada pelos criadores de gado no vale do São Francisco e no Nordeste, bem como a dos missionários (jesuítas, carmelitas e mercenários) nas duas margens do Amazonas, adicionada da integração, no antigo estado do Maranhão, da capitania do Cabo do norte (criada em 1637), isto é da Guiana brasileira, cujo limite setentrional era o rio Oiapoque ou Vicente Pinzón".[200]

---

[199] B. de MAGALHÃES (op. cit., ed. 1978, cap. cit., item cit., pp. 220-230).

[200] B. de MAGALHÃES (op. cit., loc. cit.) : "Graças a tudo isso, pôde ser triplicada a área do Brasil de Tordesilhas, pelo tratado de Madri de 1750, o qual constituirá, *ad perpetuam rei memoriam*, o maior padrão de glória do genial Alexandre de GUSMÃO, que foi não somente quem o redigiu, como até quem o defendeu, na sua admirável Carta (uma Carta de 66 páginas!) ao brigadeiro Antonio Pedro de VASCONCELOS, ex-governador da colônia do Sacramento (**Coleção de vários escritos inéditos**, Porto, 1841, pp. 147-213). Anulando o pacto de Tordesilhas, que nem os espanhóis haviam respeitado no oriente, nem os portugueses na América do Sul, – o tratao de Madri, assentado na base lógica do *uri possidetis de facto*, foi o primeiro que deu, com pequena diferença, a configuração atual do Brasil, ou, melhor dito, foi a homologação da conquista dos bandeirantes e a sanção diplomática da ocupação também efetuada ao nordeste e ao norte pelos criadores de gado e pelos

Para H. VIANNA (1958)[201] combinados aos ataques litorâneos às costas do Brasil, pelos inimigos da Espanha, a união das coroas ibéricas teve conseqüências consideráveis para a formação das fronteiras terrestres do Brasil: "sendo os mesmos os soberanos daquele país e de Portugal, embora teoricamente continuassem separados os respectivos domínios ultramarinos verificou-se, por motivo dessa união pessoal, verdadeira suspensão temporária dos efeitos do tratado de Tordesilhas, pela natural tolerância com que as autoridades encaravam as infrações no que fora convencionado quando as duas monarquias peninsulares eram concorrentes na mesma obra de expansão territorial" , assim, "enquanto muitos espanhóis com facilidade se estabeleciam em povoações brasileiras, o que antes lhes era defeso, por seu lado muitos luso-brasileiros, em *entradas* e *bandeiras*, também penetravam em regiões anteriormente atribuídas à Espanha, com isso obtendo títulos de prioridade e posse que seriam respeitados pela diplomacia posterior. Atingiam, dessa forma, as futuras fronteiras terrestres do Brasil".[202]

Pela orla marítima, fixaram-se os portugueses, durante o domínio espanhol, até 1640, da Baía de Paranaguá ao rio Oiapoque, enquanto, em 1580, apenas estavam contidos entre Cananéia e Itamaracá. Efetivou-se, portanto, dentro do período de sessenta anos de união das coroas peninsulares, não só a *conquista do nordeste e do norte*, da Paraíba ao Grão-Pará, como de quase toda a *Amazônia*, de Cametá, no Tocantins, ao rio Napo, em território da atual república do Equador, com a entrada fluvial do capitão Pedro TEIXEIRA, em 1637-1639. Para o *Sul*, pelo interior, avançaram as bandeiras da caça ao índio, destruindo as reduções jesuíticas espanholas do *Guairá*, no atual oeste paranaense, e do *Itatim*, no sudoeste matogrossense de hoje, poderosamente contribuindo para a definitiva incorporação dessas regiões fronteiriças no conjunto nacional brasileiro, conforme passa VIANNA a detalhar:

(a) **conquista do Ceará**, depois de ultimada a do Rio grande (do norte), no final do século xvi, somente em 1611 consegue estabelecer-se no Ceará o seu definitivo conquistador, Martim Soares MORENO, fundando pequena fortificação junto à foz do rio Ceará, perto da atual Fortaleza;

(b) **conquista do Maranhão**, onde desde 1612 havia chegado expedição francesa, comandada por Daniel de La TOUCHE, senhor de La RAVARDIÈRE, que acaba por ser repelida e render-se, abandonando a povoação e a fortaleza, retirando-se para a Europa;

---

missionários católicos. Declarado sem valor pelo tratado de El-Pardo, de 1761, e substituído pelo de Santo Ildefonso, de 1777, ficou, todavia, respeitado nas suas linhas gerais."

[201] Hélio VIANNA, **História diplomática do Brasil** (São Paulo: Melhoramentos, 1958, cap. iii, 'a união das monarquias ibéricas e suas conseqüências para o Brasil', pp. 34-47, cit. pp. 41-47).

[202] H. VIANNA (op. cit., 1958, loc. cit.).

(c) **conquista do Grão-Pará**, encetada com expedição de Francisco Caldeira de CASTELO BRANCO, que no início de 1616 lança os fundamentos do forte do Presépio e da povoação de Nossa Senhora de Belém, à margem da Baía de Guajará, no rio Pará[203]; para solidificar a posse luso-brasileira, na região ao sul do rio de Vicente Pinzón ou Oiapoque (no atual território do Amapá)[204], criou-se, em 1637, a capitania hereditária do Cabo do norte, doada a Bento Maciel PARENTE, "um dos bons soldados e administradores dessa conquista";

(d) **conquista da Amazônia**: "em 1637-1639, foi realizada a máxima progressão pelo interior da Amazônia, através da expedição fluvial do capitão Pedro TEIXEIRA, que, partindo de Cametá, no Tocantins, alcançou o rio Napo, onde junto à embocadura do Aguarico, em terras hoje pertencentes à república do Equador, tomou posse, para Portugal, das imensas regiões que ficavam a leste do referido ponto, conforme ata então lavrada, posteriormente registrada nos livros da Provedoria e da Câmara municipal de Belém"; na expansão foram relevantes as *entradas* ou deslocamentos, feitos pelas *tropas de resgate*, "que subiam os rios, com o objetivo de apresar indígenas, destinados à escravidão", apesar da oposição dos missionários, sobretudo jesuítas, bem como os *droguistas*, na busca de produtos tais como algodão e funo, além das chamadas *drogas do sertão*, cacau, urucu, cravo, canela, baunilha, sementes oleaginosas, raízes aromáticas";

(e) **conquista do sul e do sudeste**: "com o povoamento, no litoral vicentino, de Nossa Senhora da Conceição de Itanhaém, Iguape e Cananéia, aproximavam-se os luso-brasileiros das terras da capitania de Santana, situada entre as baías de Paranaguá e Laguna, que durante todo o século xvi haviam permanecido abandonadas"; foi Paranaguá elevada à categoria de vila, em 1648 e Curitiba, em 1693; do território agora paranaense, passaram os paulistas ao de Santa Catarina, na segunda metade do século xvii: em 1658 foi Manuel Lourenço de ANDRADE

---

[203] José RIBEIRO DO AMARAL, **Fundação de Belém do Pará**: jornada de Francisco Caldeira de CASTELO BRANCO, em 1616 (ed. original 1915, Brasília: Senado Federal, edições do Senado Federal, vol. 31, 2004).

[204] José SARNEY e Pedro COSTA, **Amapá: a terra onde o Brasil começa** (fotos de Paulo UCHÔA, Brasília: Senado Federal, Coleção Brasil 500 anos, 2ª. ed., 1999, cit. p. 20), aborda a questão da corrida do ouro e da República de Cunani, para avaliar: "A República de Cunani é tida como uma iniciativa sem qualquer dimensão. (...) Fiz uma releitura. Cheguei à conclusão de que não era assim. Era uma inteligente e sábia ação diplomática e política, para criar uma região independente, sob a proteção da França. Por trás de toda a história dessa república que tinha bandeira, leis, selo, condecorações, está a razão política de tentar desvincular o sentimento brasileiro da questão do contestado."

povoar São Francisco do Sul; Francisco Dias VELHO foi explorar a ilha de Santa Catarina, lá fundando Nossa Senhora do Desterro, atual Florianópolis; em 1688, Domingos de Brito PEIXOTO estabeleceu-se em Santo Antonio dos Anjos da Laguna, "ponto extremo das capitanias hereditárias doadas por D. JOÃO iii";

(f) além disso, foram os bandeirantes vicentinos responsáveis pela destruição das povoações e reduções jesuíticas espanholas do **Guairá, Tape e Itatim**: "o nome de Manoel PRETO, como cabo dessas incursões, foi sucedido pelo de Antonio RAPOSO TAVARES, cujas ações foram tais, que, para resumi-las, basta registrar que terminaram pela destruição total, não só daquelas reduções jesuíticas como das próprias povoações espanholas, entre 1628 e 1631"; o mesmo se deu com a redução espanhola na região do Tape, no centro do atual Rio grande do sul, e Itatim, em terras do sudoeste mato-grossense de hoje, "destruiu-as, já em 1648, Antonio RAPOSO TAVARES, o mesmo fazendo na serra de Maracaju, um de seus auxiliares".

(III) o terceiro evento, observado por Pedro DALLARI (2004)[205], na formação do território brasileiro, foi a preservação da unidade territorial, quando do processo de independência, em 1822, gerado em grande parte pela adoção, com a monarquia e o governo da casa portuguesa de Bragança, de certo padrão de continuidade em relação à ordem política e jurídica vigente no período colonial [206]; e

(IV) quarto e último evento, a consolidação das fronteiras com os processos de negociação e arbitragem, realizados na passagem do século xix para o século xx[207]; a estes deve acrescentar-se, somente,

(V) a extensão do mar territorial para 200 milhas marítimas, inicialmente de modo unilateral, como apontava V. MAROTTA RANGEL (1966 e 1970)[208] e, posteriormente, com fundamento na Convenção das Nações

---

[205] P. DALLARI (art. cit, *Aspectos jurídicos da formação e da gestão do território nacional: o caso brasileiro*, in **Relações internacionais: múltiplas dimensões**, 2004, pp. 12-18).

[206] Laurentino GOMES, **1808** (São Paulo: Planeta, 2007).

[207] Considerados in H. ACCIOLY – G. E. do NASCIMENTO E SILVA – P. B. CASELLA, **Manual de direito internacional público** (São Paulo: Saraiva, 16ª ed., reformulada, 2008).

[208] Vicente MAROTTA RANGEL, **Natureza jurídica e delimitação do mar territorial** (São Paulo: RT, 2ª ed., revista, 1970, 'prefácio à segunda edição'): "A Constituição brasileira passou a mencionar, entre os bens da União, 'o mar territorial' (art. 4º, n. vi, da Emenda constitucional n. 1, de 17 de outubro de 1969). Bem o fez. A legislação ordinária – no tocante à superfície desse mar – três vezes se modificou, para contemplar, finalmente, a regra das duzentas milhas marítimas. Estamos a sentir o influxo do chamado processo revolucionário sobre as regras do direito do mar."

Unidas sobre o direito do mar, celebrada em Montego Bay, na Jamaica, em 1982, que estabeleceu o mar territorial de 12 milhas e uma zona econômica exclusiva de 200 milhas. [209]

Logicamente os interesses de política de estado nem sempre exatamente se alinharão à juridicidade, mas amoldam esta àqueles: desde que se possa manter grau mínimo de razoabilidade e consistência, pode-se pretender sustentar a coerência de política nacional, juridicamente organizada. Desde que se alcance certo grau de distanciamento, como ponderava V. Licínio CARDOSO (1925)[210]: "A política exterior do Brasil teve, naturalmente, como paradigma, as usanças diplomáticas dos impérios europeus daquela época: foi fraca com os fortes e enérgica com os povos fracos. O crime era do tempo ..."

F. IGLESIAS (1993, ed. 2001)[211] em relação ao conjunto da trajetória política brasileira, aponta, sem deixar de recorrer a alguns chavões habituais, em condicionantes ideológicas, mas com análises lúcidas, entremeadas a estes:

(i)   "os três primeiros séculos sob dominação portuguesa foram na lina do pacto colonial, característica da época mercantilista", onde "o conquistador devassou território que lhe cabia pelo tratado de Tordesilhas, indo muito além, na ocupação de áreas espanholas. Se conheceu parte do que possuiu, não fez sua ocupação: a terra era dilatada e o português não contava com população disponível[212]. Entregou-se a lutas pela defesa, contra pretensões espanholas, francesas, inglesas, holandesas. Alargou o domínio, conseguindo vê-lo reconhecido pela Espanha, através de disputas e tratados. No fim do período colonial, o mapa brasileiro estava quase definido";

(ii)   a vinda da família real, provocada por vicissitudes da política européia, no expansionismo de NAPOLEÃO[213], representa o princípio da

[209] Pedro DALLARI (op. cit., pp. 15-16).

[210] Vicente Licínio CARDOSO, **À margem da história do Brasil** (1925, prólogo de Acácio FRANÇA, 3ª. ed., São Paulo: Cia. Ed. Nacional / Brasília: INL, 1979, cit. p. 114).

[211] Francisco IGLESIAS (1923-1999), **Trajetória política do Brasil 1500-1964** (São Paulo: Cia. das Letras, 1993, 4ª reimpr. 2001).

[212] Curioso cotejar com as observações de Edgar ROQUETTE-PINTO, **Ensaios de antropologia brasiliana** (São Paulo / Brasília: Nacional / INL, 1ª ed., 1933 ; 2ª ed., 1978; col. Brasiliana, vol. 22, 'ensaio 15', pp. 75-107, cit. p. 107): "A antropologia prova que o homem, no Brasil, precisa ser *educado* e não *substituído*. / O processo geral de adaptação das raças aos diferentes meios brasilianos segue de acordo com o que a ciência pode desejar. A antropologia do Brasil desmente e desmoraliza os pessimistas."

[213] Laurentino GOMES, no seu já referido livro, **1808** (São Paulo: Planeta, 2007) parece ter conduzido boa pesquisa, mas se deixado levar por enfoque jornalístico, como ilustra o subtítulo do volume *"como uma rainha louca, um príncipe medroso e uma corte corrupta enganaram Napoleão e mudaram a história de Portugal e do Brasil"*. Mostra, contudo, quanto foram significativas as mudanças desse período histórico de 1808 até

independência, verificada em 1822, de modo original no continente: "daí a monarquia que se impõe, durante 67 anos. Se a política foi marcada, ainda na colônia, pela dicotomia centralização-descentralização, o processo é mantido no império, apesar do caráter unitário da Carta de 1824. A questão ganha vivacidade na república, em 1889, com a adoção do federalismo. Há uma dialética na alternância do predomínio do centro sobre o todo ou em concessões por vezes bem determinadas às várias partes. A centralização corrige os possíveis excessos da descentralização, como esta é exigida para evitar ou diminuir os daquela";

(iii) no século [xx] "conhece-se impulso em todas as áreas e em todos os sentidos", sobretudo depois de 1930: a população cresce, a economia se diversifica, o país tenta a plena afirmação de suas virtualidades. Confirma-o, sobretudo, o labor industrial. Há não só crescimento, mas também desenvolvimento econômico. O regime democrático, expresso nas constituições, nem sempre é verificado, pois há ameaças de contestações e golpes, às vezes consumados, como se deu em 1930, 1937, 1954, 1961, 1964." Há desigualdades de renda, concentração latifundiária da terra, amplos setores de população desassistidos em matéria educacional e sanitária, centenas de núcleos urbanos não contando sequer um médico, mas "ao lado dessas insuficiências, há um surto científico e artístico considerável, com dezenas de universidades e centenas de escolas isoladas, algumas de alto nível. A arte conhece expressões admiráveis na literatura, na escultura, na pintura, na arquitetura, na música".

"A unidade na diversificação é um dos resultados maiores da acidentada trajetória nacional" para IGLESIAS na busca da compreensão de rica experiência social em país quase continente, com 8,5 milhões de quilómetros quadrados e cerca de 180 milhões de habitantes, onde "a realidade política necessita de ajustes, para desaparecer ou diminuir o hiato entre o poder político e o corpo da sociedade no seu todo. Falar da atualidade implica em riscos de subjetividade, a serem evitados".[214]

A concatenação do plano interno e internacional seria uma das tarefas todavia em aberto, para esta nação. Não se fala em risco de fragmentação política, mas de isolamento de realidades regionais, com visões setorizadas de quais possam e devam ser as prioridades nacionais. Isso acarreta a indefinição destas prioridades, quando o estado encontra tempo de cuidar dos interesses sociais, além de seus próprios custos, prerrogativas e benefícios.

1822, com relação direta e inexorável entre as mutações ocorridas no período e o advento da independência.
[214] F. IGLESIAS (op. cit., 1993, ed. 2001, 'perspectiva final', pp. 295-297).

Os estados, enquanto emanações de vontades humanas, não terão comportamentos essencialmente diversos do que teriam os humanos, considerados como indivíduos ou grupos humanos privados, ou considerados seja em função de atividade econômico-empresarial (sociedade de pessoas), ou grupamento familiar. Nem sempre pautados pela lógica, tais comportamentos[215].

Não cabe trabalhar, na geografia, como tampouco se referia em relação à história, com noções de *certo* e de *errado*, de *justo* e de *injusto*, mas com o que funcione, com o que possa assegurar resultados – não de formas idealistas, mas pragmáticas. Deixa registro do que foi feito, não necessariamente do mais adequado. E, como em tantas outras coisas na vida, paga-se o preço pelos acertos como pelas escolhas equivocadas.

Este ensaio, "geograficamente situado" pode servir de advertência para o sentido e a utilidade desta área do conhecimento, além do seu manejo pelos profissionais específicos, também como elementos para situar o profissional jurídico em relação a dados que somente o direito não terá condições de explicar. Por isso, mesmo que a experiência do aprendizado da geografia possa ter sido traumática ou frustrante, ao longo do ensino médio e fundamental, agora você cresceu e pode reconsiderar as suas responsabilidades na vida: algumas noções de geografia são e serão indispensáveis.

A formação do território e os desdobramentos desse processo no caso brasileiro são exemplo de quanto pode ser, simultaneamente, necessária e fascinante a combinação de elementos básicos de história e de geografia, para o profissional jurídico, especialmente em áreas deste, como o direito internacional. Ao menos, poderá evitar cometer alguns erros grosseiros, como aparecem em provas, de tempos em tempos – mas não convém sobrecarregar o anedotário.

Fique claramente enunciado o aviso! Estas noções sempre podem ser úteis. Não por acaso foi o ensaio denominado "geograficamente situado" – nenhum profissional do direito precisa se tornar especialista em geografia, mas tenha ao menos algumas noções básicas, para não passar vergonha, sem necessidade, quando situações concretas se colocarem.

---

[215] Fascinante o tema e mereceria ser estudado, onde, o que se poderia chamaria de nossa 'boa tradição', como se considera nos **Fundamentos do direito internacional pós-moderno** (São Paulo: Quartier Latin, 2008, esp. item XIII, 'boa tradição e a que se deve evitar') em relação à observância das regras jurídicas, o que traz mais presente o paradoxo de sermos país legalista na ordem internacional, ao mesmo tempo em que a adoção dos princípios e regras de estado de direito é substancialmente antes formal que material, na ordem interna. Mas este seria tema antes para tese de sociologia do direito ou antropologia social.

A seguir se passa a considerar 'história e as suas lições'. Da mesma forma, se vai ponderar a respeito da necessidade e do papel da história, no ensaio seguinte, 'história e as suas lições', como neste se fez 'geograficamente situado'. Ambos podem ser considerados em paralelo.

História e suas lições

> A postura que adotamos com respeito ao passado, quais as relações entre passado, presente e futuro não são apenas questões de interesse vital, para todos nós: são indispensáveis. (...) Necessitamos e utilizamos a história, mesmo quando não sabemos por quê.
> E. HOBSBAWN (1997, ed. 2005)[216]

> A História não deve ser fabricante de elogios ou depósito sebento de críticas póstumas. A História deve explicar: decompor o passado, com a experiência do presente, animado o espírito pela crença do futuro. Elogia quando explica.
> Vicente Licínio CARDOSO (1925, ed. 1979)[217]

A história se põe como matéria de relevância profissional, como qualquer outra, dentre as disciplinas do conhecimento e da ação humanas, mas, acima e ao lado desta atuação 'profissional', cabe considerar o papel da história, como *informação* e como *formação* de qualquer ser humano, em sua humana condição. Aí se inscreve dimensão da história, como dado indispensável para a contextualização no mundo, que a todos diz respeito e a todos interessa.

---

[216] Eric HOBSBAWN, **Sobre história: ensaios** (do original **On History** © 1997, trad. Cid Knipel MOREIRA, São Paulo: Cia. das Letras, 2005, esp. 3, 'o que a história tem a dizer-nos sobre a sociedade contemporânea? ', pp. 36-48, cit. pp. 36-37).

[217] Vicente Licínio CARDOSO, **À margem da História do Brasil** (1925, prólogo de Acácio FRANÇA, 3ª. ed., São Paulo: Nacional / Brasília: INL, 1979, "*à margem do Segundo Reinado*", pp. 71-126, cit. pp. 112-113).

Como tal será, aqui, considerada. A respeito do tempo e do papel da história, sirva a advertência de ilustre internacionalista, sempre referência segura, na matéria, em livro clássico, **teorias e realidades em direito internacional**, Charles de VISSCHER (1953)[218] adverte desconfiar o tempo das coisas construídas sem ele – leia-se, tome cuidado com as coisas apressadamente feitas – pois: "*le temps se méfie des choses construites sans lui*". A definição de livro clássico não deve ser aquele que todo mundo cita e ninguém lê, mas, antes aqueles aos quais cabe sempre se reportar.

As lições da história não somente interessam aos profissionais desta. Para estes profissionais, justamente, a condição pode ser ferramenta para melhor conhecimento técnico, mas também pode ser o mais fácil caminho para se perder a percepção da necessidade e da utilidade dessa que passa a ser antes ferramenta que instrumento de compreensão e de reflexão sobre o mundo.

Não se trata, aqui, de fazer estudo da história[219], mas ter como pano de fundo a história, como necessidade de compreensão dos caminhos do mundo. Não se trata de ensaiar tampouco estudo da cultura e da história desta[220]. Nem tampouco de história enquanto sistema ou ferramenta profissional, mas de contextualização no

---

[218] Charles De VISSCHER, **Théories et réalités en droit international** (Paris : Pedone, 1953).

[219] Veja o magistral **A study of History** de Arnold Joseph TOYNBEE (abridgement by D. C. SOMMERWELL, London – New York – Toronto: Oxford U.P., vols. 1-6, 1949, vols. 7-10, 1957, vols. 11 e 12 "Reconsiderations" x+740 p., 1961), ou nas lições, ao mesmo tempo formadores e paradigmas da história, como nos trazem HERÓDOTO e TUCÍDIDES, das quais as edições das **Oeuvres complètes** (intr. Jacqueline de ROMILLY, HÉRODOTE texte présenté, traduit et annoté par André BARGUET, THUCYDIDE, texte présenté, traduit et annnoté par Denis ROUSSEL, Paris : Gallimard – Pleiade, © 1964, impr. 1982), ou, em vernáculo HERÓDOTO, **História** (trad. do grego, intr. e notas de Mário da Gama KURY, Brasília: Ed UnB, © 1985, 2ª. Ed., 1988) e a já citada edição de TUCÍDIDES **História da guerra do Peloponeso** (tradução do grego, intr. e notas de Adriano da Gama KURY, Brasília: Ed UnB, © 1987, 3ª ed., s/d).

[220] Jacob BURCKHARDT, **Kulturgeschichtliche Vorträge** ("mit einem Nachwort, herausgegeben von Rudolf MARX", Stuttgart: Alfred Kröner, © 1959, no ‚posfácio', pp. 419-445, comenta o organizador da edição frase de BURCKHARDT ao jovem Bernard KLUGER, em 1874, cit. p. 419): „Einstweilen geht meine Erfahrung dahin, dass gelehrte Autorschaft eines der ungesundesten und blosses Dozieren (so beschwerlich es sei und so umständlich die dazu gehörigen Studien und Vorbereitungen) eines der gesundesten Metiers auf der Welt ist." Longo caminho da evolução da história da cultura, de clássicos do século xix, como BURCKHARDT, até clássicos do século xx como Werner JAEGER, com ênfase na sua obra prima, **Paideia: a formação do homem grego** (do original **Paideia: die Formung des griechischen Menschen** © 1936, trad. de Artur M. PARREIRA, São Paulo: Martins Fontes, 1979) ou Kenneth CLARK, **Civilização** (do original **Civilization: a personal view**, © 1969, trad. Madalena NICOL, São Paulo: Martins Fontes, 1ª ed., 1980, 2ª ed., 1995), até Peter BURKE, em seu breve, **O que é história cultural?** (trad. do original **What is cultural history?** © 2004, Sérgio GÓES DE PAULA, Rio: Jorge Zahar, 2005). Entre nós, Fernando de AZEVEDO, **A cultura brasileira : introdução ao estudo de cultura no Brasil** (Brasília: Ed. UnB, 4ª. ed., revista e ampliada, 1963).

mundo pós-moderno. Trata-se de situar, no contexto pós-moderno, as lições da história e da cultura.

Felipe de COMMYNES (1447-1511) enquanto historiador inova em sua linguagem e seu enfoque: recusa os artifícios retóricos e poéticos de seus predecessores, escritores profissionais, às vezes, antes poetas que historiadores. Os modelos remontavam a TITO-LÍVIO, VALÉRIO MÁXIMO e CÍCERO, especialmente no **De oratore**. Os oito livros de memórias (1489-1498)[221] de COMMYNES, sobre os reinos de LUIS XI e CHARLES VIII, são as obras de verdadeiro historiador, que soube compor retratos perspicazes – do qual o de LUÍS XI constitui exemplo de destaque – sem deixar de medir as causas dos eventos e deles tirar lições[222]. A história e as lições desta, a seu tempo, como em nosso: em razão da maldade dos príncipes e dos governantes, Deus, para manter o equilíbrio no mundo, opõe a cada um o seu contrário.

Toda construção humana tem se reportar ao mundo e ao conceito de mundo[223], entendido como tempo (histórico) e contexto (cultural), no qual se inscreva. Tem de *estar* no mundo, sem necessariamente *ser* do mundo: tem de tomar como parâmetro a realidade, sob pena de desligar-se desta, mas sem aceitar que essa realidade seja a única realização possível, para o mundo. Assim, também, o direito internacional pós-moderno, no contexto cultural e temporal presentes.

---

[221] Philippe de COMMYNES ou COMINES, **Mémoires** (présentation et trad. par Jean DUFOURNET, Paris : Flammarion, três volumes : tomo I : Livros I-III, tomo II : Livros IV-VI, tomo III : Livros VII-VIII : **Mémoires sur Charles VIII et l'Italie**, 2007).

[222] Observa Felipe de COMINES, **Memórias** (ed. cit., 2007, livro V, cap. XVIII) que em razão da maldade dos príncipes e dos governantes, Deus, para manter o equilíbrio no mundo, opõe a cada um o seu contrário: "il me semble que Dieu n'a créé en ce monde ni homme ni bête à qui il n'ait fait quelque chose son contraire, pour le tenir en humilité et en crainte".

[223] Paul CLAVIER, **Le concept de monde** (Paris: PUF, 2000, cit. p. 4) : « Nous pouvons constater, à travers les époques et les générations, à travers les lieux et les milieux, l'existence de différentes façons de concevoir le monde : représentations mythologiques, interprétations scientifiques, doctrines théologiques, organisations politiques, approches économiques, choix éthiques, visions artistiques ... Et, à l'intérieur de chacune de ces approches, des conceptions divergentes : le monde d'HOMÈRE n'est pas celui de DANTE, ni le monde de Saint PAUL celui de CONFUCIUS, le monde d'EINSTEIN n'est plus, ou plus seulement, le monde de NEWTON, ni le monde de PICASSO, celui de VELASQUEZ. Mais justement, ces différences ne sont significatives qu'à partir d'un tronc commun. Dans **La prisonnière** PROUST écrit que 'l'univers est vrai pour nous tous et dissemblable pour chacun'. C'est une manière de dire que les divergences subjectives d'appréhension et de conception de la réalité supposent une convergence objective. À la racine ou au croisement de ces conceptions divergentes, il doit y avoir une configuration commune, une structure générale des êtres et des événements, un référentiel dans lequel ces conceptions se complètent ou se contredisent, se rencontrent ou s'ignorent. Un dispositif ou une figure dont partent ou auxquels aboutissent toutes les perspectives subjectives de connaissance et d'action. »

A dimensão histórica da reflexão intelectual suscita a indagação a respeito do encadeamento temporal e causal dos eventos e da vida. Quanto se terá de repensar, a partir das bases e dos conceitos que nos tenha legado o estudo da história de outros tempos, dependerá até onde se queira ou se possa levar a reflexão, sobre esses ensinamentos, a partir do presente.

A construção da história pode ser vista como progressiva, fragmentária e assistemática. Cada uma dessas dimensões pode e deve ser, ainda que brevemente, considerada.

A sucessão de práticas do passado constituiria o legado do que opera nas referências presentes e deve orientar a formulação de condutas de ação futura. Assim podem ser destacados elementos: a tradição, as referências presentes e parâmetros para orientar a ação futura.

Mais vale referir fases ou contextos, e evitar falar a respeito de sucessão de tempo, pois este traz dificuldade, quase insuperável, em sua definição, tornando versada e controvertida questão filosófica, que não caberia pretender retomar aqui[224]. Tenha-se presente, somente, que este inevitável e inexoravelmente afeta não somente os seres vivos como os estados e o funcionamento de uns e outros.

As regras são formuladas e aplicadas. São regras no tempo e no lugar em que se formam, se aplicam, se alteram, em todas as dimensões e desdobramentos de seu funcionamento. A questão da existência, da validade e da eficácia, pode ser apontada, no mundo do direito[225], como, em dimensão distinta, também em relação à história.

O caráter de progressividade da história se põe desde o seu surgimento, com HERÓDOTO: a percepção do mundo e dos seres no mundo. E prossegue em TUCÌDIDES, POLÍBIO, TITO-LÍVIO, para nos mantermos somente em enfoque do mundo antigo ocidental.

A fragmentação está apresentada na falta de descortino da vida e da visão do outro e se ilustraria na previsão de pretender impor-se sem necessidade de mostrar outros argumentos além do que faz. Daí o sentido das lições da história: o equilíbrio

---

[224] V. tb. o ensaio *'tempo e suas correlações com a vida'*. Tema de indagação que se estende desde antes de SANTO AGOSTINHO, há mais de mil e seiscentos anos, até os ensaios a respeito, escritos por André COMTE-SPONVILLE, nascido em 1952. Fale-se em elementos: evite-se falar a respeito de sucessão do tempo.

[225] Antonio Junqueira de AZEVEDO, **Negócio jurídico: existência, validade e eficácia** (São Paulo: Saraiva, 3ª ed., 2000).

entre a força e a razão é, sempre, precário, e essa precariedade não é privilégio de nossos dias.

A necessidade de reagir criativamente aos desafios do tempo, ou encetar a decadência, como aconteceu em várias civilizações, é enfatizada por A. TOYNBEE, na grande obra de **estudo da história** (1949-1961)[226]: aqui se faz no sentido do fortalecimento conceitual e institucional das lições da história, para a compreensão do mundo e do contexto pós-modernos.

A alternativa ao pós-moderno? Será a insistência nos modelos antes ensaiados e encetados. Será a permanência nos modelos conhecidos.

As lições da história valem para os indivíduos, como também para os grupamentos humanos. Servem estas para cada um, como também para as coletividades, porquanto todos insertos no mundo e fadados a interagirem no mundo.

No plano humano, as lições da história permitem a captação de duração que vá além da contingência individual de cada ser, no restrito tempo e no limitado espaço de cada um. A possibilidade de desenvolver olhar *sub specie aeternitatis*, de contemplar as coisas na perspectiva da eternidade. Esse alcance não é humano, vai além das contingências de cada ser, mas pode ser trabalhado e alcançado mediante o estudo da história.

No plano das coletividades humanas, tradição que remonta a MAQUIAVEL salienta que os governantes, ao obedecerem à razão-de-estado, pretenderão obedecem ao interesse dos seus países. Esses interesses são variados, mas podem ser identificados pela prudência – vista esta como tipo de conhecimento que resulta do senso comum, apoiado na experiência e nas lições da história. Uma vez percebidos e compreendidos, constituem a base que permite a previsibilidade, e com ela as hipóteses de estabilidade ou instabilidade da ordem mundial, através da paz, pela acomodação diplomático-jurídica dos interesses".[227]

---

[226] O já referido magistral e dificilmente manejável **A study of History** de Arnold TOYNBEE ("abridgement" by D. C. SOMMERWELL, London – New York – Toronto: Oxford U.P., vols. 1-6, 1949, vols. 7-10, 1957, vols. 11 e 12 "Reconsiderations" x+740 p., 1961), também conta edição resumida em português **Um estudo da história** (ed. revisada e condensada por A. TOYNBEE e J. CAPLAN, trad. Isa Silveira LEAL e Miroel SILVEIRA, São Paulo: Martins Fontes / Brasília: Ed. UnB, 1987); sintomaticamente chegam à mesma conclusão Hélio JAGUARIBE (e colaboradores), **Um estudo crítico da história** (trad. Sérgio BATH, São Paulo: Paz e Terra, 2001, 2 vols., 'conclusões', vol. 2, pp. 647-688, cit. p. 660): Dentro das suas respectivas condições específicas, a decadência de todas as civilizações que não puderam preservar-se até o presente ocorreu em virtude da perda de sua capacidade de auto-sustentação, de diferentes modos." A capacidade de reagir criativamente aos desafios e de adaptar-se às mudanças contextuais, à medida em que aconteçam.

[227] C. LAFER, **Da reciprocidade no direito internacional econômico: o convênio do café de 1976** (São Paulo: Perspectiva, 1979, loc. cit.); Philippe BRAILLARD, **Philosophie et relations internationales** (Genebra: Institut de Hautes Études Universitaires, 1974).

Significativa tradição no direito internacional leva em consideração as dimensões filosóficas da experiência histórica. Desde VITÓRIA e GRÓCIO, aos nossos dias.

Conteúdos historicamente vinculantes não precisaram esperar pelo contexto da crise da pós-modernidade, para surgirem e se consolidarem. Já VITORIA, **De potestate civili**, asseverava: "o direito das gentes não tem somente força de pacto ou de convenção entre os homens, mas possui, igualmente, força de lei. O mundo inteiro, na verdade, que, de certo modo, constitui uma república, tem o poder de levar leis justas e ordenadas para o bem de todos, tais como são as do direito das gentes. Conseqüentemente, quando se trata de questões graves, nenhum estado pode se considerar desvinculado do direito das gentes, pois este é colocado pela autoridade do mundo inteiro".[228] Isso deveria ser lembrado com mais ênfase, em nossos dias!

Para J. BARTHÉLEMY (1904)[229] o fato de ser a Espanha a potência dominante da época, bem como a preeminência intelectual de Francisco de VITÓRIA, como espécie de conselheiro do império espanhol, não são estranhos ao fato deste ter necessitado refletir e manifestar-se sobre a relação com os ameríndios, dentre outras questões candentes da época.[230]

Ainda mais pertinente e necessária se torna, quando a discussão sobre a nova ordem mundial tende a substituir a preocupação *de jure condito* com as propostas *de jure condendo*, segundo Celso LAFER (1979)[231]: nada mais concreto, nesse contexto, que os interesses, cuja relevância para a teoria geral do direito, da sociedade, da política e do conhecimento, cujo papel na criação, aplicação e transformação das

---

[228] Francisco de VITORIA, **Political writings** (edited by Anthony PAGDEN e Jeremy LAWRANCE, "Cambridge texts in the history of political thought", Cambridge: UP, © 1991, 1ª. publ., 1991, "On civil power" **De potestate ciuili** (1528), pp. 1-44), a mais antiga das *Relectiones* de VITORIA a ser conservada, e provavelmente a segunda mais antiga, depois deste ter assumido a cátedra de teologia em Salamanca em 7 de setembro de 1526.

[229] J. BARTHÉLEMY, *François de Vitoria* (in **Les fondateurs du droit international: leurs oeuvres, leurs doctrines**, « avec une introduction de » A. PILLET, Paris : V. Giard & E. Brière, 1904, pp. 1-36, cit. p. 1) : « Il était espagnol, contemporain de CHARLES-QUINT ; il appartenait à l'ordre de Saint DOMINIQUE. Cette nationalité, cette époque, cette condition ne sont pas indifférentes ; elles aideront à comprendre pourquoi certaines questions internationales sont traitées dans l'oeuvre de VITORIA, à quel point de vue, un peu particulier, elles sont examinées, dans quel esprit et suivant quelle méthode elles sont résolues. »

[230] J. BARTHÉLEMY (op. cit., 1904, p. 3): "La constitution de cet empire soulevait le problème de la légitimité des acquisitions territoriales ; la découverte, encore récente, de l'Amérique, provoquait une théorie de l'occupation internationale. / D'autre part, cette situation exceptionnelle dans le monde ne pouvait être conservée que par les armes. La première puissance politique de l'Europe devait en être aussi la première puissance militaire. C'était donc en Espagne que devait se faire sentir avec le plus d'intensité le besoin de fixer, dans la mesure du possible, les règles de morale et de justice sur le droit de la guerre et la conduite des hostilités."

[231] C. LAFER (op. cit., 1979, pp. xv-xvi).

normas de direito internacional público econômico, que regem a vida do café na ordem mundial.

A relação entre a ordenação do estado e a ordenação da convivência entre estados faz haver relação direta entre a teoria geral do estado e o direito internacional, na linha de Charles De VISSCHER (1953)[232]. A concepção e o exercício do poder dentro do estado influenciam profundamente a coordenação de poderes entre os estados: toda a concepção e prática do direito internacional estão ligados a concepção e prática interna dos estados.

Enquanto ensinamento prático, decorrente do senso comum, pode ser colocado paralelo entre os dados da experiência e das lições da história: não contém nem trazem valores intrínsecos, ou conteúdos precisos – funcionam na medida em que sejam aceitos. Alinham ensinamentos, que podem ser inspiradores para os participantes do sistema, podem ter desdobramentos, segundo as regras do jogo – se perfazem na medida em que se observe o *'play by the rules'*, jogar conforme as regras – e nisso se esgotam: não são, aqui, vistos como ciência, nem tampouco filosofia, mas são, no todo, construção da prática: se alinham pela experiência.

Não trabalham as lições da história com noções de *certo* e de *errado*, de *justo* e de *injusto*, trabalham com o que funcione, com o que possa assegurar resultados – não são idealistas, são pragmáticas. Deixam registro do que foi feito, não necessariamente do mais adequado.

A história, para os profissionais do direito deve servir para a compreensão que vá adiante da norma positiva existente na atualidade: não se pode entender como se chegou ao que ora existe, sem que se saiba de onde vieram conceitos, institutos e norteados por quais razões. Na linha, por exemplo de A. CASTALDO (2006)[233], J.

---

[232] Charles De VISSCHER, **Théories et réalités en droit international public** (Paris: Pedone, 1953) ; C. LAFER (op. cit., 1979, cap. i 'as transformações dos estados e do direito internacional público e a regulamentação jurídica da ordem econômica mundial', pp. 7-28).

[233] André CASTALDO, **Introduction historique au droit** (Paris: Dalloz, 3ª. ed., 2006).

R. Lima LOPES (2002)[234], J. HABERMAS (2000, 1998, 1996)[235] e J. GILISSEN (1988, 1979).[236]

Especificamente em relação ao direito internacional algumas referências podem ser úteis: D. GAURIER (2005)[237], S. LAGHMANI (2003)[238], W. G. GREWE (2000, 1984)[239], W. GOULD (1957)[240], P. GUGGENHEIM (1958).[241]

A história pode e mesmo deve ser base, sem se tornar fim em si mesma. Desse modo, para o profissional jurídico cabe ter a visão da história e suas lições como ferramenta para auxiliar na compreensão da vida e para situar-se nela, como no estudo e na compreensão do direito e evitar a pretensão de 'descobrir' o que já existia.

A perspectiva histórica sirva também para evitar cometer anacronismos, como advertia V. L. CARDOSO (1925, nova ed., 1979)[242], de se "julgar o passado com idéias do presente" – as coisas devem ser entendidas no tempo (histórico) e no contexto (cultural) em que tiveram lugar.

O endeusamento da tradição normalmente ocorrerá quando esta, insuficientemente consolidada, para fornecer parâmetros para orientação futura, se põe como abstração, que se planta no vazio, de fatos como de idéias, e traz mais ilusões que conhecimento. A tradição, em si, pode ser dado positivo, na medida em que atuar como referencial para o enquadramento conceitual futuro, mas tem de conservar-se viva, como dado ativo.

---

[234] José Reinaldo Lima LOPES, **O direito na história: lições introdutórias** (São Paulo: Max Limonad, 1ª ed., 2000; 2ª ed., 2002, esp. o cap. 'as idéias jurídicas do século xvi ao século xviii o direito natural moderno e o iluminismo', pp. 177-212).

[235] Jürgen HABERMAS, **Après l'état-nation: une nouvelle constellation politique** (© 1998 e 1999, trad. Rainer ROCHLITZ, Paris: Fayard, 2000) ; Jürgen HABERMAS, **La paix perpétuelle: le bicentenaire d'une idée kantienne** (do original **Kants Idee des Ewigen Friedens aus dem historischen Abstand von 200 Jahren** © 1996, trad. Rainer ROCHLITZ, Paris: Cerf, 1996).

[236] John GILISSEN, **Introdução histórica ao direito** (do original **Introduction historique au droit** © 1979, trad. A. M. HESPANHA e L. M. Macaísta MALHEIROS, Lisboa: Fund. C. Gulbenkian, 1988).

[237] Dominique GAURIER, **Histoire du droit international public** (Rennes: PU de Rennes, 2005).

[238] Slim LAGHMANI, **Histoire du droit des gens : du jus gentium impérial au jus publicum europaeum** (Paris : Pedone, 2003).

[239] W. G. GREWE, seu excelente **Epochen der Völkerrechtsgeschichte** (Baden-Baden: Nomos, 1984, trad. inglesa, **The Epochs of international law**, Berlin – New York: W. de Gruyter, 2000).

[240] Wesley GOULD, **An introduction to international law** (New York: Harper & Brothers, 1957).

[241] P. GUGGENHEIM, **Contribution à l'histoire des sources du droit des gens** (RCADI, 1958, t. 94, pp. 1-84).

[242] Vicente Licínio CARDOSO, **À margem da História do Brasil** (prólogo de Acácio FRANÇA, 3ª. ed., São Paulo: Nacional / Brasília: INL, 1979, "*à margem do Segundo Reinado*", pp. 71-126, cit. p. 114) formula advertência muitas vezes esquecida: "Sendo anacrônica a crítica do passado, com as idéias do presente, é por outro lado lamentável – em história que se respeita – a sonegação de qualquer parte da verdade, para aplauso desmedido aos fatos do passado. E já temos pecado bastante neste assunto."

Quando se amortece a vitalidade da tradição histórica, torna-se referencial artificial, que se enrijece, e perde o contato vital com a realidade. Neste ponto, torna-se antes fardo, peso morto, que referencial ativo, para orientação das gerações seguintes. Este será o peso morto da história. E uma das suas mais relevantes lições. A história vale enquanto viva. Como várias outras dimensões da vida.

Esse ponto de contato sutil entre o dado vivo e o que passa. Vale para a história. Vale em outros campos do conhecimento e da ação humanos.

A seguir se passa a considerar 'instante e eternidade'.

Instante e eternidade

Ce n'est pas à celui qui écrit de dire: 'mon oeuvre', de parler de son oeuvre propre comme nous autres, humbles lecteurs, témoins ou tiers, parlons de l'oeuvre de PROUST ou de SIMENON ... Certes le lecteur qui suit, livre après livre, le déroulement du processus créateur chez un écrivain a le droit de considérer l'oeuvre de cet écrivain comme une *oeuvre*, car c'est bien une oeuvre qui s'édifie sous ses yeux, pierre après pierre.

Vladimir JANKÉLÉVITCH, **Quelque part dans l'inachevé** (1978)[243]

É preciso obrar no instante que passa, mas ter os olhos na eternidade. Ou seja, a vida se faz de cada um dos momentos, de cada dia, de cada ano, de todas as percepções, dos múltiplos caminhos, que possam ser trilhados. Enquanto instante, se esvai em cada gesto e em cada momento, mas se compõe, ao mesmo tempo, do todo, que nos remete acima e além de nós mesmos, como tantas outras coisas na vida. Esse conjunto dinâmico e interagente, entre o que passa e o que fica é a essência da vida. São facetas, são caminhos, são alternativas, são modos pelos quais as coisas possam ser trilhadas.

Esse dado vital da contraposição entre instante e eternidade, enquanto realidade humana inevitavelmente presente, para todos e para cada um de nós, é tema recorrente do pensamento humano, quer este encontre a sua expressão filosófica ou literária – o que não necessariamente se exclui. Pode o pensamento filosófico ser literariamente expresso, pode a literatura ter conteúdo filosófico. Mas não é este o dado

---

[243] Vladimir JANKÉLÉVITCH et Béatrice BERLOWITZ, **Quelque part dans l'inachevé** (Paris : Gallimard, (c) 1978, impr. 1987, cit. p. 11) reúne entrevistas de JANKÉLÉVITCH a BERLOWITZ.

que mais importa: cabe, sobretudo, ter a percepção da vida e da eternidade, em cada momento da vida que passa. E como as coisas se põem e se fazem.

Na passagem referida, Vladimir JANKÉLÉVITCH capta exatamente essa dicotomia entre o instante e a eternidade: não cabe ao autor, a quem escreve, falar a respeito de sua 'obra', esta se faz de sucessão de instantes, mas ao leitor, que a descortina, enquanto conjunto de livros prontos, e publicados. A obra existirá para o leitor, mais que para o autor. A sucessão de instantes (a criação de cada linha, de cada página, de cada livro) comporá a eternidade, condicionada à medida daquele que a cria, enquanto 'obra', como conjunto do publicado.

A mesma reflexão pode ser aplicada a diversas coisas, a diferentes planos da vida[244]. E sempre com a mesma condicionante: instante e eternidade parecem se opor, mas são e serão, antes, sempre, complementares. Põem-se como as duas faces da mesma moeda – um se faz a partir do outro, e cada um compõe com o outro o todo da vida[245].

Matteo RICCI (1552-1610) chega, em 1582, aos trinta anos, a Macau, e permanecerá na China, até morrer, em 1610. Em 1596 ensina aos chineses como construir um palácio da memória, e esclarece que o palácio deveria ter o tamanho, em conformidade com o que se quisesse lembrar: a construção mais ambiciosa consistiria em centenas de edificações, de todas as formas e tamanhos, "quanto mais forem, melhor será", declara RICCI, e depois esclarece que não se teria de construir em escala grandiosa, logo de uma vez. Poderiam ser criados palácios modestos, ou poderiam ser construídas estruturas menos dramáticas, como conjunto de templos, série de edifícios governamentais, um albergue público, ou um mercado municipal. Se se quisesse começar em escala ainda mais reduzida, poderia ser erigida simples uma sala de recepção, um pavilhão, ou um *studio*. E se se desejasse um espaço íntimo, poderia ser utilizado somente o canto de um pavilhão, ou um altar em um templo, ou mesmo objeto de uso doméstico, como um armário, ou um divã.[246]

Ao apresentar esse sistema de memória, explicava Matteo RICCI que esses pavilhões, divãs ou estruturas mentais deveriam ser conservados na mente de cada um, não como objetos sólidos, literalmente a serem construídos, com materiais *reais*. Sugeria haverem três opções principais para tais locações da memória. Primeiro,

---

[244] V. tb. ensaio, '*yo soy yo y mi circunstancia*'.

[245] V. tb. ensaio, 'tempo e suas correlações com a vida'.

[246] Matteo RICCI, **Jiffa: treatise on mnemonic art** –"the only surviving versions list RICCI as author, ZHU Dinghan as collator, VAGNONI (GAO Yizhi) and SAMBIASI (BI Fangji) as editors" e o fato de que "the imprimatur was granted by Emmanuel DIAZ the younger, who was made vice-provincial in 1628, dying in Hangzhou in 1659", Jonathan D. SPENCE, **The memory palace of Matteo Ricci** (1ª. publ., 1984, in the USA, London: Faber and Faber, 1985, cit. pp. 270-271).

poderiam ser extraídos da realidade, ou seja a partir de construções, nas quais cada um tivesse estado, ou a partir de objetos, que cada um tivesse visto, com os próprios olhos, e os relembrasse na memória. Segundo, poderiam ser totalmente fictícios, produtos da imaginação, conjurados em qualquer formato ou tamanho. Ou, terceiro, poderiam ser parcialmente fictícios e parcialmente verdadeiros, como no caso de construção que se conheça bem, e através do muro dos fundos da qual se abrisse porta imaginária, como atalho para novos espaços, ou no meio do qual se criasse escada mental, e esta levaria para andares superiores, que nunca tivessem existido antes.[247]

O propósito de todas essas construções mentais era o de oferecer espaços para armazenamento da miríade de conceitos que compõem o conhecimento humano. Para cada coisa que quisermos lembrar, segundo RICCI, devemos dar uma imagem, e para cada uma dessas imagens, devemos atribuir posição, onde possa repousar pacificamente, até que estejamos prontos a reclamá-la, mediante ato da memória. Como esse inteiro sistema de memória somente funcionaria se as imagens permanecerem nas posições atribuídas, obviamente pareceria mais fácil se se pudesse contar com lugares verdadeiros, os quais conhecêssemos tão bem, a tal ponto que não houvesse risco de esquecê-los. O grande engano seria, justamente, este. Porquanto RICCI adverte que, ao expandir o número de locais, e o correspondente número de imagens que neles podem ser estocadas, é que nós poderemos aumentar e fortalecer a nossa memória. Assim, o pensamento chinês lutaria com a difícil tarefa de criar palácios fictícios, ou mesclar o fictício com o real, fixando-os permanentemente em suas mentes, por meio de prática constante, e revisá-los, de tal forma que os espaços fictícios se tornassem "como se fossem reais, de tal modo que não possam ser apagados".[248]

A construção hipotética, como local de armazenamento de informação já ocorre em CÍCERO, quando discorre a respeito da memória artificial, percorre as construções da Roma imperial, via os lugares, via as imagens armazenadas, naqueles lugares, com visão interior penetrante, que lhe fazia virem imediatamente aos lábios as idéias e as palavras de seu discurso.[249]

O instante é de cada um, a eternidade é de todos; ou, antes, a eternidade não é de ninguém, pois quem poderá alcançá-la? Enquanto os instantes são de cada um,

---

[247] **Jiffa** (pp. 21-22).
[248] **Jiffa** (pp. 17-18) onde RICCI pode fazer referência a CÍCERO.
[249] CÍCERO, **De oratore** (II.86), também citado na **Lyra graeca** (II.307). Para discussão a respeito da questão em CÍCERO, veja-se Frances A. YATES, **The art of memory** (© 1966, **L'art de la mémoire**, trad. francesa de Daniel ARASSE, Paris: Gallimard, 1975, impr. 1982, pp. 16-18).

mas os mesmos momentos poderão ser percebidos e vividos de forma diversa, em cada um de nós.

A duração poderá ser alcançada, na medida em que se destaque o essencial do contingente. Se a construção não pode ser conhecida, antes de ficar pronta, somente depois se poderá contemplar e avaliar. E esperar o decurso do tempo, para aferir a durabilidade desta.

Segundo Henri BERGSON[250], a duração é o tempo real, isto é, o tempo, absolutamente fluido e contínuo, perceptível unicamente através da intuição, que antecede e origina o tempo, construído intelectualmente pela ciência, mensurável e divisível, fragmentado em medidas pre-estabelecidas e quantidades determinadas[251]. Ao filósofo cabe perquirir os por quês[252].

A compreensão do fenômeno atual pode beneficiar-se com relativo distanciamento histórico. O conhecimento humano sempre teve de ser feito no contexto em que os fatos ocorriam: o esforço da feitura é contemporâneo aos fatos e dados; a pertinência da análise poderá ser avaliada somente com o distanciamento no tempo.

O decurso do tempo afasta a atualidade da reflexão. Esta se fará a partir da inserção do sujeito no tempo, mas não se confunde nem se funde neste. E terá a sua dimensão de sentido, na medida em que, desligada do tempo corrente, se mantenha 'válida'. Mas isso somente depois se poderá tentar avaliar. E em boa medida permanece estranha à reflexão já exercitada.

É no momento que a intuição pode ser exercida, enfatiza Gaston BACHELARD[253]. Ao falar a respeito da *"atualidade essencial"*, destaca: "A reflexão filosófica que se exerce sobre pensamento científico longamente trabalhado deve fazer com que a nova idéia se integre em corpo de idéias já aceitas, ainda que a nova idéia

---

[250] Henri BERGSON, **Matéria e memória** (do original **Matière et mémoire** © 1939, Paris: PUF, trad. Paulo NEVES, São Paulo: Martins, 2ª ed., 1999).

[251] V. tb. ensaio 'tempo e suas correlações com a vida'.

[252] Henri BERGSON, no volume **O riso** (do original **Le rire** © 2001, Paris: PUF, trad. Ivone Castilho BENEDETTI, São Paulo: Martins, 1ª ed., 2001, como esclarece o prefácio da 23ª edição francesa, 1924, reúne três artigos antes publicados na *Revue de Paris*, e cf. o "Apêndice" à 23ª edição, "sobre as definições de comicidade e sobre o método adotado neste livro", pp. 149-152, cit. pp. 151-152): "ao mesmo tempo em que quis determinar quais os procedimentos de fabricação do risível, procurei descobrir qual é a intenção da sociedade quando ri. Pois é surpreendente que se ria, e o método de explicação de que eu falava, não esclarece esse pequeno mistério. (...) É preciso que haja na causa da comicidade, algo de ligeiramente atentatório (e de *especificamente* atentatório) à vida social, pois a sociedade responde com um gesto que tem todo o jeito de reação defensiva, com um gesto que provoca certo medo."

[253] Gaston BACHELARD, **A poética do espaço** (do original **La poétique de l'espace** © Paris: PUF, 1957, trad. Antonio de Pádua DANESI, São Paulo: Martins, 1ª ed., 1989; 6ª tiragem, 2003)

obrigue esse corpo de idéias a remanejamento profundo, como sucede em todas as revoluções da ciência contemporânea".[254]

A questão de se buscar os fundamentos para poder nortear o desenvolvimento do conhecimento humano, neste século xxi, na presente reflexão sobre os desafios e papel deste, muito se arrisca e necessariamente fica condicionado pelas circunstâncias presentes: na medida em que se está imerso no contexto, neste momento histórico deste século, e considerando quanto estão longe de ser ideais as condições, no sentido de nos destacarmos do presente, para poder contemplar as coisas *sub specie aeternitatis*, pode-se facilmente constatar que tais condições não são humanamente viáveis. Ótimo, o que não é humano não nos pode criar direito nem dever. Cabe fazer o que se puder encetar e conduzir: cabe tentar ir até onde se puder. Aí se tem a medida do possível e viável.

Isso não representa desvio metodológico, mas trata justamente de mostrar como as percepções do mundo – como também as 'notícias' ou os 'mitos' – se constroem e a construção destas tem de levar em conta os materiais empregados, para que possam durar. A duração de qualquer obra está diretamente ligada à combinação de bom projeto, boa técnica e bons materiais[255].

A seguir se passa a considerar 'justiça e humanidade'.

---

[254] Gaston BACHELARD (op. cit., "introdução, p. 1).

[255] Na boa atividade intelectual não se tem a mesma materialidade de base, ou o meio que dá suporte à boa pintura e à boa escultura: a adequação do suporte físico, em contexto intelectual, é abstrata. Dependerá de escolhas e valores de quem as formula e de quem as receba.

Justiça e humanidade

> A justiça é (...) a qualidade de uma conduta humana específica, de uma conduta que consiste no tratamento dado a outros homens. O juízo, segundo o qual uma tal conduta é justa ou injusta representa uma apreciação, uma valoração da conduta. A conduta, que é um fato da ordem do ser existente no tempo e no espaço, é confrontada com uma norma de justiça, que estatui um dever-ser.
>
> Hans KELSEN, **O problema da justiça** (1960)[256]

É preciso obrar no contexto humano, mas ter os olhos voltados para a qualidade da vida, que se faz de cada um dos momentos, de cada dia, de cada ano, de todas as percepções, dos múltiplos caminhos, que possam ser trilhados. Por isso, a justiça, tema complexo e abrangente, será, aqui, brevemente considerado, à luz do seu conteúdo de humanidade.

Na contraposição entre justiça e força, terá o direito, como todo, de encontrar seu equilíbrio e modo de operar eficiente e válido. A criação, a partir do nada, entre a *justiça* e a *força*, se vai buscar no direito pós-moderno?

---

[256] Hans KELSEN, **O problema da justiça** (do original **Das Problem der Gerechtigkeit**, © 1960, trad. João Batista MACHADO, intr. Mário G. LOSANO, São Paulo: Martins Fontes, 2ª. ed., 1996, cit. pp. 4-5), prossegue: "O resultado é um juízo exprimido, que a conduta é tal como – segundo a norma de justiça – *deve ser*, isto é, que a conduta é valiosa, tem um valor de justiça positivo, ou que a conduta não é como – segundo a norma de justiça – deveria ser, porque é o contrário do que deveria ser, isto é, a conduta é desvaliosa, tem um valor de justiça negativo. Objeto da apreciação ou valoração é um fato da ordem do ser. Somente um fato da ordem do ser pode, quando confrontado com uma norma, ser julgado como valioso ou desvalioso, pode ter um valor positivo ou negativo. Por outras palavras: o que é avaliado, o que pode ser valioso ou desvalioso, ter um valor positivo ou negativo é a realidade."

O direito, durante séculos, parece ter sido dominado pelo ideal de justiça absoluta, concebida ora como se fosse de origem divina, ora como natural ou racional, fez que este fosse definido como *ars boni et aequi* [257] a arte de determinar o que é justo e eqüitativo. No direito internacional as expectativas normalmente se pautam por padrões comportamentais e normativos mais humanamente realistas. Mas sem deixar de acolher o espírito e de reservar espaço para a utopia, que podem voltar a enriquecer o direito internacional pós-moderno, acrescentando-lhes novos fatores e novas dimensões de atuação.

Como adverte Chaim PERELMAN (1979, ed. 1998)[258], apesar desse ideal absoluto, mesmo quando as leis são apresentadas como revelações de ser divino ou quase divino, sua aplicação jamais deixou de suscitar controvérsias, entre os mais qualificados intérpretes, como se vê claramente pelos textos talmúdicos. Se tanto pode ser dito, mesmo em relação a sistemas supostamente coesos, com laços históricos, culturais, político-administrativo-institucionais comuns, tanto mais em relação ao contexto internacional presente, descentralizado e fragmentário, em todas essas mesmas dimensões.

Desse modo, no mundo do direito, a solução justa parece ser menos o resultado da aplicação indiscutível de regra inconteste do que da confrontação de opiniões opostas e de uma decisão subseqüente, por via de autoridade. Quando as autoridades se opõem, pode-se estabelecer hierarquia entre elas, ou pode-se levar em conta o número de pareceres abalizados, mas nada prova que a decisão, diante da qual

---

[257] **Digesto**, I. I. 1: "Iuri operam datarum prius nosse oportet, unde nomen iuris descendat, est autem a iustitia appellatum: nam, ut eleganter CELSIUS definit, ius est ars boni et aequi." (**Corpus iuris civilis**, vol. primum, **Digesta** recognovit Theodorus MOMMSEN retractavit Paulus KRUEGER, Dublin / Zürich: Weidmann, 22ª. ed., 1973)

[258] Chaim PERELMAN, **Lógica jurídica**: *nova retórica* (trad. do original francês **Logique juridique** © 1979, Vergínia K. PUPI, rev. trad. Maria Ermantina GALVÃO, rev. técnica Gildo RIOS, São Paulo: Martins Fontes, 1998, 'introdução', pp. 1-26, cit. itens 6 e 7, pp. 8 e 9): "Se quisermos aprofundar ao máximo a experiência seremos obrigados a constatar que os raciocínios jurídicos são acompanhados por incessantes controvérsias, e isso tanto entre os mais eminentes juristas que atuam nos mais prestigiosos tribunais. Tais desacordos, tanto na doutrina quanto na jurisprudência, obrigam o mais das vezes, depois de eliminadas as soluções despropositadas, a impor uma solução mediante autoridade, trate-se da autoridade da maioria ou daquelas das instâncias superiores, as quais, aliás, na maior parte dos casos, coincidem. É nisso que o raciocínio jurídico se distingue do raciocínio que caracteriza as ciências, especialmente as ciências dedutivas – nas quais é mais fácil chegar a um acordo sobre as técnicas de cálculo e de medição –, e daqueles que encontramos em filosofia e nas ciências humanas, nas quais, na falta de um acordo e na ausência de um juiz capaz de encerrar os debates, com sua sentença, cada um permanece em suas posições. Por ser quase sempre controvertido, o raciocínio jurídico, ao contrário do raciocínio dedutivo puramente formal, só muito raramente poderá ser considerado *correto* ou *incorreto*, de um modo, por assim dizer, impessoal".

será necessário inclinar-se, seja efetivamente a única solução justa para o problema levantado[259].

A conclusão de PERELMAN é essencial: seja qual for a técnica de raciocínio utilizada em direito, este não pode desinteressar-se da reação das consciências diante da iniqüidade do resultado ao qual tal raciocínio conduziria[260]. Cabe esperar que o mesmo ocorra em relação aos desmandos no contexto internacional, como seria de se esperar ante a emergência da assim chamada 'sociedade civil internacional'.

O debate, apesar de histórico, não está encerrado, na medida em que o direito internacional pós-moderno se debate entre a teoria e a prática, como apontava Oscar SCHACHTER, em seu curso geral na Haia (1982)[261] ou V. MAROTTA RANGEL (1994)[262] indagava a respeito da "efetividade da justiça nas relações internacionais". Esse dilema *legitimidade - efetividade* estará sempre presente. No direito internacional como ressalta Giovanni DISTEFANO (2002)[263], como nos direitos internos.

Na linha de M. DELMAS MARTY (2005, 1994)[264], por preocupação de justiça, não se pode satisfazer com a obscuridade de sua formulação. Entre a *legitimidade*, e a *efetividade*, quando estão em jogo a vida e a dignidade humanas deve-se ter total clareza, nos termos e nos conteúdos. Não se pode transigir com o absoluto.

Nesse sentido, transformação considerável foi a passagem dos sistemas nacionais para sistema internacionalmente integrado de afirmação e de proteção dos direitos fundamentais. Se, todavia, existe longo caminho para assegurar o conteúdo e a efetividade de tal proteção internacional e da respectiva implementação nos direitos internos, a evolução já se consolidou, por exemplo, em relação à tipificação

[259] Ainda PERELMAN (op. cit., ed. cit., loc. cit.): "Quem é encarregado de tomar uma decisão em direito, seja ele legislador, magistrado ou administrador público, deve arcar com as responsabilidades. Seu comprometimento pessoal é inevitável, por melhores que sejam as razões que possa alegar em favor de sua tese."

[260] PERELMAN (op. cit., ed. cit., p. 13): "o esforço dos juristas, em todos os níveis e em toda a história do direito, procurou conciliar as récnicas do raciocínio jurídico com a justiça, ou ao menos com a aceitabilidade social da decisão. Esta preocupação basta para salientar a insuficiência, no direito, de um raciocínio puramente formal que se contentaria em controlar a correção das inferências, sem fazer um juízo sobre o valor da conclusão."

[261] Oscar SCHACHTER, em curso geral na Haia, **International law in theory and practice: general course in public international law** (RCADI, 1982, t. 178, pp. 9-395).

[262] V. MAROTTA RANGEL, *Sobre la efectividad de la justicia en las relaciones internacionales* (in **El derecho internacional en un mundo en transformación: en homenaje al professor Eduardo JIMENEZ DE ARECHAGA**, Montevidéu: Fund. de Cultura Univ., 1994).

[263] Giovanni DISTEFANO, **L'ordre international entre légalité et effectivité : le titre juridique dans le contentieux international** (préface de Georges ABI-SAAB, Paris: Pedone / Genebra: Institut universitaire de hautes études internationales, 2002).

[264] Mireille DELMAS-MARTY, **Vers un droit commun de l'humanité** (Paris: textuel, 2a. ed. 2005) ; M. DELMAS-MARTY, **Pour un droit commun** (Paris: Seuil, 1994, p. 204) : « un 'droit commun' est, d'abord un droit accessible, et, autant que possible, accessible à tous. »

de delitos internacionais e à criação de jurisdições internacionais, como examinam, dentre outros A. CASSESE e M. DELMAS-MARTY (2002, 2004)[265].

Pode ser viável assegurar a proteção de valores humanos fundamentais, através de sistemas jurídicos. Será questão crucial a clara definição do conteúdo e da juridicidade destes valores, cuja proteção se desejará assegurar.

Situar valores e a respectiva proteção no plano do direito interno, em perspectiva constitucional[266] já pode parecer bastante 'abstrato'; ainda mais, ao ser transposto para o plano do direito internacional. Possivelmente em sistemas regionalmente integrados, mostra A. Carvalho RAMOS (2005)[267]. Ou deve o direito internacional, como ademais, os direitos internos, ater-se à construção de categorias igualmente abstratas, mas funcionalmente indispensáveis para o direito, como a justiça?

Para os antigos romanos a relação pareceria menos abstrata, porquanto o justo (*justum*) seria aquilo que se põe conforme o direito (*jus*). Desde então, perdeu-se, nesse percurso, a relação direta entre direito (positivo) e justiça (não enquanto divisão da administração pública, mas como ideal de justiça).

O juiz, que deve estatuir segundo o direito, não está totalmente destituído do poder de fazer justiça, quando não disponha de norma explícita, para o caso que lhe é submetido. Como ressalta A. FAVRE (1974): "ele pode dizer o direito não enunciando a norma especial que estabeleceria se tivesse competência para fazê-lo, mas recorrendo aos princípios gerais".[268]

O direito tem difícil relação com o poder: nem pode estranhá-lo, e pretender manter-se distante deste, sob pena de deixar de ser direito, nem pode se confundir com este, e igualmente deixar de ser direito. Tradicionalmente, "o poder não é incorporado pela dogmática jurídica como um elemento básico. Em geral, ele não é desprezado, mas encarado como fato extrajurídico, o que ocorre não só no direito privado, mas também no direito público, em que a noção é esvaziada por limitadas concepções expostas nas teorias gerais do estado", ressalta Tércio Sampaio FERRAZ

---

[265] Antonio CASSESE e Mireille DELMAS-MARTY (editores), **Crimenes internacionales y jurisdicciones internacionales** (do original **Crimes internationaux et juridictions internationales**, (c) 2002, trad. de Horácio PONS, Bogotá: Grupo Edtrl. Norma, 2004).

[266] Gilberto BERCOVICI, **Desigualdades regionais, estado e constituição** (S. Paulo: Max Limonad, 2003).

[267] André de Carvalho RAMOS, **Direitos humanos na integração econômica**: análise comparativa da proteção de direitos humanos e conflitos jurisdicionais na União Européia e Mercosul (São Paulo: FDUSP / tese de livre-doência em direito internacional, 2005); L. F. GOMES e F. PIOVESAN (coord.), **O sistema interamericano de proteção dos direitos humanos e o direito brasileiro** (São Paulo: RT, 2000).

[268] Antoine FAVRE, **Principes du droit des gens** (Paris / Friburgo : Librairie de droit et de jurisprudence / Presses universitaires de Fribourg, Suisse, (c) 1974, p. 32).

Jr. (2002)[269]: o jurista usa a expressão poder, dando-lhe conotações diferentes, conforme a necessidade teórica, sem que os sentidos diferentes possam ser trazidos a um denominador comum, por exemplo:

a) no direito público, o poder é assinalado nos processos de formação do direito, na verdade como um elemento importante, mas que esgota a sua função quando o direito surge, passando daí por diante a contrapor-se a ele nos termos de uma dicotomia entre *poder* e *direito*, como se, nascido o direito, o poder se mantivesse um fenômeno perigoso, a ser controlado sempre em sentido de poder do estado juridicamente limitado;

b) assim, poder seria, inicialmente, *alguma coisa*, poder é coisa, uma substância, no homem, na natureza. Fala-se em força, em faculdade ou capacidade para agir, fazer. Algo que o homem detém, ganha, perde, limita, aumenta. Poder nessa acepção tem a ver com *império*, capacidade de produzir obediência, atributo essencial da autoridade política, judiciária, legislativa, administrativa, policial;

c) para o direito, o poder como capacidade de produzir obediência é conceito intimamente ligado ao de direito subjetivo e, às vezes, até se confunde com ele. Nesse sentido, usa-se poder como *faculdade*, seja esta a *faculdade* de exigir contribuições pecuniárias (poder tributário), *faculdade* de agir e reagir, protegido por lei (poder jurídico), *faculdade* para exercer certa função (poder legal ou competência), *faculdade* de exercer livremente a autoridade, segundo o seu arbítrio em certas circunstâncias (poder discricionário) etc.;

d) mas poder é, também, ainda no sentido substancial de algo, coisa, um instrumento, algo que serve para fazer alguma coisa: tem-se poder como se tem um martelo para pregar pregos. Assim, por exemplo, falamos do 'poder público' como o conjunto de órgãos por meio dos quais o estado e outas pessoas públicas exercem suas funções específicas, por meio do qual o estado mantém sua própria soberania. Aqui, não se trata bem, de faculdade, disposição para agir, qualidade derivada das virtualidades próprias da natureza humana, mas de algo objetivo, que subsiste na natureza e da qual o homem se apossa, que é culturalmente engendrado e de que nos servimos. Aqui poder é força, *vis* que se obtém pelo controle da natureza (dominar um rio, represando-o), ou pelo controle

---

[269] FERRAZ Jr., Tércio Sampaio, **Estudos de filosofia do direito: reflexões sobre o poder, a liberdade, a justiça e o direito** (São Paulo: Atlas, 2002, item 1.1.1, 'o poder na dogmática jurídica', pp. 19-20).

dos objetos culturais (dominar uma relação de troca, pela aquisição de dinheiro – poder aquisitivo).

Em síntese, aponta FERRAZ, podem extrair-se três associações da idéia de poder: poder como algo, substância; poder como faculdade humana de produzir obediência; poder como instrumento de exercício de império e de soberania. Nesta última, o poder se explica e justifica por sua causa eficiente: "efetividade da força pela qual as determinações das autoridades são observadas e tornadas de observância incontrastável mesmo por meio de coação. Do ponto de vista do direito internacional, um sentido negativo, diz-se, é a *não-sujeição* à determinação de outros centros normativos".[270]

Seja qual for o modo de elaboração das normas, qualquer que seja o objeto do direito, cumpre assinalar com força, em relação ao positivismo (ou voluntarismo) jurídico, que o direito não é principalmente vontade, mas essencialmente *razão* e *justiça*. No ato jurídico, enquanto enunciado de qualquer norma legal ou convencional, encontra-se a conjugação de operação da inteligência e da vontade. A deliberação, e o julgamento que lhe põe termo, são atos da razão. A vontade tem, aqui, papel secundário. Esta assume a idéia que a inteligência lhe propõe, e lhe confere eficácia. É, assim, da razão, que a norma tira a sua essência. É por se justificar, enquanto razão, como a expressão do justo, que a norma se impõe à consciência.

A reflexão sobre a teoria dos atos jurídicos nunca encontrou grande repercussão em direito internacional, segundo observa Jean-Paul JACQUÉ (1991)[271]: "mais inspirados pelo estudo de atos considerados individualmente, e sobretudo dos tratados, os autores negligenciaram examinar os traços comuns aos diversos atos jurídicos".[272] O fato de determinados sistemas não incorporarem a noção de ato jurídico acarreta que nestes casos mal se perceba a utilidade desse conceito, como em direito internacional.[273]

---

[270] T. S. FERRAZ Jr. (op. cit., 2002, cit. p. 22, e a seguir p. 46): "um poder *formalizado* (metacomunicado) permite que as decisões do poder possam ser temporalmente separadas: não é preciso decidir sobre tudo ao mesmo tempo, sem que a ausência de decisão signifique colapso do poder (está aí a possibilidade de sua institucionalização, isto é, de seu reconhecimento, independentemente de exercício concreto). / Cria-se, assim, a possibilidade, do lado do detentor do poder, de cadeias decisórias: (1) o detentor *esquematiza* a ocorrência desejada das ações; (2) pode verificar, então, se isso basta; (3) em caso de resistência, pode metacomunicar, isto é, mostrar-se como *poder*; (4) afinal, pode decidir sobre aplicação de sanções ou não."

[271] Jean-Paul JACQUÉ, **Acte et norme en droit international public** (RCADI, 1991, t. 227, pp. 357-417)

[272] J.-P. JACQUÉ (op. cit., 1991, 'introduction', pp. 367-371, cit. p. 367) : « Mais celle-ci [une réflexion plus vaste sur la théorie des actes juridique en droit international public] n'a pas encore été menée à son terme, et si la plupart des manuels continentaux saluent d'un coup de chapeau la théorie des actes juridiques, c'est pour passer rapidement à l'étude des catégories distinctes d'actes sans vraiment s'attacher à une approche globale. »

[273] J.-P. JACQUÉ (op. cit., 1991, loc. cit.) : « On peut s'interroger sur les raisons de cette attitude. Tout d'abord,

Hans KELSEN (1953)[274] colocara com clareza a distinção entre ato e norma, no seu curso geral: "quando dizemos, do tratado, ser este fonte de direito, temos em vista o ato criador do direito, o procedimento segundo o qual as normas convencionais são criadas. Mas quando dizemos que tratado foi celebrado, ou então que, em razão de um tratado, tal estado têm tais obrigações ou tais direitos, temos em vista as normas criadas por procedimento cujo elemento essencial é o estabelecimento de acordo de vontades. É importante distinguir claramente entre o tratado designando ato criador de direito e o tratado designando a norma criada por tal ato, pois a confusão dos dois significados da palavra (tratado), é a fonte de numerosos erros e mal entendidos, na teoria tradicional do tratado".[275]

Essa visão das coisas conduz à rejeição de qualquer doutrina que desconheça o concurso de componente de ordem moral – a justiça – na constituição da norma jurídica. Ora, a noção da justiça é de ordem universal. Doutrina errônea pode negligenciá-la ou afastá-la; esta se impõe na prática, embora às vezes travestida, adverte A. FAVRE (1974), na linha de G. Van der MOLLEN (1958), Ch. ROUSSEAU (1964), Ch. De VISSCHER (1970) e O. J. LISSITZIN (1965).[276] Certo é importar que o direito seja justo, ou seja, conforme à razão e à natureza das coisas.

Existem matérias nas quais a relação entre a *norma* e o *fato* se impõe espontaneamente (por exemplo, no direito aeroespacial), e outras, que são de caráter muito técnico e, normalmente, não exigem recurso direto às normas de conduta moral (por exemplo o telégrafo, e a partir deste, todos os desenvolvimentos ulteriores nos

---

le concept d'acte reste encore largement étranger à la doctrine anglo-saxonne et il est significatif que l'on trouve difficilement un terme pour désigner l'acte, les traductions comme *juridical act* ou *legal act* n'ayant de sens que pour le traducteur. En effet, la théorie des actes est largement imprégnée des conceptions nationales et procède, souvent à tort, parce que la structure même de l'ordre juridique est différente, d'une transposition. Il en découle que les systèmes qui n'ont pas incorporé la notion d'acte juridique ne perçoivent guère son utilité en droit international. »

[274] Hans KELSEN, **Théorie du droit international public** (RCADI, 1953, t. 84, pp. 1-204).

[275] H. KELSEN (op. cit., 1953, p. 136): « traité désignant un acte créateur de droit » et « traité désignant la norme créée par un tel acte ».

[276] A. FAVRE (op. cit., loc. cit., n. 8, pp. 13-14) ; cita: G. Van der MOLLEN, *The present crisis in the Law of nations* (in **Symbolae Verzijl**, 1958, pp. 238 ss., esp. pp. 249, 250, 254): "Law and justice are inseparable concepts. The idea of justice must lie at the root of every rule of law. The idea of justice must be the constant touchstone for positive international law"; Charles ROUSSEAU (RGDIP 1964, p. 255 ss.): "qu'entre le droit et la politique il n'y a pas le hiatus permanent et irréductible que certains se plaisent à dénoncer" ; Ch. De VISSCHER a analysé avec une grande pénétration de vue, dans son ouvrage **Théories et réalités en droit international public**, la portée du fait politique sur les rapports et situations régis par le droit des gens ; le juriste américain O. J. LISSITZIN a écrit qu'un accord universel sur les fins idéologiques et les valeurs éthiques n'est pas une condition préalable de l'existence et même du développement du droit international (**International law today and tomorrow**, 1965, p. 110) ; apõe-lhe A. FAVRE : « Nous ne partageons pas cette opinion ».

meios de comunicação, inclusive eletrônicos). Estas podem ser vistas e mantidas como conjuntos de normas 'técnicas'.

Em questões centrais, fundamentais ou vitais, como se prefira denominá-las, o acordo geral sobre os princípios é indispensável, na falta do que as mais belas regras jurídicas não passarão de enunciados destituídos de eficácia[277]. Aí se esvaziam de sua juridicidade.

Em todas as épocas houve autores que definiram a justiça como o que pudesse ser útil para os detentores do poder, e doutrinas que contestam ser o direito internacional verdadeiro direito, propondo-o como sistema de relações de força ou reduzindo à moral das nações. B. de SPINOZA, na era moderna, traduzia esse conceito na assertiva de terem os estados o direito de fazer tudo o que estes tenham o poder de fazer, e os acordos escritos não têm qualquer valor, se estiverem em contradição com os interesses do estado.

A nefasta influência de HEGEL, nos séculos XIX e XX[278] levou amplos setores do pensamento político e jurídico a fazer prevalecer a potência, como princípio de política internacional, em relação à concepção tradicional de direito de fundamentação moral. Para HEGEL[279] não há outro direito, se não o do estado; assim como não existe sociedade internacional natural; não há vontade universal constituída acima dos estados; os estados ajustam as suas relações, segundo a livre vontade destes.

O interesse do estado prevalece sobre qualquer compromisso: o direito das gentes se reduz a mero *ausseres Staatsrecht*, direito público externo – ou seja, se projeta como emanação da vontade do estado! HEGEL libera o estado de quaisquer compromissos morais. Contesta o princípio da igualdade jurídica dos estados. O povo que estiver disposto a encarnar o espírito, será o povo dominante, na história universal, na época correspondente. Contra tal direito absoluto, que o estado possui, enquanto representante atual do desenvolvimento do espírito do mundo, os outros povos não têm qualquer direito, e estes, da mesma forma que os povos cuja época tenha passado, não mais contam na história universal: *as nações civilizadas têm o*

---

[277] A respeito dos limites entre 'técnica', 'espírito' e 'utopia' no direito internacional pós-moderno, v. P. B. CASELLA, **Fundamentos do direito internacional pós-moderno** (2008, esp. item iv).

[278] Henri LEFEBVRE, **HEGEL – MARX – NIETZSCHE: ou le royaume des ombres** (Tournai: Casterman, 2e. éd., 1975).

[279] G. W. F. HEGEL, **Grundlinien der Philosophie des Rechts oder Naturrecht und Staatswissenschaft im Grundrisse** (mit H. eigenhändigen Notizen in seinem Handexemplar und den mündlichen Zusätsen, hrsg. und eingeleitet von Helmut REICHELT, Frankfurt: Ullstein, 1972; edição francesa: **Principes de la philosophie du droit**, trad. A. KAAN, Paris: Gallimard, 1989); b/c seu **Einleitung in der Geschichte der Philosophie** (hrsg. von Johann HOFFMEISTER, Hamburg: F. Meiner, 3. Aufl., 1940).

direito de tratar como qualquer coisa de formal a independência das nações que não atingiram o mesmo momento substancial do estado.[280]

Como não existe direito superior ao do estado, em caso de conflito entre estes, a guerra é o modo normal de solução de controvérsias: o estado vencedor não somente terá mostrado ser o mais forte, como também terá para si o direito, porque representa a consciência do espírito do mundo. Somada aos ressentimentos decorrentes da 'traição de 1918' (a Alemanha não teria sido derrotada na primeira guerra mundial, mas sofrera traição) e os abusos decorrentes das responsabilidades e das indenizações, estipuladas pelo tratado de Versalhes, de 1919,[281] desnecessário frisar ter essa doutrina exercido influência considerável sobre o pensamento jurídico e político da Alemanha de A. HITLER, de 1932 a 1945.[282]

Como observa A. FAVRE (1974)[283] a doutrina que negue a qualidade jurídica às normas regentes das relações entre estados, para reduzi-las a manifestações de força, é contrária aos fatos: "todos os estados observam em suas relações, normas que estes têm consciência de estarem obrigados a aplicar e que restringem o exercício de suas soberanias".[284]

Não se pode esquecer demasiadamente rápido a distância que continua a separar a lógica normativa da sua realização efetiva pelas condutas estatais. Como adverte Pierre-Marie DUPUY (2006)[285], a respeito do reconhecimento de estado e de

---

[280] G. HEGEL, **Filosofia do direito** (ed. cit., p. 351).

[281] P. B. CASELLA, **Tratado de Versalhes na história do direito internacional** (São Paulo: Quartier Latin, 2007).

[282] H. W. KOCH, **In the name of the Volk : political justice in Hitler's Germany** (New York: Barnes & Noble, 1989, cit. pp. 49-50): "Injustice is a fact of life, but still this remains a different thing from injustice being institutionalized and embodied in what is – or ought to be – the fountain of justice, the law. However, the law in the service of totalitarian claims is virtually by definition arbitrary, irrespective of the brand of totalitarianism. / In Germany after 1933 law became preventive law. If often struck before it had been broken. It then no longer took account of the personality of the accused or his or her human and personal requirements. It struck blindly. After 1939 the liberal traditions of the German judiciary were largely abandoned, on the justification of a superficial reference to the emergencies of war, to make way for the extensive use of 'preventive detention', the collective identification of groups as 'criminals' such as Jews, gypsies and other minorities, and the complete hopelessness of the case of any individual caught up in the machinery of what was called the law."

[283] Antoine FAVRE, **Principes du droit des gens** (Paris / Friburgo : Librairie de droit et de jurisprudence / Presses universitaires de Fribourg, Suisse, (c) 1974).

[284] A. FAVRE (op. cit., 1974, cap i, 'notion du droit des gens', pp. 16-35, cit. pp. 18-19): "Les organes étatiques des relations étrangères, les tribunaux nationaux et internationaux traitent comme juridiques les questions dites de droit international; ils leur appliquent les principes et les procédures propres aux affaires juridiques"; cita BRIERLY, **The outlook of international law** (1944, p. 5): "A melhor prova da existência do direito internacional está no fato de que todo estado reconhece que existe e que ele tem a obrigação de observar."

[285] Pierre-Marie DUPUY, **Droit international public** (Paris: Dalloz, 8ª. ed., 2006, par. 98, pp.97-102).

governo, na sua essência, este continua rebelde ao condicionamento jurídico, tanto quanto sua prática é refratária à sistematização doutrinária.

Existem regras, existem parâmetros de conduta, mas estes não se podem pretender absolutos, nem se poderá querer ter absoluta consistência na aferição das condutas diante dos parâmetros. Sempre haverá a 'margem de interpretação' a ser levada em conta, na avaliação das condutas e na atribuição de conseqüências a estas.

Por isso dificilmente se pode conceber o direito como sistema de pensamento perfeito: não é sistema filosófico, como tal, sequer mesmo se pudesse ser considerado sistema empírico. As tentativas de enquadramento do direito em sistemas perfeitos tende a encontrar dificuldades insuperáveis: na medida em que o enquadramento conceitualmente perfeito se alcance, poderá ter deixado de ser direito?

Criar para André COMTE-SPONVILLE (2001)[286], nunca se faz a partir de nada: "é sempre transformar o que é, e isso só é possível quando antes se compreende a necessidade do que é". A intervenção da ação humana será sempre transformar o que é, e isso só é possível quando antes se compreende a necessidade do que é. Prossegue SPONVILLE: o mundo é para pegar ou largar e ninguém pode transformá-lo se antes não o pega.

Da mesma forma, em relação ao campo jurídico, a justiça terá de ser vista como algo possível. Ou como obrigação impossível, conforme apontam W. BARANÈS e M.-A. FRISON-ROCHE (1995)[287].

Para Hans KELSEN (1953)[288], o direito positivo não pode ser criado a partir do nada: *le droit positif n'est-il pas une création **ex nihilo***. Sempre haverá substrato, a partir do qual se constrói a formulação positivada. Cumpre, assim, determinar qual seja esse substrato: ao menos é preciso ter consciência da existência e dos efeitos deste.

A formulação, profundamente humanista, de SPINOZA: "Não escarnecer, não detestar, não chorar, mas compreender". Quantos dos ditos grandes problemas do mundo poderiam ser superados, com pequeno esforço, no sentido de compreender.

---

[286] André COMTE-SPONVILLE, **A felicidade, desesperadamente** (trad. Eduardo BRANDÃO, S. Paulo, Martins Fontes, 2001, pp. 116/117).

[287] William BARANÈS et Marie-Anne FRISON-ROCHE (dirigé par), **La justice : l'obligation impossible** (Paris : Ed. Autrement, 1995, *'préface'*, pp. 11-13, cit. p. 11) : « On ne pas être juste seul ; on est juste à l'égard d'autrui. Et si l'on peut concevoir d'être juste à l'égard de soi-même, ce n'est alors qu'en se concevant comme extérieur à soi-même. (...) Dès lors, la justice ne peut se trouver que dans le lien à autrui. »

[288] Hans KELSEN, **Théorie du droit international public** (1953, op. cit., "les droits fondamentaux des états interprétés comme des principes présupposés par le droit international", pp. 100-101).

No **Tratado político**[289], SPINOZA ressalta que ao estudar os problemas políticos não visou absolutamente inventar novo nem inédito, antes buscou explicar de maneira rigorosa e indiscutível, bem como deduzir da situação própria à natureza humana, a doutrina melhor suscetível de se coadunar com a prática. Tanto mais, com vistas a conservar, no campo da ciência política, imparcialidade idêntica à que temos o hábito de manter, quando se trata da reflexão matemática. Ao estudá-los, tais como são, o espírito encontra tanto mais satisfação quanto em conhecer aqueles cujos sentidos humanos ficam agradavelmente impressionados[290].

Em direito internacional, como no estudo das coisas políticas, a melhor doutrina seria a mais suscetível de se coadunar com a prática. Caberá ser preciso em relação ao conteúdo e alcance desse 'coadunar-se com a prática'.

A questão dos fundamentos do direito internacional clássico ao direito internacional pós-moderno recoloca o tema da criação: pouco ou nada adiantará lamentar a falência dos modelos até aqui existentes e apontar a necessidade de construção de novo modelo da ordem internacional, sem antes exigir a captação das bases anteriormente vigentes, para se aferir em que medida pode alguma coisa ser resgatada, e a partir daí, se poder ter a afirmação de algo novo, exatamente na medida em que se reconheça: (i) a falência do até aqui existente; (ii) a necessidade de encontrar nova formulação, consentânea e adequada às necessidades do tempo e momento; (iii) a busca do que possa ser utilmente resgatado do conjunto até aqui vigente; (iv) a ação humana, construindo a partir dos elementos conhecidos (o que puder ser validamente resgatado) a determinação de novo modelo dos fundamentos do direito internacional.

Fatores recentes de ruptura e desagregação vieram somente agravar a percepção de risco de falência do quadro[291]. Em tal contexto, pode haver salvação?

---

[289] Baruch de SPINOZA, **Traité de l'autorité politique** (notices par Madeleine FRANCÈS, in **Oeuvres complètes**, Paris: Gallimard, © 1954, impr. 1992, pp. 909/1044).

[290] Baruch de SPINOZA, **Tratado político** (I, 4).

[291] Exemplo recente pode servir para ilustrar o quadro. Sem os incidentes concretos e obscenos de coisas como a invasão e ocupação desastrosas do Iraque, finalmente reconhecidas, depois de cinco anos, mesmo pelos seus responsáveis diretos, como a Secretária de estado, C. RICE, em palestra na Inglaterra, em março de 2006, admitindo "milhares de erros táticos cometidos no Iraque", muito embora logo depois, no início de abril de 2006, tenha alegado ter sido mal interpretada, pois estaria falando só teoricamente: poderíamos ter a percepção da falência postergada pela fachada de respeitabilidade. Na medida em que a máscara cai, a realidade se tornou tão cruamente clara que nem se pôde pretender fingir que ainda se poderia acreditar no que antes valia. Não somente como violação do direito internacional, mas como traição a tudo o que durante mais de duzentos anos os Estados Unidos da América disseram, para si e para o mundo, que eram e mostram não mais ser, nem podem defender o que são, diante do que tinham sido. A traição não somente na forma como se dá o relacionamento com outros Estados, mas antes renegando essencialmente os próprios valores e fundamentos da nação. A traição mais essencial não é relacional: é de si mesmo e de seus fundamentos.

Outras gerações se não acreditaram ao menos pareciam render homenagem ao direito enquanto ciência (*Rechtswissenschaft*), condição essa negada por J. H. von KIRCHMANN (1847, ed. 1988)[292]. Hoje não mais se pode pretender que este, enquanto criação humana, destinada a reger as relações entre os homens possa ter tal alcance e dimensão. Como refere A. TRUYOL Y SERRA (1949)[293] para situar KIRCHMANN em seu tempo (histórico) e contexto (cultural), como filho de seu tempo, após a decadência do romantismo, imperava o positivismo mais desbragado, com o culto das ciências naturais, então no seu apogeu: "o confuso conceito que KIRCHMANN tem do direito natural e a satisfação com a qual algumas vezes evoca os avanços das ciências naturais expõem de modo claro a mentalidade imperante. A conversão do saber científico-natural em protótipo do saber científico vai unida ao tradicional conceito aristotélico da ciência como conhecimento do universal e do necessário".

Donde decorre, ainda segundo TRUYOL Y SERRA (1949), que a validade do conceito não implica intrinsecamente as conseqüências que dele extrai KIRCHMANN, em relação à jurisprudência, "porque nem tudo é contingente no direito": "além do conceito de direito e dos conceitos jurídicos fundamentais, cremos existirem princípios materiais, de valor universal e necessário, cuja formulação se faz na filosofia do direito (*cuya formulación es uno de los cometidos de la jurisprudência filosófica*)".[294]

---

[292] Julius Hermann von KIRCHMANN, **Die Wertlosigkeit der Jurisprudenz als Wissenschaft** („mit einem Nachwort, einer kurzen Lebensbeschreibung und eine ausführlichen Bibliographie herausgegeben von Heinrich H. MEYER-TSCHEPPE, Heidelberg: Manutius Verlag, 1988).

[293] J. H. von KIRCHMANN, **La jurisprudencia no es ciencia**, trad. castellana y escrito preliminar de Antonio TRUYOL Y SERRA, Madri: Instituto de estudios políticos, 1949, aponta em seu 'estudio preliminar', pp. 11-26, cit. supra, p. 24, e a seguir, p. 21): "En oposición al cultivo meramente erudito del pasado se anticipa KIRCHMANN al sociologismo de IHERING y a la feliz síntesis de la historia y la doctrina que postulará GIERKE. En KIRCHMANN, por otra parte, este antitradicionalismo juridico iba unido a un liberalismo político, y no dejó de ejercer influencia durante la conmoción social de los años 1848 y siguientes, inspirando directamente, en 1849, la administración revolucionaria de la justicia en Baden. / Menos interés ofrece, en cambio, hoy la crítica de la ley, que KIRCHMANN formula con una severidad no exenta de un deje ingenuo."

[294] A. TRUYOL Y SERRA (trad. cit., 1949, 'estudio preliminar', pp. 24-25): "Mas incluso neste, mesmo se o direito fosse essencialmente pura contingência (como pretende KIRCHMANN), os termos do problema variaram radicalmente, a partir das últimas décadas do século xix, com a elaboração do conceito das ciências humanas (*la elaboración del concepto de las ciencias de lo individual*), cujos artífices principais foram, por um lado, DILTHEY, e por outro, WINDELBAND e RICKERT. Às ciências naturais, ciências de 'leis', ou 'nomotéticas', contrapõem os dois últimos, no seu clássico dualismo, as ciências da cultura, que são ciências de 'ocorrências' (*sucesos*) ou 'ideográficas': se as primeiras são generalizadoras e explicativas, as segundas são individualistas e valorativas. Esta teoria geral das ciências tem sido sistematicamente aplicada por Gustav RADBRUCH. A discussão permanece em aberto, de modo particular no que corresponde à história, cujo caráter de ciência continuam negando alguns partidários da concepção aristotélica da ciência."

Dizia ARISTÓTELES [295]: "o fogo arde da mesma forma na Pérsia e na Grécia, mas as leis não são as mesmas na Pérsia e na Grécia", e como vem a constatar o KELSEN tardio[296]: "o direito como técnica social para a consecução dos fins determinados pela política".

Pierre-Marie DUPUY (2002) vem situar "o direito, o direito internacional como os outros, antes técnica de regulação social, voluntariamente formalizada", para melhor assegurar a consecução dos fins para os quais foi criado: "a técnica do direito internacional apresenta também, em praticamente todos os casos, características próprias. Estas são devidas a pelo menos dois elementos: um, a especificidade dos sujeitos principais aos quais este, exclusivamente, durante muito tempo se dirigiu, os estados; e a segunda, é a polivalência das tradições jurídicas e culturais, das quais essa técnica tira as suas origens".

Desse modo, ter do direito, e do direito internacional, como dos outros, somente visão formal, reduz o trabalho doutrinal à análise da conformidade das suas normas e das situações que estas regem, ao respeito dos modos técnicos de produção, dos quais tiram a sua validade, o que é excessivamente reducionista.

Cumpre considerar o direito, não como ciência, nem como valor em si mesmo, mas como conjunto de princípios, dos quais se deduzem regras, para permitir alcançar a operacionalidade da implementação de valores que determinada sociedade, em determinado tempo, aqueles que se escolhe apontar como válidos, para a regência da vida social, daquela sociedade, àquele tempo. Tampouco há de ser visto e tratado o direito como fim em si mesmo – não se perfaz em si mesmo, de nada adianta sistema teórico perfeito: o direito somente existe na prática. Pouco adianta haver sistema 'teoricamente' perfeito, que não opere na prática – será outra coisa, não será direito.

Direito não como ciência – pois já apontava ARISTÓTELES, como pode uma ciência ser condicionada pela geografia: as leis não são as mesmas na Pérsia e na Grécia – pode ser atualizado para dizer-se a mesma coisa: as leis não são as mesmas, escolha duas entidades, não são as mesmas na União Européia e na China. Podem ser

---

[295] ARISTÓTELES, **Works** (23 volumes, Loeb Classical Library) ref. P. B. CASELLA, *A comparative approach to competition law in the European Communities and the MERCOSUL* ("Vortrag vor dem Europa-Institut der Universität des Saarlandes, Saarbrücken, den 20. Juli 1993", Vorträge, Reden Berichte aus dem Europa-Institut – Sektion Rechtswissenschat – vol 301, pp. 1-72).

[296] Hans KELSEN "On interpretation" **The Law of the United Nations** (New York: Praeger, 1st. ed., 1950, 2nd. impression, 1951, "preface", pp. xiii-xvii).

multiplicados os exemplos[297]. Mas podem ser dados exemplos muito mais correntes, do dia-a-dia do operador na prática, como a celebração de simples contrato[298].

Direito como técnica, não como valor em si mesmo: a norma vale pelo conteúdo que aponta, pelos 'valores' que declara proteger, refletindo escolhas políticas e sociais daquele determinado conjunto social.[299] Não é valor, *per se*, mas conterá a expressão de valores que determinada sociedade, em determinado tempo, escolhe apontar como válidos para a regência da vida social daquela sociedade, e isto seja em sua convivência enquanto grupo (o que seria o direito interno), como no relacionamento desta com outras unidades equivalentes (o que seria direito internacional), igualmente soberanas e independentes.

Direito não como fim em si mesmo. O direito não se perfaz em si mesmo, no sentido de que de nada adiantaria sistema teórico perfeito, ainda que este pudesse ser como tal construído, sem que se lhe aferisse o funcionamento: o direito somente existe na prática. Pouco adianta haver sistema 'teoricamente' perfeito, que não opere na prática, se não operar será outra coisa, não será direito. Será especulação teórica.

Desse modo, sintetizando longo e tortuoso debate e controvérsia que tem interesse para todos os ramos do direito, trata-se de adotar a noção de trabalho do KELSEN tardio, no sentido do direito como técnica social para a consecução dos fins determinados pela política. Não é ciência: é técnica. Não é ciência pura: somente se perfaz na ação, no funcionamento que possa ser aferido na prática, daí ser "técnica social". E qual o conteúdo? Não esta este na norma em si, nem tampouco ínsito no sistema: atende fins determinados pela política. E assim vai ser possível ir adiante. A controvérsia existe, são numerosas as escolas e interpretações possíveis e trata-se de

---

[297] Desde os mais exóticos, até os mais próximos. Pode-se lembrar o caso de países que ainda admitem legalmente a poligamia, e perquirir as bases para tal aceitação, em relação ao conceito do casamento monogâmico institucional. Ao que os exegetas dos sistemas poligâmicos poderiam objetar o baixo nível de implementação efetiva do modelo monogâmico institucional vitalício legalmente adotado.

[298] Como no caso do Brasil, LICC, art. 9º, *caput* e seus parágrafos. A diferença entre os poucos sistemas jurídicos nacionais, como no caso do Brasil, que adotam, por exemplo, a norma de determinação da competência, em matéria contratual, pelo país de celebração do contrato, enquanto muitos outros adotam a lei do local de execução do contrato, como critério, para a determinação da competência dos tribunais, daquele país, para julgar questões relacionadas àquele contrato, como no caso da Argentina. Daí o papel de convenções internacionais que venham estabelecer critérios compartilhados, evitando soluções nacionalmente válidas, mas colidentes no plano internacional, quando pode se dar seja a concomitância de duas possíveis competências, de distintos tribunais nacionais (conflito positivo) ou o caso, igualmente negativo e que é necessário evitar, de declaração por distintos tribunais nacionais de não serem competentes para julgar aquele determinado caso (conflito negativo). Dificuldade adicional será a de assegurar que os mesmos tratados entrem e estejam em vigor entre todos os países em relação aos quais se buscará assegurar mecanismos operacionalmente eficientes e adequados.

[299] V. tb. ensaio 'valores e suas conseqüências'.

ter consciência das controvérsias possíveis, sem ficar eternamente debruçado sobre estas. Trata-se de ter ciência e consciência de que existem tais debates, mas sem que se tornem fins em si mesmos: servem para que se conheça qual o sentido e alcance da norma, enquanto unidade ou enquanto sistema, aplica-se igualmente para o direito que reja a convivência interna de determinada unidade social e política (direito interno) ou a convivência entre unidades sociais e políticas (direito internacional) e demais agentes não estatais.[300]

Quando se tem clareza a respeito da coisa, fica mais fácil situar o conjunto. A controvérsia existe, mas não seja fim em si mesma – o direito não se perfaz como ciência especulativa: tem de ser "testado" em funcionamento: teste decisivo será a contraposição entre justiça e força, como enfatizava PASCAL[301].

O desafio de conjugar a justiça e a força é o dilema de todo e qualquer autoridade, no exercício de atribuições de governo, em qualquer tempo, em todo contexto, sempre se haverá de colocar esse dilema[302]. O ponto de equilíbrio terá de ser construído, também no direito internacional pós-moderno.

Esse mesmo questionamento já aparece e se coloca no teatro grego clássico[303] e se renova, em vários tempos. A maneira pela qual será enfrentada e resolvida a cru-

---

[300] M. SIOTTO PINTOR, **Les sujets de droit international autres que les états** (RCADI, 1932, t. 41, pp. 245-362) ; Laurence BOISSON DE CHAZOURNES e Rostane MEHDI (coords.), **Une société internationale en mutation : quels acteurs pour une nouvelle gouvernance ?** (Bruxelles : Bruylant, 2005) ; Habib GHERARI e Sandra SZUREK (coords.), **L'émergence de la société civile internationale : vers la privatisation du droit international ?** (« actes du colloque des 2-3 mars 2001, org. sous les auspices de M. Hubert VEDRINE, Ministre des affaires étrangères», Paris X: Pedone/ CEDIN Paris X, Cahiers internationaux, n. 18, 2003).

[301] Blaise PASCAL, **Pensées** fragmento 238 [165] (**Oeuvres complètes** texte établi, présenté et annoté par Jacques CHEVALIER, Paris, Gallimard, Bibl. de la Pleiade, © 1954, édition 1991): "ne pouvant faire qu'il soit force d'obéir à la justice, on a fait qu'il soit juste d'obéir à la force; ne pouvant fortifier la justice, on a justifiée la force, a fin que la justice et la force fussent ensemble, et que la paix fût, qui est le souverain bien."

[302] PASCAL, idem, ed. cit., fragmento 285 [169]: "Il est juste que ce qui est juste soit suivi, il est nécessaire que ce qui est le plus fort soit suivi. La justice sans la force est impuissante, la force sans la justice est tyrannique. La justice sans force est contredite, parce qu'il y a toujours des méchants; la force sans la justice est accusée. Il faut donc mettre ensemble la justice et la force, et, pour cela, faire que ce qui est juste soit fort, ou que ce qui est fort soit juste.

La justice est sujette à dispute, la force est très reconnaissable et sans dispute. Ainsi on n'a pu donner la force à la justice, parce que la force a contredit la justice et a dit qu'elle est injuste, et a dit que c'était elle qui était juste. Et ainsi, ne pouvant faire que ce qui est juste fût fort, on a fait que ce qui est fort fût juste."

[303] Na **Antígona** de SÓFOCLES, trava-se o crucial confronto entre esta e o rei CREONTE: E atreveste a desobedecer às leis? / ANTÍGONA: Mas Zeus não foi o arauto delas para mim, nem essas leis são as ditadas entre os homens pela Justiça, companheira de morada dos deuses infernais; e não me pareceu que tuas determinações tivessem força para impor aos mortais até a obrigação de transgredir normas divinas, não escritas, inevitáveis; não é de hoje, não é de ontem, é desde os tempos mais remotos que elas vigem, sem que ninguém possa dizer

cial questão e a capacidade de controlar o uso da força será decisiva para a avaliação da utilidade do nosso tempo, como já advertia Alain FINKIELKRAUT[304].

A reflexão de PASCAL[305], no século XVII, mostra atualidade e pungência que permanecem intocadas em nosso tempo. Sem poder fazer que haja força em obedecer à justiça, fez-se que seja justo obedecer à força; não podendo fortificar a justiça, justificou-se a força, a fim de que a justiça e a força estivessem juntas e que houvesse paz, que é o soberano bem.

É justo que o que é justo seja seguido, é necessário que o que é o mais forte seja seguido. A justiça sem força é impotente, a força sem justiça é tirânica. A justiça sem força é contradita, porque sempre há malvados, a força sem justiça é acusada. É portanto preciso por junto justiça e força, e, para tanto, fazer que o justo seja forte, ou que o forte seja justo.

A justiça é sujeita a disputa, a força é muito reconhecível e sem disputa. Desse modo não se pôde dar força à justiça, porque a força contradisse a justiça e disse que ela era injusta, e disse que ela era a justa. E, desse modo, não podendo fazer que o justo fosse forte, fez-se que o forte fosse justo. Quantas outras variações sobre o tema. Nos direitos internos, como no direito internacional.

Nos sistemas políticos e nos sistemas filosóficos, os mais variados, a construção do justo e do socialmente adequado sempre se renova. Faz parte da natureza humana não se contentar em viver, mas buscar a compreensão para os fenômenos que nos circundam e afetam.

---

quando surgiram. E não seria por temer homem algum, nem o mais arrogante, que me arriscaria a ser punida pelos deuses por violá-la. (SÓFOCLES, **Antígona**, trad. do grego, intr. e notas de Mário da Gama Kury, Rio: Jorge Zahar, 9ª ed., 2001, pp. 199 ss., cit. p. 219, vv. 510-523). Como detentor do poder de fazer cumprir a sua vontade, independentemente de ser esta justa ou não, mas revestida de 'autoridade' que lhe confere a força, CREONTE manda 'executar' a sua decisão e opositora. Encerra-se o assunto? Não em SÓFOCLES, pois a justiça divina reclama o castigo, em razão da iniquidade de CREONTE e este privado de legitimidade para o exercício do mando, perde, igualmente todas as manifestações externas deste poder que lhe fora atribuído e mal exercido. Assim se cumpre, ao menos no teatro clássico grego, o destino (*ananke*), no sentido de necessidade, o que tinha de ser – não tão longe do conceito do *maktub*, no sentido do que estava escrito! Ultimamente ou tarda o castigo, ou não mais se pode esperar que a divina justiça venha punir os desmandos que os homens cometam em seu nome.

[304] Alain FINKIELKRAUT, *"L'inutilité du xxᵉ siècle"* ("Le Monde", 15 dezembro 1994, p. 1): "la froide raison des experts cache une abdication devant la force brute". Do mesmo Alain FINKIELKRAUT, v. tb., **L'ingratitude : conversation sur notre temps** (Paris : Gallimard, 1999, esp. iv 'l'impudence des vivants', pp. 133-169, cita Hans JONAS e observa, p. 160) : « la limitation de la liberté par l'objectivation de ses propres actes est un phénomène qui a toujours été présent dans le destin de l'individu et surtout dans l'histoire collective. L'humanité a toujours été déterminée en partie par son propre passé. »

[305] Blaise PASCAL (op. cit., loc. cit.).

Lambert van VELTHUYSEN (1651)[306] pondera que o conhecimento de nossa impotência em evitar certos males e o medo resultante desse conhecimento faz que os homens admitam que exista certa divindade, e esta, de longe superior a nós, mais poderosa, pode afastar o mal. A distribuição das punições e recompensas, considerada entre os homens como coisa mui necessária, leva a crer que haverá julgamento universal, pois acontece a homens muito maus e celerados, de viverem felizes.

Os inconvenientes que todos encontram, em decorrência de violação da lei natural, ensinam a todos que é preciso viver segundo os ditames da lei natural. Mas, se a alma não tivesse conhecimento desses males, pela instrução ou pela experiência, a maioria dos homens ignoraria o que é justo e injusto, pois somente a pequeno número é concedido ir buscar mais longe a origem da justiça e da injustiça, ou penetrar o conhecimento dessas demonstrações que utilizam os filósofos, para demonstrar a existência de Deus.

Os homens chamam 'lei natural' princípios desse gênero, pois nunca a condição do homem – que se considere como pessoa individual ou como parte da sociedade – é tal que não tenha quotidianamente relação com alguma coisa que o obrigue a admitir como justo e eqüitativo o que se diz vulgarmente se produzir segundo mandamento da lei natural. É, com certeza, preciso admitir essa força do hábito, que aparece, aqui como alhures, e que faz os homens julgarem o que é justo ou injusto, sem poderem, o mais das vezes, dar as razões para tal julgamento[307].

De todas essas questões, cabe, sobretudo, ter presente a necessidade de aliar a justiça e a força e em qual grau e qual medida fazer essa combinação. Ai está a grande questão, para todo sistema de regulação da convivência social.

O quadro presente poderia parecer pouco animador, seja internamente como em âmbito internacional. Logo a seguir, pode-se ter melhor dimensionamento para avaliar as coisas, na medida em que se faça a comparação em relação a outros tempos e contextos. Nisso o trabalho intelectual e acadêmico se distingue da ação direta ou da ação política: certo distanciamento. Perde-se impacto sobre a prática, mas tem-se

---

[306] Lambert van VELTHUYSEN, **Des principes du juste et du convenable** (ed. original **Epistolica dissertatio de principiis justi et decori, continens apologiam pro tractatu clarissimi Hobbaei, De Cive**, Amsterdam: Elsevier, 1651; ed. francesa 1680, **Dissertation en forme de lettre sur les principes du juste et du convenable**, traduit et présenté par Catherine SECRETAN, Caen: Centre de Philosophie morale et politique, 1995).

[307] Lambert van VELTHUYSEN (op. cit., ed. cit., xxi 'il n'y a pas dans l'esprit de l'homme d'instincts naturels ou de notions communes qui permettent de distinguer le bien du mal, pp. 87-91, cit. p. 89-90): « Nous reconnaissons que par une propriété de son tempérament, l'homme est enclin à embrasser certaines choses et à en fuir d'autres, dans la mesure où cette propriété le rend apte à faire certaines choses auxquelles il est de lui-même spontanément porté lorsque l'occasion s'en présente. »

perspectiva que vá além do estrito necessário para as próximas eleições. Compara-se para relativizar e ter consciência dos limites da qualidade de implementação.

De um lado, internamente, a justiça sem a força: o crime organizado, mais organizado que nunca, e a justiça parece pouco poder fazer, enredada em procedimentos internos, recursos e averiguações. A polícia, muitas vezes, violenta, pouco equipada e em maior ou menor grau e freqüência, convivendo e conivente com o crime. A justiça presa nos seus formalismos e recursos os mais variados, pouco claros em seu sentido e alcance para o leigo. O crime organizado com requintes de organização: além do cidadão comum, sua vida, sua casa, assaltam-se quartéis[308] e delegacias[309], para levar armamento e mostrar força, mesmo diante das forças ditas da lei!

Externamente, temos a força sem a justiça. A agressão, como esta se define no direito internacional[310] pós-moderno, pelas forças da coalizão, liderada pelos Estados Unidos[311], ao Iraque e a catástrofe lá gerada pela ocupação. Com os defeitos que pudesse ter, ao menos era regime laico e país no qual o terrorismo internacional NÃO tinha assento: tornou-se foco de fundamentalismo e de terroristas de nacionalidades as mais variadas, operando lá dentro e a partir de lá. E vai afundando na guerra civil[312], com tensões irremediáveis entre muçulmanos sunitas, xiitas e curdos.

A lição de PASCAL seria no sentido de se aliar justiça e força, sobretudo quanto à medida para o fazer. Se isso já pode parecer abstrato na ordem interna, ao menos como somos obrigados a vê-la em nosso contexto atual, tanto mais parecerá utópica, em relação ao âmbito internacional[313].

---

[308] Em fevereiro de 2006, na cidade e estado do Rio de Janeiro.

[309] Em abril de 2006, na cidade de Itambé, na Bahia.

[310] W. KOMARNICKI, **La définition de l'agresseur dans le droit international moderne** (RCADI, 1949, t. 75, pp. 1-114).

[311] Paradoxal, sobretudo em se tratando do país que historicamente enfatizava a sua condição de isolamento internacional como característica. E.g., v. G. CHINARD, **Les origines historiques de la doctrine de l'isolement aux États-Unis** (RCADI, 1937, t. 59, pp. 225-316).

[312] Desde H. WEHBERG, **La guerre civile et le droit international** (RCADI, 1938, t. 63, pp. 1-128) a estudos mais recentes, notória a complexidade de intervenção internacional em guerras civis. O exemplo da Guerra civil espanhola mostrou ser explosivo, porquanto foi o prenúncio do enfrentamento generalizado, que viria logo a seguir, na II guerra mundial. Hugh THOMAS, **La guerre d'Espagne juillet 1936 – mars 1939** (édition définitive, (c) 1961, 1965, 1977, trad. de l'anglais par Jacques BROUSSE, Lucien HESS et Christian BOUNAY, Paris : Robert Laffont, 1985).

[313] No momento presente do mundo e dos desmandos deste, fica patente a contradição de país, que mal se sustenta, em relação aos valores, sobre os quais, durante mais de duzentos anos, disser estar erigido e que desmente sistematicamente. São graves as violações ao direito internacional. Além das violações em si, são ainda precedentes periogosos para a existência do sistema. Não são somente as violações do direito internacional; são igualmente graves as traições aos valores internos. Serão essas as bases sobre as quais se construiu uma democracia? Reluta-se ter de admitir a gravidade das contradições, pois destas decorrem as conseqüências.

Interessa-nos ter o parâmetro presente e possível para a ordenação da sociedade internacional e a medida da viabilidade de construção de ordem que possa ser, simultaneamente, eficiente e justa, em relação às necessidades de convivência entre os Estados, sem que estes se tornem fins em si mesmos, mas não esquecem ter caráter estritamente instrumental, em relação ao ser humano, o sujeito por excelência e fim último de toda ordenação da vida em sociedade.

A meta da ordenação da sociedade internacional não pode esquecer nem passar a lugar secundário o ser humano e a humana condição. É a ordenação da vida dos indivíduos, em sociedade, a razão de ser dos Estados, na regulação da convivência entre estes. Muitos autores, em outras épocas, pareceram por a ênfase no príncipe ou no Estado ou ainda no povo, enquanto emanações abstratas, esquecendo o indivíduo: esse erro pode ter sido muitas vezes cometido. Não será a repetição que o haverá de legitimar.

Soberania há de ser o do direito, como defendia H. KRABBE (1906), no que já chamava de concepção moderna do estado (1926)[314]. Direitos há de ter o ser humano, inclusive como sujeito de direito internacional, aponta o *Instituto de direito internacional* na Resolução adotada na sessão de Estrasburgo (1997)[315].

O direito internacional, ainda mais que outros ramos do direito, é atravessado e trabalhado por correntes ideológicas diversas, visões políticas concorrentes, estratégias normativas muitas vezes contraditórias, e a norma jurídica somente se explica plenamente, inclusive nas suas características técnicas, em função de seu objeto, que forçosamente fica colocado "na conjunção entre a ética e o poder" segundo a célebre frase de Georges SCELLE (1933, 1934, 1934, 1936, 1956)[316].

---

[314] Hugo KRABBE, **Die Lehre der Rechtssouveränität** (Groningen: J. B. Wolters, 1906); Hugo KRABBE, **L'idée moderne d'état** (RCADI, 1926, t. 13, pp. 509-584) ; Lawrence KRADER, **Formation of the state** (Englewood Cliffs, N.J.: Prentice Hall, (c) 1968); Robert NOZICK, **Anarchy, state and utopia** (New York: Basic Books, © 1974); P. B. CASELLA, **Fundamentos do direito internacional pós-moderno** (São Paulo: Quartier Latin, 2008, esp. item xvi, 'jurisdição, competência do estado e aplicação do direito internacional').

[315] P. B. CASELLA, **Fundamentos do direito internacional pós-moderno** (São Paulo: Quartier Latin, 2008, esp. item vii, 'eunomia internacional'); IDI, Resolução, adotada na sessão de Estrasburgo, 1997, a respeito do ensino do direito internacional: "les sujets du droit international, y compris l'individu".

[316] Georges SCELLE, **Règles générales du droit de la paix** (RCADI, 1933-IV, t. 46, pp. 327-704) ; Georges SCELLE, **Théorie et pratique de la fonction executive en droit international** (RCADI, 1936-I, t. 55, pp. 87-202) ; Georges SCELLE, **Précis de droit des gens : principes et systématique** (Paris : Sirey, 1934, vol. i, pp. 43, 54-56 e 210 ; vol. ii, pp. 10, 319 ss. e 450) ; Georges SCELLE, *Essai sur les sources formelles du droit international* (in **Recueil d'études sur les sources du droit en l'honneur de François GÉNY**, Paris : Sirey, vol. iii, p. 410 ss.) ; Georges SCELLE, *Le phénomène juridique du dédoublement fonctionnel* (in **Rechtsfragen der internationalen Organisation : Festschrift für Hans WEHBERG**, Frankfurt a.M. : V. Klostermann, 1956, pp. 324-342).

O problema de método se coloca para qualquer um que queira alimentar essa meta-linguagem que é a doutrina jurídica, discurso sobre discurso, comentário sobre objeto, na maior parte do tempo, prosa prescritiva. Assim, segundo P.-M. DUPUY (2002), é preciso saber que lugar atribuir, no campo doutrinal, aos dados do contexto histórico, político, econômico e social, na tentativa de explicação da norma jurídica: alguns, e não poucos, nem dos menos relevantes, escolheram se limitar à estrita análise, empírica, mas muitas vezes rigorosa, dos aspectos formais da análise do fenômeno jurídico, declarando-se convencidos da neutralidade de mecanismo que qualificaram de positivista, sem ter contudo, bem consciência dos fundamentos filosóficos e dos prolongamentos práticos do movimento de idéias, ao qual assim se filiariam[317]:

De primeiro ponto de vista, seja este voluntarista ou normativista, o positivismo entende partir da distinção entre direito real e direito ideal. Quer se ater ao primeiro, pretendendo poder se libertar de qualquer concepção finalista do universo, e fazer abstração de qualquer valor (*Wertfrei*, segundo a expressão de Max WEBER, retomada por KELSEN), desvinculado de qualquer valor, aduzido posteriormente.

De segundo ponto de vista, o positivismo, enquanto teoria, se apóia na idéia segundo a qual o fenômeno jurídico está ligado à formação de poder central, soberano e capaz de exercer a coerção: o estado, e, nessa concepção, só existe ordenamento jurídico engendrado por este. Afasta-se do direito a perquirição do que seja e do modo de assegurar a justiça.

Enfim, o positivismo, enquanto ideologia, expressão que seria imediatamente recusada por muitos positivistas espontâneos, por acreditarem duramente na neutralidade de sua posição doutrinal, se apóia no fato de que existam determinados valores, dos quais o primeiro seria justamente o de atribuir valor positivo, ou diga-se, valor

---

[317] Diz Norberto BOBBIO, ele mesmo positivista, o positivismo seria, simultaneamente, "modo de enfoque do estudo do direito", uma teoria e uma ideologia. V., dentre vários títulos deste, Norberto BOBBIO, **Teoria do ordenamento jurídico** (do original **Teoria dell'ordinamento giuridico** © 1982, apres. Tércio Sampaio FERRAZ Jr., trad. Maria Celeste Cordeiro Leite dos SANTOS, rev. Cláudio de CICCO, Brasília: Ed. UnB, 5ª. ed., 1994, cap. i, 'da norma jurídica ao ordenamento jurídico', pp. 19-35, cit. p. 20): "Uma rápida visão da história do pensamento jurídico nos últimos séculos nos dá uma confirmação do que até aqui afirmamos: do famoso tratado **De legibus ac Deo legislatore** (1612) de Francisco SUAREZ, aos tratados mais recentes de THON e de BINDING, (...) fica claro desde os títulos, que o objeto principal da análise e o verdadeiro elemento primeiro da realidade jurídica é a norma em si. Com isso não se quer dizer que faltasse àquelas obras a análise de alguns problemas característicos de uma teoria do ordenamento jurídico, mas tais problemas vinham misturados a outros e não eram considerados merecedores de uma análise separada e particular. Repetimos que a norma jurídica era a única perspectiva através da qual o direito era estudado, e que o ordenamento jurídico era, no máximo, um conjunto de normas, mas não um objeto autônomo de estudo, com seus problemas particulares e diversos. Para nos exprimirmos com uma metáfora, considerava-se a árvore, mas não a floresta."

objetivo, à norma jurídica, a partir do momento em que esta satisfaça critérios, necessários para a satisfação de sua validade formal[318]. É lei o que como tal pelo estado seja editado; independentemente da legitimidade ou não de seu conteúdo.

A força, como as fraquezas intrínsecas do positivismo, vem do seu pilar central: sua polarização sobre o estado. Sua força, pelo fato de fornecer critério simples para a validade da norma jurídica: é positiva qualquer norma jurídica emanada da vontade do estado. Mas, ao mesmo tempo, a origem histórica e as raízes filosóficas hegelianas desse estatismo revelam, a quem quiser enxergar, a contradição entre a afirmação metodológica da isenção em relação aos valores (*Wertfreiheit*) e a aceitação implícita de qualquer filosofia da história, que permita identificar o estado à razão, e o autoriza desse modo a reabsorver qualquer consideração da legitimidade de ato jurídico, com base tão somente na aferição de sua legalidade.

Para Jean-Paul JACQUÉ (1991)[319], três noções essenciais constituem a base de qualquer reflexão[320]. É necessário, primeiro, do conjunto de elementos, tomados em consideração pelo direito positivo, distinguir os *atos* jurídicos[321] dos *fatos* jurídicos[322].

---

[318] P.-M. DUPUY (op. cit., p. 28) : « Il y a derrière cette position l'idée, à la fois jacobine et hégélienne, que ce qui est établi par l'état, étant legal, est également légitime en soi ; l'on n'a donc pas à se soucier de la conformité d'une telle norme à l'éthique sociale, puisque celle-ci est réalisée par l'état. »

[319] Jean-Paul JACQUÉ, **Acte et norme en droit international public** (RCADI, 1991, t. 227, pp. 357-417).

[320] J.-P. JACQUÉ (op. cit., 1991, cap. i, 'à la recherche des concepts', pp. 372-389, cit. p. 372).

[321] J.-P. JACQUÉ (op. cit., 1991, cap. cit., section ii, 'l'acte juridique', pp. 374-384, cit. pp. 374-375) : « L'acte juridique a souvent été envisagé par la doctrine, notamment normativiste, comme une procédure destinée à créer des effets de droit, voire des normes. Nous préférons employer au stade actuel de notre étude l'expression 'effets de droit', car il nous paraît prématuré d'affirmer que tous les actes juridiques soient normateurs. » A definição procedural tem a grande vantagem de permitir estabelecer distinção entre o *instrumentum*, ou seja, o documento que exprime o acordo, do *negotium*, ou seja o conteúdo do acordo. Na ocasião em que a Comissão do direito internacional trabalhava com a matéria do direito dos tratados (*Yearbook of the International Law Commission*, **Rapport sur le droit des traités**, A/CN.4/32, 1950, vol. ii, par. 30, p. 228) cfr. comentário de BRIERLY : « A certain linguistic difficulty must, therefore, inevitably pervade the framing of rules for the conclusion of treaties. This is especially the case when the term 'treaty' is used primarily to connote the instrument or document embodying a binding agreement rather than the agreement itself ... It is innocous provided that it does not obscure the real nature of treaty, 'which is a legal act or transaction, rather than a document' »; bem como de FITZMAURICE: "Considéré comme texte, le traité est un document plutôt qu'un acte ou une opération juridique." V. *Yearbook of the International Law Commission*, **Rapport sur le droit des traités**, A/CN.4/101, 1956, vol. ii, art. 14, commentaire n. 24.

[322] J. P. JACQUÉ (op. cit., 1991, cap. cit., section i, 'le fait juridique', pp. 372-374), a respeito do *fato jurídico* : « Il existe, en droit international comme en droit interne un certain nombre de situations dans lesquelles se produisent des effets de droit sans que ceux-ci résultent de la volonté d'un sujet de droit international. La survenance d'un événement déclenche l'application d'une norme de droit international alors même que ceux qui sont à l'origine du fait n'auraient pas recherché celle-ci. On parle alors de fait juridique. Telle qu'elle se présente, la catégorie du fait juridique peut apparaître comme une catégorie fourre-tout destinée à regrouper toutes les hypothèses dans lesquelles il y a eu production d'effets de droit sans que cette production ait été voulue. »

A partir dessa distinção, cabe examinar os efeitos produzidos pelo ato jurídico e, especificamente, definir o efeito normativo deste[323].

Os sujeitos de direito fazem muitos *atos de dizer* dos quais somente pequeno número enseja o surgimento de normas: como identificar estes? A partir desta indagação J.-P. JACQUÉ (1991) enumera os modos possíveis de proceder a tal reconhecimento e os elimina sucessivamente. Pela forma que assume o ato? Mas, na medida em que as exigências forma são raras no direito internacional e onde, ademais, nem todos os atos são normativos, o critério formal é insatisfatório. Por meio da norma habilitando os sujeitos a agir? Mas se se trata da norma *pacta sunt servanda*, no que concerne aos tratados, essa norma, com certeza, habilita os sujeitos de direito a criar normas, mas também a atribuir outros objetos ao seu acordo, como a criação de estatuto. Além disso, para aplicar *pacta sunt servanda*, convém determinar se se está em presença de tratado. Assim, se estará de volta ao ponto, de estudar a vontade das partes, a fim de verificar se estas desejaram vincular-se juridicamente. É forçoso reportar-se à estrutura da própria norma. Qualquer norma é modelo de direção de comportamentos dos sujeitos de direito. Contém julgamento de valor, a partir do qual serão apreciados os comportamentos dos sujeitos de direito, a fim de determinar a sua licitude ou ilicitude.

O direito é um sistema de valores, enquanto as ciências exatas procedem de julgamento da realidade: uma lei científica nos ensina que determinado evento se produzirá se determinadas condições são reunidas. Essa lei pode estar certa ou errada. Uma norma nada nos informa sobre a produção de evento futuro. Ela impõe regra de conduta aos seus destinatários, regra de conduta que estes observarão ou não, mesmo que os autores da norma tenham estimado que aqueles a deveriam observar. O comportamento dos destinatários será apreciado com relação aos valores contidos na norma. A especificidade da norma reside, assim, em seu caráter de modelo de conduta.[324]

---

[323] J.-P. JACQUÉ (op. cit., 1991, cap. cit., section iii, 'la norme', pp. 384-389, cit. pp. 384-385) : « KELSEN définissait la norme comme un ensemble de droits et d'obligations, toute obligation dans le chef d'un sujet de droit correspondant à un droit au bénéfice d'un autre sujet. Michel VIRALLY reprenait cette définition dans **La pensée juridique** (Paris : LGDJ, 1960). Il l'atténue dans son article, *Le phénomène juridique* (RDPSP, 1976, pp. 5-64) puisqu'il considère qu'il peut exister des normes imparfaites qui ne contiennent que l'un des éléments parce que le droit n'est pas pourvu de moyens de le mettre en oeuvre ou parce que l'obligation reste, par exemple, une obligation naturelle. / En fait, la vision de l'acte et de la norme a été renouvelée par la théorie des actes de langage. L'acte juridique est un acte de dire, et donner naissance à une norme, c'est d'abord formuler une proposition verbale, soit même, dans certains cas, s'exprimer à travers des gestes (garder le silence, établir une bouée de signalisation en mer). »

[324] J.-P. JACQUÉ (op. cit., 1991, pp. 385-386) : « ce caractère, elle le partage avec d'autres normes. Il convient, donc, vieux problème, d'identifier la specificité de la norme juridique par rapport à la norme sociale ou à la

O caráter obrigatório da norma jurídica provém do fato desta estar vinculada à ordem jurídica, a ordem social, que lhe atribui força. A norma não está isolada, e tira sua validade, e por conseguinte seu caráter obrigatório, de sua inserção em ordem jurídica que pode prever, em caso de violação, as sanções para assegurar o respeito de suas normas. Assim, conclui JACQUÉ: "o significado jurídico da norma não decorre da existência de sistema de sanções. Este sistema de sanções, quando existe, não é senão a tradução da conexão da norma com a ordem jurídica".[325]

Devem-se considerar como normas somente as de caráter geral, e recusar tal caráter às normas, ditas individuais? Norma geral é aquela cujo âmbito de aplicação é definido de maneira abstrata. Pouco importa que seus destinatários sejam identificados, a norma será geral a partir do momento em que se torna aplicável cada vez que as condições previstas para a sua aplicação se achem reunidas. Põe modelo de comportamento suscetível de operar de modo indefinido, enquanto a norma individual somente se torna aplicável depois da entrada em vigor do ato: trata-se do caso típico da norma criada por tratado que organiza prestações recíprocas. Seja como for, a norma, quer se revista de caráter geral ou individual, põe modelo de conduta obrigatório. Não existe, assim, qualquer razão para distingui-las em função de tal caracterização.

Sendo a norma obrigatória, que importância pode ser atribuída à doutrina, segundo a qual haveria normas mais ou menos obrigatórias, essa gradação indo da *soft law* à *hard law*? J.-P. JACQUÉ (1991) critica esse modismo de uso corrente.[326]

Se normas de *soft law* têm a sua importância específica, de caráter político, e podem ter papel a desempenhar no processo de formação de costume, não devem contudo ser consideradas como fazendo parte do direito positivo, enquanto normas jurídicas. Os modelos de comportamento, que não são obrigatórios, não poderiam entrar no campo jurídico, como evidencia o exame dos atos não obrigatórios.

O direito internacional conhece certo número de atos, destituídos de caráter obrigatório,[327] que estipulam, contudo, modelos de comportamento. Daí vem a per-

---

norme morale. »

[325] (op. cit., p. 387).

[326] J.-P. JACQUÉ (op. cit., p. 388-389) : « Il est évident qu'il existe une certaine gradation dans le caractère contraignant des engagements pris par les états, ceux-ci pouvant aller de la simple obligation de prendre en considération la position des autres parties à un traité, jusqu'à des obligations de faire extrêmement précises. »

[327] J. P. JACQUÉ, op. cit., 1991, cap. ii, 'les actes non obligatoires', pp. 390-400, cit. pp. 390-391) : « Comment définir la specificité des modèles de comportement juridiques par rapport aux modèles de comportement moraux ou sociaux et quel serait d'ailleurs l'intérêt du juridique s'il se dissolvait dans un ensemble de normes de valeur diverse. »

gunta a respeito da natureza desses atos e, sobretudo, a respeito do valor das normas que os criam. A primeira resposta poderia ser encontrada estimando que, a partir do momento em que se está em presença de modelo de comportamento, se está em presença de norma jurídica, quer esta seja ou não obrigatória.

A seguir se passa a considerar '*karma*'.

karma

so der Buddhismus den bramahnischen Begriff des *karman*, einer unserem Denken fast unvollziehbaren Vorstellung von einem tätig sich vervollkommenden Sein, das man oft genug ganz materialistisch wie einen in Veränderung begriffenen Welstoff behandelt findet.

Oswald SPENGLER, **Der Untergang des Abendlandes** (1923, ed. 2007)[328]

no hinduísmo e no budismo, lei que afirma a sujeição humana à causalidade moral, de tal forma que toda ação (boa ou má) gera uma reação que retorna com a mesma qualidade e intensidade a quem a realizou, nesta ou em encarnação futura (...) HOUAISS **Dicionário** (2001)[329]

A percepção da necessidade de ordenar a vida de modo consentâneo com a felicidade, e com a criação do bem possível, em torno de nós e para nós mesmos, se põe como necessidade e como possibilidade. A *felicidade* se põe como *necessidade*. O modo de construir isso pode parecer menos claro.

Pode ser necessário reconhecer a relação direta e a herança do que se faça, e do impacto de tudo o que se faça sobre as nossas vidas. Pode-se dar a esse conteúdo o nome de *karma*. Noção complexa e carregada de conceitos religiosos, em diferentes

---

[328] Oswald SPENGLER, **Der Untergang des Abendlandes**: Umrisse einer Morphologie der Weltgeschichte (Originalausgabe, 1923, Düsseldorf: Albatros Verlag, 2007, p. 456).

[329] **Dicionário** HOUAISS da lingua portuguesa (Rio: Objetiva, 1a. ed., 2001, p. 628): "A transformação pode dar-se em direção ao aperfeiçoamento (*mocsa*, o fim do ciclo das reencarnações) ou de forma regressiva (o renascimento como animal, vegetal ou mineral)."

tradições orientais, seria temerário pretender fazer deste versão resumida, para consumo rápido, em contexto ocidental, que não o maneja com familiaridade.

Mas o princípio do que se poderia chamar da causalidade universal é simples e útil. As coisas que fazemos ou em relação às quais nos omitimos, as 'boas' como as 'más' ações darão fruto, cada uma segundo a sua espécie. A interação entre causa e efeito, não somente como encadeamento abstrato, mas com efeitos diretos sobre as nossas vidas.

As receitas são muitas. Algumas das quais bastante simples. Na simplicidade poderá estar grau adicional de *sabedoria:* torna-se, então, *despojamento.*

Nossa Cora CORALINA (1889-1985)[330] põe a vida de modo tão simples quanto cativante. Vai além das contingências dos fatos de sua vida – o tempo, o lugar e a condição – para aceder à sabedoria de contemplar a vida, como todo e manter o olhar um tanto mais adiante e acima dessas pequenas grandes coisas do dia-a-dia, mas que fazem o contexto da vida de cada um.

Não se trata, em Cora CORALINA de aceitação carregada de sofrimento, mas de *resignação*, que chega a ter certa dose de leveza e de bom humor. Aceitam-se as circunstâncias da vida, como ela é, sem se amargurar, sem angústia, pelos modos diversos que a vida poderia oferecer.

Vive-se, com *simplicidade* e com *despojamento*, com a naturalidade de quem respira: "a vida é boa e nós podemos fazê-la sempre melhor".[331] Ou ainda: "o que vale na vida não é o ponto de partida, e sim a caminhada".[332]

Pode parecer simples, mas não é fácil alcançar esse grau de despojamento que mostra a nossa poeta-doceira: "não é o poeta que cria a poesia. E sim, a poesia que condiciona o poeta".[333]

O grau de *aceitação* da vida, que a torna benção, mesmo sem esquecer, ou, antes, justamente, por integrar ao conjunto toda a gama das coisas – algumas

---

[330] Cora CORALINA, nascida Ana Lins dos Guimarães Peixoto BRETAS.

[331] Cora CORALINA, *Recados de Aninha - II* (in **Vintém de cobre: meias confissões de Aninha** São Paulo: Global, 2001, pp. 167-168).

[332] Cora CORALINA, *Meu melhor livro de leitura* (op. cit., 2001, pp. 45-46) e conclui: "Caminhando e semeando, no fim terás o que colher."

[333] Cora CORALINA, *O poeta e a poesia* (op. cit., 2001, pp. 214-216), mas, neste mesmo poema, não deixa de ver e de apontar as sombras de cada vida: "Há sempre uma hora maldita na vida de um homem. / Pode levá-lo ao crime e às paredes sombrias de uma cela escura. / Um curto-circuito nas suas baterias carregadas, / uma descarga nas linhas de transmissão potencial. / Daí, fatos aberrantes que surpreendem. / Conclusões demolidoras de um passado brilhante."

aparentemente tão simples: "tu encontrarás sempre no teu caminho / alguém para a lição de que precisas. / Aprende, mesmo que não queiras".[334]

Dentre as coisas, aparentemente tão simples, comovente o relato de um biscoito, compartilhado entre a avó e a neta, mas que representou tanto, em termos de acolhimento, de carinho, de presença humana, de sobriedade, de capacidade de fazer mesmo bens escassos se mostrarem multiplicados, a tal ponto de meio biscoito ser uma lembrança alegre da vida. Décadas depois, já velhinha, Cora se lembra de ter recebido de sua avó, quando menina.

Cada um de nós pode ter algo parecido com esse meio biscoito de lembrança preciosa, a ser conservada com carinho: sinal de humanidade, de humildade, de compartilhamento, de comunhão com a vida e entre os seres, de laço de amor, de cumplicidade, e de relação de família. Descubra e preserve esse dado.

Outra imagem marcante é a do vintém de cobre: "os abençoados vinténs, tão valedores, indispensáveis",[335] onde "me faltando sempre o vintém da infância, bem por isso / mandei fazer um broche de um vintém de cobre / e preguei no meu vestido, do lado do coração".[336]

Tudo pode ser encantado. Quando se volta o olhar certo para as coisas: "procura sempre a alma oculta do teu computador. / Ele é uma criação maravilhosa da inteligência humana. / Um dia tua sensibilidade a encontrará".[337]

Tenha, também, consciência do eterno encadeamento das coisas e da necessidade de tratar de modo adequado a vida, a sua própria, como as dos seres em torno de cada um de nós. Esse conjunto é rico e delicado, e merece ser conservado, em seu equilíbrio, em muitas vertentes e em relação a muitas coisas na vida e da vida[338].

Em outra linha, ainda na tradição brasileira, Raimundo FARIAS BRITO (1862-1917)[339] mereceria ser lembrado. Sobretudo seu livro sobre **a verdade como**

---

[334] Cora CORALINA, *Aprende ...* (op. cit., 2001, pp. 223-224).

[335] Cora CORALINA, *Moinho do tempo* (op. cit., 2001, pp. 31-37).

[336] Cora CORALINA, *Moinho do tempo* (op. cit., 2001, pp. 31-37, cit. p. 35).

[337] Cora CORALINA, *Para o meu visitante Eduardo MELCHER Filho* (op. cit., 2001, pp. 231-232).

[338] V. tb. ensaio 'nada em excesso'.

[339] R. FARIAS BRITO, **O mundo interior**: ensaio sobre os dados gerais da filosofia do espírito (1ª. ed., 1914, 2ª. ed., 1951, 3ª. ed., Brasília: Senado Federal, 2006); R. FARIAS BRITO, **A base física do espírito** (1ª. ed., 1912, 2ª. ed., 1953, 3ª. ed., Brasília: Senado Federal, 2006); R. FARIAS BRITO, **Finalidade do mundo**: estudo de filosofia e teleologia naturalista (Parte I: a filosofia como atividade permanente do espírito humano, 1ª. ed., 1894, 2ª. ed., 1957, 3ª. ed. Brasília: Senado Federal, 2006; Parte II: a filosofia moderna, 1ª. ed., 1899, 2ª. ed., 1957, 3ª. ed., 2006; Parte III: o mundo como atividade intelectual, 1ª. ed., 1905, 2ª. ed., 1957, 3ª. ed., 2006); R. FARIAS BRITO, **Inéditos e dispersos** ("notas e variações sobre assuntos diversos", compilação de Carlos Lopes de MATOS, São Paulo: Grijalbo, 1966).

regras das ações: ensaio de filosofia moral como introdução ao estudo do direito (1905, nova ed., 2006)[340] pode ter utilidade direta para estudantes de direito.

Mas, aqui, cabe considerar R. FARIAS BRITO em relação ao tema. No ensaio sobre **o mundo interior** (1914, nova ed., 2006)[341]: "quem primeiro estabeleceu positivamente o primado da vontade na consciência foi SCHOPENHAUER. E este reconhece a gravidade de tal solução, tanto assim que, tomando esta atitude, reconhece e confessa, ele próprio (...) que se coloca em posição única na história do pensamento. E assim é, de fato, porque sempre se entendeu, pelo ser verdadeiro do homem, o conhecimento consciente, a inteligência, jamais a vontade. É esta uma verdade conhecida desde os filósofos indianos e, claramente, positivamente formulado desde ANAXÁGORAS, verdade que se resolve no seguinte: o espírito, o ser verdadeiro do homem, é a inteligência, o *nous*, a energia pensante. E tal é a crença comum e a fé tradicional do gênero humano".[342]

Pode ser igualmente considerado como modalidade da filosofia da vontade o sistema de NIETZSCHE (filosofia do super-homem, vontade de poder), e o sistema de Ernest SEILLIÈRE (filosofia do imperialismo, vontade de domínio)[343]. Aponta FARIAS BRITO, a seguir, "a vontade como conceito negativo", como "sinal de imperfeição".[344] Para chegar à afirmação do "conhecimento puro ou a contemplação

---

[340] R. FARIAS BRITO, **A verdade como regras das ações**: ensaio de filosofia moral como introdução ao estudo do direito (1ª. ed., Belém do Pará: Tavares e Cardoso & Cia. / Livraria Universal, 1905; 2ª. ed., Rio: INL: 1953; 3ª. ed., Brasília: Senado Federal, 2006, LXIV + 156 p.)

[341] R. FARIAS BRITO (op. cit., 1914, ed. cit., 2006, '81- preponderância do conceito da vontade na filosofia contemporânea', pp. 395-399).

[342] R. FARIAS BRITO (op. cit., 1914, ed. cit., 2006, p. 396): "SCHOPENHAUER, entretanto, chama a isto velho erro fundamental, enorme *proton pseudos*, fundamental *ysteron proteron*, que deve ser banido do domínio filosófico. E faz da vontade a cousa em si, o núcleo, o coração de toda a existência. Conhecem-se os argumentos em que se funda para estabelecer essa conclusão e seria escusado reproduzi-los aqui. SCHOPENHAUER reconhece que é a inteligência que conhece, e assim, considerada em relação à inteligência, a vontade é cega. Mas é o cego vigoroso que leva sobre as espaldas o paralítico que vê claro. Isto significa que a soberania que se proclama é a da força, não a da vontade. Também toda a argumentação desenvolvida pelo filósofo do *mundo como vontade e como representação* deriva daí. A vontade é a energia que age, e a inteligência é apenas um instrumento de que esta energia se serve para agir. Ou como diz o próprio SCHOPENHAUER: o intelecto fornece a música, mas é a vontade quem faz a dança. E se é certo que o intelecto fornece motivos à ação, também é certo que não entra 'no laboratório secreto onde se preparam as resoluções': o que tudo quer dizer que é a vontade que constitui nossa essência mais íntima, nosso ser verdadeiro, e tudo, pois deve estar a ela rigorosamente subordinado, na vida do corpo, como na vida do pensamento; e todas as nossas ações e paixões, como todas as nossas concepções e idéias, devem ser compreendidas como fenômenos da vontade."

[343] R. FARIAS BRITO (op. cit., 1914, ed. cit., 2006, '82 – a filosofia do imperialismo: Ernest SEILLIÈRE', pp. 399-401).

[344] R. FARIAS BRITO (op. cit., 1914, ed. cit., 2006, '83 – a vontade como conceito negativo', pp. 401-402; '84 –

pura como condição da libertação": "é quando se eleva à idéia do conhecimento e da pura contemplação como condição suprema para a libertação deste mundo de dor e de miséria em que a vontade nos introduz que SCHOPENHAUER mais se mostra contrário à sua própria filosofia. Parece-nos então que estamos em pleno domínio do idealismo indiano. Envolve-nos uma como nuvem fantástica. E uma figura estranha aparece falando uma língua desconhecida. É como se surgisse das sombras do ignoto, envolta num manto de impenetrável mistério, a figura mesma do BUDA, pregando a libertação da dor ...".[345]

"Os que chegaram a esta situação alcançaram a grande vitória. Mas esta vitória é a do nada, porque é, sim, a cessação de toda a dor, de toda a ansiedade, mas também a cessação de toda a vontade, de todo o desejo; logo, de todo o ser. Mas é aí que SCHOPENHAUER coloca o ser verdadeiro, o ser permanente e eterno".[346]

Em seguida, FARIAS BRITO apontará a "questão do método: significação e valor da introspecção".[347] Para nesta enfatizar: "a observação interior é, sem dúvida, difícil, com certeza mais difícil que a observação externa. Nesta última, aplica-se o critério do peso e da medida, submete-se a um cálculo preciso o resultado da observação, faz-se a verificação material dos fatos. Nada disso é possível na observação interior. Aqui os fatos com que se joga são indeterminados e vagos, intangíveis e ocultos. Não há uma forma exterior que se possa, por qualquer modo, apreender, nem sucessão regular que se resolva em leis invariáveis e certas, à semelhança das leis naturais, objetivas. E se é permitido falar aí de leis no sentido das leis naturais é somente por analogia e, em rigor, em sentido metafórico".[348]

---

a vontade como poder: notas e esclarecimentos', pp. 402-405; '85 – a vontade como sinal de imperfeição', pp. 405-410, e '86 – a vontade como fenômeno de inteligência', pp. 410-412).

[345] R. FARIAS BRITO (op. cit., 1914, ed. cit., 2006, '87 – o conhecimento ou a contemplação pura como condição da libertação', pp. 412-415): "Mas por que meio? É a pergunta que imediatamente se impõe. E a resposta não se faz demorar: pelo conhecimento da verdade, ou melhor pela supressão de todo o desejo, de toda a inclinação, de toda a vontade ... É efetivamente o que ensinava o BUDA. E é o que ensina SCHOPENHAUER."

[346] R. FARIAS BRITO (op. cit., 1914, nova ed., 2006, p. 414): "É assim que diz: 'Nós outros, nós vamos atrevidamente até o fim: para aqueles a quem a vontade ainda anima, o que resta depois da supressão da vontade, é efetivamente o nada. Mas, para aqueles que converteram e aboliram a vontade, é nosso mundo atual, este mundo tão real, com todos os seus sóis e todas as suas vias lácteas, que é o nada'."

[347] R. FARIAS BRITO (op. cit., 1914, ed. cit., 2006, '89 – a questão do método: significação e valor da introspecção', pp. 420-434).

[348] R. FARIAS BRITO (op. cit., par. cit., p. 424): "E do mundo exterior, para o mundo subjetivo, do mundo da pura fenomenalidade para o mundo da 'cousa em si' e da consciência, há uma distinção radical, absoluta, por tal modo que é absolutamente impossível reduzir uma coisa a outra: é que no mundo exterior tudo está subordinado à mais absoluta necessidade, ao passo que no mundo subjetivo domina a liberdade."

Desse modo, "a existência universal tem duas formas fundamentais: uma forma objetiva, e nesse sentido é a realidade exterior, o mundo da natureza e dos corpos; e uma forma subjetiva, e neste sentido é a consciência, o ser sensível e pensante, ou, numa palavra, o espírito".[349]

Conclui FARIAS BRITO: "as forças vivas desenvolvidas pelo espírito, na história e a ação destas forças sobre a marcha e o progresso das sociedades são fatos suscetíveis de observação exterior, fatos reais e concretos. Mas como estes fatos se ligam ao espírito e são precisamente criações do espírito, resulta daí que, conquanto possam ser observados exteriormente em seus efeitos objetivos, todavia só podem ser detidamente apreciados em face dos nossos próprios estados d'alma; quer dizer, sendo consideradas à luz das operações de nossa atividade psíquica e através do espelho de nossa própria consciência".[350]

Dessa forma, em lugar da contraposição entre a vontade e a inteligência, cabe considerar não o mundo todo, mas a nossa capacidade de interação com este. E esta pode ser caminho de crescimento interior e humano, como fonte de tanto sofrimento. E esta pode ser a lição: perceba o mundo, mas perceba a si próprio. Veja como se situar e de que modo pode interagir com o mundo.

Este pode ser caminho de sabedoria. A lição seria, assim: vá com *karma*!

A seguir se passa a considerar 'ler e aprender'. E isto se refere 'no contexto da pós-modernidade jurídica'.

---

[349] R. FARIAS BRITO (op. cit., par. cit., pp. 428-429): "Como realidade subjetiva, a existência consiste em sentir e pensar, perceber e conhecer; é o princípio mesmo do sentimento e do conhecimento, da percepção e da ação; é como uma concentração e penetração contínua; uma energia viva, e sempre ativa: luz interior que irradia do coração mesmo da existência e está por isto em contato imediato com a mais alta verdade e tem por lei suprema o amor."

[350] R. FARIAS BRITO (op. cit., par. cit., p. 434): "a verdade fundamental, a verdade que é o centro de todo o trabalho do espírito e o princípio mesmo do método é ainda e será talvez sempre a que se encerra no velho preceito socrático: *conhece-te a ti mesmo*."

Ler e aprender
No contexto da pós-modernidade jurídica

> Lire, c'est d'abord s'arracher à soi-même, et à son monde.
> D. SALLENAVE, **Le don des mots** (1991)[351]

> humanity lies beyond rational investigation.
> D. G. JAMES, **The dream of learning** (1951)[352]

O direito pressupõe comunicação. A comunicação pressupõe a existência e a utilização de linguagem, que permita a interação entre os agentes, em sociedade. Todos esses dados se inscrevem em contexto cultural, social, histórico e geográfico determinados, e tem de ser estudados e compreendidos, no meio, no qual se criam, se inscrevem, e operam[353]. Desse modo, a compreensão se põe como necessidade para qualquer profissional do direito, para caminhar entre os dados técnicos do sistema legal, sem nestes se perder, nem tampouco esquecer o que é, como é, e como deve operar o direito.

A compreensão pressupõe que se possa captar o que os outros exprimem e que possamos nos fazer compreender pelos demais. A compreensão, no direito, é indispensável para entender o que se formou e chegou até nós, enquanto conjunto

---

[351] D. SALLENAVE, **Le don des mots** (Paris : Gallimard, 1991) : « il n'est plus possible d'être au monde sans le secours des livres » (...) « dans la littérature, l'essence se découvre d'un coup, elle est donnée avec sa vérité, dans sa vérité, comme la vérité même de l'ordre qui se dévoile ».

[352] D. G. JAMES, **The dream of learning**: an essay on The advancement of learning, Hamlet and King Lear (Oxford: at the Clarendon Press, 1951, p. 9).

[353] V. também os ensaios 'sociologia para principiantes – na perspectiva do direito' e 'direito como dado da vida em sociedade'.

de princípios e regras, com os indispensáveis mecanismos de implementação, bem como para que possamos nos fazer entender, no que cada um diz.[354]

Para compreender e para se fazer compreender é preciso saber manejar a linguagem (enquanto veículo) e as idéias (enquanto conteúdo). Ambas as dimensões caminham juntas e tem de ser captadas, como facetas da atividade mais essencialmente humana, que é a cultura[355]. Aí se inscrevem os *valores e dados culturais*, cujo papel já destacava B. CROCE (1926)[356], como critérios, completaria, para se buscar *a ordenação teleologicamente humana do mundo.*[357]

O trabalho intelectual, como, ademais, tantas outras coisas na vida, pode e deve ser prazeiroso: afinal deve ser feito com competência e com amor, como aponta J. DOLINGER (1994)[358]: "tentarei examinar se há ligação entre o ordenamento jurídico da sociedade e o sentimento mais íntimo e mais complexo que vai na alma humana, este misterioso fenômeno, capaz de elevar o ser humano às maiores alturas mas também com o poder de reduzi-lo à mais abjeta miséria emocional e psicológica".[359] Tanto mais porque: "a força do amor, sua capacidade de alterar a natureza do ser humano, de transformar o covarde no herói, este poder se expande por todas as manifestações do ser, por todas as facetas de nossa personalidade, metamorfoseando o egoísta no altruísta, o cruel no bondoso, o violento no afável, o perseguidor no defensor, o torturador no consolador, o carrasco no médico, quiçá a morte na vida. Ninguém outro que FREUD escreveu que o amor age como fator civilizador, transformando o egoísmo no altruísmo, efeito que se produz não só na vida individual como também na humanidade".[360]

---

[354] Por isso a advertência de Eric HOBSBAWN, na sua autobiografia, **Tempos interessantes: uma vida no século xx** (do original **Interesting times: a twentieth-century life**, © 2002, trad. S. DUARTE, São Paulo: Cia. das Letras, 2002, cit. p. 12), quanto à necessidade, para quem trabalha com história, ou, em geral, com as ciências sociais, quanto a estar ao mesmo tempo dentro da própria pele e fora dela.

[355] Cultura e história são dados para estudo e compreensão do direito, na medida em que a pós-modernidade integra perspectivas interdisciplinares, para agregar elementos visando à compreensão dos fenômenos humanos: é preciso estudar e tratar todo o direito, e especificamente o direito internacional, como parte de fenômenos mais amplos, com relação direta e necessária ao tempo e cultura no qual se inscrevem e do qual derivam. Enquanto parte do conjunto das criações humanas, no contexto das relações humanas se inserem e tem de ser situados.

[356] Benedetto CROCE, **Cultura e vitamorale** (Bari: Laterza, 2ª. ed., 1926).

[357] V. tb. ensaio '*ordenação teleologicamente humana do mundo*'.

[358] Jacob DOLINGER, *O direito e o amor* ("aula inaugural na Faculdade de direito da U.E.R.J., proferida em 24.03.1994", Rio: Revista da Faculdade de direito / Universidade do estado do rio de janeiro, "edição comemorativa dos 60 anos", 1994, n. 2, 1-465, pp. 233-245).

[359] J. DOLINGER (conf. cit., 1994, p. 234).

[360] Sigmund FREUD, **Psicologia de grupo e análise do ego** (do original **Massenpsychologie und Ich-**

Quem não tenha vocação nem se sinta disposto, pode ir fazer outras coisas na vida. Causa estranhamento ver, freqüentemente, insertos em publicações, os lamentos, feitos pelo autor, em relação ao tempo e esforços dispendidos, na preparação de seu trabalho. Pouco sentido fazem tais frases: antes fosse tal tempo dedicado a outros afazeres: se tão penoso, por que não ir fazer outras coisas na vida? Vocação intelectual[361], como ademais qualquer outra vocação, daí o nome desta, *vocare*, no sentido de chamado, atender à vocação significa responder a anseio, e a isso ninguém se pode obrigar.[362]

Analyse, 1921, edição Standard brasileira das obras psicológicas completas de Sigmund FREUD, com os comentários e notas de James STRACHEY, em colab. com Anna FREUD et al., trad. do alemão e do inglês, sob a direção geral e rev. técnica de Jayme SALOMÃO, trad. de Christiano Monteiro OITICICA, rev. Carlos Alberto PAVANELLI, Rio: Imago, © 1969, 1ª ed., 1976, vol. xviii, pp. 87-189).

[361] Entre humildade e exibicionismo, confesse-se o estranhamento em relação às lamúrias, às vezes rituais, nos livros e trabalhos acadêmicos, onde os autores, tantas vezes, quase parecem desculpar-se por terem incorrido em vícios ocultos, os quais vêm, naquele momento e com certo constrangimento, confessar, desculpando-se perante a família e os pares, pelas falhas e limites do que tentaram e pelo tempo de convívio e presença roubados.

Indispensável assegurar patamar de igualdade de direito e de oportunidade, mas pessoas têm vocações e dotes distintos. Querer negar a iniqüidade de tais diferenças seria odioso. Mas estas não se resolvem por 'decreto'. Isso é oportunismo político-partidário. Nem todos podem ser atletas profissionais, nem instrumentistas ou regentes de orquestras, ou professores universitários.

Contraponto saudável pode ser buscado em Vladimir JANKÉLÉVITCH, **Philosophie première** (Paris: PUF, 1954) esp. pela excelente distinção entre a aparência (*to fainomenon*), a essência (*to on*) e o itinerário (*to odós*). Sem passar pela bajulação (*molaméia*). Do mesmo Vladimir JANKÉLÉVITCH, **Le sérieux de l'intention** (Paris: Flammarion, © 1983, impr. 1983) e tantos outros. Vladimir JANKÉLÉVITCH, **La mauvaise conscience** (© 1966, ed. Montaigne, Paris: Aubier-Montaigne, 1981, ch. premier, 'la demi-conscience', pp. 7-47, cit. p. 7) : « La mauvaise conscience est rare ; si rare qu'elle est, en somme, à peine une expérience psychologique ; la mauvaise conscience est plutôt une limite métempirique, et le conscientieux n'atteint cette limite que dans la tangence de l'instant, tangence aussitôt interrompue par la complaisance de la bonne conscience. C'est pourquoi la crise aiguë du remords est inséparable de la tension tragique. En dehors de Boris Godounov et de Macbeth, tout le monde a en général bonne conscience. Personne ne se reconnaît des torts, cela est assez connu, ni ne s'estime le moins du monde coupable ; chacun est convaincu de son bon droit, et de l'injustice des autres à son égard. Méchants ou non, les égoïstes sont en général bien contents, très satisfaits de ce qu'ils font, et ils jouissent le plus souvent d'un excellent sommeil ; ils ne regrettent jamais leurs mesquineries ... Malgré son caractère ambigu, la mauvaise conscience, conscience honteuse d'elle même, est une exaltation de la conscience en général. La conscience n'est autre chose que l'esprit. »

[362] Não obstante estarmos em tempos de fazer crer que as coisas se podem resolver por decreto, a atividade intelectual tem sua disciplina e seus parâmetros. E estes não se improvisam. Karl POPPER, **A lógica da pesquisa científica** (trad. Leônidas HEGENBERG e Octanny Silveira da MOTTA, São Paulo: Cultrix / Edusp, 1975). Como advertia Lúcio COSTA, **Arquitetura** (Rio: José Olympio, ed. original 1980, © Associação Casa de Lúcio COSTA, 2002, cit. pp. 89-90): "Surto propiciado pela sedimentação da cultura e conseqüente tendência à especulação intelectual, e finalmente despertar da consciência cívica."

Se não for feito com amor, o trabalho intelectual, como a cozinha, se ressentirá de tais carências, em seus resultados. Se não foi feito por livre escolha, dificilmente poderá ter bom resultado.

Que tenha sido bem vivido e bem visto. Que possa ser útil para quem se detenha a ler o resultado. Que possa ser estabelecido o diálogo, e mesmo sem haver concordância em relação a todos os pontos, que se tenha a apresentação válida de tese, na qual foram empenhados anos de esforço direto e se inscreve em perspectiva de trabalho e de dedicação ao direito.

A criação intelectual, como toda criação humana, mostra, no resultado, o percurso do que foi feito. E se ressente disso. É preciso saber seguir as "regras da arte", como aponta P. BOURDIEU (1992)[363]: "é legítimo autorizar-se que a experiência do inefável, sem dúvida consubstancial à experiência amorosa, para fazer do amor como abandono maravilhado à obra captada na sua singularidade inexprimível a única forma de conhecimento que convenha à obra de arte".[364]

Ler e aprender pode inscrever-se dentre as experiências humanas mais inefável e mais essencialmente humana que se possa viver e conceber. Mas, como todas as demais, pode e deve ser conduzida com discernimento.

Se a atenção ao sensível convém perfeitamente quando esta se aplica ao texto, esta acarreta a perda do essencial quando se foca no mundo social, no qual foi produzido, e perde de vista o texto e o propósito deste, enquanto criação. Por isso, ler e aprender são colocados lado a lado, como dados interagentes, que não se reduzem a si mesmos, mas se compõem como conjunto dinâmico, onde se construa o sentido, a partir dos conteúdos específicos de cada texto, mas, depois, se possa aplicar essa compreensão alcançada *no* texto e *do* texto, para o aperfeiçoamento do agente, ou sujeito cognoscente, mediante o aprendizado. Daí, ler *e* aprender.

Enfatiza Max WEBER a provisoriedade de qualquer análise que não vá buscar as fontes: a dependência, em relação a traduções e relatos indiretos, compromete a abrangência e a qualidade de qualquer avaliação[365]. Afirma M. WEBER: "somente

[363] Pierre BOURDIEU, **Les règles de l'art** (Paris: Seuil, 1992).

[364] P. BOURDIEU (op. cit., 1992, pp. 11-12).

[365] WEBER, Max, **Die protestantische Ehtik und der Geist des Kapitalismus** (Erftstadt: Area Verlag, 2005, ,Vorbemerkung', pp. 7-24, cit. pp. 21-22): „Es ist ja ganz klar, dass jemand, der auf die Benützung von Übersetzungen und im übrigen darauf angewiesen ist, über die Art der Benützung und Bewertung der monumentalen, dokumentarischen oder literarischen Quellen sich in der häufig sehr kontroversen Fachliteratur zu orientieren, die er seinerseits in ihrem Wert nicht selbständig beurteilen kann, allen Grund hat, über den Wert seiner Leistung sehr bescheiden zu denken. Und so mehr, als das Mass der vorliegenden

ao especialista cabe fazer juízos definitivos". Convém ser lembrada a necessidade de zelar pela qualidade das conclusões, determinada pela qualidade do acesso às fontes!

Isso se põe em qualquer ramo do conhecimento. Tanto mais no direito, onde é crucial a distinção entre fontes primárias e secundárias. As primeiras seriam a expressão do que é o direito, enquanto as segundas exprimiriam comentários: são 'notas de rodapé', a respeito de como aquele determinado autor, ou conjunto deles, vê e compreende o direito. As primeiras têm conteúdo *normativo*, enquanto as segundas são *glosas*.

À luz do tempo histórico e do contexto cultural presentes determinam-se quais podem ser e como podem ser os fundamentos do direito. Entre a memória, a história e o esquecimento, como advertia Paul RICOEUR[366]. No tempo (histórico) e no meio (cultural), nos quais se forma o direito, e opera o sistema internacional pós-moderno, e em relação aos dados com os quais terá de atuar. Pode o direito durar na medida em que se faça no tempo e no contexto nos quais se inscreve sem ser totalmente do tempo e do contexto no qual surja e se faça, como adverte P.-M. DUPUY (2002)[367]. Como toda obra humana, aliás, dentro de condições humanamente possíveis.

A construção de formas de vida se faz à escala humana. As mutações, inclusive da ordem internacional, por meio das sociedades como conjuntos dinâmicos, enfatiza Karl ZEMANEK (1997 e 1995)[368], não se farão pela ação dos aparatos estatais

---

Übersetzungen wirklichen ,Quellen' (d.h. von Inschriften und Urkunden) teilweise (besonders für China) noch sehr klein ist im Verhältnis zu dem, was vorhanden und wichtig ist. Aus alledem folgt der vollkommen *provisorische* Charakter dieser Aufsätze, insbesondere der auf Asien sich beziehenden Teile. Nur den Fachmännern steht ein endgültiges Urteil zu."

[366] Paul RICOEUR, no seu maduro e abrangente livro, **La mémoire, l'histoire, l'oubli** (Paris : Seuil, 2000, cit. p. I) ressalta a preocupação pública com « l'inquiétant spectacle que donnent le trop de mémoire ici, le trop d'oubli ailleurs, pour ne rien dire de l'influence des commémorations et des abus de mémoire – et d'oubli. L'idée d'une politique de la juste mémoire est à cet égard un de mes thèmes civiques avoués. »

[367] Pierre-Marie DUPUY, **L'unité de l'ordre juridique international: cours général de droit international public** (RCADI, 2002, t. 297, pp. 9-490, cit. p. 301) : « Dans l'ordre juridique international, la différence avec le rythme et, peut-être, l'ampleur des changements juridiques opérés dans les ordres internes vient du fait que les états, tout en ayant eux-mêmes introduit l'impératif à la fin des années soixante du xx.e siècle, opposeront sans doute encore longtemps de puissantes résistances à l'affermissment d'une hiérarchie normative substantielle ; selon la conjoncture et l'analyse que leurs gouvernements se font de l'intérêt national, ils en proclament solenellement la prééminence ou en refusent au contraire les conséquences sinon la réalité ou cherchent à en déplacer le centre de gravité. Affrontements idéologiques et stratégiques dont le droit n'enregistre les fluctuations le plus souvent qu'avec retard, parfois aussi, mais c'est l'affaire de juges, précisément, avec, tout au contraire, un certain sens de l'anticipation. »

[368] Karl ZEMANEK, **The legal foundations of the international system: general course on public international law** (RCADI, 1997, t. 266, pp. 9-336, 'valediction', p. 335) exclama: "the peculiar organization of the

tradicionais, nem somente pela obra e ação de indivíduos, mas as forças da história nem sempre estão claramente apontadas, nem terão as suas ações determinadas por rumos transcendentes.[369]

Mutações do contexto internacional podem parecer igualmente surpreendentes, não somente para estados[370], mas igualmente para os indivíduos, como se considera, na perspectiva do direito no contexto pós-moderno, no curso do processo de ler e aprender, como manejo das ferramentas para o ser humano, primeiro, e especificamente do profissional do direito.

Os instrumentos de pressão – desencadeadores de revoluções – podem, muitas vezes, ser bastante prosaicos![371] Como mostra a Revolução francesa, ensejando até hoje indagações sobre o seu conteúdo e seus desdobramentos, inclusive para o direi-

---

international system exposes it to a higher degree of politicization than the existing in a modern state under the rule of law. The prevalence of individual state interests over the common interest was apparent in every aspect of the system examined in the course and is responsible for the widening gap between social necessities and the system's response. / Can this be changed and will it ever change? One thing is clear: the initiative will not come from traditional governmental machineries. Dynamism and development, if they are to come, must be generated through the activity of citizens, who form groups to put pressure on their own governments and organize in international NGOs for acting on the global stage, as the relative progress in the field of human rights or environmental protection demonstrates. The extension and deepening of the international order becomes thus the concern of each and every one of us."

[369] Karl ZEMANEK, a respeito da adoção do estatuto de neutralidade pela Áustria, na conferência *Österreichs Neutralität und die GASP* („Vortrag vor dem Europa-Institut der Universität des Saarlandes, Saarbrücken, den 17. Januar 1995", Vorträge, Reden u. Berichte aus dem Europa-Institut – Sektion Rechtswissenschaft, vol. 315, pp. 1-20).

[370] Pierre VILLARD, *État, nation, région: observations sur l'unité des états européens depuis deux siècles* („Vortrag vor dem Europa-Institut der Universität des Saarlandes, Saarbrücken, den 14. Dezember 1993", Vorträge, Reden u. Berichte aus dem Europa-Institut – Sektion Rechtswissenschaft, vol. 305, pp. 1-12).

[371] Como mostra a experiência da Revolução francesa, de 1789 a 1799, não foi a ação dos enciclopedistas, como DIDEROT e D'ALEMBERT, nem tampouco de VOLTAIRE, que chegaram ao povo, e o insuflaram a reagir, do modo como este pouco depois derrotaria o absolutismo do antigo regime, mas obras menores, muitos folhetos escandalosos, recheados de acusações de corrupção sexual e moral, envolvendo a rainha MARIA ANTONIETA e o rei LUIS XVI, e a respeito dos nobres que sugavam sem remorso o sangue dos camponeses. Robert DARNTON, **The forbidden best-sellers of pre-revolutionary France** (New York / London: W. W. Norton, 1996, 'introduction', pp. xvii-xxiii, cit. p. xvii): "The big questions in history often seem unmanageable. What causes revolutions? Why do value systems change? How does public opinion influence events ?" Gerard WALTER, **La révolution française vue par sés journaux** (Paris: Tardy, 1948, 'avant-propos', pp. 7-12, cit. p. 7), analisa a questão, nesse livro, depois de ter passado tempo considerável, tendo estudado e catalogado cerca de mil publicações periódicas dos anos 1789-1799: "après avoir procédé au dépouillement d'environ un millier de publications périodiques des années 1789-1799, cf. mon **Catalogue des journaux révolutionnaires**, à la Bibliothèque nationale, d'en extraire un certain nombre de témoignages susceptibles d'éclairer les faits et les gestes révolutionnaires, et restés, pour la plupart, presque totalement ignorés jusqu'ici. Ces témoignages qui, pris sur le vif, reflètent les réactions directes et immédiates des témoins oculaires, sont pour l'historien d'une inestimable valeur, et pour tout lecteur, tant soit peu attaché aux choses de la Révolution, d'un puissant intérêt."

to, na linha de B. MIRKINE-GUETZÉVITCH (1928), V. D. DEGAN (1989)[372] e R.-J. DUPUY (1989)[373].

Como se poderá construir o direito que permita superar a crise da pós-modernidade? Em primeiro lugar, não destruir o que já se construiu e nos legou o passado[374]; aqui e agora poder não fazer que a vida nos seja a todos o menos miserável possível; em seguida, preservar algo para o futuro. Dedicação e humildade, para tentar construir algo útil.

Cumpre, assim, desde logo, caracterizar o sentido e alcance do termo cultura, e da dimensão desta, no contexto da pós-modernidade. Claudia Lima MARQUES (2005)[375] o faz em relação à obra de E. JAYME, e aponta quatro seriam as características da cultura pós-moderna, com reflexo no direito: o pluralismo, a comunicação,

---

[372] Vladimir Djuro DEGAN, *L'affirmation des principes du droit naturel par la Révolution française* (AFDI, 1989, vol. xxv, pp. 99-116).

[373] René-Jean DUPUY, *La révolution française et le droit international actuel* (RCADI, 1989, t. 214, pp. 9-30) ; B. MIRKINE-GUETZÉVITCH, **L'influence de la révolution française sur le développement du droit international dans l'europe orientale** (RCADI, 1928, t. 22, pp. 295-458).

[374] Vicente Marotta RANGEL, *Introdução aos princípios do direito internacional contemporâneo de A. A. CANÇADO TRINDADE* (datada de São Paulo, outubro de 1980, in Antonio Augusto Cançado TRINDADE, **Princípios do direito internacional contemporâneo**, Brasília: Ed. UnB, 1981, pp. v-xiv, p. viii): "Teria a análise do direito das gentes contemporâneo o efeito de prescindir da busca desse direito em tempos menos recentes? A leitura dos ensaios componentes da obra autorizará resposta negativa (...) O contemporâneo surge aí como resumo e complemento das fases anteriores, a que os ensaios recorrem toda vez que se faça necessário compreender e vistoriar os quadrantes e o cerne do direito perquirido."

[375] P. B. CASELLA, **Fundamentos do direito internacional pós-moderno** (São Paulo: Quartier Latin, 2008, item xii, 'direito e relações internacionais: coexistência pacífica?'); Claudia Lima MARQUES, *Laudatio para Erik JAYME – memórias e utopia* (in **O novo direito internacional : estudos em homenagem a Erik JAYME**, org. Claudia Lima MARQUES e Nadia de ARAUJO, Rio: Renovar, 2005, pp. xv-xxv); v. tb. Erik JAYME, *Visões para uma teoria pós-moderna do direito comparado* ("conferência apresentada em Osnabrück, em 5 de junho de 1997, publicada no Brasil in Revista dos Tribunais (São Paulo), nr. 759 ano 88, janeiro 1999 (p. 24-40). A forma da apresentação foi mantida pelo Autor, que agradece as contribuições de seu Assistente Sr. Florian WAGNER. Tradução livre e autorizada da Profa. Dra. Claudia Lima MARQUES, U.F.R.G.S. A tradução pode ser considerada 'livre', pois tentou manter a forma original narrativa e quase literária do texto, sem deixar de mencionar as várias idéias sugeridas através da precisão alemã dos conceitos jurídicos e filosóficos usados e de bem humorados jogos de palavras, que se perderiam em uma tradução literal", in **Seleção de textos da obra de Erik JAYME**, "edição em homenagem à entrega do título de doutor honoris causa / UFRGS ao jurista Erik JAYME", Cadernos do programa de pós-graduação em direito PPGDir./UFRGS, vol. I, n. I, março 2003, pp. 69-84); JAYME, Erik, *Direito internacional privado e cultura pós-moderna* ("versão da aula apresentada na Fac. de Direito da U.F.R.G.S., em 2 de setembro de 1996", "trad. livre, autorizada e não revista pelo autor" de Lisiane Freiten WINGERT, "rev. e notas" Claudia Lima MARQUES, "a forma oral foi preservada e acrescentadas notas, com base no texto publicado no ano seguinte" por Erik JAYME, *Internationales Privatrecht und Post-moderne Kultur*, in Zeitschrift für Rechtsvergleichung, Viena, 1997, pp. 230-236, in **Seleção de textos da obra de Erik JAYME**, "edição em homenagem à entrega do título de doutor honoris causa / UFRGS ao jurista Erik JAYME", Cadernos do programa de pós-graduação em direito PPGDir./UFRGS, vol. I, n. I, março 2003, pp. 59-68).

a narração, o retorno dos sentimentos – que se exprimem na valorização dos direitos humanos.

Pluralismo de fontes[376] a regular o direito[377]; pluralismo de sujeitos a proteger. Pluralismo na filosofia aceita, onde o diálogo legitima o consenso[378]. Valores e princípios têm sempre dupla função (*double calling*)[379] e os valores são muitas vezes antinômicos.

Comunicação como "valor máximo da pós-modernidade, associado à valorização extrema do tempo, do direito como instrumento de comunicação, de informação, como valorização do passar do tempo nas relações humanas, valorização do eterno e do transitório, do congelar momentos e ações para garantir a proteção dos mais fracos e dos grupos que a lei quer privilegiar. A comunicação é o método de legitimação (*Sprachspiele*)": a ética e a filosofia são discursivas.[380]

Narração é a "conseqüência desse impulso de comunicação, de informação que invade a filosofia do direito e as próprias normas legais. Haveria um novo método de elaborar normas legais, não normas para regular condutas, mas normas que narram seus objetivos, seus princípios, suas finalidades, positivando os objetivos do legislador no sistema, de forma a auxiliar na interpretação teleológica e no efeito útil das normas".[381]

---

[376] Não somente em sentido formal, como material : cfr., i.a., P. GUGGENHEIM, **Contribution à l'histoire des sources du droit des gens** (RCADI, 1958, t. 94, pp. 1-84) ; P. GUGGENHEIM, **Les principes de droit international public** (RCADI, 1952, t. 80, pp. 1-190).

[377] C. L. MARQUES, *Laudatio* (cit., p.xxii) : "O pluralismo de fontes legislativas é hoje total, a ponto do diálogo das fontes nacionais e internacionais (mesmo *soft law*) nascer o novo direito."

[378] Nelson Ferreira de CARVALHO, *Arqueologia do consenso* (in **Direito e comércio internacional: tendências e perspectivas: estudos em homenagem ao prof. Irineu STRENGER**, org. L. O. BAPTISTA, H. M HUCK e P. B. CASELLA, São Paulo: LTr, 1994, pp. 353-406, cit. p. 355): "Constatamos, assim, no tocante ao consenso, a dificuldade de sua própria inteligibilidade e função enquanto categoria fundante da ordem jurídica e social, exigindo nessa medida um levantamento de seus pressupostos bem como o exame de sua viabilidade. / Dando atenção a tais dificuldades propusemo-nos a estudar o consenso mediante um procedimento que, à maneira de Michel FOUCAULT, chamaremos arqueológico."

[379] C. L. MARQUES (cit., 2005, loc. cit.) refere ter sido a expressão *double calling* introduzida por E. JAYME (op. cit., 1995, p. 36 ss.) . Exemplo da aplicação seria C. L. MARQUES, **Das Subsidiaritätsprinzip in der Neuordnung der internationalen Adoptionsrechts: eine Analyse des Haager Adoptionsübereinkommen von 1993 im Hinblick auf das deutsche und das brasilianische Recht** (Frankfurt-Berlin: Verlag für Standsamtwesen GmbH, 1997).

[380] C. L. MARQUES (cit., 2005, pp. xxii-xxiii): "O consentimento legitimador, alerta o mestre, é só aquele informado e esclarecido. Comunicação é também internacionalidade das relações jurídicas e a revalorização do direito internacional privado e das técnicas de harmonização e unificação das leis."

[381] C. L. MARQUES (cit., 2005, loc. cit.) : "Um belo exemplo são as novas do direito contemporâneo, que Erik JAYME denominou 'normas narrativas'. Com tal fluidez e narratividade, o papel do intérprete e aplicador da lei se multiplica. Estas transformações na interpretação das leis e na filosofia do direito se fariam sentir,

Quarto elemento da pós-modernidade é denominado por E. JAYME como 'retorno dos sentimentos' *(retour des sentiments)*: "seria, de um lado, a volta de certa 'emocionalidade' no discurso jurídico, de outro lado é o imponderável, a procura de novos elementos sociais, ideológicos, religiosos e/ou fora do sistema, que passam a incluir a argumentação e as decisões jurídicas, criando forte insegurança e imprevisibilidade quanto à solução a ser efetivamente encontrada".[382]

À respeito de qual seria a herança do direito para o século xxi, E. JAYME (2000)[383] recomendou *autonomia* e *transparência*, isto é que o direito do futuro vise preservar a autonomia e a liberdade dos indivíduos, assegurando a transparência e

---

também, no aparecimento de movimentos contestatórios da dogmática tradicional, uma forte jurisprudência de valores, estudos críticos e direito alternativo, em uma geral flexibilização, fragmentação e mesmo descaracterização do dogma ou crença no sistema geral de direito, mas também positivamente, na grande influência representada pelos direitos fundamentais no direito privado"; E. JAYME, **Narrative Normen im internationalen Privat und Verfahrensrecht** (Tübingen: Mohr, 1993); cfr. tb. Serge SUR, **L'interprétation en droit international public** (Paris : L.G.D.J., 1974) ; S. SUR, **La coutume internationale** (Paris : Litec, 1990) ; S. SUR, *Système juridique international et utopie* (**Le droit international**, Archives de philosophie du droit, tome 32, Paris: Sirey, 1987, pp. 35-45) ; S. SUR, **Relations internationales** (Paris : Montchrestien, 1a. ed., 1995 ; 3a. ed., 2004).

[382] E. JAYME (op. cit., 1995, p. 261): "Ce qui frappe, c'est le recours, dans les arrêts des tribunaux, à la référence aux sentiments des personnes intéressées comme raisons pour résoudre des conflits de lois" ; v. tb. Jacob DOLINGER, *O direito e o amor* ("aula inaugural na Faculdade de direito da U.E.R.J., proferida em 24.03.1994", Rio: Revista da Faculdade de direito / Universidade do estado do rio de janeiro, "edição comemorativa dos 60 anos", 1994, n. 2, 1-465, pp. 233-245).

[383] Erik JAYME, *Diálogo com a doutrina* (Revista trimestral de direito civil – RTDC, ano 1, n. 3, jul-set. 2000, pp. 289-293; tb. publicado *Cadernos da pós-graduação em homenagem a Erik JAYME*, org. Claudia Lima MARQUES, Porto Alegre: UFRGS): "Tentei alcançar a proteção do indivíduo através de um reforço na autonomia deste, ao mesmo tempo que se criem e se assegurem direitos de informação."

a informação, que são a chave da autodeterminação[384] daquele que é sujeito (e não objeto) de direitos[385], o cidadão![386]

A crise da pós-modernidade é destruidora de muitas certezas e obriga à reavaliação de muitos valores: não se propõe que *todos* os valores sejam relativizados – a relativização aconteceu por si mesma –, e de nada adianta pretender afirmar certeza, em relação a conteúdos, nos quais a teoria e a realidade estão tomando caminhos diversos. A proclamação solene, *ex catedra* – seja esta universitária ou confessional – não assegura a validade do conteúdo: nem confere legitimidade, nem assegura a possibilidade de duração.

[384] Oliveiros L. LITRENTO, **O príncipio da autodeterminação dos povos: síntese da soberania e o homem** (Rio: Freitas Bastos, 1964, esp. cap ii, 'da idade da razão aos nossos dias', item 10, 'autodeterminação e humanismo', pp. 60-64, cit. p. 63): "não é necessário que se justifique a imperiosidade do princípio da autodeterminação dos povos, que se impõe sob a dimensão histórica. Se não o justificassem os dados essenciais à compreensão do mundo contemporâneo, sua sobrevivência diante das normas internacionais vigentes, o relevante papel da ONU, sua Carta eivada de humanismo democrático, seus artigos consagradores daquele príncipio, justificá-lo-ia a localização de um novo imperialismo (...). Justificá-lo-ia, sobretudo, a contribuição do século xvi, sobretudo através de VITÓRIA e SUAREZ. Contribuição, repetimos, do mais alto teor humanista, pois que ensina ser a 'eleição voluntária' o único título legítimo para a autodeterminação dos povos."

[385] C. L. MARQUES (cit., 2005, p. xxiv) : "Dai a necessidade de uma reconstrução: olhar nos olhos e vencer! O *Leitmotive*, elemento guia da teoria de Erik JAYME, são os direitos humanos, como novos e únicos valores seguros a utilizar neste caos legislativo e desregulador, de codificações e microssistemas, de leis especiais privilegiadoras e de leis gerais imóveis, de *soft law* e da procura de uma eqüidade cada vez mais discursiva do que real. Os direitos humanos seriam as novas normas fundamentais, e estes direitos incluídos nas Constituições influenciariam o novo direito privado, a ponto de o direito assumir um novo papel social, como limite da intervenção do estado, como protetor do indivíduo e como inibidores de abusos, mas como incentivador de uma ação afirmativa do estado para alcançar a eqüidade e a igualdade material entre todas as pessoas na nova sociedade multicultural." V. tb. Th. MERON, **International law in the age of human rights : general course on public international law** (RCADI, 2003, t. 301, pp. 9-490).

[386] C. L. MARQUES (cit., 2005, p. xxiv): "Sua preocupação filosófica com o bem estar dos indivíduos e de transformar o direito em um instrumento útil de proteção e de respeito à decisão livre deste plurifacetado 'sujeito pós-moderno' ficaram sistematizados em sua aula magna de abertura [da sessão] da Academia de direito internacional" (Haia, julho de 2000) (...) "A crise da pós-modernidade é destruidora de muitos valores e certezas. Erik JAYME, com o brilhantismo que lhe é usual, procura reconstruir a ciência do direito e assim alcançar a Eqüidade, a Liberdade, a Autonomia privada e a Solidariedade. Uma utopia, uma bela utopia, que conquistou muitos seguidores no mundo. / Como afirma Heinz-Peter MANSEL, de um encontro com Erik JAYME todos saímos enriquecidos, mais abertos, mais tolerantes, mais sábios. E até o abalado direito, em plena crise da pós-modernidade, revisita a utopia, preenche-se de novos valores do *Zeitgeist*, e renasce como instrumento de procura da Igualdade, da Justiça, do respeito ao outro, ao diferente, ao mais fraco, respeito e tolerância com a identidade cultural do outro. Saudar Erik JAYME é saudar o que há de bom no direito: compromisso com a realidade e sonho de uma sociedade melhor!"; E. JAYME, *Le droit international privé du nouveau millénaire: la protection de la personne humaine face à la globalisation* (RCADI, 2000, t. 282, pp. 9-40; tb. publicado *O direito internacional privado do novo milênio: a proteção da pessoa humana face à globalização*, trad. Claudia Lima MARQUES e Nadia de ARAUJO, in **O novo direito internacional: estudos em homenagem a Erik JAYME**, org. Claudia Lima MARQUES e Nadia de ARAUJO, Rio: Renovar, 2005, pp. 3-20); Heinz-Peter MANSEL, *Kulturelle Identität und Internationales Privatrecht* (Heidelberg: IPRAX, 2003, p. 184).

Ante as mutações, verificadas na realidade, é preciso alcançar nova regulação institucional e legal. De fundamentos mais amplos, para assegurar os resultados adequados dessa construção do direito pós-moderno.

No direito internacional, a configuração, estritamente estatal, vigente durante séculos, deu lugar ao contexto pós-moderno, no qual claramente os estados não mais conseguem fazer operar o sistema internacional como todo. Assim o tempo histórico e o contexto cultural obrigam a rever os fundamentos do direito internacional pós-moderno, para que este não se desligue da realidade, mas alcance a necessária efetividade de sua implementação como mecanismo regulador da convivência entre sujeitos e agentes do contexto internacional[387].

A crise da pós-modernidade no direito internacional não foi escolhida: acontece e tem de ser enfrentada. O resgate dos valores basilares da civilização e da cultura, a respeito dos quais falava Miguel REALE (1987)[388] podem ser fundamento para o direito internacional pós-moderno, com ênfase no respeito e na tolerância ao outro.

Beatriz SARLO (2005)[389] estuda as características do 'tempo presente': pós--moderno em razão da complexidade e da multiculturalidade inerentes ao contexto do tempo presente de fragmentação, no qual se inscreve, e das ferramentas que utiliza[390], na determinação de seus conceitos basilares e mecanismos de interpretação e de aplicação. A questão dos mecanismos de interpretação e de aplicação, na perspectiva do direito internacional pós-moderno, é examinada por S. SUR em diversos trabalhos (1974, 1987, 1990, 1998, 2004).[391]

O direito, como conjunto, se inscreve nessa mutação da pós-modernidade. Catherine KESSEDJIAN (2002)[392] ressalta estarmos em período de transição, onde

---

[387] Conforme se examina, P. B. CASELLA, **Fundamentos do direito internacional pós-moderno** (São Paulo: Quartier Latin, 2008).

[388] Miguel REALE, **Filosofia do direito** (São Paulo: Saraiva, 1987, p. 187): "o valor não se compreende sem referência à história" (...) "a história não teria sentido sem o valor: um 'dado' ao qual não fosse atribuído nenhum valor, seria como inexistente."

[389] Beatriz SARLO, **Tempo presente: notas sobre a mudança de uma cultura** (do original **Tiempo presente: notas sobre el cambio de una cultura** © 2004, trad. Luís Carlos CABRAL, Rio: José Olympio, 2005).

[390] Beatriz SARLO (op. cit., 2005, p. 149) adverte: "O dispositivo do sensacionalismo afeta o discurso sobre a história mais recente."

[391] Serge SUR, **L'interprétation en droit international public** (Paris : L.G.D.J., 1974) ; S. SUR, *Système juridique international et utopie* (**Le droit international**, Archives de philosophie du droit, tome 32, Paris: Sirey, 1987, pp. 35-45) ; S. SUR, **La coutume internationale** (Paris : Litec, 1990) ; S. SUR, **Vérification en matière de désarmement** (RCADI, 1998, t. 273, pp. 9-102) ; S. SUR, **Relations internationales** (Paris : Montchrestien, 1a. ed., 1995 ; 3a. ed., 2004).

[392] Catherine KESSEDJIAN, em curso na Haia, **Codification du droit commercial international et droit**

– como esta denomina – a 'neo-modernidade' exige adaptações. As 'adaptações' se vêem em curso, em relação a todos os ramos do direito, do comércio internacional ao direito internacional privado, e resta fazer o mesmo em relação ao direito internacional, como todo, principalmente no processo democrático de criação normativa. Para poder rumar à ordenação humana do mundo. Poder instaurar regimes de co--regulação normativa, onde se combine a presença e a atuação do ser humano, no plano internacional, ao lado dos estados, *como princípio central da boa governança*.

Ler e aprender se põem como dado individual de fruição e de inserção no mundo e no tempo. Mas ao mesmo tempo em que se compraz na dimensão individual, cabe ao ser ter a compreensão do mundo e do tempo nos quais se inscreve. Especificamente ao considerarmos a condição do direito, no contexto da pós-modernidade.

Além e ao lado de 'ler e aprender' cabe situar, no contexto da formação jurídica, também a dimensão de 'metodologia e pesquisa'. Como se passa a considerar.

---

international privé (RCADI, 2002, t. 300, pp. 79-308, 'en guise de conclusion', pp. 290-293, cit. p. 290) : «Nous sommes incontestablement dans une période de transition, où la néomodernité exige des adaptations, voire des transformations profondes des juristes que nous sommes, notamment dans le processus démocratique de création normative. (...) On peut espérer que l'auto-régulation sans limite a fait long feu et que la corégulation deviendra l'un des outils privilégiés de la création normative internationale en tant que l'un des principes centraux de la bonne gouvernance juridique.»

Metodologia e pesquisa

> O maior obstáculo para o aprendizado é aquilo que sabemos, não aquilo que desconhecemos.
> Claude BERNARD

> Como fazer uma pesquisa a partir de uma instituição do estado, para falar do nacional-popular sem repor a questão de autoridade?
> Marilena CHAUÍ (1983)[393]

Poucas questões suscitam tanto interesse e tantos desencontros no meio acadêmico como a questão da metodologia e da pesquisa. Muito se fala a respeito, muitas técnicas e expedientes variados são referidos, mas pouco se aproveita de tudo isso, como resultado prático: aumentar a qualidade do que se produz, e precisar de menos tempo, para a preparação do mesmo trabalho.

Não podem ser vistas como fins em si mesmas: cumpre, sobretudo, ter sempre presente, para que se destinam, a metodologia e a pesquisa? Estas valerão, não por si mesmas, mas pelo que com ambas se faz. Justificam-se como meios, são ferramentas, para a consecução de determinados fins.

Muito se escreve, se discute e se questiona a respeito, nem sempre com grande utilidade, para justamente se poder proceder à determinação dos fins a que se destinam: a metodologia e a pesquisa são fundamentais, tenha-se presente, enquanto *ferramentas*, mas somente farão sentido em relação aos *frutos* que produzam. Não

---

[393] Marilena CHAUÍ, **Seminários** (São Paulo : Brasiliense, 1983) : « este trabalho foi realizado sob a coordenação do Núcleo de estudos e pesquisas da FUNARTE. Ele é parte de um estudo sobre os conceitos de nacional e de popular na cultura brasileira nas áreas de filosofia, cinema, teatro, artes plásticas, música, literatura, televisão e rádio » (cit. acima, p. 9).

podem ser vistas, nem tratadas, como fins em si mesmas – o que parece ocorrer em boa parte da produção bibliográfica a respeito de metodologia de ensino e de pesquisa, e sobre a produção de teses e de monografias.

Como visto no ensaio precedente, direito pressupõe *comunicação*. Esta, por sua vez, pressupõe a existência e a utilização de *linguagem*, que permita a *interação* entre os agentes, em sociedade. Todos esses dados se inscrevem em contexto cultural, social, histórico e geográfico determinados, e tem de ser estudados e compreendidos, *no contexto* no qual se criam, se inscrevem, e operam[394]. Desse modo, a *compreensão* se põe como *necessidade* para qualquer profissional do direito, para caminhar entre os dados técnicos do sistema legal, sem nestes se perder, nem tampouco esquecer o que é, como é, e como deve operar o direito.

Ao considerar *ler* e *aprender*, se tratava da *dimensão pessoal de fruição* e de aprendizado, no precedente ensaio. Aqui se trata de compreender os *mecanismos de manejo da informação*, para a *construção da fundamentação do raciocínio e da exposição* do pensamento, para a ordenação deste, visando estabelecer a *comunicação*.[395]

Para compreender e para se fazer compreender é preciso saber manejar a *linguagem* (enquanto *veículo*) e as *idéias* (enquanto *conteúdo*). Ambas as dimensões caminham juntas e tem de ser compreendidas como facetas da atividade mais essencialmente humana, a cultura[396].

---

[394] V. o ensaio 'ler e aprender'. Deste, por sua vez se remete aos ensaios: 'sociologia para principiantes – na perspectiva do direito' e 'direito como dado da vida em sociedade'.

[395] Para tanto, observa-se no ensaio 'ler e aprender': A compreensão pressupõe que se possa captar o que os outros exprimem e que possamos nos fazer compreender pelos demais. A compreensão, no direito, é indispensável para entender o que se formou e chegou até nós, enquanto conjunto de princípios e regras, com os indispensáveis mecanismos de implementação, bem como para que possamos nos fazer entender, no que cada um diz, b/c refere-se a advertência de Eric HOBSBAWN, na sua autobiografia, **Tempos interessantes: uma vida no século xx** (do original **Interesting times: a twentieth-century life**, © 2002, trad. S. DUARTE, São Paulo: Cia. das Letras, 2002, cit. p. 12), quanto à necessidade, para quem trabalha com história, ou, em geral, com as ciências sociais, quanto a estar ao mesmo tempo dentro da própria pele e fora dela.

[396] Jacob BURCKHARDT, **Kulturgeschichtliche Vorträge** („mit einem Nachwort, herausgegeben von Rudolf MARX", Stuttgart: Alfred Kröner, © 1959, no ‚posfácio', pp. 419-445, comenta o organizador da edição frase de BURCKHARDT ao jovem Bernard KLUGER, em 1874, cit. p. 419): „Einstweilen geht meine Erfahrung dahin, dass gelehrte Autorschaft eines der ungesundesten und blosses Dozieren (so beschwerlich es sei und so umständlich die dazu gehörigen Studien und Vorbereitungen) eines der gesundesten Metiers auf der Welt ist." Longo caminho da evolução da história da cultura, de clássicos do século xix, como BURCKHARDT, até clássicos do século xx como Oswald SPENGLER, **Der Untergang des Abendlandes: Umrisse eine Morphologie der Weltgeschichte** (originalmente publicado em 1923, Düsseldorf: Albatroz, 2007); Werner JAEGER, com ênfase na sua obra prima, **Paideia: a formação do homem grego** (do original **Paideia: die Formung des griechischen Menschen** © 1936, trad. de Artur M. PARREIRA, São Paulo:

Trabalho intelectual, como todo trabalho, deve ser feito com competência e com amor: como, ademais, tantas outras coisas na vida, pode e deve ser prazeroso. Ler e aprender, como visto, tem dimensão pessoal e caráter de fruição. A metodologia e a pesquisa têm, essencialmente, o fim de proporcionar o manejo adequado das *ferramentas*, para permitir produzir *resultado* – texto escrito ou comunicação oral, ou a combinação de ambos – por meio do qual se estabeleça o *diálogo* entre o expositor e o leitor ou o ouvinte, e que possa ser transmitido e *compreendido o conteúdo*. Assim, se ler e aprender podem se deter em si mesmas, a metodologia e a pesquisa somente se perfazem enquanto e na medida em que se estabeleça a *comunicação*, o *diálogo* e a *transmissão do conhecimento*.

Para exemplificar quanto se escreve a respeito da metodologia e da pesquisa, poderia lembrar alguns títulos[397], dentre tantos outros que existam disponíveis.

Martins Fontes, 1979) ou Kenneth CLARK, **Civilização** (do original **Civilization: a personal view**, © 1969, trad. Madalena NICOL, São Paulo: Martins Fontes, 1ª ed., 1980, 2ª ed., 1995), até Peter BURKE, em seu breve, **O que é história cultural?** (trad. do original **What is cultural history?** © 2004, Sérgio GÓES DE PAULA, Rio: Jorge Zahar, 2005). Entre nós, Fernando de AZEVEDO, **A cultura brasileira : introdução ao estudo de cultura no Brasil** (Brasília: Ed. UnB, 4ª. ed., revista e ampliada, 1963).

[397] Dentre os quais, neste momento, consultados: Ruth AMOSSY, **Les idées recues: sémiologie du stéréotype** (Paris: Natan, 1991, 216 p.); Robert BARRASS, **Os cientistas precisam escrever: guia de redação** (do original **Scientists must write**, © 1978, trad. Leila NOVAES e Leônidas HEGENBERG, São Paulo: T. A. Queiroz / EDUSP, 1979, 218 p.); Aidil de Jesus Paes de BARROS e Neide Aparecida de Souza LEHFELD, **Projeto de pesquisa: propostas metodológicas** (Petrópolis: Vozes, 1990, 102 p.); Lília da Rocha BASTOS, Lyra PAIXÃO, Lucia Monteiro FERNANDES e Neise DELUIZ, **Manual para a elaboração de projetos e relatórios de pesquisa, teses, dissertações e monografias** (anexos ilustrativos e glossário de termos técnicos) (Rio: LTC, 1ª. ed., 1979, 4ª. ed., "revista e ampliada", 3ª. reimpr. 1998, 96 p.); Nagete Habil BRANDÃO e Lígia do Amaral Almeida MADRUGA, **Manual de padronização de textos** (normas básicas de editoração para elaboração de originais, composição e revisão) (Brasília: Senado / Secretaria especial de editoração e publicações, 2006, 138 p.); Umberto ECO, **Como se faz uma tese** (do original **Come si fa una tesi di laurea**, © 1977, trad. Gilson C. Cardoso de SOUZA, rev. Plínio MARTINS Filho, São Paulo Perspectiva, 2ª. ed., 1985, 184 p.); Umberto ECO, **La recherche de la langue parfaite** dans la cultura européenne (do original **La ricerca della lingua perfetta nella cultura europea**, © 1994, trad. Jean-Paul MANGANARO, préf. Jacques LE GOFF, Paris: Seuil, 1994, 446 p.); Paulo FREIRE, **Pedagogía da autonomia**: saberes necesarios à prática educativa (São Paulo: Paz e Terra, 9ª. ed., 1998, 168 p); Jean GUITTON, **El trabajo intelectual: consejos a los que estudian y a los que escriben** (do original **Le travail intellectuel**, © 1951, trad. esp. F. J. de FUENTES Malvar, Madri: Rialp, 1981, 228 p.); W. H. KIRKPATRICK, **Educação para uma civilização em mudança** (do original **Education for a changing civilization**, trad. Noemy S. RUDOLFER, São Paulo: Melhoramentos, 14ª. ed., 1977, 92 p.); Adriano da Gama KURY, **Elaboração e editoração de trabalhos de nível universitário** (especialmente na área humanística) (com a colaboração de Maximiano de Carvalho e SILVA e Irene de Menezes DÓRIA, Rio: Fundação Casa de Rui Barbosa, 1980, 92 p.); Eduardo C. Silveira MARCHI, **Guia de metodologia jurídica** (teses, monografias e artigos) (Lecce: Edizioni del Grifo, 2001, 320 p.); Geraldo Tadeu M. MONTEIRO & Mônica Maria G. SAVEDRA, **Metodologia da pesquisa jurídica** (manual para elaboração e apresentação de monografias) (Rio: Renovar, 2001, 178 p.); Hubert NYSSEN, **Du texte au livre, les avatars du sens** (Paris: Nathan, 1993, 190 p.); Gabriel PERISSÉ, **Ler,**

Muitos parecem ter as *suas* receitas. De certa forma, como os manuais que se destinam a ensinar como ganhar milhões, como se tornar conquistador irresistível ou o maior vendedor do mundo, ou o mais extraordinário gestor empresarial, ou outras mágicas infalíveis, mas todas estas servem, sobretudo, para o benefício dos próprios autores, daqueles manuais de receitas infalíveis. Nem todos são simples caça-níqueis, mas, sejamos francos, mais conturbam e complicam do que esclarecem, quanto ao que se destinam[398].

Como qualquer manual ou roteiro, pode valer pelo que vale, enquanto proposta metodológica, e modo de atuação. Pode ser útil para direcionar a organização do trabalho, mas a seguir, caberá a cada um encontrar e aperfeiçoar a sua própria receita de metodologia e de pesquisa.

"Nem o dia, nem as trevas, nem o barulho, nem o silêncio, nada pode colocar obstáculos ao espírito de um homem que sabe pensar: tudo depende dos hábitos que se formam" exclama Étienne Bonnot de CONDILLAC (1715-1780), no seu **tratado sobre a arte de pensar.**[399]

Menos flexível será a questão da editoração de textos. Aí deve reinar a padronização e deve haver adequação entre o modelo adotado e os fins a que se destina: a comunicação profissional tem parâmetros técnicos a serem observados. Depois que estas coisas se automatizam[400], torna-se fácil operar de modo tecnicamente adequado, sem transformar isso em obsessão que bloqueie o fluxo do pensamento, e a construção da exposição.

---

pensar e escrever (São Paulo: Arte & Ciência, 2ª. ed., 1998, 96 p); Christiane ROCHEFORT, **Es extraño escribir** (do original **C'est bizarre, l'écriture**, © 1970, trad. Alberto SZPUNBERG, Buenos Aires: Losada, 1973, 118 p.) ; Décio Vieira SALOMON, **Como fazer uma monografia**: elementos de metodologia do trabalho científico (Belo Horizonte: Interlivros, 1979, 318 p.); Judith SCHLANGER, **La mémoire des oeuvres** (Paris: Nathan, 1992, 160 p.).

[398] Para dar somente exemplo com relação ao mais conhecido de todos eles, Umberto ECO, **Como se faz uma tese** (ed. cit., 1985) aconselha primeiro ler todas as fontes, antes de começar a escrever. Se fosse seguir tal recomendação, não teria escrito os cerca de trinta volumes que publiquei até hoje.

[399] Étienne Bonnot de CONDILLAC, **Traité sur l'art de penser** (in **Oeuvres choisies**, éd. de 1796, Paris : Vrin – Reprise, 1981, pp. 189-330, cit. p. 301) : « Ni le jour, ni les ténèbres, ni le bruit, ni le silence, rien ne peut mettre obstacle à l'esprit d'un homme qui sait penser : tout dépend des habitudes qu'on s'est faites. »

[400] No trabalho acadêmico, basicamente, o seu leitor deve poder reconstruir o caminho intelectual trilhado, até o seu texto ficar pronto e ser divulgado: as menções ao sobrenome (principal) do autor citado em maiúsculas, seguido de parênteses, com indicação da data da publicação original, e, ao lado, da edição utilizada. A nota de rodapé deve, ao menos, conter as indicações indispensáveis para permitir situar qual edição foi utilizada, ou qual banco de dados eletrônico, com a data na qual foi consultado.

A pesquisa e a redação de textos tem parâmetros – tais como as normas técnicas da ABNT[401] – mas nada substitui o trabalho individual. Existe dado de *trabalho criativo*, em toda pesquisa, que somente cada um pode determinar como construir e como fazer avançar.

O *trabalho criativo* é antes *arte*, que *ciência*. Como também ensinar[402]. Por isso, se pode treinar, mas caberá a cada um encontrar a sua receita e o tom certo, a sua própria *linguagem*. O compositor espanhol Manuel De FALLA (1950), apontou o dado crucial: "a arte se aprende, mas não se ensina".[403]

Albert CAMUS, em seu discurso de recepção do prêmio NOBEL de literatura (1957) ressaltou que "todo artista verdadeiro se faz a cada dia, a si mesmo, em silêncio". Isso ao mesmo tempo é difícil e é maravilhoso.

Para cada um, ao encetar o trabalho intelectual, pode ser útil levar em conta a necessidade de respeitar o que Federico DELCLAUX chama de **silêncio criador** (1969)[404] e considera, em suas várias facetas[405]. Desde a Antiguidade alguns se dedicaram à criação e ao fazer artístico. Esta não é tarefa simples, antes dura empreitada. Mas tem os seus frutos, dentre as melhores coisas criadas, até hoje, pelo espírito humano.

Fundamental, para cada um, será encontrar o ponto de equilíbrio entre mandamentos aparentemente conflitantes, se não francamente excludentes, enquanto contradições internas que se dão no trabalho criador: de um lado, nem cair na *inação*, por almejar a *perfeição*, que não é nem pode ser deste mundo, de outro lado, cair no *ativismo estéril*, por acreditar que *quantidade* de produção seja equiparável à *qualidade* – isso nunca será o caso. Nenhum dos excessos pode ser contemplado. É preciso ter o meio termo.

Outro ponto de equilíbrio a ser encontrado se inscreve na aparente *oposição* entre, de um lado, o que existe de *aventura pessoal*, esforço e gosto próprios, e, de

---

[401] ABNT – Associação Brasileira de Normas Técnicas – vale consultar as atualizações periódicas das normas. Mas, sem tampouco submeter-se religiosamente a todas as determinações técnicas formuladas. Sobretudo quando estas visem especificações nacionais, não observadas em publicações internacionais, em relação às quais convém alinhar-se, conforme se destine a publicação de seu trabalho.

[402] Gilbert HIGHET, **The art of teaching** (Londres: Methuen & Co., 1st. publ., 1951, reprint 1956).

[403] Manuel De FALLA também observou: "El conocimiento existe, pero de modo muy relativo, puesto que es conocimiento engendrado por la pasión, tal vez oculta, pero pasión al fin".

[404] Federico DELCLAUX, **El silencio criador** (Madri: Rialp, 1969, 444 p.).

[405] Respectivamente: contemplar, aprendizagem, os que nos precederam, luzes e sombras, ajudas nos começos, homens de ontem e de hoje, primazia do espírito, fazer silenciosamente, humildade, se se busca o aplauso, os inícios, a ação unificadora, esforço, o fazer, a expressão, amor ao instrumento, a obra de arte, contraste, o verdadeiro lugar, dor, a arte pode ressoar na alma de todos, futuro.

outro, a *utilidade de seguir precedentes* em determinado tema, ou, ao menos, os passos dos principais autores que cuidaram da mesma matéria, de alinhar-se pelos que nos precederam. Não se pode querer fazer somente um ou outro.

Encontrar o ponto certo, de *combinação* entre *originalidade*, sem deixar de ter *consciência* de se estar inserto, em tradição intelectual e histórica, também cabe a cada um determinar: se se perde a espontaneidade, a alegria, e o dado pessoal, a obra será mera cópia, será falsa perfeição. Mas, também, se tem de levar em conta, nada pode ser mais ridículo do que pretender reinventar a roda, a cada empreitada intelectual que se encete. Se não se leva em conta o que disseram os que nos precederam pode acontecer que as melhores intenções não levem a nada.

Para exemplificar o efeito do tratamento das fontes e as conseqüências da percepção e da recepção do pensamento, podem ser lembrados, como casos paradigmáticos, dois filósofos: René DESCARTES (1596-1650) e Gottfried Wilhelm von LEIBNIZ (1646-1716). O primeiro, DESCARTES, sem desmerecer a sua contribuição para a história da humanidade, por não ter o hábito de citar fontes, ser tido como pensador original e inovador, enquanto LEIBNIZ passa a ser considerado erudito, por ser mais preciso no manejo das fontes. Depois, estudos como os de Étienne GILSON (1975)[406], mostraram as fontes agostinianas e medievais do pensamento cartesiano. Por sua vez, mais e mais, LEIBNIZ passa a ser considerado inovador em campos do conhecimento ainda pouco explorados ao seu tempo.

Não se pode negligenciar o valioso legado daqueles que conseguiram desvelar alguma coisa do mistério da arte. Não basta dizer que se vai abrir caminho com as próprias forças, porque pode bastar elevar um pouco a contemplação, para enxergar quanto esforço inútil pode ser evitado.

Dentre as grandes inteligências da história da humanidade, Moisés MAIMONIDES (1135-1204) se destaca, como todo gênio, como fenômeno simplesmente inexplicável. De sua obra extensa e diversificada, o **guia dos perplexos**[407], é algo fascinante: "o homem tem a faculdade que não possuem os demais animais de causar toda espécie de danos e de fazer toda sorte de mal".[408]

---

[406] Étienne GILSON, **Études sur le rôle de la pensée médievale dans la formation du système cartésien** (Paris: Vrin, 4ª. ed., 1975).

[407] Moisés MAIMONIDES, **Le guide des égarés** (traduit de l'arabe par Salomon MUNK, préf. de Claude BIRMAN) suivi **Le traité des huit chapitres** (traduit de l'arabe par Jules WOLF, préf. Franklin RAUSKY, nouv. éd. révue par Charles MOPSICK, Paris: Verdier, © 1979, impr. 1996).

[408] M. MAIMONIDES (obra e ed. cit., I.1.7, p. 40).

"Trata-se de percepção intelectual e não de vista de olhos; pois os olhos somente percebem o que é corpóreo e somente sob determinado ponto de vista, e com isso alguns acidentes do corpo, tais como as suas cores, a sua forma geométrica, e Deus, por sua vez, não percebe por meio de qualquer instrumento".[409]

Na construção de sua fundamentação para o direito internacional, o autor considerado principal na história da matéria, Hugo GRÓCIO[410] faz a distinção entre direito natural e direito positivo, "termos que os helenistas costumam traduzir como deveres o primeiro e mandamentos o segundo".[411] Refere a distinção feita por Moisés MAIMONIDES, entre direito natural (*Mitsvoth*) e direito positivo (*Khukkim*)[412]. A dificuldade se coloca com relação à aferição de quais sejam tais princípios e como determinar o conteúdo destes. Se não se pode demonstrar, torna-se questão de fé, não de lógica.

O **guia dos perplexos** não é obra de metodologia de pesquisa, mas muito mais que isso, livro de sabedoria, tem passagens de grande lucidez e penetrante discernimento, que se aplicam, perfeitamente, ao tema: "os pontos sobre os quais reina confusão (entre as opiniões) são muito numerosos nas coisas metafísicas, em pequeno número nas coisas físicas e inexistentes nas coisas matemáticas".[413]

Afirma MAIMONIDES ser inquestionável "a superioridade que tem os indivíduos da espécie (humana) uns em relação aos outros, nas percepções sensíveis e nas outras faculdades corporais, sendo clara e manifesta, para todo mundo, mas esta tem limite, e a coisa não se estende a qualquer distância, nem a qualquer limite".[414]

---

[409] M. MAIMONIDES (obra e ed. cit., I.1.4, p. 36).

[410] Hugo GRÓCIO, **Direito da guerra e da paz** (do original **De jure belli ac pacis**, intr. Antonio Manuel HESPANHA, trad. de Ciro MIORANZA, Ijuí: Ed. Unijuí, 2004, 2 vols., livro I, cap. I, n. ix "o direito é definido como regra e se divide em direito natural e direito voluntário", pp. 78-79).

[411] Hugo GRÓCIO (op. cit., loc. cit.).

[412] MAIMONIDES, **Le guide des égarés** (ed. cit., livro iii, cap. xxvi).

[413] MAIMONIDES, **Le guide des égarés** (ed. cit., première partie, n. 31, 'l'intelligence et ses limites', pp. 69-72, cit. p. 71) cita ALEXANDRE DE AFRODÍSIA que apontava como três as razões das discordâncias entre os homens sobre determinadas coisas : 1.as pretensões ambiciosas e rivais que impedem o homem de perceber a verdade, tal como ela é; 2. a sutileza da coisa perceptível em si mesma, sua profundidade e a dificuldade de a perceber; 3. a ignorância daquele que percebe, e sua incapacidade de captar mesmo o que é passível de o ser. Acrescenta quarta causa, que não era mencionada, por não existir àquele tempo: o hábito e a educação, pois está na natureza do homem amar o que lhe é familiar, e ser por isso atraído.

[414] MAIMONIDES, **Le guide des égarés** (ed. cit., loc. cit., p. 70). Dá-se absolutamente o mesmo nas percepções inteligíveis do homem, nas quais os indivíduos da espécie gozam de grande superioridade uns sobre os outros, o que é igualmente muito claro e manifesto, para todos os homens de ciência, de sorte que ocorre nesse assunto que determinado indivíduo faça brilhar a si próprio em sua especulação, enquanto outro indivíduo jamais chegaria a compreender o mesmo assunto, e isso mesmo que se buscasse fazê-lo

Porquanto, "afastando a corporeidade, afasta-se o espaço, e não pode ser questão de aproximação, de acesso, de distanciamento, de reunião, de separação, de contato ou de sucessão".[415]

Lição de metodologia e de pesquisa, que merece ser lembrada, com utilidade, para qualquer um, observa MAIMONIDES[416] serem as contradições passíveis de serem encontradas, em um livro ou escrito, em número de sete causas:

- *primeira causa*: quando o autor reuniu as palavras de gente de opiniões diferentes, omitindo-se (em citar) as autoridades e de atribuir cada palavra ao seu autor. Encontrar-se-á, então, em seu trabalho, as contradições ou assertivas opostas, porque uma das proposições é a opinião de um indivíduo e a outra opinião provém de outro indivíduo;

- *segunda causa*: quando o autor do livro professou primeiro uma certa opinião, a respeito da qual mudou de idéia depois, e no escrito se recolhe tanto o que ele tinha dito antes, como o que disse depois;

- *terceira causa*: quando as palavras (do autor) não foram todas tomadas em seu sentido exterior (literal), mas que umas conservam o seu sentido literal, enquanto outras, são uma imagem, e tem sentido figurado, ou então que as duas proposições contraditórias, segundo o seu sentido literal, são alegorias, e que, tomadas em seu sentido literal, pareçam contraditórias ou opostas entre si;

- *quarta causa*: quando exista certa condição, que por motivo qualquer, não esteja expressamente indicada, no lugar adequado, ou ainda que os dois assuntos sejam diferentes e que nenhum dos dois esteja claramente designado, naquele mesmo lugar, de sorte que pareça existir contradição no discurso, sem que esta verdadeiramente ocorra;

- *quinta causa*: a necessidade (à qual se está por vezes reduzido) para ensinar e fazer compreender (determinada coisa); ou seja, quando existe determinado assunto obscuro e difícil de conceber, e que se tenha necessidade de mencionar ou de tomar como premissa, a fim de explicar o assunto, de modo fácil de conceber, e que, no ensino, deveria preceder o primeiro assunto, porque se começa sempre pelo mais fácil. É preciso então que aquele

---

compreender, por meio de toda espécie de alocuções e de exemplos, e durante longo espaço de tempo, seu espírito não o poderia penetrar, e ele se recusa a compreender.

[415] MAIMONIDES, **Le guide des égarés** (ed. cit., première partie, n. 18, 'sur karab, nagá e nagach (aborder)', pp. 50-52, cit. p. 51).

[416] MAIMONIDES, **Le guide des égarés** (ed. cit., 'observation préliminaire', pp. 23-26).

que ensina se ponha em situação confortável, para fazer compreender o primeiro assunto, de qualquer maneira que seja, examinando-o em suas grandes linhas, sem encetar o exame de toda a realidade, e, deixando, ao contrário, ao alcance da imaginação do ouvinte, a fim de que este possa compreender o que se quer que ele compreenda naquele momento, para expor, em seguida, mais exatamente, o assunto obscuro que se manifestará, na sua realidade, no momento e lugar adequado;

- *sexta causa*: quando a contradição se esconde e somente se mostra após diversas premissas. Quanto mais premissas forem necessárias para manifestá-la, mais escondida estará a contradição, de modo a escapar ao autor, que acreditará não haver contradição entre as duas primeiras proposições. Contudo, tomando cada uma das duas proposições, separadamente, e acrescentando-lhe uma premissa verdadeira, de modo que se alcance conclusão necessária, e fazendo da mesma forma, em relação a cada conclusão, (quero dizer) reunindo a esta uma premissa verdadeira, de modo a fazer chegar a uma conclusão necessária, chegar-se-á, depois de uma série de silogismos, a encontrar uma contradição ou uma oposição entre as duas últimas conclusões. Isso ocorre mesmo a autores sábios. Mas, se as duas primeiras proposições eram manifestamente contraditórias, e que o autor teria, simplesmente, esquecido a primeira, ao escrever a outra, em passagem diversa de seu trabalho, aí estaria (revelar) grande inferioridade, e tal homem não poderia ser contado dentre aqueles cujas palavras merecem atenção;

- *sétima causa*: a necessidade do discurso, quando se trata de coisas muito obscuras, cujos detalhes devem ser, em parte, omitidos, e, em parte, revelados. Algumas vezes se vê forçado, ao emitir uma opinião, a se exprimir de maneira a afirmar certa proposição, enquanto, em outra passagem, se é forçado a exprimir de maneira a afirmar uma proposição que se encontra em contradição com a primeira. O vulgo não deve, de modo algum, se dar conta da passagem onde existe a contradição, e o autor, às vezes, procura toda espécie de expedientes para ocultá-la.

Esta passagem mereceria ser ensinada em qualquer curso de metodologia e de pesquisa. A clareza da construção do raciocínio, como da exposição, somente poderão beneficiar-se.

A seguir se passa a considerar 'nada em excesso'.

Nada em excesso

> art can never give the rules that make an art.
>
> Edmund BURKE, **A philosophical enquiry into the origin of our ideas of the sublime and beautiful** (1757)[417]

Em muitas vertentes e em relação a muitas coisas na vida e da vida, freqüentemente será afirmada a necessidade de engajamento, de compromisso, de "vestir a camisa", de mergulhar em alguma coisa – as imagens falam por si mesmas: engaje-se, esteja próximo, seja 'parte'. Aqui se aponta, justamente, a necessidade de manter certo indispensável grau de distanciamento crítico, em relação a quase todas as coisas na vida e da vida, justamente para que se mantenha a clareza e a lucidez da percepção.

A dúvida crítica é responsável por muitos dos progressos intelectuais da humanidade. Na medida em que dados supostamente 'inquestionáveis' sejam examinados e confrontados com a realidade, pode-se perceber a necessidade de tais questionamentos e a substituição, ou ao menos, a atualização de tais dados, de modo a permitir instaurar o progresso rumo a outros patamares de conhecimento da verdade[418].

A lucidez crítica é o estado humanamente mais construtivo, enquanto equilíbrio da individualidade e dado para a preservação do conjunto. A atitude filosófica e sábia, de percepção do mundo em torno e das próprias reações e sentimentos, sem se deixar arrastar pelas paixões e pelos impulsos. O que SÃO PAULO chamou *estar* no mundo sem *ser* do mundo. Cada uma dentre outras tradições cultiva e aponta os

---

[417] Edmund BURKE, em seu ensaio **A philosophical enquiry into the origin of our ideas of the sublime and beautiful** (1st. publ. 1757, © 1958, edited, with an introduction and notes by James T. BOULTON, Routledge & Kegan Paul Ltd.; Notre Dame, Indiana: Univ. of Notre Dame Press, 1st. paperback edition, 1968).

[418] V. tb. ensaio 'perspectiva do mundo'.

seus modelos, como meio adequado para viver do modo mais perfeito, como também a grega antiga denomina *sofrosyne*, que se poderia aproximativamente traduzir por 'equilíbrio', mas na verdade, contém muito mais que isso.

No século XVIII, Edmund BURKE, muito mais conhecido como pensador político do que em matéria de estética, ressalta a complementaridade entre reflexão e criação e a interação entre estas: "a arte nunca pode dar as regras que fazem a arte", mas "o verdadeiro padrão da arte pode estar ao alcance de qualquer homem". Pode não ser passível de formulação teoricamente perfeita, e manifestada enquanto sistema mas, como em qualquer investigação, importa, sobretudo, estar no caminho certo[419].

Em suma, a vida nunca pode dar as regras que fazem a vida, mas o verdadeiro padrão da vida pode estar ao alcance de qualquer ser. Para os humanos, à vida, enquanto tal. acresce-se a dimensão da reflexão a respeito desta. Do sentido e do valor desta, em si, bem como de todas as coisas e facetas que a compõem e podem contribuir para o todo da vida, integrado em conjunto mais rico, mais completo e mais equilibrado.

A dúvida crítica fez progredir a humanidade. A lucidez de espírito não é fácil de conservar, mas é estado para o progresso do conhecimento e da sabedoria do homem. Esse dado deve sempre estar presente para cada um de nós.

Alguns dados podem ser pensados como os riscos mais freqüentes. Muitos dos quais, aliás, podem, inclusive, ser aceitos e valorizados socialmente. Preste atenção: será que isso é o mais adequado para a sua alma? E para a sua felicidade, como ser pleno? A resposta tranqüila e honesta a tal indagação pode ser o modo melhor de avaliar o conteúdo, a cada caso.

As doenças do ser humano, no contexto pós-moderno, não somente afetam o corpo, mas o espírito. E estas merecem ser cuidadas e tratadas, como se tratam os males físicos: é preciso diagnosticar, é preciso tratar, como for possível, para restabelecer o equilíbrio do conjunto.

A palavra-chave será equilíbrio: aí se inscreve a condição melhor para a vida e para o progresso humano e intelectual do ser humano. E este é sempre dinâmico e se renova. Muda de ser para outro e se altera ao longo do tempo – desde as horas

---

[419] Edmund BURKE (op. cit., part I, section xix, p. 54): "The true standard of the arts is in every man's power; and an easy observation of the most common sometimes, of the meanest things in nature, will give the truest lights, where the greatest sagacity and industry that slights such observation, must leave us in the dark, or what is worse, amuse and mislead us by false lights. In an enquiry, it is almost every thing to be once in a right road."

de sono aos hormônios, o ser humano não reage da mesma forma às mesmas coisas, em todas as fases da vida.

Dentre as doenças mais freqüentes, podem ser destacadas algumas mais notórias, tais como: sucesso a qualquer preço, culto do corpo, sexo, informalidade, normalidade. Por que tais facetas? Por terem me parecido as mais sugestivas.

É fácil ocorrer que as pessoas percam o bom senso e o equilíbrio, em função de privilegiar determinada parte, em detrimento do todo. Isso se põe sobretudo em relação a alguns aspectos da vida. Mas a conseqüência será a de se perder o conjunto, por ter excessivamente privilegiado determinada faceta.

Esta lista poderia ser consideravelmente estendida, mas sem grande proveito, para determinar-lhe o conteúdo. A exaustividade seria impossível, porquanto a vida será, sempre, mais ampla e mais rica que qualquer das teorizações a respeito desta. E sempre pode ensejar outros canais e caminhos.

Sucesso a qualquer preço

> We live in a society bound together by the talk of fame. But (...) fame has a past as well as a present. We did not invent fame. It has a history that has decisively shaped our understanding of what it means.
>
> Leo BRAUDY, **The frenzy of renown: fame and its history** [420]

Todos querem ter a realização material e profissional, e isto, em si, pode ser louvável, e compreensível. Mas a pergunta será: a que preço? Até onde estou disposto a ir?

Quando se torna 'frenesi' (*frenzy*) pode ter virado doença. A sua vida pode, literalmente, virar um inferno se a ambição e a necessidade de sucesso e de reconhecimento profissional não estiverem dosados de modo adequado, em relação ao conjunto da sua vida[421].

---

[420] Leo BRAUDY, **The frenzy of renown: fame and its history** (with a new foreword, first published, New York: Oxford Univ. Press, 1986 / New York: Vintage, 1987, 'preface', p. vii).

[421] L. BRAUDY (op. cit., ed. 1987, p. 598): "Every individual case can be excavated to prove a general cause. But what is unique about every individual is the way those influences have been brought together. They allow us to tell stories to ourselves and to others of who we are. No nature is original except in its creative connecting. What we call character, that which distinguishes us from each other, is less to be found in the stories themselves than in the way we have put them together. To understand the myriad influences on our desire to be recognized and by that understanding to achieve some distance and a useful irony" (...).

Preste atenção. Sobretudo porque *sucesso* é dado aceito e mesmo valorizado. Mas não vale *a qualquer preço*. Por isso, como as drogas lícitas, tais como as bebidas alcoólicas e o cigarro, podem se tornar vícios e assumir lugar além do razoável no conjunto de sua vida. E podem acabar com o equilíbrio do conjunto.

A realização material e profissional é aceita e valorizada familiarmente e socialmente, mas esta tem o seu preço e este não pode ser maior do que a sua alma – se tiver de vender a alma ao diabo, ou ao dinheiro, atenção, a sua vida, não somente a eterna, como esta, aqui e agora, estarão ambas gravemente ameaçadas. Meça o limite por si mesmo. E tire, logo, as suas conclusões a respeito.

Até onde pode ir a busca do sucesso? Vão te dizer que a sociedade é cada vez mais competitiva, que é preciso estar inserido e ter boas qualificações e boas conexões, etc, etc – tudo isso se sabe, e cada vez mais é necessário ser qualificado e estar conectado – mas, perceba os limites: estes estarão inscritos em seu coração, ou ao menos em seu corpo – quando passar dos limites, você fica doente – pode ser ao passar da conta com a bebida, em uma ou outra ocasião, como literalmente por 'matar-se' de trabalhar: se a mente não estiver consciente, mais cedo ou mais tarde, o corpo avisa, e, por vezes, de modo muito franco e direto.

Culto do corpo

MENS SANA IN CORPORE SANO

Todo mundo valoriza e gosta de ver e sentir corpo bonito e bem trabalhado. A moda pega. E isso pode ser vício, como qualquer outro.

O culto do corpo deixa de ser dado positivo quando se torna sintoma do esvaziamento do espírito: cuidar somente, ou excessivamente, da embalagem pode fazer supor que nada se tenha como conteúdo. Por isso, de novo, preste atenção.

Tampouco se pode defender o sedentarismo exacerbado. Isso pouco ou nada tem da atitude do sábio distanciamento. É acomodar-se com o pior dos mundos possíveis. É preciso controlar o excesso de peso: gordura acumulada no corpo é doença, já, e o caminho mais curto para trazer outras para perto, em breve. O aumento de excesso de peso entre os jovens é algo sério, e preocupante.

É óbvio, e mesmo inexorável, a necessidade de exercitar-se regularmente. Mas não faça disso uma das coisas mais importantes da sua vida. Exceto se você for atleta olímpico ou 'top model' e aí deixou de ser prazer em si, mas tornou-se o corpo a ferramenta de trabalho.

Cuide da saúde, cuide da aparência, mantenha-se limpo e bem apresentado (cabelos, unhas, roupa e sapatos em ordem), tenha a regularidade na prática de exercícios físicos (podem variar muito as recomendações, mas parece bom ter atividade suficiente para te fazer transpirar o suficiente para molhar camiseta), três vezes por semana, ao menos meia hora de exercício aeróbico, cada vez. O conjunto agradece – até sua mente vai operar melhor, se você se mantiver fisicamente saudável.

Mas, aí, também: atenção ao equilíbrio. Não faça o esporte virar doença! Isso pode ser tão inadequado quanto o sedentário empedernido.

É lamentável ver gente que faz disso praticamente a atividade principal, além do trabalho. Sobra pouco tempo para cuidar do espírito. Pode ficar corpo maravilhoso e pessoa que sequer tenha assunto para conversar socialmente, nem interesses culturais: cinema, teatro, música, leitura, pintura e escultura, fotografia, viagens – qual espaço você reserva em sua vida e em sua agenda semanal, mensal, anual, para visitar exposições de arte? e ouvir concertos? quantos livros lê por mês?

O critério pode ser: nada em excesso, como se propõe, para o conjunto. Havia frase dos antigos romanos, desta vez, que resume bem o propósito. O enunciado: MENS SANA IN CORPORE SANO – mente saudável em corpo saudável – este pode ser bom programa de treinamento.

Sexo

> Sex contains all, bodies, souls / Meanings, proofs, purities, delicacies, results, promulgations / Songs, commands, health, pride, the maternal mystery, the seminal milk, / All hopes, benefactions, bestowals, all the passions, loves, beauties, delights of the earth, / All the governments, judges, gods, follow'd persons of the earth. / These are contained in sex as part of itself and justifications of itself
> Walt WHITMAN, **Leaves of grass** (1855-1892)[422]

Esta passagem de Walt WHITMAN consegue combinar lucidez e bom humor a respeito de tema controvertido e sujeito a suscitar controvérsias candentes.

---

[422] Walt WHITMAN, **Leaves of grass** (1st. publ., 1855, other editions with added poems, 1856, 1860, 1876, 1882, 1888, 1892) (New York: Barnes & Noble, 1993).

Muitas das quais ficam literalmente fora do tema ... enquanto chovem interditos e controvérsias a respeito – tudo isso em razão de fato (aparentemente) muito simples: sexo, como leitura, ou esporte, é melhor fazer que falar a respeito. Quanto mais se esvazie a prática, tanto mais proliferam as teorizações a respeito ...

Claro que todo mundo gosta, e todo mundo quer. Mas, aqui, também, a pergunta há de ser: a que preço? Até onde estou disposto a ir, para conseguir? E de modo que possa valer a pena?

Quanto a sociedade procura reprimir e as religiões organizadas circundam de interditos mostra a considerável relevância e o interesse do tema. Nem vale a pena querer recensear tudo o que já se fez e se disse em matéria de abusos e de excessos, em torno do tema: se não for adequadamente aceito e vivido, pode se tornar trauma e fonte de desequilíbrio.

Ao mesmo tempo, em matéria de sexo, como em todas as grandes questões da vida, cada ser humano precisa ter os seus limites – mas que estes sejam determinados de modo consciente – sabe a diferença entre a *auto-limitação* e a *alter-limitação*? Melhor ter consciência desse dado inexorável. Em breves palavras: ou você se coloca os limites, ou colocarão os limites para você e por você.

Em suma, é melhor fazer que falar a respeito. Mas pense como fazer do modo mais adequado. Respeite-se. E respeite o outro. São dois seres humanos, que merecem consideração e respeito, cada um, separadamente, e ambos enquanto parceiros.

Pense que sexo pode ser a coisa mais fácil do mundo para se conseguir. E, quase sempre, prazeroso, mas a que preço? Vale a pena perder noites de sono, para buscar, sem rumo? Quando se consegue, vale a pena ir ao ponto de acordar e nada ter para conversar, depois?

Este capítulo, como o do sono e o da alimentação, pode variar bastante segundo a idade: há fases da vida, nas quais se precisa de mais, e noutras menos. Isso é fisiologicamente compreensível, mas não é a solução de todo o dilema.

Em matéria de sexo, como de outras coisas da vida, a resposta deve estar em cada um, mesmo que você pareça não saber buscá-la. Mas existe dado imanente em cada um. E este não é simplesmente questão de necessidade física. O ponto, de equilíbrio, te fará perceber.

Informalidade

> L'esprit de l'étiquette française paraît avoir
> toujours été de ménager avec un art infini et
> d'accorder les droits les plus étendus de la sou-
> veraineté avec la dignité de l'homme, accord
> délicat et difficile, mais qui peut seul donner
> au trône la majesté et tout l'éclat qu'il peut
> avoir.
>
> Madame De GENLIS, **De l'esprit des
> étiquettes** (1812-1813)[423]

Pode ser uma das grandes qualidades humanas de país como o nosso. E, ao mesmo tempo, um de seus principais defeitos. Ambas as facetas se mostram, o tempo todo, em nossa realidade. Ao mesmo tempo em que se mostram também as diferenças sociais e culturais, marcadas de modo escandaloso, tantas vezes.

Aqui, como em outros campos da vida, convém atentar: para que serve? por que pode ser necessário ter determinadas regras, para ordenar a convivência em sociedade? Da mesma forma que o direito[424], mas em plano distinto, as normas de convivência social visam tornar mais fácil e mais fluida a vida em ambiente social: a linha divisória entre a "informalidade" e a *falta de educação* merece cuidadosa delimitação – neste último caso, o seu comportamento agride e incomoda o outro.

Preste atenção no ponto de equilíbrio e na razoabilidade. Existem diferenças pessoais e profissionais e estas devem ser levadas em conta, para permitir fluir em paz a vida em sociedade.

A informalidade pode ser "falta de formalidade", qualidade do que é informal, em definição de dicionário, "falta de formalidade, de cerimônia". Ao mesmo tempo, nem tudo se pode, assim, resolver.

Nem todas as relações podem ser niveladas, do mesmo modo, nem todo mundo pode ser tratado de igual para igual – a relação entre colegas, enquanto

---

[423] Madame De GENLIS, **De l'esprit des étiquettes de l'ancienne cour et des usages du monde de ce temps** (escrito em 1812-1813, como paródia do que não mais existia – o *'grand monde'* da vida da corte, sob o antigo regime, antes da Revolução francesa, foi este livro retomado e desenvolvido em 1818, sob o título **Dictionnaire des étiquettes**, esta segue a edição, publicada em Rennes: Caillière, texto revisto e anotado por Edouard QUESNET, Paris: Mercure de France, 1996, cit. p. 35), repleto de pérolas como as seguintes: *"Les formes extérieures, les bienséances parfaitement observées ont toujours une grande influence sur les sentiments"* ou *"L'éthique relève du bon goût. Elle est une question d'esthétique."*

[424] V. tb. ensaio *'direito como dado da vida em sociedade'*.

pessoas da mesma faixa etária e da mesma condição não pode ser o parâmetro para a ordenação de todas as suas relações com a vida e com o mundo. Sobretudo em profissão como a jurídica, quer esteja como magistrado ou ministério público, como advogado ou professor.

Nem todos podem ser tratados da mesma forma, em todas as situações. E isso faz parte da vida em sociedade.

A informalidade pode ser canal para "quebrar o gelo", para criar ambiente favorável ao encontro e ao diálogo, mas também pode ser excessiva e pode ser inconveniente. Tenha bom senso: mantenha o seu "desconfiômetro" ligado!

Nem todo é, nem todo mundo pode ser seu amigo. Nem seu inimigo. Nem precisa dar tapinha nas costas de cada um que cumprimente, nem precisa ser um urso, que acorda mal humorado, depois de hibernar na caverna, durante todo o inverno! E passe sem sequer cumprimentar as pessoas.

A vida social, como o nome indica, é aquela que se desenrola – por vezes, se enrola – em sociedade. O que é preciso? Nem todo mundo tem vocação para político profissional, de bater na barriga de todos os homens adultos ventripotentes, nem tampouco afagar cabelo de toda criança que passe ao alcance de suas mãos, mas tampouco precisamos ser o eremita da montanha, que com ninguém fala.

Não se propõe nem seria o caso de cultivar o oposto, a formalidade, o culto da forma, e a verbosidade das formas de polidez e de relação social. Longe disso, é saudável que a vida esteja mais simples e mais simples se viva e se faça viver, em todas as suas facetas.

A formalidade, como indica o próprio termo, serve enquanto forma, enquanto parâmetro, para a organização, mas nada esclarece quanto ao conteúdo. Isso cada um constrói.

A questão da informalidade inexoravelmente se coloca, em relação aos estudantes e aos profissionais do direito. Tenha consciência de que o vocabulário de uso profissional tem de ser estrturado, de modo a que se estabeleça a comunicação[425]. A sua expressão profissionalmente adequada terá de ser construída: não dá para pontilhar com gíria a sua defesa escrita, ou a sustentação oral em tribunal. São canais e caminhos distintos!

Como também na roupa. Ninguém precisa virar "NERD", ou o equivalente nacional, um "CDF" ou "coxinha" – mas não dá para aparecer de sandália de dedo e bermuda para aula magna no salão nobre! Nem para ir ao fórum, ou para fazer reunião com cliente. Você deixou para trás a relação com a 'tia' da escola, e passa a

---

[425] V. tb. ensaio *metodologia e pesquisa*.

circular no mundo adulto. Com todas as vantagens e as desvantagens disso. Esqueça a sua infância: isso ficou, definitivamente, para trás!

Essa mudança é irreversível. Mas, nada em excesso quer dizer, mantenha-se alinhado socialmente, saiba manejar as formas de convivência social, não se confrontar, a todo o momento, com todas as normas de vida em sociedade, mas, ao mesmo tempo, conserve viva a criança dentro de você.

Nada em excesso aplica-se à nossa questão da informalidade. Pode ser parâmetro, para ter bom senso e ordenar de modo tranqüilo as relações da vida, em sociedade.

Normalidade

> "de perto ninguém é normal"
> Caetano VELOSO

Apesar da célebre frase de Caetano, ao menos pode ser possível manter a aparência de normalidade. A sua vida pode ficar mais fácil de ser cuidada, se você for razoável.

A normalidade, tampouco, deve tornar-se uma obsessão: seria 'anormal' querer ser (e parecer) normal, a qualquer preço. Existe expressão em inglês, que traz bem essa conotação, quanto a ser '*conventionally unconventional*' – e aí pode estar ponto de equilíbrio para o tratamento do tema – seja convencionalmente não-convencional. Descubra a sua receita para tanto ...

Dizem certas correntes de psicologia social que pode ser considerado "normal", apesar da reflexão de Caetano, quem consegue manter: emprego estável, relação amorosa estável, e não brigar com os vizinhos. Outros acrescentarão ter por exemplo planta ou animal de estimação, de um dos quais você seja capaz de cuidar.

Parece simples? Pode ser. Ou muito complicado. Conforme se faça o 'gerenciamento de projetos'.

Emprego estável pode ser fácil ou extremamente complicado para ser mantido. Não quer dizer que não se possa mudar de 'emprego', ou mesmo de profissão, mas a idéia, em si, é boa, e pode fazer sentido: a tua relação com o mundo passa por esse canal. Trata-se de ver se você consegue vender o fruto do seu trabalho e manter a tua vida em ordem, na interação com o mundo. E esse canal pode ser a relação de trabalho – você mostra como interage com os outros, e como se coloca, em relação a você mesmo.

Relação amorosa estável. Pode ser a fonte de algumas dentre as maiores alegrias da vida a existência e a continuidade de relação afetivamente relevante, que se mantenha em caráter estável, e como a vida, se renove.

O amor pode ser a fonte das maiores alegrias, como dos maiores sofrimentos para o ser humano. E isso sempre se renova.

A vida tem dimensão afetiva, ao menos tão importante quanto a dimensão física – que consiste em alimentar-se, dormir, cumprir as funções naturais – e a dimensão intelectual – o que se compõe de desempenhar atividades do 'espírito' – como de atuação profissional, mas se isso se faz em meio a um deserto sem ter o espaço reservado e a importância que merece compartilhar carinho, intimidade e afeto com alguém que nos seja afetivamente relevante, faltou a essa vida uma das suas possíveis dimensões essenciais. Para cada um de nós, ao longo da vida, família e afeto[426] serão sempre referenciais: podem ser importantes os pais, podem ser importantes os filhos, pode ser importante a família, mas, sempre podermos contar com alguém, com quem se compartilhe o que temos de mais pessoal e de mais íntimo dá à vida outra dimensão, e a enriquece de facetas mais humanas.

Não brigar com os vizinhos. Pode parecer, teoricamente, simples, dada a pouca intensidade de contato indispensável, mas, apesar de pouco intensas, em razão da freqüência, com a qual estes contatos ocorrem, podem dar-se situações que ensejem conflito. Lembre-se de que o enquadramento da vida social, em contexto de normalidade, tem, na relação com os vizinhos, um dos vetores para ser analisada, e se terá razão para manter o sorriso, o bom dia e boa noite. E dar, em seguida, por encerrado o assunto. Mais vale nem tanto insistir sobre o tema.

Em suma,

'Nada em excesso' serve como abreviatura para todo um programa de vida. Quando situações concretas se colocarem, tenha presente o quanto o conjunto vale mais que cada uma das partes separadamente consideradas: a vida, enquanto todo, único e não repetível, da qual temos o dom, porque a vida, cada um de nós a recebe, mas ao lado deste dom, como não a recebemos pronta, temos a responsabilidade pelo que nela e dela fazemos.

---

[426] Dentre enorme bibliografia disponível, alguns títulos: Michael ARGYLE and Monika HENDERSON, **The anatomy of relationships** (Londres: Penguin, © 1985, reprint, 1990); Myriam Lins de BARROS, **Autoridade e afeto:** avós, filhos e netos na família brasileira (Rio: Jorge Zahar, 1987); Tilmann MOSER, **Grammatik der Gefühle**: Mutmassungen über die ersten Lebensjahre (Frankfurt: Suhrkamp, © 1979, nova ed., 1982); Herbert SCHWEIZER, **Familie im Wandel**: eine Einführung in die gesellschaftlichen Bedingungen heutigen Familienlebens (Freiburg: Herder, 1982).

Nada em excesso significa enxergar e privilegiar o equilíbrio do todo, para que não ocorra o excesso de uma faceta, em detrimento das demais. É ter a percepção da importância do conjunto, e também do fato de que cada um de nós é, em boa medida, o responsável pelo que fazemos de nossas vidas.

Basicamente, as palavras-chave serão: mantenha o equilíbrio. Respeite a si mesmo, e aos outros.

Equilíbrio e respeito. De si próprio, como dos outros. Aí podem estar as bases, para construir a percepção de vários canais e caminhos, em relação a coisas que podem, cada uma das quais ser, em si, boas ou nefastas, segundo se saiba ou não, gerenciar e determinar o peso de cada uma delas em e sobre as nossas vidas.

Podem essas bases, simples, e tão necessárias, contribuir para todo integrado, ou podem te fazer perder a soma do conjunto. Nada em excesso será o codinome para a ênfase na necessidade do equilíbrio do todo.

Quando começar a pender para o lado de extremos, veja bem: pode ser que se faça necessário esforço temporário, podem ocorrer fases na vida de foco necessário, em determinado esforço a realizar, em determinada tarefa a cumprir, em determinada dificuldade a superar, e essas fases cada um de nós enfrenta ao longo da vida, mas se esse esforço de concentração[427] em única faceta pode ser aceitável, em determinada fase, nunca pode se tornar dado permanente. Não é possível perdurar, enquanto estágio permanente de vida. Se começar a se prolongar excessivamente, preste atenção: pode ser o momento, ainda pode ser tempo, para reavaliar o comprometimento com determinadas coisas na tua vida.

A seguir se passa a considerar 'ordenação teleologicamente humana do mundo'.

---

[427] Pierre FEUGA, **L'art de la concentration** (Paris : Albin Michel – espaces libres, 1992, impr. 1993, cit. p. 9) observa que freqüentemente não somos nós que pensamos, mas somos pensados : « le plus souvent nous ne pensons pas; nous sommes pensés. »

Ordenação teleologicamente humana do mundo

> Les événements ne font pas l'histoire; l'histoire ne signifie pas le progrès; le monde va de l'avant par intermittence; il peut donc avoir une fin, une fin précipitée.
>
> Mircea ELIADE **Fragmentarium** (do original romeno de 1937) [428]

A ordenação teleologicamente humana do mundo constituiria modelo novo que, todavia, não se acha configurado. Diversamente de modelos de vocação teocrática, ou voltados para a deificação do estado, nos quais o homem se torna acessório, cabe ver o caráter primordial dessa ordenação teleologicamente humana do mundo.

Vamos pensar quanto tempo levou a humanidade até repudiar a guerra como ferramenta válida para a política internacional? Ou até que se condenasse de modo claro o colonialismo, para dar lugar à autodeterminação dos povos, como princípio do direito internacional pós-moderno? Da formação e institucionalização do direito

---

[428] Mircea ELIADE **Fragmentarium** (traduit du roumain par Alain PARUIT, Paris: L'Herne, 1989, citação do artigo, *"La technique du mépris"* pp. 179/183, cit. em epígrafe, p. 182). Cabe adotar essa postura como necessidade para permitir a reflexão, destacando-se tanto quanto possível das contingências humanas, como ressalta ELIADE, no mesmo artigo (p. 180): "on échappe à la domination de la plus humiliante des passions, la haine. Une parfaite ascèse. Car on ne s'abandonne pas à une passion: on la maîtrise, on la stérilise. Pouvoir mépriser un homme, une société, un climat historique – les mépriser sereinement, sincèrement, sans crispation, sans esprit de vengeance --, voilà un geste moral qu'on ne rencontre plus que rarement chez nos contemporains." E prossegue (p. 181/2): "Le mépris suppose une vision antihistorique: se désolidariser des événements, croire aux significations. RIVAROL s'est désolidarisé de la Révolution, c'est-à-dire qu'il n'a pas cru à la force créatrice des événements dans l'histoire, et qu'il s'est contenté des significations morales de son temps. C'était lui qui avait raison: il n'a pas été grugé par son attitude antihistorique. Après la Révolution, l'homme est resté tout aussi funeste et inessentiel qu'avant. Les considérations morales trouvées par RIVAROL gardent toujours leur validité, alors que le phénomène révolutionnaire est terminé et dépassé depuis longtemps (l'étendard de la Révolution de 1789 est aujourd'hui honni par les combattants d'une autre révolution)."

internacional dos direitos humanos? Da mesma forma a consolidação de parâmetros regulatórios dos espaços comuns e do meio ambiente?

Quanto ainda pode parecer amadora a formulação do Pacto BRIAND--KELLOGG (1928)? Tentar proscrever a guerra, quando e quanto o contexto internacional já prenunciava – apontava K. STRUPP (1934)[429] – o que estaria por vir, e já estava preparado o caminho que levou ao conflito de 1939-1945? Contudo, não se pode, nem se deve, esquecer quanto essa formulação representa marco válido de afirmação da não-juridicidade intrínseca da guerra.

Muito embora as guerras ainda ocorram, e as alegações para justificá-las se renovem, é, contudo, no mínimo curioso observar quão freqüentemente se vão buscar, nas justificativas para tais ações, formulações próximas dos valores que, substancialmente, essas mesmas ações negam. A implementação efetiva desse princípio terá de ser buscada mais tarde. Há de se ver se e em qual medida tal possibilidade será humanamente viável[430].

A importância da regulação do uso da força por sistema internacional[431] não pode ser excessivamente enfatizada: a institucionalização desta seria a solução da grande questão, especificamente da guerra, e do uso da força ou ameaça do uso desta, em geral, para a humanidade, e permitiria "afastar das gerações futuras" a reincidência do "flagelo da guerra". A idéia é aceitável, como tal, somente faltaria

---

[429] Karl STRUPP, **Les règles générales du droit de la paix** (RCADI, 1934, t. 47, pp. 257-596), especialmente em seu capítulo final, apesar de se ter declarado ao início como positivista, enfatiza o papel do direito como instrumento para a regulação da vida em sociedade, nos planos interno e internacional, e a necessidade destas normas para a preservação da vida civilizada. Com a chegada dos nazistas ao poder, Karl STRUPP perdera a sua cátedra de direito internacional na universidade de Frankfurt-sobre-o-Meno, no ano anterior e se tornara professor de direito internacional na Universidade de Istambul, antes de se mudar para Paris. Quando os nazistas invadiram a França, Karl STRUPP suicidou-se em Paris, em 1940.

[430] O tema da guerra e da paz aparece muito antes de Hugo GRÓCIO, como neste e nos autores posteriores, ao longo de séculos. Para GRÓCIO, desde o título do seu **De jure belli ac pacis** esta seria e permanece a grande questão, não somente do direito internacional, da política e das relações internacionais. Da mesma forma, seu contemporâneo Alberico GENTILI, **Direito de guerra** (do original **De jure belli libri tres** trad. Ciro MIORANZA, intr. Diego PANIZZA, Ijuí: Ed. Unijuí, 2004), enfatiza o exame do direito guerra, em três livros! O Abbé de SAINT-PIERRE foi o precursor da idéia, em seu **Projeto para tornar perpétua a paz na Europa** (trad. Sérgio DUARTE, pref. Ricardo SEITENFUS, Brasília: Ed. UnB / IPRI, São Paulo: IOE, 1ª ed. bras., 2003) depois retomada por KANT, no ensaio de 1795, cuja formulação se tornou a mais conhecida, dentre os vários autores do século xviii, que escreveram sobre o tema.

[431] P. B. CASELLA, **Fundamentos do direito internacional pós-moderno** (São Paulo: Quartier Latin, 2008, esp. o item xv "contingência e uso da força no direito internacional"); Norman ANGELL, **A grande ilusão** (do original **The great illusion**, © 1910, ed. rev. 1933, trad. Sérgio BATH, Brasília: Ed. UnB / IPRI; São Paulo: IOE, 2002).

assegurar a sua efetiva implementação na prática, sem derrogação possível, por qualquer país, a qualquer pretexto.

De dimensão utópica passa a regulação do uso da força e da guerra a ser parte do direito internacional positivo. Resta assegurar que se efetive a aplicação.

Esboça-se sistema internacional, regulador do uso da força, no Pacto da Liga das Nações, art. 16, "se algum membro da sociedade recorrer à guerra contrariamente aos compromissos assumidos[432], será *ipso facto* considerado como tendo cometido um ato de guerra contra todos os outros membros da sociedade".[433]

Foi na Carta da ONU desenvolvido o conceito que, se aplicado, poderia representar enorme progresso, onde se instaura sistema internacional regulador do uso legítimo da força, conforme o art. 2° da Carta, ao enumerar que para cumprir os propósitos da organização, os seus membros agirão de acordo com os princípios ali estipulados, dentre os quais o parágrafo 4°, "todos os membros deverão evitar em suas relações internacionais, a ameaça e o uso da força contra a integridade territorial ou a independência política de qualquer estado, ou qualquer ação incompatível com os propósitos das Nações Unidas",[434] e o capítulo vii da Carta, regula a ação relativa a ameaças à paz, ruptura da paz e atos de agressão, nos seus artigos 39 a 51. Logicamente muitas vezes pode ser problema de definição de quem seja o "agressor", no direito internacional pós-moderno, como analisava W. KOMARNICKI (1949)[435].

Na interpretação destas ocorre considerável ampliação das atribuições do Conselho de Segurança, nos anos 1990, conforme Y. KERBRAT (1995)[436]. Impõe-se, contudo, assegurar a objetividade de julgamento e de tratamento de situações

---

[432] Previa o Pacto da Sociedade das Nações, nos seus arts. 12, 13 e 15, a obrigação dos membros em buscar solução pacífica de controvérsias, submetendo o caso seja a processo de arbitragem, seja a solução judiciária, seja ao exame do Conselho.

[433] Com as conseqüências desse ato decorrentes, especificadas nos parágrafos seguintes do art. 16 do Pacto.

[434] Nem sempre fácil o equilíbrio entre o direito internacional e a jurisdição interna dos estados, como mostra F. ERMACORA, em curso na Haia, **Human rights and domestic jurisdiction: article 2, par. 7 of the Charter** (RCADI, 1968-II, t. 124, pp. 371-452).

[435] W. KOMARNICKI, **La définition de l'agresseur dans le droit international moderne** (RCADI, 1949, t. 75, pp. 1-114).

[436] Yann KERBRAT, **La référence au chapitre vii de la Charte des Nations Unies dans les résolutions à caractère humanitaire du Conseil de sécurité** (préface de Mario BETTATI, Paris: LGDJ, 1995 ; 1ere. partie : l'élargissement de la notion de menace contre la paix, fondement de la référence au chapitre vii' e 2e. partie, 'la référence au chapitre vii, instrument de l'action du Conseil de sécurité en matière humanitaire').

concretas, de modo equivalente, como ressaltam D. L. TEHINDRAZANARIVE-LO (2005) e M. BENNOUNA (2002)[437].

Observado tal como na Carta se estipula, estaria a guerra afastada como 'flagelo da humanidade', e ficaria afastado o uso da força, exceto: como "meio coercitivo" em nome da organização, ou como violação do direito internacional. Todo "uso da força", exceto se autorizado pela organização, seria ilegal. Isso até mesmo em relação à legítima defesa.

Ainda nos tempos da Liga das Nações, E. GIRAUD elaborava, em inteiro curso na Haia (1934)[438], a teoria da legítima defesa. À visão deste, pode-se contrapor a análise da "guerra, agressão e auto-defesa" desenvolvida por Yoran DINSTEIN (1988, 2004)[439] ou ainda Lori DAMROSCH et al. (1991) ou desta mesma Lori DAMROSCH, seu curso na Haia (1997)[440].

A legítima defesa, conceitualmente resguardada, no artigo 51, tem a sua extensão limitada, "até que o Conselho de Segurança tenha tomado as medidas necessárias para a manutenção da paz e da segurança internacionais" e as medidas tomadas, no exercício do direito de legítima defesa devem ser comunicadas imediatamente ao Conselho, e "não deverão de modo algum atingir a autoridade e a responsabilidade que a presente Carta atribui ao Conselho para levar a efeito, em qualquer tempo, a ação que julgar necessária à manutenção ou ao restabelecimento da paz e da segurança internacionais."

Representa avanço no direito internacional positivo exista tal regulação. Contudo, a norma, não obstante inscrita em tratado vigente, tem de ser cumprida. Não é o que mostram exemplos recentes de violação do direito internacional vigente, mediante recurso à guerra[441] por decisão de determinado país, acompanhado por grupo de países, autodesignados de coalização, sem base legal.

---

[437] Djacoba Liva TEHINDRAZANARIVELO, **Les sanctions des Nations-Unies et leurs effets secondaires : assistance aux victimes et voies juridiques de prévention** (avant-propos de Raymond RANJEVA, préface de Georges ABI-SAAB, Paris : PUF / publications de l'IUHEI, de Genebra, 2005) ; Mohammed BENNOUNA, **Les sanctions économiques de l'ONU** (RCADI, 2002, t. 300, pp. 9-78).

[438] E. GIRAUD, **La théorie de la légitime défense** (RCADI, 1934, t. 49, pp. 687-868).

[439] Yoran DINSTEIN, **Guerra, agressão e legítima defesa** (do original **War, aggression and self-defence** © 1988, 3ª. ed. inglesa 2001, trad. Mauro Raposo de MELLO, rev. "científica" de Guilherme de Assis ALMEIDA, Barueri: Manole, 3ª ed., 2004).

[440] Lori F. DAMROSCH & David J. SCHEFFER (ed. by), **Law and force in the new international order** (Boulder / Oxford: Westview Press, 1991); Lori Fisler DAMROSCH, na Haia, **Enforcing international law through non-forcible measures** (RCADI, 1997-IV, t. 269, pp. 9-250).

[441] Não parece haver sustentação, com base no direito internacional vigente, para justificar a invasão do Iraque

A advertência de KANT e outros se faz no sentido de que a paz não é somente a ausência de guerra, mas se há de construir conteúdo positivo, de modo a permitir a duração desta[442]. A questão não é somente de se chegar à paz, de a fazer durar. A questão para o direito internacional é a mesma: a duração. Como toda instituição humana, não se haverá de pretender que possa ser eterna, mas deve ter alguma durabilidade razoável. O que possa ser essa durabilidade e essa razoabilidade são outras complexas questões, a serem enfrentadas e resolvidas, algum dia, pela humanidade.

A busca se há de fazer de modo, tanto quanto possível, tranqüilo e destacado das contingências do dia-a-dia: de novo pode-se dizer não ser isso humanamente viável – pois, assim, não se há de buscar o que for impossível: melhor buscar o que pode ser conseguido. Ai pode haver espaço para atuar de modo sensível e sensato – dentro do que for humanamente viável e possível.

Nesse sentido se inscreve a citação de Mircea ELIADE e a recomendação de buscar certo distanciamento em relação aos fatos correntes, para poder melhor captar-lhes o alcance e sentido: "os acontecimentos não fazem a história. A história não significa o progresso. O mundo avança de modo intermitente; pode, este, portanto, ter fim, um fim precipitado".

Certo distanciamento, sem crispação, sem ódio, sem ressentimentos. Buscar o sentido, buscando a visão de conjunto a mais ampla que se puder alcançar.[443]

Determinadas correntes ainda defendem a condição do estado como sujeito, se não único, ao menos o predominante no plano internacional, e se relega o indivíduo

---

(a partir de março de 2003); tampouco parece ter sustentação, como estratégia, seja esta política, militar ou econômica, para os agressores. O impacto desse ato, além do caso concreto, de desprezo e violação das normas de direito internacional, já acarretou a morte de mais de cem mil civis iraquianos, além de alguns milhares de soldados das 'forças de coalizão', tem efeito disruptor, cria precedente pernicioso, enfraquece na prática e compromete a validade conceitual do sistema, como poderá ser testado em situações futuras. Além do risco crescente de fazer mergulhar o país ocupado em guerra civil, dilacerado entre xiitas, sunitas e curdos.

[442] Evita-se retomar aqui, e remete-se ao estudo: P. B. CASELLA, *"Pax perpetua – a review of the concept from the perspective of economic integration"* (in **Dimensão internacional do direito: estudos em homenagem a G.E. do NASCIMENTO E SILVA**, coord. P. B. CASELLA, São Paulo: LTr, 2000, pp. 69-88). A respeito de autores que refletiram sobre o tema da paz, aplicado às relações internacionais, especificamente no contexto europeu, lembre-se o item b/c *"projetos e experiências de união européia: antecedentes históricos"* (no capítulo *"contexto internacional e especificidades européias"* do livro **União Européia: instituições e ordenamento jurídico**, São Paulo: LTr, 2002, pp. 45-102, esp. 54-71).

[443] Nesse sentido, P. B. CASELLA, **Fundamentos do direito internacional pós-moderno** (prólogo de Hugo CAMINOS, São Paulo: Quartier Latin, 2008) a escolha da formulação do item v, 'direito internacional e duração' se põe no sentido exato dessa busca do que possa ser relevante, do que possa ser essencial para a consolidação da disciplina, no contexto pós-moderno: quais as normas e parâmetros poderão ser adotados? quais são os que permanecerão? e por quanto tempo? A eternidade, de novo, não é deste mundo.

a plano secundário, ou amparado por medidas de cunho 'assistencial'. Estas são repulsivas e pouco eficientes, quer nos planos internos, como no plano geral.

Pode ainda parecer remota, mas se há de conceber, na linha de G. FITZMAURICE (1957)[444] a ordenação da sociedade internacional sob o ponto de vista da regência legal (*rule of law*). Não somente do ponto de vista dos princípios gerais do direito.

A ordenação legal de qualquer sociedade resulta da determinação de concepção global desta, na elaboração e formulação dos conceitos basilares. A sociedade internacional pode carecer de estruturas institucionais, mas não de formulações teorizantes a respeito desta. De valor e de alcance variáveis[445].

A regência efetiva da sociedade internacional pelo direito ainda é antes anseio que efetividade, como aponta Giovanni DISTEFANO (2002)[446]. Por isso as representações ideais ainda desempenham papel de tal importância neste campo: para dar modelos que possam informar a configuração da realidade, como tal. O mundo não é um estado de direito!

Celso D. A. MELLO (1983)[447] lembrava: "o princípio da *efetividade* se sobrepõe na ordem jurídica internacional ao princípio da *legitimidade* e se aquele for aplicado em suas últimas conseqüências conduz à negação deste, ou de um outro ponto de vista, podemos dizer que a *legitimidade* no direito internacional público é a *efetividade*".[448]

---

[444] Gerald FITZMAURICE, **The general principles of international law considered from the standpoint of the rule of law** (RCADI, 1957, t. 92, pp. 1-228).

[445] Dominique CARREAU, **Droit international** (Paris: Pedone, 4a. ed., 1994, section 'la société transnationale contemporaine et les nouveaux développements du droit international', pp. 24-33, cit. p. 24) : "Depuis la fin de la seconde guerre mondiale, la société internationale a connu des bouleversements considérables. Ces transformations profondes sont de deux types, horizontal et vertical. Sur le plan horizontal, des nouveaux acteurs de la société internationale sont apparus de sorte que cette dernière a perdu son homogénéité initiale pour se caractériser maintenant par son 'hétérogéneité'. Sur le plan vertical, des nouveaux et nombreux domaines sont apparus et ont ainsi élargi la sphère d'influence du droit international. Le jeu combiné de ces deux phénomènes a incontestablement rendu plus complexe la compréhension du droit international et de son rôle – sans parler de sa définition. "

[446] Giovanni DISTEFANO, **L'ordre international entre légalité et effectivité : le titre juridique dans le contentieux territorial** (préf. Georges ABI-SAAB, Paris: Pedone, publications IUHEI, 2002).

[447] Celso D. de Albuquerque MELLO, *O governo e o direito internacional público* (in **Estudos jurídicos em homenagem ao professor Haroldo VALLADÃO: estudos, homenagens, manifestações de solidariedade, currículo**, Rio: Freitas Bastos, 1983, pp. 78-89)

[448] C. D. A. MELLO (art. cit., 1983, p. 81, e mais adiante, p. 89) cita "alguns estados impõem à sua política externa critérios que buscam uma *legitimidade*, como é o caso da Suécia que só concede assistência externa

Esse dado de confrontação da *legitimidade* pela *efetividade* foi mutuamente destrutivo, no plano internacional, durante o período da guerra fria (1949-1989). Depois de década de relativa melhora na operação do sistema institucional internacional (1990-2000), teve recrudescimento lamentável o uso unilateral da força armada, nos últimos anos, com os notórios e desastrosos exemplos das invasões do Afeganistão (desde 2001) e do Iraque (desde 2003), sob a égide da alegada 'luta contra o terrorismo'.

Papel considerável desempenham os mitos fundadores de qualquer sociedade, como nos apresentam James George FRAZER[449], Georges DUMEZIL[450], Carl--Gustav JUNG e Karl KERENYI[451], Marcel DETIENNE[452] e Mircea ELIADE[453],

---

aos estados (governos) que realizam determinadas reformas sociais" (...) "Pode-se dizer que as relações internacionais sendo muito mais políticas do que jurídicas, o governo é o principal elemento do estado. São esquecidos inclusive os direitos do povo para só o governo interessar às relações internacionais. Não importa se o governo representa ou não a população, o que interessa é saber se ele tem meios para obrigá-la a obedecê-lo. Se o novo estado tem um governo 'amigo' é imediatamente reconhecido, caso contrário, não o é. Parece-nos que quando a ordem internacional for mais desenvolvida (institucionalizada), talvez se possa estabelecer critérios de legitimidade. Infelizmente a política ainda é nas relações internacionais mais importante que o direito internacional público. Enfim, o direito internacional público é política e é difícil traçar os limites entre um e outro."

[449] James George FRAZER, **The golden bough: a study in magic and religion** (London: Macmillan, 1st. ed., 1913, reprinted 1990, treze volumes).

[450] Dentre tantos, de Georges DUMEZIL : **Mythe et épopée I** (Paris: Gallimard – NRF, 5ª. ed., (c) 1968, nova ed., 1986, impr. 1989); **Mythe et épopée II** (Paris: Gallimard – NRF, 4ª. ed., (c) 1971, nova ed., 1986, impr. 1988) ; **Mythe et épopée III** (Paris: Gallimard – NRF, 3ª. ed., corrigida, (c) 1973, nova ed., 1981, impr. 1986) ; **L'oubli de l'homme et l'honneur des dieux: esquisses de mythologie** (Paris: Gallimard – NRF, (c) 1985, impr. 1985) ; **Les dieux souverains des indo-européens** (Paris: Gallimard – NRF, 3ª. ed., « revue et corrigée », (c) 1977, nova ed., 1986, impr. 1988); **Mythes et dieux des indo-européens** textes réunis et présentés par Hervé COUTOU-BÉGARIE (Paris: Flammarion – Champs, © 1992, impr. 1994).

[451] Carl Gustav JUNG e Karl KERÉNYI, **Essays on a science of mythology** (translated by R. F. C. HULL, New York: Bollingen Foundation / Princeton: University Press, © 1949, 1st. paperback ed., 1969, 3rd. printing, 1973); Karl KERÉNYI, **Die Mythologie der Griechen I. Die Götter- und Menschheitsgeschichten II. Die Heroengeschichten** (Munique: DTV, 1. Auflage, 1966; 6. Auflage, 1983)

[452] Marcek DETIENNE, **L'invention de la mythologie** (Paris: Gallimard – NRF, © 1981, impr. 1987).

[453] Dentre tantos títulos de Mircea ELIADE, destaque para **History of religious ideas and beliefs I. from the stone age to the Eleusinian mysteries** (do original francês **Histoire des croyances et des idées religieuses** Paris: Payot, © 1976, translated by Willard R. TRASK, Chicago: University Press, 1978), **II. From Gautama Buddha to the triumph of Christianity** (do original francês, © Paris: Payot, 1978, translated by Willard R. TRASK, Chicago: University Press, 1st. publ., 1982, paperback 1984), **III. From Muhammad to the age of reforms** (do original francês © Paris: Payot, 1983, translated by Alf HILTEBEITEL and Diane APOSTOLOS-CAPPADONA, Chicago: University Press, publ. 1985); **Aspects du mythe** (Paris: Gallimard – Folio, © 1963, impr. 1989); **La nostalgie des origines: méthodologie et histoire des religions** (do original **The Quest** © Chicago: University Press, 1969; ed. Francesa, Paris: Gallimard – Folio – Essais, © 1971, impr. 1991).

em relação a contextos de distintas civilizações. Facilmente serão estes passíveis de transposição para contextos de mitos internacionais.

A sociedade internacional também tem os seus mitos. René-Jean DUPUY (1987), em conferência a respeito do mito na vida internacional[454] aponta o lugar do imaginário, na vida internacional, cuja compreensão exigiria considerar o mito em sua tripla acepção: primeiro, relato, tal como apresenta a mitologia grega, de ilustração exemplar; segundo, em sentido pejorativo, idéia sumária, simplificada – "a respeito do erro do outro, que nos surpreende que este, tão inteligente, o possa conservar" – e, enfim, o mito pode ser idéia força, corrente de pensamento, animador e criador, que engendra brutalmente o desejo de se realizar na História.

Qualquer que seja a acepção tomada, o mito se inscreve na ordem do irracional. Por isso sempre foi condenado pelo positivismo, que o perseguiu em todos os cantos, de todas as ciências. Ironiza DUPUY (1987), o positivismo estimava que se tratava do comportamento do mistificado, o mais desconsiderado de todos. De Roberto AGO (1956) a Emmanuel ROUCOUNAS (2002), a questão do positivismo ainda merece reparos. [455]

Neste tempo pós-moderno, justamente, assiste-se à redescoberta do irracional[456] na vida política interna e, muito mais ainda, na atividade política internacional. Percebe-se o mito como forma de conhecimento – o conhecimento mítico, a consciência mítica – que desemboca na ação, e esta se faz, normalmente, por meio de um rito. Assim existe entre o mito e o rito ligação evidente que confere a esta representação coletiva de determinado povo, de grupo social, qualquer seja este, a possibilidade de se encarnar.

---

[454] René-Jean DUPUY, « Le mythe dans la vie internationale » (le texte est la transcription littérale de l'enregistrement de la conférence faite par Mr. le Prof. René-Jean DUPUY, le 14 décembre 1987, à Nice, préface de Claude NIGOUL e Maurice TORRELLI, Cycle de conférences portant sur 'La diplomatie nouvelle', Nice : Institut du droit de la paix et du développement / Institut européen des hautes études internationales, 1988).

[455] A respeito do positivismo, sempre útil voltar a Roberto AGO, **Science juridique et droit international** (RCADI, 1956, t. 90, pp. 851-958); v. tb. E. ROUCOUNAS, **Facteurs prives et droit international** (RCADI, 2002, t. 299, pp. 9-420, cit. p. 28) : « Les auteurs contemporains adoptent, sans se réclamer toujours du positivisme et sans se départir dans tous les cas du vocabulaire traditionnel, une multitude d'approches nuancées ».

[456] Contrariamente à opinião corrente a respeito dos gregos antigos como totalmente lógico-racionais, E. R. DODDS mostra em seu **The Greeks and the irrational**, 1959, quanto isso se afastava da realidade deles (trad. Michael GIBSON, **Les grecs et l'irrationnel** © 1965, Ed. Montaigne, © 1977 Flammarion, impr. 1984).

Como já o mostrava Alexis de TOCQUEVILLE (1805-1859)[457], vivemos a 'era das massas', e, em nossos dias, na medida em que os homens sentem medo e a necessidade de se sentirem seguros, agarrando-se a idéias pré-concebidas; esse irracional lhes é necessário.

TOCQUEVILLE, convencido de que a idéia democrática, que consiste na igualdade de condições é fato providencial (*fait providentiel*), que tornou inevitável a ruína da aristocracia, tentou definir os meios de instaurar a liberdade, no seio da sociedade democrática. Segundo TOCQUEVILLE, pode decorrer da democracia perigo terrível, o de ver o estado limitar todas as liberdades, em nome da alegada 'vontade popular'.

A questão central será a determinação da expressão e do conteúdo de tal 'vontade popular': sua expressão não pode ficar sujeita ao arbítrio do estado. Os remédios para evitar o despotismo da maioria são tanto políticos (descentralização, liberdade de imprensa e defesa das liberdades locais), sociais (desenvolvimento da sociedade civil) e jurídicos (tais como a independência do poder judiciário), em demonstração fundada sobre o exame de fatos históricos, com lógica e com rigor metódico que o aproximam de MONTESQUIEU.

No passado, reflete DUPUY, quando se evocava a vida internacional e os mitos que nesta se poderia descobrir, pensava-se em algumas idéias força, que governavam a gestão da política externa. Essas idéias eram tradicionais, como a da política das funções naturais, por exemplo, e a esta ficava sujeito todo o pessoal diplomático. Poderiam ter sido qualificadas de 'mitos de peritos' ou de especialistas. Com o correr do tempo, cessaram de refletir, de recolocar em questão as opções estratégicas ou políticas, adotadas muito antes deles, e que continuavam a repetir, com prodigalidade. É, assim, evidente que de todos esses mitos, reservados aos atores da vida internacional, os povos somente recebiam ecos amortecidos.

Já no século xix, e, sobretudo, no século xx, tudo evoluiu e assistiu-se à entrada dos mitos nas nações, das quais o inimigo hereditário deixa de ser o objeto da prevenção dos diplomatas, para ser aquele do ódio das multidões. Por assim

---

[457] Charles Alexis Cherel de TOCQUEVILLE, **O antigo regime e a revolução** (do original de 1856, **L'ancien regime et la révolution**, trad. Yvonne Jean da FONSECA, apres. Zevedei BARBU, Brasília: Ed. UnB, col. pensamento político, vol. 10, 1979); Alexis de TOCQUEVILLE, **A democracia na América** (1835-1840, trad., pref. e notas de Neil Ribeiro da SILVA, São Paulo: Edusp / Belo Horizonte: Itatiaia, 1977).

dizer, os mitos são jogados para o pasto dos povos, de tal modo que estes se tornem instrumentos da política externa, que os poderes utilizam para animar e para fazer trabalhar as consciências populares: democratiza-se a esperança, mas, igualmente, democratiza-se a angústia. Nessa atmosfera, o irracional chega a lugar incomparável. Lugar esse que CHATEAUBRIAND já tinha percebido e denunciado, e que Paul VALÉRY, o mestre da lucidez, tinha admiravelmente definido: "a política foi, primeiro, a arte de impedir que as pessoas se ocupassem do que lhes dizia respeito; na época seguinte, juntou-se-lhe a arte de obrigar as pessoas a decidir sobre coisas a respeito das quais nada entendem".[458]

Nas atuais condições podem ser detectados dois conjuntos de mitos: os mitos fracionados[459] vão se situar no nível das nações, ou em região geográfica ou ideológica determinada, do planeta – tais fenômenos existem, pois toda comunidade gera mitos – e, de outro lado, vão afrontar-se a estes os mitos messiânicos[460], de vocação universal – mitos que levam em si promessas dirigidas ao mundo tomado como todo.

A História evolui na dialética da repetição e da invenção, conclui DUPUY[461]. Desse modo, o mito ajuda o homem a viver, pois o que o caracteriza não é o eterno retorno, mas seu eterno relançamento.

Na vida internacional, além dos mitos, também as suas quimeras. Modismos como o direito ao desenvolvimento, seguidos da crise e da crítica deste, a nova ordem

---

[458] René-Jean DUPUY, « *Le mythe dans la vie internationale* » (conferência citada, ed. 1988, pp. 2-3).

[459] René-Jean DUPUY, « *Le mythe dans la vie internationale* » (conf. cit., pp. 4-11) : « Il s'agit de mythes-héritages bien souvent, car ils rejettent la perfection dans le passé. » (...) « Mais ce sont aussi des mythes d'anticipation, des mythes qui prédisent le bonheur à venir. Dans cette perspective, les domanes où ils opèrent sont très divers. »

[460] René-Jean DUPUY, « *Le mythe dans la vie internationale* » (conf. cit., pp. 11-21) : « Les mythes messianiques, répondant aux aspirations profondes des hommes, vont péser un poids considérable sur l'opinion publique mondiale, mais aussi subir d'habiles maniements et manipulations. / « L'on se demande fréquemment si l'Histoire se façonne par les hommes ou si elle se réalise par les masses. En réalité, elle tient des deux, même si d'aucuns expliquent que l'homme n'est qu'un bouchon sur la vague, que NAPOLÉON ne fut qu'un epiphénomène – nous pensons au '18 Brumaire' de Karl MARX – Karl MARX qui, loin d'être solitaire dans sa démarche, a montré que les mouvements de l'Histoire se faisaient par les masses, sera rejoint sur ce plan par toute l'école de la nouvelle histoire. / « L'Histoire tient donc des deux parce que, s'il est sérieux de penser que les masses y jouent un rôle, il importe de ne pas ignorer qu'elles le jouent en concurrence avec les hommes. Rôle qui se découvrira à travers la mythologie qui est la réaction fondamentale et immédiate des masses. / « Aussi, pour le saisir, nous risquerons-nous de nous interroger sur la nature de ces mythes messianiques, ce qui nous permettra ensuite d'examiner la façon avec laquelle les États les captureront. »

[461] R.-J. DUPUY (conf. cit., p. 19 e conclusão): "Ce retour au *statu quo ante*, résultant de la politique du désarmement, apparaît donc comme le dernier mythe qui permet de rattacher l'avenir au passé afin de goûter cette ultime rassurante tranquilité."

econômica internacional, e a crítica das mistificações da nova ordem econômica internacional,[462] mais recentemente boa parte das expectativas ligadas ao direito internacional do meio-ambiente, seriam alguns exemplos recentes dessa dimensão. Outros preferem chamá-las de *soft law*.

São necessários, mas nem por isso serão imediata ou facilmente alcançáveis, dada a resistência das modalidades tradicionais de atuação dos estados[463], que manifestarão externamente as mesmas condicionantes marcadas pelas injunções políticas internas, que possam influenciar ou determinar os resultados das eleições seguintes. Políticos demais; estadistas de menos. Ao mesmo tempo em que não se pode nem deve desCartar o lugar das sínteses doutrinais, no direito internacional pós-moderno.

Mencionava Paul REUTER (1950, 1995)[464]: "em nenhum ramo do direito, as grandes sínteses doutrinais tem lugar tão importante quanto em direito internacio-

---

[462] Celso D. de Albuquerque MELLO, *Aspectos gerais do direito internacional público contemporâneo* (XI Curso de derecho internacional, Rio de Janeiro, "organizado por el Comitê jurídico interamericano, con la cooperación de la Secretaria general de la OEA, en agosto de 1984", Washington : O.E.A.- secretaria general, 1985, pp. 3-27, item vii, 'nova ordem econômica internacional', pp. 15-16): "Este tema surgiu por pressão dos subdesenvolvidos, em 1974, na Assembléia-geral da Organização das Nações Unidas. Os documentos que a integram não são apenas econômicos, mas também políticos. Um autor francês (Jacques MOURGEON) sustenta que a 'declaração relativa à instauração de uma nova ordem econômica' e o 'programa de ação relativa à instauração de uma nova ordem econômica internacional' tem na descolonização econômica a mesma importância que a Declaração de Bandoeng para a descolonização política. Um de seus mais famosos documentos é a Carta de direitos e deveres econômicos dos estados, aprovada pela Assembléia-geral em 1974, e que tem a sua origem em um discurso do presidente ETCHEVERRIA do México na Terceira conferência das Nações Unidas sobre comércio e desenvolvimento (1972), em Santiago do Chile. Esta Carta estabelece os 'princípios das relações econômicas internacionais', bem como indica o seu título os direitos e deveres econômicos dos estados. Não é fácil classificar a natureza dessa Carta, vez que ela não é um tratado no sentido clássico da palavra."

[463] Em 23 de março de 1998, em Paris, a Sociedade francesa de direito internacional organizou jornada de estudos, em memória de René-Jean DUPUY, cujas contribuições foram reunidas e publicadas no volume **Ouvertures en droit international: hommage à René-Jean DUPUY** (Paris: Pedone / SFDI, 2000), dentre os quais Mario BETTATI, "*Droit relationnel et droit institutionnel dans la pensée de René-Jean DUPUY*" (vol. cit., 2000, pp. 97-104) enfatiza a diferença essencial entre o que DUPUY denominava **direito relacional** e **direito institucional**, no plano internacional. Este último corresponderia à nova fase de evolução do direito internacional pós-moderno.

[464] Paul REUTER, *Quelques remarques sur la situation juridique des particuliers en droit international public* (1950, in **Le développment de l'ordre juridique international**: écrits de droit international, Paris : Economica, 1995, pp. 51-64, cit. pp. 51-52) e prossegue : « Sans grand arbitraire, on peut dire que le sort et le rôle assignés aux particuliers, leurs droits et leur personnalité par rapport à l'état soulèvent des problèmes décisifs, sur lesquels se partagent les systèmes et les esprits. » (...) « Les constructions systématiques du droit international de ces dernières années qui ont visé à la plus grande rigueur, qui ont voulu ordonner l'ensemble des règles de droit en un tout parfaitement cohérent pour constituer ce que nos anciens auteurs appellaient justement 'un corps de droit' sont nécessairement celles qui sont applées à prendre les positions les plus radicales sur la situation des particuliers en droit international public. »

nal público. Isso se deve não somente à gravidade e complexidade dos problemas, às imperfeições de disciplina relativamente nova, e ao caráter anárquico da sociedade internacional, mais ainda à ausência de base formal fundamental, análoga à constituição, tal como existe na maioria dos sistemas internos. Quais são as fontes do direito internacional? Quais são os órgãos competentes para dizer o direito e aplicá-lo? Não é possível responder a essas questões fundamentais, sem operar opções doutrinais, mesmo sem concordar com posições doutrinárias de Paul GUGGENHEIM (1958, 1952, 1949, 1932)[465]. Sem dúvida a parte da construção teórica pode ser maior ou menor, mas mesmo o trabalho que se pretenda o mais impessoal não o poderia dispensar".

O reconhecimento progressivo de modalidades de criação de normas internacionais, efetivos e atuantes, embora não previstos, por exemplo, na formulação clássica a respeito das fontes -- o art. 38 do Estatuto da CIJ – vem refletir a percepção das mutações da operação da realidade internacional, nas últimas décadas. Nesse sentido, A. J. P. TAMMES já estudava (1958)[466], o papel das "decisões de órgãos internacionais como fontes do direito internacional".

O mesmo Paul REUTER (1976)[467] observava não haver motivo para que os indivíduos e os grupamentos humanos não pudessem aceder à condição de sujeitos do direito internacional, dentro de certos limites, na medida em que seus direitos e suas obrigações estivessem *diretamente estipulados e sancionados* pelo direito internacional. Via 'desenvolvimento progressivo' do estatuto internacional do ser humano, no contexto do funcionamento das organizações internacionais[468], embora as realizações nesse campo continuassem isoladas e imperfeitas.

As organizações internacionais correspondem à mutação estrutural do direito internacional: na passagem de direito internacional de *coexistência* para direito

---

[465] P. GUGGENHEIM, **Contribution à l'histoire des sources du droit des gens** (RCADI, 1958, t. 94, pp. 1-84) ; P. GUGGENHEIM, **Les principes de droit international public** (RCADI, 1952, t. 80, pp. 1-190) ; P. GUGGENHEIM, **La validité et la nullité des actes juridiques internationaux** (RCADI, 1949, t. 74, pp. 191-268) ; P. GUGGENHEIM, **Les mesures conservatoires dans la procédure arbitrale et judiciaire** (RCADI, 1932, t. 40, pp. 645-764).

[466] A. J. P. TAMMES, **Decisions of the international organs as a source of international law** (RCADI, 1958, t. 94, pp. 261-364).

[467] Paul REUTER, **Droit international public** (Paris : , 1976, pp. 204-209, esp. p. 207).

[468] V. MAROTTA RANGEL, **Direito e relações internacionais** (São Paulo : RT, 8a. ed., 2005, p. 15, nota 1): "Organizações internacionais são entidades compostas por estados, dotadas de personalidade jurídica e de vontade própria. Trata-se, no caso, de organizações internacionais públicas, que se distinguem das privadas e das não-governamentais."

internacional de *cooperação*, estas correspondem ao funcionamento de modelo que se convenciona denominar 'diplomacia parlamentar'. Às organizações internacionais, sobretudo à Organização das Nações Unidas é injusto imputar a pecha de ineficientes, porquanto contam poucas décadas de vida e de funcionamento: são modelos inovadores, todavia em aperfeiçoamento.

A contribuição kantiana terá permanecido mais presente na concepção de '*sociedade civil universal*', em contraposição à sociedade ordenada pelos e para os estados. Na medida em que se substitua '*universal*', que remete excessivamente ao contexto idealistamente iluminista do século XVIII, para adotar a formulação 'sociedade civil internacional', tem-se termo de grande contemporaneidade, e de uso corrente, no contexto pós-moderno.

A construção da paz e a durabilidade desta como premissas de ordenação humana do mundo: cabe enfatizar, de ordenação teleologicamente humana do mundo! Tão fácil de se desejar, como complexo para se construir.

Não se vê ser a falta de acordo sobre valores éticos que refreou o avanço das tentativas de controle sobre armamentos? Em suma, para A. FAVRE, "os graves problemas do direito da guerra e da paz somente podem ser resolvidos mediante o mesmo espírito de justiça. Direito das gentes mundial somente pode ser edificado sobre lei moral universal".[469]

São justamente esses valores universais que batem em retirada ante as iniciativas norteadas por políticas de poder e de dominação. Algumas lições podem ser tiradas do tempo da assim chamada 'guerra fria' (1949-1989) para compreender o que se vêm em curso, a partir deste tempo presente.[470]

---

[469] A. FAVRE (op. cit. 1974, 'introduction', n. 8, pp. 13-14, e a seguir, n. 9, pp. 14-15): "Le droit de la coopération internationale – qu'il s'applique dans l'ONU, dans les institutions spécialisés à vocation mondiale ou dans les institutions régionales – exige impérieusement que les peuples les mieux pourvus accordent un large appui aux organismes dont la mission, dictée par la justice distributive, doit apporter soutien et concours au tiers monde. Tout le droit du développement est conçu et doit être soutenu par le même esprit. / La coopération internationale dans ce domaine en est à une phase élémentaire. Elle ne correspondra jamais à l'immensité des besoins. / Cet ouvrage, qui expose dans maint paragraphe un droit des gens non définitif mais bien établi, ne peut qu'esquisser l'oeuvre de coopération entreprise au cours de cette génération et le droit évolutif qui la régit. Pourtant, c'est par cela notamment que le droit des gens actuel est caractérisé."

[470] Instrutivo observar até que ponto é direito internacional, o que aponta W. Michael REISMAN, como conteúdo do **International law in the twenty-first century** no curso geral de direito internacional público, na Haia, em 2007; sobretudo à luz de escritos anteriores deste, na linha da controvertida *New Haven School of International Law*. W. Michael REISMAN e Myres S. McDOUGAL (editors), **Power and policy in quest of law: essays in honor of Eugene Victor ROSTOW** (Haia: Martinus Nijhoff, 1985); W. Michael REISMAN, **The supervisory jurisdiction of the International court of justice: international arbitration**

Mais que das ideologias, como consideram Daniel BELL (1960, ed. 1980)[471] e F. M. WATKINS e I. KRAMNICK (1979, ed. 1981)[472], Celso D. de Albuquerque MELLO expunha (1984, publ. 1985)[473] o papel e o peso, da divisão do mundo em blocos e dos alinhamentos automáticos, no interior destes, durante as décadas da guerra fria: "a sociedade internacional após a segunda guerra mundial apresenta algumas constantes e outras variáveis", onde "dentro de uma visão política podemos dizer que ela apresenta dois cortes: um vertical e outro horizontal, isto é o leste- -oeste[474] e o norte-sul" [475]: "no direito internacional este conflito não vai ter maior repercussão". Falava-se em direito internacional *capitalista* e direito internacional *socialista*, contudo nenhuma codificação essencial foi consagrada na ordem jurídica: "a não ser a condenação ao colonialismo e a conseqüente afirmação do direito de autodeterminação, que jamais foi estendida[476] de modo pleno pelos líderes dos dois grandes blocos e seus aliados."

and international adjudication (RCADI, 1996, t. 258, pp. 9-394) ; para crítica quanto aos riscos que representa essa visão politizante para o conteúdo e o futuro do direito internacional pós-moderno, v. Chr. TOMUSCHAT, **International law: ensuring the survival of mankind on the eve of a new century: general course on public international law** (RCADI, 1999, t. 281, pp. 9-438, esp. cap. i, pp. 54-55), bem como S. VOOS, **Die Schule von New Haven: Darstellung und Kritik einer amerikanischen Völkerrechtslehre** (Berlim: Duncker & Humblot, 2000).

[471] Daniel BELL, **O fim da ideologia** (do original **The end of ideology**, © 1960, trad. Sérgio BATH, Brasília: Ed. Unb, 1980, col. pensamento político, vol. 11).

[472] Frederick M. WATKINS e Isaac KRAMNICK, **A idade da ideologia** (do original **The age of ideology: political thought 1750 to the present**, © 1979, trad. Rosa Maria e José VIEGAS, Brasília: Ed. UnB, 1981, col. pensamento político, vol. 32).

[473] Celso D. de Albuquerque MELLO, *Aspectos gerais do direito internacional público contemporâneo* (XI Curso de derecho internacional, Rio de Janeiro, "organizado por el Comitê jurídico interamericano, con la cooperación de la Secretaria general de la OEA, en agosto de 1984", Washington : O.E.A.- secretaria general, 1985, pp. 3-27).

[474] C.D.A. MELLO (curso cit., 1984, publ. Washington, 1985, pp. 4-5): "O conflito leste-oeste, iniciado meses antes do final da segunda guerra mundial, vai acarretar a denominada política de blocos que, por sua vez, dominará as relações internacionais no período da guerra fria. Os estados seguidores dos super-grandes entregam a eles suas competências soberanas em troca de sua segurança em caso de uma terceira guerra mundial, que não viria e os super-grandes sabiam disso.Enfim, a guerra fria é um pretexto para se estabelecer maior domínio sobre os seus aliados".

[475] C. D. A. MELLO (op. cit., Washington, 1985, loc. cit.): "O conflito mais sério a nosso ver é o já tão estudado conflito norte-sul, entre ricos e pobres. Ele envolve a vida de maior número de pessoas. Fala-se em 'day after', como possível após um conflito leste-oeste, contudo há muito tempo o hemisfério sul já vive o seu 'day after'. É suficiente olharmos os índices estatísticos de sub-nutrição, de mortalidade infantil, de vítimas das secas, ou ainda o morticínio causado pelas epidemias e endemias. De qualquer modo, é extremamente curioso que o bloco soviético negue a existência desse conflito, considerando que só há o do capitalismo com o socialismo."

[476] (*sic*, entendida?)

"O norte-sul é o conflito que maior número de modificações tem trazido ao direito internacional público. Este jamais esteve em vias de sofrer uma transformação tão profunda quanto no momento atual" observava C. D. A. MELLO (1984, publ. 1985): "os doutrinadores dos países ricos que receiam o 'caos', costumam rotular o momento com que nos defrontamos de crise do direito internacional. Enquanto que, para os internacionalistas com uma visão do terceiro mundo, o 'caos' era o direito internacional clássico, que sempre permitiu a dominação e a expropriação dos pobres, pelos ricos".[477]

Lucidamente,[478] embora ainda durante o período de vigência desse modelo, C.D.A. MELLO apontava as fissuras e as inconsistências[479]: "a luta contra o colonialismo, que todo o terceiro mundo apoiou, sempre teve para os super-grandes uma razão fundamental: afastar a Grã-Bretanha e a França da posição de grandes potências; ou ainda, continuariam grandes potências, mas não seriam super-grandes. A diferença ideológica entre os blocos capitalista e socialista não vai se manifestar no direito internacional, sendo suficiente recordar que os Estados Unidos da América aceitou um tratado afirmando que o princípio da coexistência pacífica é um dos princípios fundamentais das relações internacionais contemporâneas[480], bem como que a mais recente obra de direito internacional público, publicada na União soviética e divulgada no Ocidente, coordenada pelo professor TUNKIN [481] afirma que o direito internacional público não tem ideologia e que ele é simplesmente formado

---

[477] C. D. A. MELLO (op. cit., Washington, 1985, pp. 5-6).

[478] C. D. A. MELLO (op. cit., Washington, 1985, p. 4): "Não nos parece correto que um autor exponha um elenco de temas do direito internacional público sem que antes ele faça uma análise da sociedade internacional, ou seja, que ele a descreva como a vê. O seu otimismo ou pessimismo em relação ao direito internacional vai depender de sua visão da sociedade internacional".

[479] C. D. A. MELLO (op. cit., Washington, 1985, loc. cit.): "Posteriormente temos a chamada 'crise das alianças' em que a França denuncia o tratado sobre tropas da Organização do Tratado do Atlântico Norte e o conflito sino-soviético torna-se mais agudo. Finalmente continuamos com a existência de blocos mesmo que eles não tenham mais o aspecto monolítico que possuíam anteriormente".

[480] Na linha da Res. 2625 (XXV) A.G.N.U., annex, **Declaration on principles of international law concerning friendly relations and cooperation among states in accordance with the U.N. Charter** (1970).

[481] Adicionalmente é interessante ver a evolução do enfoque de G. I. TUNKIN, desde seu **Coexistence and international law** (RCADI, 1958-III, t. 95, pp. 1-82) até G. TUNKIN, **Politics, law and force in the interstate system** (RCADI, 1989-VII, t. 219, pp. 227-396); a obra mencionada por C. D. A. MELLO, coordenada por G. TUNKIN et al., **Curso de derecho internacional** (trad. do russo por Federico PITA, presentación de V. JARLÁMOV, Moscou: Editorial Progreso, 1979, 2 vols.).

por normas de conduta e que para ele existir não é necessário que haja comunhão ideológica".[482]

"Façamos estudo desta matéria. É de se notar que ela é conseqüência da descolonização, ou seja, de acederem à independência países afro-asiáticos com líderes que têm cultura não cristã-ocidental e capitalista. O direito internacional que estes países encontraram regendo a sociedade internacional não atendia aos seus interesses". Por isso, segundo apontava C. D. A. MELLO, "reivindicações são formuladas, especialmente nas organizações internacionais e dentro delas, na Assembléia, ou Conferência, isto é no órgão onde há uma igualdade entre os membros e onde todos os estados estão representados. Eles são o terceiro mundo que, como já foi assinalado do 'terceiro estado' da Revolução francesa, reivindicam o direito de participar nas decisões, que vão reger as relações internacionais".

"De qualquer modo, é necessário assinalar que nem sempre há, por parte do denominado terceiro mundo reivindicações uniformes e homogêneas".[483] O velho problema do direito internacional, que não desenvolveu critérios precisos para distinguir o jurídico do não-jurídico, é agravado no atual momento histórico.[484]

---

[482] C. D. A. MELLO (op. cit., Washington, 1985, loc. cit.): "Esta posição que nos parece realista é também de um certo modo uma ironia, vez que foi o marxismo quem salientou e defendeu, a meu ver acertadamente, o caráter ideológico do direito. Enfim, as atitudes dos Estados Unidos da América e da União soviética, bem como de seus aliados, são profundamente semelhantes, vez que as suas posições e interesses, na sociedade internacional, são semelhantes. Ambos procuram conservar a posição hegemônica que têm e, através de conflitos localizados, aumentar a sua área de influência, sem que haja maior risco de ambos se confrontarem diretamente.

[483] C. D. A. MELLO (op. cit., 1985, loc. cit.): "Pelo contrário, devido à multiplicidade de ideologias, sistemas políticos e econômicos eles não formam um bloco unido, isto é, que possa exercer uma pressão eficaz. Em conseqüência, há uma politização do direito internacional, devido ao afrontamento entre os dois direito internacional, o clássico e o novo. Significa isso que está morrendo o direito internacional sem que surja um novo. O terceiro mundo domina as comissões que elaboram o direito internacional, como a Comissão de direito internacional, a Comissão de direito comercial internacional, o Comitê do fundo dos mares e UNCTADs. É de se observar que tais comissões não têm o poder de decidir, no sentido jurídico, isto é, de aprovar normas que serão obrigatórias. Assim, o método utilizado por tais países tem sido a aprovação de declarações, recomendações, as quais têm um valor político e moral. Acresce, ainda, que elas dão legitimidade às reivindicações desses estados, ou, talvez, venham a se transformar, no futuro, em costume internacional".

[484] C. D. A. MELLO (op. cit., Washington, 1985, pp. 6-7) enfatiza ter sido a intenção, ao expor os dois grandes cortes na sociedade internacional, "chamarmos a atenção para a relatividade do que vai ser exposto, no sentido de que o jurídico se confunde com a política; o aspecto técnico com o ideológico. Não pretendemos com isso afirmar que tenha sido possível, em algum momento histórico, existir um direito sem aspecto político e, em conseqüência, ideológico. O que sustentamos é que atualmente esse aspecto surge, de modo acentuado, sem qualquer máscara, que tente ocultá-lo, e talvez devido à universalização da sociedade internacional ele seja mais acirrado".

Justamente não é o dado menos interessante do direito internacional o fato deste comportar grande número de questões controvertidas. Agregue-se a isso o período de transição vivido pelo direito internacional, também como período de experimentação, mostrando o direito internacional em ação nas instituições e nos mecanismos de implementação: a ênfase na atuação da Corte Internacional de Justiça, da sistematização do *Instituto de direito internacional* e os avanços da reflexão da doutrina. A sistematização das práticas dos estados muitas vezes dependerá das amostragens feitas pelos seus representantes nacionais[485]. Caberá, inexoravelmente, indagar: até que ponto tais não serão seletivas?[486]

---

[485] Shigeru ODA and Hisashi OWADA (editors, with the assistance of Kazuya HIROBE), **The practice of Japan in international law 1961-1970** (Tokyo: University of Tokyo Press, © 1982, 'preface', pp. xxvii-xxix, cit. p. xxviii) mencionam: "Similar projects dealing with state practice in interpretation and application of international law have been launched in various parts of the world: 'Australian practice in international law' (*Australian yearbook of international law*), 'Canadian practice in international law' (*Canadian yearbook of international law*), 'Contemporary practice of the United States relating to international law' (*American journal of international law*), *Digest of United States practice in international law*, 'Italian practice relating to international law (*Italian yearbook of international law*), 'Netherlands state practice' (*Netherlands yearbook of international law*), 'Die österreichische diplomatische Praxis zum Völkerrecht' (*Österreichchische Zeitung für öffentliches Recht und Völkerrecht*), 'La pratique de pouvoir exécutif à le (*sic*) contrôle des chambres législatives en matière de droit international' (*Revue belge de droit international*), 'Pratique française du droit international' (*Annuaire français de droit international*), 'Pratique suisse en matière de droit international public' (*Revue suisse de droit international*), 'United Kingdom materials on international law' (*British yearbook of international law*), 'Völkerrechtliche Praxis der Bundesrepublik Deutschland' (*Zeitschrift für ausländisches öffentliches Recht und Völkerrecht*), and others."

[486] Dado positivo, ao menos que existam e sejam publicadas as coletâneas das práticas nacionais constitui progresso necessário para o conhecimento do direito internacional e avaliação de seu funcionamento à luz do efetivo comportamento dos estados. Como seria útil existisse possibilidade de acesso ao comum dos mortais, para o repertório de prática brasileira de direito internacional. Enfatiza Karl ZEMANEK a dificuldade de acesso sistemático e a utitlidade conhecimento das práticas nacionais, em matéria de direito internacional, cfr. Karl ZEMANEK, **The legal foundations of the international system: general course on public international law** (RCADI, 1997, t. 266, pp. 9-335); essencialmente empírica, igualmente, a construção do direito internacional vigente, em matéria de sucessão de estados, cf. analisava Karl ZEMANEK, em curso anterior na Haia, versando **State succession after decolonization** (RCADI, 1965, t. 116, pp. 181-300); v. tb.: Edward McWHINNEY, **Self-determination of peoples and plural-ethnic states (secession and state succession and the alternative federal option)** (RCADI, 2002, t. 294, pp. 167-264); Vladimir-Djuro DEGAN, *On state succession* (in **Dimensão internacional do direito: estudos em homenagem a G. E. do NASCIMENTO E SILVA**, org. P. B. CASELLA, São Paulo: LTr, 2000, pp. 118-140); Vladimir-Djuro DEGAN, **Création et disparition de l'état (à la lumière du démembrement de trois fédérations multiethniques en Europe)** (RCADI, 1999, t. 279, pp. 195-375); M. BEDJAOUI, **Problèmes récents de succession d'états dans les états nouveaux** (RCADI, 1970, t. 130, pp. 455-586); H. M. BLIX, **Contemporary aspects of recognition** (RCADI, 1970, t. 130, pp. 587-704); Giorgio CANSACCHI, **Identité et continuité des sujets internationaux** (RCADI, 1970, t. 130, pp. 1-94); Daniel P. O'CONNELL, **Recent problems of state succession in relation to new states** (RCADI, 1970, t. 130, pp. 95-206). R. ERICH, **La naissance et la reconnaissance des états** (RCADI, 1926, t. 13, pp. 427-508) ; H. LAUTERPACHT, **Recognition in international law** (Cambridge : University Press, 1947);

A convivência entre o velho e o novo modelo de ordenação da convivência entre estados nem sempre é pacífica. Simultaneamente há recorrências ou avanços, seja em sentido positivo, rumo a institucionalização crescente[487] -- e nesse sentido distinguia René-Jean DUPUY (1979, publ. 1981)[488] entre direito *relacional* e direito *institucional* – o que pode levar de direito internacional da *cooperação* para direito internacional da *integração* [489]; seja em sentido negativo, tendendo a negar os pressupostos e a validade de qualquer regulação legal da convivência entre unidades políticas soberanas, reduzindo a interação entre estados às relações de força e equilíbrio de terror, baseado na ameaça e no uso da força.

Este breve ensaio, dedicado à ordenação telelogicamente humana do mundo aborda questão central não somente do direito internacional pós-moderno, como crucial para os destinos da humanidade, porquanto, como se apontava no início, depois de modelos de ordenação teocrática e modelos de ordenação voltados para o estado como centro do sistema, a evolução institucional do direito internacional, no curso do século passado, no seu conjunto, aponta no sentido de reconhecer o ser humano como centro do sistema institucional internacional.

Esta evolução institucional da maior relevância, contudo, ainda está em processo de reconhecimento e de implantação, porquanto encontra considerável resistência dos estados, ao mesmo tempo em que ocorrem ressurgências dos modelos que chamaria 'teocráticos' – e nem os modelos estatais nem os teocráticos convivem bem com o reconhecimento da humanidade como centro e fim último do sistema internacional.

Essa a grande questão que se passa a considerar, no ensaio seguinte, dedicado ao exame da 'perspectiva do mundo', e das conseqüências desta, para a percepção do

---

visando sistematizar a prática recente em matéria de sucessão de estados, o IDI adotou resolução na sessão de Vancouver (2001) tendo como relator Georg RESS, cf. se considera e se analisa no item iv, 'sujeito e objeto: estado de natureza, natureza do estado e relações entre estados'.

[487] Falar em direito internacional entre técnica, espírito e utopia visa, justamente, situar essa dimensão intrinsecamente internacional, inexoravelmente presente no mundo interdependente, e os modos possíveis de ordenação da convivência entre os estados. Entre o progresso possível, para patamares de regulação institucional e normativa internacional, mais abrangente e mais vinculante, e as recorrências dos modelos os mais primitivos, encontra-se, hoje, o mundo: esta é a crise da pós-modernidade e aí se há de inscrever o papel e a atuação do direito internacional pós-moderno. Cfr. P. B. CASELLA, **Fundamentos do direito internacional pós-moderno** (prólogo de Hugo CAMINOS, São Paulo: Quartier Latin, 2008).

[488] René-Jean DUPUY, **Communauté internationale et disparités de développement : cours général de droit international public** (RCADI, 1979-IV, t. 165, pp. 9-231).

[489] Wolfgang FRIEDMANN, **General course on public international law** (RCADI, 1969, t. 127, pp. 39-246).

mundo, dos outros e dos direitos que não pense como nós. Este é sempre exercício difícil para o ser humano.

A seguir se passa a considerar 'perspectiva do mundo'. A interação entre ambos os ensaios é clara: para que se construa 'ordenação teleologicamente humana do mundo' será preciso ter clareza quanto ao conteúdo da 'perspectiva do mundo' sobre a qual se buscará construir qualquer ordenação.

Perspectiva do mundo

os limites da minha linguagem são os limites do meu mundo

Ludwig WITTGENSTEIN

A perspectiva do mundo se põe como marco, delineado para permitir entrever o desenho do contexto presente e futuro da inserção do ser no contexto mais amplo, que este puder abarcar, normalmente referido como 'mundo'. Cada um terá o seu e o conjunto dos homens terá o mundo, como todo.

Mais que dado efetivo, ou extraído direta e necessariamente da realidade, a perspectiva do mundo, muitas vezes, será, antes, a construção mais teórica que prática, de conjunto de posições apriorísticas como de normas, do que se procura seja a realidade a ser submetida à regulação. Toda perspectiva do mundo revela noções e imagens, em parte resgatadas e em parte perdidas, no que veio de outras eras.

Em mais de um ponto, será subjetiva e contingente qualquer perspectiva do mundo, o que não pode entender dado o fracionamento e a compartimentalização das percepções humanas, até aqui. Essa fragmentação não é somente física (não se pode abarcar o mundo todo) mas sobretudo intelectualmente seletiva (escolhe-se o que se quer enxergar, e exclui-se o que não se quer ver) e se mostrou francamente incompreensível, mas terá de ser estudado em obras e escritos que tragam esclarecimentos, para poderem ser vistos em sua luz mais adequada.

A compreensão do mundo pode ser aperfeiçoada na medida em que se substituam, na medida do possível, essas percepções fragmentárias fisicamente e condicionadas intelectualmente para dar lugar a visão mais fisicamente mais abrangente e intelectualmente mais neutra. O que requer considerável distanciamento do ser em relação às suas próprias condicionantes (tanto físicas, quanto intelectuais)[490].

---

[490] V. tb. ensaios '*yo soy yo y mi circunstancia*' e 'metodologia e pesquisa'.

Exemplo da necessidade de percepção de visões de mundo e projetos de ordenação do espaço internacional seria olhar sobre o descompasso de conceitos e de (in) compreensões entre os mundos muçulmano e ocidental, e as doutrinas de cada um destes. Depois de incompreensão e diálogo distorcido, ao longo de séculos, as relações entre o assim chamado 'ocidente' cristão e o mundo muçulmano[491] poderiam ensejar comunicação válida e mutuamente construtiva?

O cenário atual, de aguçamento dos antagonismos parece pouco propício para tanto, mas não por isso deveria deixar de ser tentado. As distorções herdadas de outras eras em nada cooperam, no sentido de estabelecer diálogo válido entre as distintas concepções de mundo, ditos 'cristão' e 'muçulmano'.

O debate está mal colocado. É preciso ter consciência de que o verdadeiro antagonista está no fundamentalismo de qualquer espécie ou coloração, seja esta, ademais, ideológica ou religiosa. A partir do momento em que cada grupo se atribua o monopólio da verdade, e se recuse a escutar as razões do outro, fecha-se a porta ao diálogo e se estabelece a confrontação.

O Islão, exerceu sempre misto de rejeição e de fascínio, por parte do ociden-te[492]. E a recíproca também é verdadeira.

Sem adentrar análise seja de práticas religiosas[493] como de controvérsias entre doutrinas teológicas, muito cedo se caracteriza como comunidade (*ummah*), dotada de autoridade centralizada, que teve no califa, durante alguns séculos, para considerável parcela do mundo muçulmano, o representante do profeta. A linha divisória se estabelece entre o fiel, submetido à lei, daí *muçulmano*, como aquele que se submete à lei, e os demais[494].

---

[491] Philippe SÉNAC, **L'occident médiéval face à l'Islam** (Paris: Flammarion, 2ª. ed., revista, 2000, 'conclusion', pp. 161-163, cit. p. 163), conclui seu livro : « Après un millénaire de combats et d'échanges, fasciné par l'Indien, l'Europe délaisse le Turc. Une histoire prend fin. Agressif, déformé, éminemment factice, le reflet s'estompe, moribond. L'actualité m'étonne : l'a-t-on bien enterré ? »

[492] V. tb. ensaio '*sociologia para principiantes, na perspectiva do direito*'.

[493] Alphonse de LAMARTINE, **La vie de Mahomet** (originalmente publicado como **Histoire de la Turquie** vol. I, 1854, intr. et annotations d'Ali KURHAN, ouvrage révisé par Osama KHALIL, Paris : L'Harmattan / éd. spéciale publiée en collaboration avec la Fondation Abdulaziz Saud Al-Babtin pour la création poétique, 2006) é clássico estudo, recentemente reeditado.

[494] Jean FLORI, **Guerre sainte, jihad, croisade : violence et religion dans le christianisme et l'islam** (Paris : Seuil 2002) mostra a mutação ocorrida entre o cristianismo, ensinado por JESUS, desde sua origem uma religião de paz, que reprovava e condenava o uso da violência e das armas. No século XI, o papa URBANO II prega a *cruzada*, expedição de guerra santa, prescrita aos cavaleiros cristãos, em remissão de seus pecados, destinada a retomar, pela força, o Santo sepulcro de Jerusalém, caído quatro séculos e meio antes nas mãos dos muçulmanos. Isto para dizer quanto mudou a atitude da Igreja diante da guerra, e no curso desses onze séculos, conhece mutação tão profunda, reorientação tão radical, que mais caberia falar em revolução doutrinal. Por sua vez, o Islão não conheceu equivalente mudança. Essa diferença fundamental resulta, antes de tudo, da atitude radicalmente diversa dos dois fundadores de religião, diante do uso da violência e da

Todos os membros da comunidade, que se digam muçulmanos, têm o dever de seguir o código de ética e sistema de conduta, que marcam o fiel. O fim do Islão seria o de estabelecer sistema de ordem e paz geral, segundo o plano, prescrito por Deus, para o conjunto da humanidade.

A terra se divide[495] entre as parcelas nas quais se instaurou a submissão a Deus (*Dar al Islam*) e as terras onde este, todavia, não se implantou, e ai se vai desenvolver o esforço (*djihad*) para instaurar o regime de submissão, no resto do mundo deve-se travar a luta (*Dar al Harb*), literalmente o território da guerra, onde esta se fará para levar ao resto do mundo a submissão ao plano de salvação. Esta visão radical[496] pode ser entendida como presente no discurso islâmico contemporâneo[497].

Como o Islão ainda não se estabeleceu em toda parte, e permanecem comunidades estáveis fora desta, foi preciso encontrar modos de organizar a convivência, e assim criado, pelos exegetas islâmicos contemporâneos o conceito de espaço intermediário, uma terceira parte do mundo humano (*Dar al çuhl*) ou território dos acordos pacíficos, também pode ser denominado (*Dar al çahd*) ou território dos tratados, território que autoriza as comunidades não-muçulmanas a manter relações pacíficas, garantidas por tratados, mediante condições reconhecidas e aceitas, pelas duas partes, tais como o pagamento de tributo anual às autoridades muçulmanas[498].

A construção de relações pacíficas com o mundo cristão e a presença irreversível de comunidades islâmicas em países de maioria não-islâmica tornaram-se realidades irrecusáveis[499]. A adoção de nova postura da doutrina e ensinamento tra-

força armada. Desde a origem, MAOMÉ não repudia o uso da violência e aceita a guerra santa (*jihad*). Seus sucessores ampliam esse aspecto e estendem o seu âmbito de aplicação.

[495] Louis MILLIOT, **La conception de l'état et de l'ordre légal dans l'Islam** (RCADI, 1949, t. 75, pp. 591-688).

[496] Bruno ETIENNE, **L'islamisme radical** (Paris: Hachette, © 1987, impr. 1989).

[497] Bruno ETIENNE (op. cit., pp. 20-28, cit. p. 21) : « Si je choisis la doctrine de l'Islam radical, c'est parce qu'elle est porteuse de ce qu'ARKOUN nomme un *discours islamique contemporain*, sorte d'ossature idéologique qui donne un support aux luttes actuelles et mobilise les masses, victimes aujourd'hui autant de désenchantement du monde que de la répression politique et économique. Cette réappropriation du politique passe par le réligieux. »

[498] Dominique GAURIER, **Histoire du droit international** (op. cit., 2005, pp. 129-142, « regard sur le monde musulman et ses doctrines », cit. p. 135) observa : « Malgré ces dénominations en elles-mêmes peu pacifiques, il s'en faut de beaucoup que l'état de guerre ait été permanent entre ces deux parties du monde. Le fait d'une non-reconnaissance formelle des pays non-musulmans par les pays musulmans n'a jamais empêché que des traités puissent être établis, mais en les interprétant toutefois, non à la manière occidentale en fonction de critère d'égalité et de réciprocité, mais dans des termes que la loi musulmane autorise à conclure dans les cas de rébellion. Rien de tout cela, bien sûr, ne constitue reconnaissance *de facto* ou *de jure* de ce régime réputé rebelle. »

[499] O mesmo Dominique GAURIER (op. cit., loc. cit., esp. p. 136): « la distinction autrefois classique entre *dar-al-islam* et *dar-al-harb* semble bien avoir perdu toute signification réelle, au moins pour l'Islam des communautés implantées de façon définitive dans le monde occidental. La question n'est toutefois pas

dicionais[500], para se adaptarem a essa nova realidade, é, todavia, recente, e pode--se dizer fragmentária, no sentido de não ser unanimemente aceita no contexto do mundo muçulmano.

IBN TUFAYL (1105-1186)[501], n'**o filósofo autodidata**, esclarece "o que há de mais penoso, de mais profundamente miserável, que a condição de um homem tal que, se passarmos em revista suas obras desde o instante em que acorda até o momento em que adormece, não encontramos uma única obra que não tenha por fim alguma dessas coisas sensíveis e abjetas: acumular riquezas, buscar um prazer, satisfazer uma paixão, saciar uma cólera, adquirir uma posição que lhe ofereça segurança, realizar um ato religioso do qual se vanglorie ou que lhe proteja a cabeça? Não são senão trevas sobre trevas acima de um mar profundo".[502]

Se, de um lado, "o poder da verdade é irresistível", de outro lado, é igualmente necessário lembrar que "o homem é filho de seus hábitos", como adverte IBN KHALDÛN (1332-1406), no seu magistral **Discurso sobre a história universal** (*Al Muqaddima*)[503]. Ao mesmo tempo não esconde ser a guerra santa dever canônico para o Islão[504].

---

résolue pour ce qui regarde les conceptions enseignées et portées dans le Proche-Orient, en Egypte dans la faculté Al-Azhar, en Arabie Saudite, et dans ce que l'on peut globalement appeler les pays musulmans traditionnels. »

[500] A. RECHID, **L'Islam et le droit des gens** (RCADI, 1937, t. 60, pp. 371-506) ; C. CARDAHI, **La conception et la pratique du droit international privé dans l'Islam : étude juridique et historique** (RCADI, 1937, t. 60, pp. 507-650) ; M. CHARFI, **L'influence de la religion dans le droit international privé des pays musulmans** (RCADI, 1987, t. 204, pp. 321-454).

[501] Ibn TUFAYL, **O filósofo autodidata** (trad. da versão francesa, Isabel Maria LOUREIRO, São Paulo: Ed. UNESP, 2005).

[502] Ibn TUFAYL (op. cit., ed. cit., pp. 189-190): "Assim que compreendeu as diversas condições dos homens e captou que a maioria deles está no patamar dos animais desprovidos de razão, reconheceu que toda sabedoria, toda direção e toda assistência residem nas palavras dos profetas, nos ensinamentos trazidos pela lei religiosa, que nada mais é possível e que a isso nada se pode acrescentar; que existem homens para cada função, que cada um é mais apto a fazer aquilo em vista do que foi criado; 'tal foi a conduta de Deus em relação àqueles que não existem mais. Não poderias encontrar nenhuma mudança na conduta de Deus'."; cita **Alcorão** (24, 40 e 48, 23).

[503] Ibn KHALDÛN, **Discours sur l'histoire universelle** (do original *Al Muqaddima*, traduction nouvelle, préface et notes par Vincent MONTEIL, Paris: Sindbad, © 1967-1968, impre. 1978, 3 vols.).

[504] Ibn KHALDÛN (op. cit., I, cap. 3, item 31, a respeito "Le pape et le patriarche chrétiens; le Kohen des juifs", 459-467): "Dans la Communauté musulmane, la guerre sainte est un devoir canonique, à cause du caractère universel de la mission de l'Islâm et de l'obligation de convertir tout le monde, de gré ou de force. C'est pourquoi les pouvoirs spirituels et temporels sont confondus: le souverain peut y consacrer ses forces en même temps. / "Les autres communautés réligieuses n'ont pas ce caractère oecuménique, et la guerre sainte n'est pas pour elles un devoir canonique, sauf pour la (légitime) défense. Ce qui fait que les chefs de ces religions ne s'occupent pas de politique (*sic*). Le pouvoir royal, chez eux, appartient à ses titulaires, qui l'ont eu par hasard et, en tout cas, pour des raisons sans rapport avec leur foi. Ils régnent par l'effet nécessaire de l'esprit de corps – dont la nature est de rechercher le pouvoir royal – , et non parce qu'ils doivent vaincre les autres nations, comme c'est le cas pour l'Islam. Ils doivent seulement établir leur propre religion au milieu de

Este ensina que o plano humano é alcançado a partir do mundo dos macacos, onde se encontram a sagacidade (*kays*) e a percepção (*idrâk*), mas que todavia não chegou ao estágio da reflexão (*rawiyya*) e do pensamento[505]. Essa possibilidade da evolução (*istiʿdad*) recíproca, em cada nível (*ufq*) da criação, constitui o que se chama o *continuum* (*ittisâl*) dos seres vivos[506].

Entre duas concepções antagônicas de mundo a construção de normas de regulação da convivência internacional estará sempre condicionada pela transitoriedade. Far-se-a acordo quando os dois lados tiverem consciência da impossibilidade de vencer o oponente pela força das armas[507].

Entre a casa da guerra e a casa da submissão, existe a possibilidade de construir a casa ou espaço dos tratados e do entendimento. Esse é o legado do direito internacional, e como este se há de inscrever no contexto pós-moderno: a supressão do oponente não é viável; impõe-se negociar e regular a convivência com este.

Neste ensaio, a respeito da 'perspectiva do mundo', justamente se inscreve a análise das relações entre o ocidente cristão e o mundo islâmico, relações essas que remontam ao século vii a.D. e se estendem aos nossos dias, nem sempre pautadas pela compreensão. Antes caracterizadas pelas recíprocas distorções, de parte a parte. Essas distorções permanecem, e se fazem, todavia, presentes no cenário atual.

---

leurs sujets." (...) / "les Chrétiens furent en désaccord sur leur religion et sur ce qu'ils devaient croire au sujet du Christ. Ils éclatèrent en groupes et sectes, qui cherchèrent l'appui des monarches chrétiens, les uns contre les autres. À chaque époque, sa secte. Finalement, ces sectes se regroupèrent en trois: les Meclhites (grecs catholiques), les Jacobites et les Nestoriens. Nous ne croyons pas devoir noircir les pages de ce livre avec la discussion de leurs hérésies, qui sont, d'ailleurs, assez connues. Ce sont tous des infidèles, comme le montre le noble Coran. Il ne nous appartient pas d'en discuter avec eux. C'est à eux de choisir entre la conversion à l'Islâm, la capitation (du protégé) ou la mort." (...) / "Le Pape a l'habitude de pousser tous les Francs à obéir à un seul souverain temporel et à s'adresser à lui pour lui soumettre leurs accords et leurs désaccords, pour empêcher la communauté (chrétienne) de se défaire. Il espère ainsi concentrer leur esprit de corps dominant sur une seule tête, de sorte qu'un seul roi les commande à tous. Ce super monarque est appelé 'Empereur' (*Emperador*) avec le *d* prononcé entre *dh* et *z*. Le Pape place lui-même la couronne sur la tête de l'Empereur, pour lui transmettre ainsi sa bénédiction divine (*tabarruk*). Pour cette raison, l'Empereur est dit 'couronné' (*mutawwaj*) – et c'est même peut-être ce qui veut dire le mot 'empereur'? / "Dieu égare qui Il veut et dirige qui Il veut" (XVI, 93).

[505] Ibn KHALDÛN (op. cit., I, 190).

[506] Ibn KHALDÛN (op. cit., II, 885).

[507] Segundo o paradigma kantiano da 'paz perpétua' não se trataria ai de paz, mas somente de ausência de guerra. A construção da paz exigiria a ocorrência de conteúdo positivo que dificilmente se poderia considerar presente no quadro acima esboçado. Presentes tanto a provisoriedade dos meios, como a falta de conteúdo positivo, que permita a durabilidade.

De um lado, o ocidente interpreta seletivamente o conceito de *djihad*,[508] que, erroneamente, embora de modo corrente, se vê referido como 'guerra santa'.[509] Ora, não nos esqueçamos ter sido exatamente isso o que este mesmo ocidente desencadeou, contra o Islão, chamando essa 'guerra santa' sob o nome das "cruzadas".[510]

Justamente aí caberá ver a busca dos fundamentos para as normas do direito internacional pós-moderno. Como se colocam as linhas possíveis, entre direito, história e cultura?

Logicamente não serão somente diferenças de ordem técnica, mas trata-se de confronto de visões de mundo (*Weltanschauung*) e concepções da construção de relações entre civilizações. Os desenvolvimentos mais recentes, na onda das operações militares contrárias ao direito internacional vigente, desencadeadas no Afeganistão, desde 2001 e no Iraque, desde 2003[511], exacerbando os radicalismos e fazendo calarem-se os moderados, que poderiam ajudar a construir canais de comunicação, são nada promissores no sentido da construção de diálogo válido!

---

[508] J.-P. CHARNAY, **Principes de stratégie arabe** (Paris: L'herne, 2003, parte do texto da quarta capa do volume): « le *jihad* n'a pas endigué les conquêtes coloniales, et les guerres de libération se sont alors fondées sur des idéologies nouvelles : anti-imperialisme mondialiste, rénovation de l'identité arabe, nationalisme des peuples et des états. Les luttes de classe de type socialiste et les tactiques de guerre subversive, en affirmant les concepts de neutralisme et de révolution (*thawra*), ont provoqué une renaissance islamique invoquant un *jihad* guerrier. »

[509] Gilles KEPEL, em seu livro, **Jihad: expansão e declínio do islamismo** ((c) 2003 Gallimard, trad. Lais ANDRADE, Rio: Biblioteca do Exército Ed., 2003, 'apresentação', pp. 5-8, cit. p. 5), aponta os quatro sentidos, nos quais o termo pode ser compreendido: *"Jihad*, na língua árabe, significa a luta entre o bem e o mal, travada para a purificação espiritual – a chamada 'guerra santa', imposta aos muçulmanos pelo Alcorão, em defesa do Islã (submissão voluntária à vontade de Deus). Doutrinariamente, há quatro modalidades de empreendê-la: resguardando-se dos maus sentimentos; praticando boas ações; propagando por todos os meios a fé islâmica e combatendo os infiéis."

[510] Amin MAALOUF, **Les croisades vues par les arabes** (Paris : (c) Jean-Claude Lattès, 1983 ; impr. 1988, cit. p. 69) : « Parmi les monuments saccagés par les envahisseurs se trouve la mosquée d'Omar, érigée à la mémoire du second successeur du prophète, le calife Omar Ibn al-KHATTAB, qui avait pris Jerusalém aux Roum en février 638. (...) Ce jour là, Omar avait fait son entrée sur son célèbre chameau blanc, tandis que le patriarche grec de la ville sainte s'avançait à sa rencontre. Le calife avait commencé par lui assurer que la vie et les biens de tous les habitants seraient respectés, avant de lui demander de le faire visiter les lieux sacrés du christianisme. Pendant qu'ils se trouvaient dans l'église de la Qyama, le Saint-Sépulcre, l'heure de la prière étant arrivée, Omar avait demandé à son hôte où il pourrait étendre son tapis pour se prosterner. Le patriarche l'avait invité à rester sur place, mais le calife avait répondu : 'Si je le fais, les musulmans voudront demain s'approprier ce lieu en disant : Omar a prié ici'. Et, emportant son tapis, il était allé s'agenouiller à l'extérieur. Il avait vu juste, car c'est à cet endroit même que l'on allait construire la mosquée qui porte son nom. Les chefs francs n'ont pas, hélas, cette magnanimité. Ils fêtent leur triomphe par une tuerie indescriptible, puis saccagent sauvagement la ville qu'ils prétendent vénérer. »

[511] Dominique GAURIER (op. cit., p. 140) : « Quoi qu'il en soit, si l'on s'en tient à la doctrine classique du *jihad*, il est tout à fait évident que la lutte contre l'envahisseur américain est totalement légitime au nom du *jihad*, à la fois obligation individuelle et collective, dès lors que l'armée américaine et ses alliés des autres nations se trouvent en situation d'occupants d'un territoire d'Islam ... »

Nada promissores no sentido da construção de diálogo válido, ao mesmo tempo, cumpre contrapor, as totalmente descabidas e violentas reações às caricaturas do profeta MAOMÉ, publicadas em setembro de 2005 pelo jornal *Jyllands Post* da Dinamarca, republicadas na Noruega e depois reproduzidas em jornais da França, Espanha, Alemanha e outros países levaram, em janeiro e fevereiro de 2006, a ondas de depredação de embaixadas e representações diplomáticas dinamarquesas[512], boicote a produtos dinamarqueses e de vários outros países da União Européia e manifestações de rua, em países como Indonésia, Líbano, Síria, Arábia Saudita, Afganistão, Iraque, Irã e populações árabes de Israel e Palestina[513]. Está instaurado o diálogo de surdos, nos quais um não ouve as razões do outro[514].

A permanência de confronto entre visões de mundo é inevitável – pode-se acompanhar VOLTAIRE na constatação de que seria impossível fazer todos os homens pensarem da mesma forma[515], extrapolando a consideração deste a respeito da

---

[512] Totalmente destruída e incendiada a representação dinamarquesa em Beirute, em fevereiro de 2006.

[513] Recep Tayyip ERDOGAN e José Luís Rodríguez ZAPATERO, *"Um apelo por respeito e calma"* (OESP, 8 fev. 2006, pág. A-14): "No ano passado, quando nós, chefes de governo da Turquia e da Espanha, lideramos o lançamento dos trabalhos do Projeto da Aliança das Civilizações, agimos baseados numa firme crença: precisávamos de iniciativas e instrumentos para deter a espiral de ódio e confusão que, em si, constitui uma ameaça à paz e à segurança internacionais. / "Os eventos infelizes que vemos agora só reafirmam nosso diagnóstico e nosso compromisso de buscar ainda mais apoio a essa causa. / "Historicamente a Espanha e a Turquia estiveram na encruzilhada entre o oriente e o ocidente. Por isso, somos bastante conscientes de que o modo como se conduz o contato entre diferentes culturas pode ser muito enriquecedor, mas também pode desencadear disputas destrutivas." Enfatizam o papel do direito e das instituições internacionais, ao lado do diálogo construtivo e da necessidade de respeito mútuo: "A única maneira de construirmos um sistema internacional mais justo é por meio do máximo respeito pelas crenças de ambos os lados. Estamos totalmente comprometidos com o respeito das normas da lei internacional e a defesa das organizações internacionais que a encarnam. Contudo, nem leis nem instituições são suficientes para garantir a paz no mundo. / "Precisamos cultivar a coexistência pacífica, só possível quando há interesse em compreender o ponto de vista do outro lado e respeito por aquilo que este considera mais sagrado. Essas são as premissas básicas e as principais metas da Aliança das Civilizações, promovida pela Espanha e pela Turquia."

[514] Oportuno e relevante o artigo *"Por que publiquei as charges"* de Flemming ROSE, editor de cultura do jornal dinamarquês *Jyllands-Posten* (publicado no OESP, 21 de fevereiro de 2006, p. A-12): "Se um fiel exige que eu, como infiel, observe seus tabus no domínio público, não está pedindo meu respeito e, sim, minha submissão. E isto é incompatível com uma democracia secular. / "É exatamente por isso que Karl POPPER, na obra seminal **A sociedade aberta e seus inimigos**, insistiu que não se deve ser tolerante com os intolerantes. Em nenhum outro lugar tantas religiões coexistem pacificamente como numa democracia onde a liberdade de expressão é um direito fundamental. Na Arábia saudita você pode ser preso por usar uma cruz ou levar uma **Bíblia** na mala, enquanto os muçulmanos na Dinamarca secular podem ter suas próprias mesquitas, cemitérios, escolas e estações de TV e rádio."

[515] VOLTAIRE, **Traité sur la tolérance** (1763) (no volume **Mélanges** préface par Emmanuel BERL, texte établi et annoté par Jacques van den HEUVEL, Paris : Pleiade, 1965, pp. 563-650, esp. cap. xxi, 'vertu vaut mieux que science', pp. 633-634, cit. p. 633) : « Ce serait le comble de la folie de prétendre amener tous les hommes à penser d'une manière uniforme sur la methaphysique. On pourrait beaucoup plus aisément subjuguer l'univers entier par les armes que subjuguer tous les esprits d'une seule ville. »

metafísica, para tantas outras dimensões do espírito. Nem a força, nem a força das armas podem ser o caminho para a construção de paz.

A dificuldade não decorre da existência das diferenças; mas da tentativa de um lado impor, pela força, ao outro, a sua visão de mundo: ai já não mais se trata de respeito, mas de submissão. É preciso preservar as sociedades abertas. Na medida em que se faça pela força, sempre haverá margem para a hipocrisia ou para a rebelião[516]. E justificar a mobilização de movimentos de resistência, utilizando as mesmas táticas e discurso equivalente.

Abordando as razões da tolerância, Norberto BOBBIO (1990)[517] apontava a diversidade entre o uso histórico do termo, especialmente a partir do século xviii, para denotar a convivência sobretudo entre crenças diversas, que "implica discurso sobre a verdade e a compatibilidade teórica ou prática de verdades até mesmo contrapostas; outra é o problema da tolerância, em face de quem é diverso por motivos físicos ou sociais, um problema que põe em primeiro plano o tema do preconceito e da conseqüente discriminação". Citação clássica a respeito permanece Benedetto CROCE (1926, 1943)[518] no sentido de que era tão pouco intolerante que, no âmbito da história, seria tolerante até com os intolerantes.

Toda a construção de arcabouço institucional e normativo internacional que se deseja inscrever sob o signo da durabilidade ficará marcada pela transitoriedade e pela provisoriedade, na medida em que se fragilizam as bases culturais e de civilização sobre as quais são construídas tais superestruturas. A conclusão não se põe de modo otimista.

A tolerância, mais que mera prudência política, pode ser a escolha de autêntico método universal, ou deveria valer universalmente, para a convivência civil: a tolerância pode significar a escolha do método da persuasão em vez do método da força ou da coerção. Enfatiza BOBBIO: "não há mais apenas o ato de suportar passiva e resignadamente o erro, mas já há uma atitude ativa de confiança na razão ou na razoabilidade do outro, uma concepção do homem como capaz de seguir não

---

[516] O ensaio sobre a tolerância, na lição de VOLTAIRE, se constrói a partir do erro judiciário e de julgamento, cometido em Toulouse, em 1763, que leva a questão a ser revista e dado novo julgamento em Paris, três anos mais tarde, ensejando as reflexões, que se podem aplicar ao contexto da construção do respeito às diferenças culturais, no contexto pós-moderno.

[517] Norberto BOBBIO, no volume **A era dos direitos** (do original **L'età dei diritti** © 1990, trad. Carlos Nelson COUTINHO, Rio: Campus, 1992, terceira parte, item iv, 'as razões da tolerância', pp. 203-217).

[518] Benedetto CROCE, **Cultura e vitamorale** (Bari: Laterza, 2ª. ed., 1926, p. 100); Benedetto CROCE, **Pagine sparse** (Nápoles: Ricciardi, 1943, vol. I, pp. 247 ss.); a respeito da controvérsia entre CROCE e Luigi LUZZATTI, autor do **Libertà di coscienza e di scienza** (1909), e do debate em favor e contra a tolerância nas primeiras décadas do século xx, V. MURA, **Cattolici e liberali nell'età giolittiana: il dibattito sulla tolleranza** (Bari: De Donato, 1976).

só os próprios interesses, mas também de considerar seu próprio interesse à luz do interesse dos outros, bem como a recusa consciente da violência, como o único meio para obter o triunfo das próprias idéias".[519]

É preciso evitar continuar a estudar e compreender o direito internacional por meio de *redução estrutural*[520], no sentido de dissociar a realidade do mundo e dos seres, onde esta se torna análise teórica, componente de estrutura, que permite que esta seja estudada em si mesma, como algo autônomo. A redução estrutural leva o direito a ser estudado como sistema e como fim em si mesmo. Compromete o seu alcance e a sua aplicabilidade na cosntrução de 'perspectiva do mundo'.

O direito não pode ser concebido nem conhecido como ciência abstrata. Nem como ciência, porquanto seus postulados são geográfica, temporal e culturalmente condicionados. Mas certamente não faz sentido como dado abstrato[521].

O propósito do direito internacional pós-moderno será o de fazer crítica integradora, capaz de mostrar como o direito se constrói a partir de materiais não-jurídicos, manipulados a fim de se tornarem aspectos de organização jurídica, regida por suas próprias leis, não as da natureza, da sociedade e do ser. As bases, a partir das quais podem ser e são não-jurídicas, mas a partir destas, o direito usa tais dados para construir a sua linguagem e o seu método.

O direito, e especificamente o direito internacional utilizarão dados da realidade, mas estes serão integrados juridicamente, no sentido de se fazerem componentes integrantes das instituições e normas de regência do contexto internacional. A transposição se faz a partir da realidade, mas esta transposição não é direta: o método jurídico intervem e transforma a linguagem e os conceitos em dados técnicos.

Aí se inscreve o papel e, simultaneamente, o limite do direito internacional e do direito internacional pós-moderno. As bases culturais têm de ser levadas em conta. Acrescem complexidades adicionais ao conjunto.

A atuação da doutrina em direito internacional pós-moderno será no sentido de mostrar como o discurso e as ações dos políticos e dirigentes dos diferentes estados se constroem a partir do mundo, mas geram algo que se diferencia e nem sempre

---

[519] N. BOBBIO (op. cit., pp. 207-208): "Enquanto a tolerância como mero ato de suportar o mal e o erro é doutrina teológica, a tolerância como algo que implica o método da persuasão foi um dos grandes temas dos sábios mais iluminados, que contribuíram para fazer triunfar na Europa o princípio da tolerância, ao término das sangrentas guerras de religião."

[520] Fazendo paralelo com o conceito, tal como é usado em análise e crítica literária. Inspirei-me diretamente de ANTONIO CÂNDIDO Mello e Souza, **O discurso e a cidade** (São Paulo: Duas Cidades / Rio: Ouro sobre azul, 3ª. ed., 2004).

[521] V. tb. P. B. CASELLA, **Fundamentos do direito internacional pós-moderno** (2008, esp. item xi, '*creatio ex nihilo*: justiça e força').

se conecta com o mundo, cujas leis fazem melhor sentir a realidade originária. Se conseguir realizar esse propósito, a doutrina de direito internacional poderá superar o valo entre o jurídico e o político, ou entre teoria pura e análise da realidade, mediante esforço mais fundo de compreensão do processo, que gera a singularidade do direito internacional pós-moderno[522].

A diversidade cultural pode ser elemento de estímulo ao dialogou ou de desagragação da sociedade internacional pós-moderna. Não se pode reduzir o mundo à unidade. Mas a coexistência de diferentes visões exige respeito recíproco e diálogo: é preciso ouvir e conhecer as razões do outro.

John LOCKE na primeira Carta sobre a tolerância[523], asseverava que "seria de desejar que um dia se permitisse à verdade defender-se por si só. Muito pouca ajuda lhe conferiu o poder dos grandes, que nem sempre a conhecem e nem sempre lhe são favoráveis". E prosseguia: "A verdade não precisa da violência para ser ouvida pelo espírito dos homens; e não se pode ensiná-la, pela boca da lei. São os erros que reinam, graças à ajuda externa, tomada emprestada de outros meios. Mas a verdade, se não é captada pelo intelecto com sua luz, não poderá triunfar com a força externa."

Para além das razões de método, a tolerância traz o reconhecimento da existência e do valor do outro, como ser humano. Aí a tolerância não se põe como renúncia à própria verdade, ou indiferença frente a qualquer forma de verdade. Creio, firmememente, em minha verdade, mas penso que devo obedecer a um princípio moral absoluto, o respeito ao outro; à pessoa, no outro; à pessoa, do outro. Aparentemente trata-se de caso de conflito entre razão teórica e razão prática, entre aquilo em que devo crer e aquilo que devo fazer. Na realidade trata-se de conflito entre dois princípios morais: a moral da coerência, que me induz a por a minha verdade acima de tudo, e a moral do respeito ou da benevolência, em face do outro.

Comenta BOBBIO[524]: "assim como o método da persuasão é estreitamente ligado à forma de governo democrático, também o reconhecimento do direito de todo homem a crer de acordo com sua consciência é estreitamente ligado à afirmação dos direitos de liberdade, antes de mais nada ao direito à liberdade religiosa, e, depois, à liberdade de opinião, aos chamados direitos naturais ou invioláveis, que servem como fundamento ao estado liberal. De resto, ainda que nem sempre historicamente, pelo menos na teoria, o estado liberal e o estado democrático são interdependentes, sendo o segundo o prolongamento necessário do primeiro; nos casos

---

[522] ANTONIO CÂNDIDO (op. cit., ed. cit., esp. "prefácio", pp. 9-14).

[523] John LOCKE, **Escfritos sobre a tolerância** (versão italiana, **Scritti sulla tolleranza**, ed. por D. MARCONI, Turim: UTET, 1977, vol. I, p. 165).

[524] N. BOBBIO (op. cit., pp. 208-209 e 216; pequenas revisões na citação).

em que lograram se impor, eles ou se mantém juntos ou caem juntos." E conclui: "Onde a história destes últimos séculos não parece ambígua é quando mostra a interdependência entre a teoria e a prática da tolerância, por um lado, e o espírito laico, por outro, entendido este como a formação daquela mentalidade que confia a sorte do *regnum hominis* mais às razões da razão que une todos os homens, do que aos impulsos da fé. Esse espírito deu origem, por um lado, aos estados não confessionais, ou neutros em matéria religiosa, e ao mesmo tempo liberais, ou neutros em matéria política; e, por outro, à chamada sociedade aberta, na qual a superação dos contrastes de fé, de crenças, de doutrinas, de opiniões, deve ao império da áurea regra segundo a qual a minha liberdade se estende até o ponto em que não invada a liberdade dos outros, ou para usar as palavras de KANT, 'a liberdade do arbítrio de um pode subsistir com a liberdade de todos os outros segundo uma lei universal' (que é a lei da razão)".

A separação de atribuições e de espaços de atuação deve ser clara. A questão é historicamente mostrada. Ad. FRANCK (1864)[525] estudava a questão das relações entre a religião e o estado, para afirmar a necessidade de separação e da liberdade: "a liberdade de uma religião é a de todas as outras, pois a liberdade não é privilégio, mas direito, e o direito não comporta exceções".[526]

Este ensaio se voltou ao exame da perspectiva do mundo. Em lugar da busca da compreensão e do diálogo, o contexto presente mostra, em lugar da intenção de construir a duração, a exacerbação das diferenças culturais e da confrontação política, deixando menos seguras as fundações. Daí caberia passar ao exame do 'direito, como dado da vida em sociedade': como qualquer construção humana, este sempre será produto do tempo (histórico) e contexto (cultural) no qual se inscreve[527].

Inexoravelmente se liga às pessoas, com os limites de compreensão do mundo e as restrições intelectuais que possam ter. Logicamente tem de ser pensado não

---

[525] Ad. FRANCK, **Philosophie du droit ecclésiastique : des rapports de la religion et de l'état** (Paris / Londres / New York : Germer Baillière Libr.-Éd., 1864).

[526] Ad. FRANCK (op. cit., p. 180): « la liberté d'une réligion, c'est celle de toutes les autres, car la liberté n'est pas un privilège, c'est un droit, et le droit ne souffre pas d'exception. Ce qu'on a dit pour l'Italie, on peut le dire pour le reste du monde civilisé : 'l'église libre dans l'état libre', tel est réellement le programme de l'avenir. »

[527] V. ensaio sobre 'direito como dado da vida em sociedade", bem como P. B. CASELLA, **Fundamentos do direito internacional pós-moderno** (prólogo de Hugo CAMINOS, São Paulo: Quartier Latin, 2008, esp. item 'direito, história e cultura'). Nesse sentido, prossegue o exame com as interações e condicionantes entre direito, história e cultura. Após o exame do direito internacional e duração. A correlação se põe de modo direto, não somente no enfoque pós-moderno. O direito, e deste, o direito internacional pós-moderno, tem de ser estudado e compreendido no tempo (histórico) e contexto (cultural). Não se pode conceber como produto desligado da realidade na qual se cria, à qual se aplica e da qual extrai os pressupostos de sua validação e funcionamento.

como conjunto de criações individuais, mas como emanação das sociedades, do tempo e do meio, no qual se cria, se instaura, se modifica, e pode se extinguir.

A seguir se passa a considerar 'qualidade de vida'. Há relação direta do ensaio seguinte com o precedente 'nada em excesso': ambos visam apontar a necessidade de visão e de equilíbrio do conjunto e do cuidado que toda vida merece!

Qualidade de vida

> Avanzavano, carovane pazienti: come le generazioni degli umani verso il futuro.
>
> Carlo Emilio GADDA, **La cognizione del dolore** (1970)[528]

Este é tema daqueles a respeito dos quais cada um pode ter e tem a sua concepção. Estas podem ser várias. Por isso convém determinar o que se compreende sob a rubrica 'qualidade de vida'.

Como em outras, convém ao menos ter a consciência de se evitar chamar as mesmas coisas por nomes distintos, ou coisas diferentes por nomes iguais. Termos de uso corrente e sentidos variados são propícios a ensejar desentendimentos, mesmo prevalecendo a boa fé[529] dos participantes do debate. Caracterizar o sentido no qual são empregados pode facilitar a comunicação de sentidos, e evitar controvérsias formais[530].

---

[528] Carlo Emilio GADDA, **La cognizione del dolore** ((c) 1970 e 1987, Turim: Einaudi, parte seconda, VIII, p. 420).

[529] Este, justamente, seria terno que possa ter o esclarecimento de seu conteúdo objetivo mínimo explicitado, para evitar interpretações subjetivas excessivamente distintas, cfr. analisa, em perspectiva sobre tudo de direito interno, no plano constitucional, Teresa NEGREIROS, **Fundamentos para uma interpretação constitcional do princípio da boa-fé** (prefácio M. C. B. de MORAES, Rio: Renovar / bilbioteca de teses, 1998); ou, no plano do direito civil, em matéria contratual, Antonio Junqueira de AZEVEDO, *A boa-fé na formação dos contratos* (Rev. FDUSP, São Paulo, 1982, vol. 87, pp. 79-90).

[530] A célebre passagem de SPINOZA advertindo que muitos debates acontecem por se chamarem coisas distintas pelos mesmos nomes ou coisas semelhantes por nomes diversos. Baruch de SPINOZA, **Éthique démontrée selon la méthode géometrique** (notice, trad., prés. et annotée par R. CAILLOIS, in **Oeuvres complètes**, Paris: Gallimard, © 1952, esta ed., 1992, pp. 301/596). Como apontava Gianmaria ORTES, em seu ensaio de 1755, **Calcolo sopra la verità dell'istoria** (e altri scritti, a cura di Bartolo ANGLANI, pres. Italo CALVINO e Giampaolo DOSSENA, Genova: Costa & Nolan, 1984): "bene spesso s'esprimono con termini diversi le stesse idee, o cogli stessi termini idee diverse, e che ciascun secolo tiene uno spirito particolare d'esprimersi, dal quale chi s'allontana si rende insieme ridicolo ed oscuro".

Qualidade de vida se compõe do conjunto de práticas e hábitos, como de possibilidades materiais e culturais que norteiam a ordenação e a conduta de uma vida. Não é somente questão de meios – pode-se ter dinheiro e ter péssima qualidade de vida, como ter menos meios e saber conduzir vida tranqüila e saudável – mas também o é – porquanto os meios auxiliam a por exemplo poder proporcionar-se atividades de esporte e de lazer, medicina preventiva (tais como suplementos vitamínicos) assim como exames clínicos e tratamentos médicos, em caráter preventivo.

Não é somente questão cultural, mas também o é. Porquanto pode-se ter a conscientização quanto a hábitos de vida saudáveis, desde cedo, ou pode-se ter de ir descobrir isso, mais tarde, e por conta própria.

Por que inserir este tópico neste conjunto de ensaios, que serve para ilustrar percurso possível, da chegada à vida universitária e a descoberta do mundo do direito? Porque a qualidade de vida será parte relevante da percepção dos múltiplos caminhos que, a partir daí, podem, na vida, ser trilhados. Enquanto conjunto, compõe-se não necessariamente do mais adequado, mas do que pareceu mais vitalmente necessário. E zelar pela sua qualidade de vida, seja qual for a sua história pessoal e familiar, sejam quais forem os meios disponíveis, como o contexto cultural do qual provém pode e deve ser dado para se levar em consideração, na ordenação de sua vida adulta, que se enceta a partir desta fase.

Como em tantas outras coisas na vida, pagar-se-á o preço pelos acertos, como pelas escolhas equivocadas. E a qualidade de vida é o conjunto da sua vida, enquanto unidade única, irrepetível, e por mais que se queixe do governo, dos pais, da vida e do mundo, tenha consciência disso, em boa parte a sua vida será o que você fizer dela – como o que deixar de fazer, também!

A referência ao romance **o conhecimento da dor**, de Carlo Emilio GADDA, além do ótimo livro do escritor, também vale pela imagem das "caravanas pacientes" que avançam "como as gerações dos humanos, rumo ao futuro". Qualidade de vida deveria compreender também o conhecimento da dor e da doença: simplesmente saber quanto trabalho dá para se tentar recompor a saúde, depois que se comprometeu o equilíbrio do conjunto, o que, além de muitas vezes nem ser possível, nem poder ser completo, será trabalho ingente e que poderia ser, em considerável medida, evitado.

Depois de fazer o estrago, pode ser tarde demais. Pense, antes!

Qualidade de vida, neste breve ensaio, se põe dentre facetas, caminhos, alternativas, modos pelos quais as coisas possam ser trilhadas, na vida. Compõe-se de 'erros' como de 'acertos' – termos esses utilizados, somente para serem, a seguir, relativizados.[531]

O dado mais importante será conservar a carga vitalmente indispensável – por isso cada um poderá alcançar a sua medida e a sua receita, mas em tudo e por tudo, será a medida do vitalmente possível, necessário, se não indispensável, a força condutora, para percorrer os caminhos do mundo.

Qualidade de vida, para os profissionais do direito – como pode ser o caso para outras atividades profissionais, mas com algumas especificidades, neste quadro – significa aprender e cuidar do gerenciamento de pressões e de prazos, porquanto saiba que sempre haverá umas a suportar e outros a cumprir! Esse dado é inexorável, mas você pode deixar a sua saúde – e logo adiante, a sua vida – pelo caminho, ou pode aprender a por limites, para si mesmo e para os outros sobre e em torno da sua vida. E esse aprendizado nunca termina, sempre pode ser aperfeiçoado.

De que adianta investir anos e anos de sua vida, para consolidar boa formação e poder chegar a ter boa situação pessoal e profissional, para, em seguida, ou mesmo antes, começar a ter de dispender considerável tempo, energia e dinheiro em tratamentos médicos? Pense preventivamente. Em termos de saúde, como de finanças e de outras coisas na vida, melhor pensar antes, do que ter de enfrentar o 'fato consumado' depois!

Zele pela sua qualidade de vida. Daqui pra frente, passa você mesmo a ser, cada vez mais, o principal responsável. Não mais poderá culpar os pais, nem querer imputar a outros a responsabilidade pelo que passa a ser sua atribuição precípua.

Esporte, se já existe o hábito, conserve a prática regular. E mantenha sempre, por mais carregada que seja a agenda, por mais que seja fascinante começar a ganhar dinheiro e por mais que queiram te fazer trabalhar ainda mais horas por semana – nem que seja para ir e voltar a pé do trabalho, para casa: sejam quais forem os teus horários e a carga de trabalho!

Esporte, se não houver hábito, sinto muito, mas trate de vencer a resistência e trate de começar. Isso é indispensável, por série de razões. O metabolismo, o equilíbrio tônico, a massa muscular – e muitas outras coisas, a respeito das quais você pode nunca ter parado para pensar, se não prestar atenção, logo, logo, te cairão sobre a cabeça – e serão causas de dores de cabeça: o colesterol bom e o ruim, os triglicérides, os hormônios disso e daquilo – tudo isso pode ter de entrar para o seu vocabulário e a sua atenção, diária, se não começar a se cuidar e a prestar atenção em você mesmo, a partir de agora. Se gostasse dessas coisas, você teria ido estudar medicina:

---

[531] V. tb. 'z' – *ainda está vivo – à guisa de conclusão'*.

por isso, mais vale fazer atividade esportiva, ao menos três vezes por semana, e manter alimentação saudável e equilibrada[532]. O teu corpo, a tua saúde – a tua qualidade de vida, em suma – te agradecerão, daqui a pouco e por muito mais tempo!

A vida pode existir com ou sem qualidade. Com qualidade pode ser prazer estar vivo e cuidar das atividades do dia-a-dia, como dos grandes planos de cada um. Mas você precisa estar minimamente em forma e saudável, para poder trabalhar, para poder viver, para poder manter relação afetiva estável, para poder cuidar de si mesmo e da família, para ter lazer e para fazer esporte. Cuide-se! Nunca passa da hora de o fazer. Sempre será necessário. E isso sempre se renova. E você pode aperfeiçoar-se, à medida que o faz, ao perceber o que funciona melhor: quais atividades, em quais horários, com qual regularidade.

Qualidade de vida é também conscientização. A respeito de si próprio, de seu corpo, de sua vida, de seu equilíbrio, como indivíduo, de seu papel como gente, neste mundo. E pode ser também o gosto de se cuidar e de zelar pelas coisas boas da vida, como a sua saúde, o seu cérebro, os seus dentes, a sua vida inteira.

A seguir se passa a considerar '*rerum cognoscere causas*— sujeito cognoscente e sua relação com o mundo'. Conhecer as causas das coisas como a expressão paradigmaticamente humana da relação do sujeito que conhece com o mundo que se faz conhecido. Mas essa interação não é unívoca: não opera como via de mão única!

---

[532] V. tb. ensaio '*nada em excesso*'.

Rerum cognoscere causas
Sujeito cognoscente e sua relação com o mundo

> Auch Theorien sind Leistungen, die unter den Lebensbedingungen des Menschen erbracht werden, obgleich es ihnen eigentümlich ist, darauf angelegt zu sein, diese Bedingungen hinter sich zu lassen. Das erklärt die Schwierigkeiten, die sie mit dem hochgradig Komplexen und bei der Erklärung dessen haben, was im Menschenleben umfassende und unübersteigbare Bedeutung hat, -- unter ihm auch mit den Werken der Kunst.
>
> Dieter HEINRICH (1992)[533]

> Knowledge is a function of being. When there is a change in the being of the knower, there is a corresponding change in the nature and amount of knowing.
>
> Aldous HUXLEY (1944)[534]

A questão da construção do conhecimento suscita a indagação a respeito da relação entre o sujeito (cognoscente) e o objeto (cognoscível). Aí se põe não somente

---

[533] Dieter HEINRICH, *Theorieformen moderner Kunsttheorie* (no volume **Theorien der Kunst** herausgegeben von Dieter HEINRICH und Wolfgang ISER, Frankfurt-am-Main: Suhrkamp, © 1982, 4a. ed., 1992, pp. 11-32, cit. p. 11).

[534] Aldous HUXLEY, **The perennial philosophy** (© 1944 e 1945, New York: Harper & Row / Perennial Library, 1990, '*introduction*', pp. vii-xi, cit. pp. vii-viii): "the being of a child is transformed by growth and education into that of a man; among the results of this transformation is a revolutionary change in the way of knowing and the amount and character of the things known. As the individual grows up, his knowledge becomes more conceptual and systematic in form, but its factual, utilitarian content is enormously increased. But these gains are offset by a certain deterioration in the quality of immediate apprehension, a blunting and a loss of intuitive power." (…) "Nor are changes in the knower's physiological or intellectual being the only ones to affect his knowledge. What we know depends also on what, as moral beings, we choose to make ourselves."

a relação entre o ser (que age) e o objeto (sobre o qual este exerce a sua capacidade intelectual de compreensão), mas também terá efeito sobre o agente, na medida em que, ao conhecer, o sujeito incorpora dados do objeto, e estes o transformam, enquanto ser e na sua capacitação para a percepção e a compreensão do mundo. A interação entre sujeito e objeto é central para a construção do conhecimento.

Conhecimento não é estático: sempre acarreta interação, entre quem conhece e o que se conhece. E isso faz a riqueza e o caráter estritamente pessoal do processo de 'descoberta do mundo', que se renova e se perfaz em cada ser.[535]

Nas circunstâncias ordinárias da vida média de percepção sensorial, essas potencialidades da mente permanecem latentes e pouco se manifestam. Na medida em que percebermos o grau elementar de interação com o mundo e de construção do conhecimento, poderemos nos engajar em ir além desses patamares mais elementares de captação. Para tanto, deveremos cumprir certas condições, seguir determinados procedimentos, que a experiência empiricamente mostrou serem válidas.

Em cada tempo histórico e contexto cultural, sempre existiram alguns homens e mulheres que se dedicaram à construção do conhecimento. Que escolheram satisfazer as condições sobre as quais somente, como dado empírico bruto, tal conhecimento pode ser alcançado, para superar os obstáculos. Dentre estes, alguns deixaram relatos da realidade que assim se capacitaram a compreender, e alcançaram. Logicamente os relatos se inscrevem em sistemas abrangentes de transmissão do pensamento, onde os fatos dados por essa experiência se coadunem com os fatos externos de outras experiências. E se põe a questão, não somente quanto à adequação da transmissão, mas, mesmo a respeito da transmissibilidade desta.

Aos sujeitos que alcançaram o conhecimento direto de tais realidades de captação, de compreensão e de perfazimento, o mundo costuma atribuir qualificações tais como 'santo' ou 'profeta', 'sábio' ou 'iluminado'. E é sobretudo a estes, pois existem bons motivos para supor que soubessem a respeito de que falavam, que cabe se voltar para buscar a sabedoria e conhecimento das causas.

A busca da construção do conhecimento deve voltar-se aos expoentes que o alcançaram 'em primeira mão', por experiência direta destes, e não aos profissionais filósofos e homens de letras, que muitas vezes se contentam com conhecimento de 'segunda mão'. Será este 'de segunda mão', por não ser diretamente construído, mas poder-se-ia dizer, 'reciclado' a partir de dados anteriormente disponíveis e já conhecidos. Aí se põe distinção necessária e em relação à qual se mostrará a enorme diferença de qualidade e de profundidade do conhecimento.

---

[535] V. tb. ensaio *busca da excelência*.

Este é grande tema e objeto de constante indagação filosófica. Que se renova ao longo do tempo. E se põe, de modo diverso, em diferentes épocas.

Aqui se considera o tema na perspectiva proposta por Dieter HEINRICH e colaboradores (1992) de que "teorias também são desempenho, trazidas sob a égide de exigências de vida do ser humano".[536] Nesse enfoque se põe a tônica em relação às teorias da arte. A arte como faceta da humanidade, da construção de caminhos para a percepção e a compreensão do mundo. A temática é humanamente a mesma.

Põe-se também o enfoque de Aldous HUXLEY (1944), ao buscar as fontes, na linha do que LEIBNIZ chamou de *philosophia perennis* – mas já existia, muito antes deste. A busca e o conhecimento das coisas que não passam. Das verdades duradouras. Do conhecimento que transcenda a contingência, isto é, a transitoriedade temporal e a limitação de meios, que podem ser empregados, pelo ser humano, para alcançar e captar o conhecimento.

Enfatiza HUXLEY o caráter limitado e contingente de toda tentativa de teorização e de exposição a respeito dessa realidade, obscura e passageiramente percebida, dentro do contexto da experiência ordinária e desatenta, da maioria dos seres humanos, que se contentam com tão pouco. Quanto poderia ser diretamente apreendido por mente em estado de distanciamento, de clareza e de humildade.

A ciência natural é empírica, mas esta não se confina à experiência dos seres humanos, nas suas condições meramente humanas e sem qualquer modificação. E enquanto se confina à experiência empírica, em limites demasiadamente humanos, se condena à perpétua estultificação dos seus melhores esforços.

A partir do dado da realidade material estes 'sábios' ou 'iluminados' escolheram considerar o que nenhuma mente, por mais capaz que seja, tem condição de captar, se não como mero conjunto de potencialidades, ou, na melhor das hipóteses, como vago conjunto de possibilidades. A certeza, validatória da consciência direta, não pode ser alcançada na própria natureza das coisas, exceto por aqueles equipados com o "astrolábio dos mistérios divinos" e conclui HUXLEY: "se não se é um sábio ou um santo, a melhor coisa que se pode fazer é estudar as obras daqueles que o eram, e que, por terem modificado o seu modo estritamente humano de ser, foram capazes de mais do que meramente humana capacidade de conhecimento".[537]

A construção do conhecimento pode dar-se segundo via média, onde se tenha como ponto focal o encontro da mente com a matéria, da ação e do pensamento, onde estes têm o seu ponto de encontro na psicologia humana. Somente o transcendente,

---

[536] D. HEINRICH (op. cit., loc. cit.).
[537] A. HUXLEY (op. cit., *'introduction'*, p. xi).

o completamente outro, pode ser imaginado sem ser modificado, pela compreensão do agente. Assim se ensina ser desejável, e mesmo necessário, conhecer a razão espiritual das coisas, e isso não somente dentro da alma, mas também fora desta, no mundo, e além da alma e do mundo, na alteridade transcendente.

Como aplicar estas grandes questões da vida e do mundo, da construção do conhecimento ao estudante que enceta os estudos jurídicos? Da mesma forma que para as grandes questões da vida.

O conhecimento do direito não poderá ser captado enquanto permanecer externo: terá de ser incorporado, terá de ser interiorizado, terá de passar a fazer parte de você e da sua vida, para que se coloque como algo vivo, e não somente como material 'de segunda mão', a ser reciclado. Muitos se contentam com isso, e passam a vida servindo comida congelada, a ser esquentada no micro-ondas, antes de ser servida. E podem se contentar com isso? Talvez.

Mas, felizmente, para o progresso da humanidade, a cada tempo (histórico) e contexto (cultural) surgem alguns homens e mulheres que resolvem ir além dessa reciclagem de materiais intelectuais pré-existentes, para encetar novas pesquisas, para desbravar novos horizontes, para tentar criar algo novo, que não se tenha antes pensado, nem escrito, nem praticado. Ainda bem: a humanidade agradece. Porque o progresso humano depende de tais inovações, que sejam encetadas e possam ser alcançadas.

Alguns dentre esses homens e mulheres podem conseguir alcançar outro patamar de compreensão e de construção do conhecimento. Em seguida, terão de voltar, pelo caminho que percorreram, para contar como se deu esse percurso, e por meio do relato que façam, permitir a outros seguirem pelo mesmo caminho.

Podem parecer loucos ou fora dos trilhos esses seres que se engajam em ir além do conhecido e do habitualmente praticado. Mas esses experimentos de inovação na construção do conhecimento são indispensáveis para a vida e para o progresso da humanidade.

Ainda bem que se fazem experimentos inovadores. Embora muitas vezes os autores de tais experimentos inovadores sejam duramente tratados pelos seus semelhantes. E isso se dá em todas as épocas e em todos os contextos. Todo aquele que se aventure por novos caminhos poderá encontrar muita oposição e resistência, que pode ir além da mera indiferença, para se transformar em ataques, mais ou menos diretos, que podem, inclusive chegar ao comprometimento da vida e da integridade física e psíquica do sujeito cognoscente.

Anthony Ashley COOPER, terceiro conde de SHAFTESBURY (1671-1713), escreveu um dos mais importantes e influentes livros do século XVIII. Exceto o

Segundo tratado de John LOCKE, foram os três volumes do livro de SHAFTES-BURY, **Characteristicks of Men, Manners, Opinions, Times** (1711), a obra mais freqüentemente reimpressa naquele século, e exerceu considerável influência, não somente na Inglaterra, mas no conjunto da Europa. Trezentos anos depois, quando SHAFTESBURY é lembrado, ele o é por ter sido o iniciador do "sentido moral" da assim chamada escola da "teoria ética" inglesa. Frances HUTCHESON, David HUME, Adam SMITH e outros contemporâneos filiam-se a essa mesma corrente de pensamento, que remonta a SHAFTESBURY, como parte de concepção de teoria, que enfatiza o sentimento na experiência moral.

SHAFTESBURY, na *Carta sobre o entusiasmo*, primeiro texto do primeiro volume da obra (1711) suscita indagação a respeito da construção do conhecimento e da percepção da genialidade, "onde se pode observar meramente a partir da influência que presença ordinária tem sobre os homens. Nosso moderno enfoque é mais ou menos elevado pela opinião que temos de nossa companhia, e a idéia que formam, para si mesmos, a respeito de outros, sobre as pessoas às quais se dirigem".[538]

A construção do conhecimento é indispensável, para que o sujeito determine os seus próprios parâmetros e tenha o sentido da verdade e da adequação do que exponham. SHAFTESBURY bem humoradamente comenta o sentido de alarme de homens de bom senso, ao temerem o ridículo, como se duvidassem de sua capacidade de julgamento e de discernimento.[539]

Assim, a questão da construção do conhecimento, enquanto relação entre o sujeito (cognoscente) e o objeto (cognoscível), põe não somente a relação entre o ser (que age) e o objeto (sobre o qual se exerce a capacidade intelectual do agente), mas também terá efeito sobre o sujeito, na medida em que este incorpora dados do objeto. Por isso se diz que o conhecimento transforma o sujeito, enquanto ser, como na capacitação para a percepção e a compreensão do mundo.

---

[538] Anthony (third Earl of) SHAFTESBURY, **Characteristicks of Men, Manners, Opinions, Times** (originally published 6th. ed., cor., with the addition of a letter concerning design, London: J. Purser, 1737-1738, with new introduction, foreword by Douglas Den UYL, Indianapolis: Liberty Fund, 2001, 3 vols., '*A Letter concerning Enthusiasm*', vol. I, pp. 1-36, cit. Section I.7, pp. 5-6): "How much the Imagination of such a Presence must exalt a Genius, we may observe merely from the Influence which an ordinary Presence has over Men. Our modern Wits are more or less rais'd by the Opinion they have of their Company, and the Idea they form to themselves of the Persons to whom they make their Addresses."

[539] SHAFTESBURY, **Characteristicks** ('*A Letter concerning Enthusiasm*', vol. I, pp. 1-36, cit. Section II.11, pp. 7-8): "I have often wonder'd to see Men of Sense so mightily alarm'd at the approach of anything like *Ridicule* on certain Subjects; as if they mistrusted their own Judgment. For what Ridicule can lie against Reason? Or how can any one of the least Justness of Thought endure a Ridicule wrong plac'd? Nothing is more ridiculous than this it-self."

O propósito deste breve ensaio, sobre tema complexo, e de interesse para todos se põe como lembrete, como aviso, como advertência, quanto ao caráter de necessidade da interação entre sujeito e objeto, enquanto dado central para a construção do conhecimento. Este é dado essencialmente humano da relação entre o ser e o mundo. Como da relação entre os seres. E da possibilidade do ser alcançar conhecimento a respeito de si mesmo.

Também no campo do direito, a relação necessária entre o sujeito (cognoscente) e o objeto (cognoscível) se tem de estabelecer, para que se dê a construção do conhecimento. O ser, e a essência deste, se mobilizam. Interagem, com o mundo, na medida em que conhecem o objeto, enquanto dados externos ao agente, mas também se transformam, na medida em que desta interação resulta transformação do ser.

A construção do conhecimento se põe como o dado humano da relação com o mundo. E para cada ser se renova e se coloca de modo específico – para aquilo que se faça segundo a natureza deste.

A seguir se passa a considerar 'sociologia para principiantes'. Mas esta se faz 'na perspectiva do direito'.

Sociologia para principiantes
Na perspectiva do direito

> on ne peut pas justifier d'autorité du pouvoir présent qu'en l'associant à une idée du gouvernement de soi-même.
>
> M. KOSKENNIEMI (2007)[540]

O direito, enquanto técnica para a regulação da vida em sociedade, se inscreve em contexto cultural, social, histórico e geográfico determinado e tem de ser estudado e compreendido nesse contexto no qual se cria, se inscreve, e opera[541]. Desse modo, a compreensão das bases sociológicas se põe como necessidade para qualquer profissional do direito[542], para caminhar entre os dados técnicos do sistema legal, sem nestes se perder, nem tampouco esquecer o que é, como é, e como deve operar o direito.

A compreensão histórica do direito é indispensável para entender como se formou e chegou até nós esse conjunto de princípios e regras, com os indispensáveis mecanismos de implementação. Pode-se fazer paralelo com o que diz E. HOBSBAWN (2002)[543], a respeito da necessidade, para quem trabalha com história, ou, em

---

[540] Martti KOSKENNIEMI, **La politique du droit international** (préf. Brigitte STERN, prés. critique Emmanuelle JOUANNET, Paris : Pedone, 2007, p. 16).

[541] V. ensaio 'direito como dado da vida em sociedade'.

[542] Pioneiro entre nós e fundador da vertente do culturalismo sociológico, Silvio ROMERO (1851-1914) transitou pelos campos da sociologia, da estética, da política, como do direito, enquanto campos onde pudesse se conter o confronto entre, de um lado, o aparato conceitual e, de outro, a observação e portanto a prática. Recentemente re-editado, de Sílvio ROMERO, **O Brasil social e outros estudos sociológicos** (pref. Francisco Martins de SOUSA, Brasília: Senado Federal, 2001).

[543] Eric HOBSBAWN, na sua autobiografia, **Tempos interessantes: uma vida no século xx** (do original **Interesting times: a twentieth-century life**, © 2002, trad. S. DUARTE, São Paulo: Cia. das Letras, 2002, cit. p. 12) observa: "A autobiografia de um historiador é também, em outro sentido, parte importante da construção de seu trabalho. Além da crença na razão e na diferença entre fato e ficção, a autoconsciência – isto é, estar ao mesmo tempo em sua pele e fora dela – é uma habilidade necessária aos que militam na história e nas ciências sociais, especialmente para um historiador que, como eu, escolheu seus temas de maneira intuitiva e acidental mas acabou por juntá-los num todo coerente."

geral, com as ciências sociais, quanto a estar ao mesmo tempo dentro da própria pele e fora dela.

A história do direito, ressalta John GILISSEN (1979, 1988)[544], visa fazer compreender como é que o direito atual se formou e desenvolveu, bem como de que maneira evoluiu no decurso dos séculos. Quanto mais se avança no estudo do direito, mais se percebe quanto a história, mais que a lógica ou as teorias jurídicas respondem pela compreensão do que são as instituições[545], e como chegaram a ser o que são. Quem sabe, também, poder-se-á projetar o que podem vir a ser.

Dadas as características estruturais e operacionais de qualquer sociedade — onde a escolha da denominação 'sociedade', já traz limites em relação ao que não se configura como 'comunidade' — mostra a sua dispersão e sua fragmentação, a lei tem caráter e alcance limitados, responde pela expressão do consenso entre operadores do sistema, mas não cobre todas as necessidades conceituais e operacionais desse mesmo sistema. Quanto menos coesamente estruturada a sociedade, maior o âmbito de abrangência e regulação pelo costume, onde novas regras tendem a emergir

---

[544] John GILISSEN, **Introdução histórica ao direito** (do original **Introduction historique au droit** © 1979, trad. A. M. HESPANHA e L. M. Macaísta MALHEIROS, Lisboa: Fund. C. Gulbenkian, 1988, "introdução", pp. 13-28) e prossegue: "O quadro geográfico desta investigação não pode ser limitado às fronteiras de um só país: é absolutamente necessário situá-la num quadro mais vasto" e cita H. de PAGE, **Traité de droit civil belge** (Bruxelas, 1942, t. VI, 806): "A história do direito é muitas vezes tratada com um condescendente desdém, por aqueles que entendem ocupar-se apenas do direito positivo. Os juristas que se interessam por ela, quase sempre à custa de investigações muito longas e muito laboriosas, são freqüentemente acusados de pedantismo (...) Uma apreciação deste gênero não beneficia aqueles que a formulam. Quanto mais avançamos no direito civil, mais constatamos que a História, muito mais do que a Lógica ou a Teoria, é a única capaz de explicar o que as nossas instituições são as que são e porque é que são as que existem".

[545] E. CHINOY, **Sociedade : uma introdução à sociologia** (© 1961, 1967, 5ª ed. bras. 1976, esp. parte i, cap. 2, 'sociedade e cultura', itens: 'cultura', pp. 56-58, 'os componentes da cultura', pp. 58-67, 'a organização da cultura', pp. 67-68, cit. pp. 58-59) define as instituições como uma das três dimensões da cultura: (a) instituições, enquanto regras ou normas que governam o comportamento; (b) idéias, isto é, toda a variedade de conhecimentos e crenças – morais, teológicos, filosóficos, científicos, tecnológicos, históricos, sociológicos e assim por diante; e (c) os produtos ou artefatos materiais que os homens produzem e usam no curso de sua existência coletiva, e define **instituições** como: "padrões normativos que definem o que se entende por ... modos de ação ou de relação social adequados, legítimos ou esperados" e esclarece tais normas ou regras penetram todas as áreas da vida social: como comemos e o que comemos, como nos vestimos, nos enfeitamos, respondemos aos outros, como cuidamos das crianças ou dos velhos, e como procedemos em presença de membros do sexo oposto'; a partir desse nível mais elementar, situa outras acepções, que incluíam não só padrões normativos mas também o que identificaremos mais tarde como grupos e como organização social (...) referências a uma organização de indivíduos, como se se tratasse de uma instituição, onde "uma instituição consiste num conceito (idéia, noção, doutrina, interesse) e numa estrutura. A estrutura é a armação, ou o aparelho, ou talvez apenas o número de funcionários destinados a cooperar de maneiras prescritas em certa conjuntura. A estrutura encerra o conceito e fornece os meios para trazê-lo ao mundo dos fatos e da ação de uma forma que sirva aos interesses dos homens na sociedade. Assim as normas *como* o grupo estão incluídos nessa definição de instituição."

antes gradativamente que por decretação formal, e a imposição não é confiada a pessoas específicas, que operem através de maquinismo governamental reconhecido.[546]

Temos a necessidade de ter presente a existência e impacto desse pano de fundo e contexto maior, de natureza histórica e cultural, que inegável e inevitavelmente influenciarão qualquer construção que se queira encetar, o que vale para todo o conhecimento, como fruto da experiência, na lição de KANT[547], também no âmbito específico do direito, quanto a não existir como construção perfeita e acabada, mas necessidade de constante revisão e aperfeiçoamento. Neste mundo e sem necessidade de recorrer a fundamentos metafísicos, cabe explicar esse fenômeno social, que é o direito, como todo, e especificamente cada um dos seus ramos.

O direito, como produto da história e da cultura, no seio da qual surge e se desenvolve, somente aí se pode entender. Não como algo intrinsecamente dotado de valor e conteúdo, mas como conjunto que se inscreve em contexto relacional (conjunto de normas, vigente e aplicado, entre sujeitos de direito), no meio e modo no qual se crie e opere.

As *idéias* serão outra dimensão dos principais componentes da cultura, o que abrange série variada e complexa de fenômenos sociais. Incluem as crenças dos homens acerca de si mesmos e do mundo social, biológico e físico, em que vivem, acerca das suas relações uns com os outros, das suas relações com a sociedade e a natureza, das suas relações com outros seres e forças, que venham a descobrir, aceitar ou fazer aparecer.[548]

---

[546] E. CHINOY (op. cit., ed. cit. 1976, p. 61): "segunda dimensão das instituições nasce do contraste entre *costumes* e *leis*. Os primeiros compreendem 'o uso há muito estabelecido', práticas que se tornaram gradativamente aceitas como formas apropriadas de comportamento: (...) as convenções da arte da guerra (...) Os costumes são sancionados pela tradição e sustentados pelas pressões da opinião de grupos. As leis, por outro lado, são regras decretadas pelos que exercem o poder político e impostas através do mecanismo do estado. Podem ter ou não a sanção da tradição. São características de sociedades complexas com sistemas políticos bem desenvolvidos; nas sociedades simples, sem instituições políticas distintivas e fontes reconhecidas de autoridade política, a lei aparece, quando aparece, apenas em forma embrionária. Nessa sociedade simples, o comportamento é principalmente regulado pelo costume, as novas regras tendem a emergir antes gradativamente (...) A linha divisória entre costumes e leis como a que divide *folkways* e *mores*, nem sempre pode ser facilmente traçada, sobretudo em sociedades mais simples, nas quais a estrutura política de que emerge a lei, e através da qual ela é decretada, se acha apenas parcialmente desenvolvida."

[547] Martin HEIDEGGER, **Kant und das Problem der Metaphysik** (herausgegeben von Friedrich Wilhelm von HERRMANN, Frankfurt-a-M: Vittorio Klostermann, © 1973, "fünfte, vermehrte Auflage", 1991, cit. pp. 1-2, "Einleitung"): "Metaphysik ist zwar kein vorhandenes Gebäude, aber doch 'als Naturanlage' in allen Menschen wirklich." (...) "So ist die Grundlegung als Entwurf der inneren Möglichkeit der Metaphysik notwendig ein Wirksamwerdenlassen der Trägerschaft des gelegten Grundes. Ob und wie dieses geschieht, ist das Kriterium der Ursprünglichkeit und Weite eine Grundlegung."

[548] E. CHINOY (op. cit., ed. 1976, pp. 64-65): "Além das idéias cognitivas e expressivas, os homens também aprendem e partilham os valores que lhes governam a vida, os padrões e ideais pelos quais definem suas metas, escolhem um curso de ação, e julgam-se a si e aos outros: êxito, racionalidade, honra, coragem,

O termo *valor* tende a ser empregado[549] para designar objetos ou situações definidos como bons, apropriados, desejáveis, valiosos: antes coisas que sentimentos ou juízos partilhados. Os valores adquirem seu caráter em virtude dos juízos dos homens, mas deles se distinguem. Valores, enquanto coisas que os homens consideram desejáveis ou importantes, tanto podem ser crenças ou instituições, como a terceira dimensão da cultura (objetos ou artefatos materiais).

"Interesse investido no conhecimento", segundo John K. GALBRAITH (1958, 1969, 1977)[550] "é mais zelosamente defendido e guardado que qualquer outro tesouro". Da mesma forma, as instituições adquirem valor aos olhos dos homens e, sem dúvida, muitos dos objetos materiais criados se convertem para os homens que os criaram em objeto de aprovação ou desaprovação, desejo ou inveja.

Começam a aparecer problemas quando os homens passam a avaliar sua propriedade, suas leis e costumes, suas idéias e até a si mesmos e aos outros, ressalta E. CHINOY (1961, 1976)[551], na inevitável proporção que fizessem as opções inerentes à vida social: ver o fenômeno por diferentes prismas conceituais – como instrumentos de produção, regras que governam o comportamento ou crenças que orientam o homem, para a natureza e a sociedade, de um lado, e como objetos de valor, do outro – não é, necessariamente, fonte de confusão; é, antes, meio de ampliar nossa visão e ampliar nosso conhecimento.[552]

---

patriotismo, lealdade, eficiência. Tais valores não são regras específicas de ação, mas preceitos gerais a que os homens se sujeitam e a cujo respeito propendem a ter sentimentos vigorosos. Representam, igualmente, as atitudes partilhadas de aprovação e desaprovação, os juízos do que é bom ou mau, desejável ou indesejável, em relação a pessoas, coisas, situações e acontecimentos específicos."

[549] v. ensaio 'valores e suas conseqüências'.

[550] John Kenneth GALBRAITH, **The affluent societ** (1st. publ., 1958, London: Penguin in assoc. with Hamilton, second ed., 1969, reprinted 1977, 'introduction to the second edition', pp. 9-26, cit. p. 9): "The influence of ideas is ubiquitous and cannot be excluded anywhere."

[551] E. CHINOY (op. cit., 1961, ed. 1976, cit. pp. 65-66): "As idéias que os homens partilham – cognitivas, expressivas e estimativas – consistem num corpo de símbolos através dos quais eles podem comunicar-se entre si. A comunicação é um processo social fundamental, pois é apenas através da troca de idéias que se torna possível a vida social organizada. O que distingue o homem de outras criaturas é o desenvolvimento de uma linguagem simbólica, que vai além de sinais grosseiros, capazes apenas de transmitir informações limitadas ou servir de estímulos diretos à ação. (...) A linguagem simbólica representa não só o componente fundamental da cultura senão também o que lhe torna possível a elaboração e a acumulação."

[552] E. CHINOY (op. cit., 1961, ed. 1976, cit. pp. 66-67) aborda a dimensão da **cultura material**: o terceiro dentre os principais componentes da cultura é talvez o mais fácil de se definir. Consiste nas coisas materiais que os homens criam e usam (...) Entretanto, a identificação desses objetos materiais como elementos de cultura sem referência aos seus concomitantes não materiais pode induzir facilmente em erro. Quando nos referimos a tais objetos inclinamo-nos a tomar por estabelecidos seus usos, seu valor e a necessária técnica prática ou teórica. No entanto, as máquinas ou instrumentos são, evidentemente, pouco úteis a não ser que seus donos possuam a habilidade e o conhecimento necessário para operá-las ou aplicá-los. O mesmo objeto pode ser empregado de muitas maneiras alternativas (...) Com os usos diferentes, naturalmente, surgem

A partir dos elementos componentes, a cultura se articula como relações complexas entre os diversos elementos, que compõem o todo, como entre instituições e valores, ou entre valores e artefatos. Tais interações tornam viva a cultura e se estabelecem como elementos dinâmicos, no interior de *cada* cultura e nas relações *entre* culturas.[553]

O legado da civilização é tanto intangível quanto precioso. E igualmente frágil. A ser consciente e zelosamente conservado, contra as tentativas de fazer prevalecer a barbárie e a força bruta.

Ernst CASSIRER, no **ensaio sobre o homem** (1944, ed. 2001)[554] constrói toda a segunda parte do ensaio em torno da relação entre o "o homem e a cultura" – a natureza do homem está escrita em letras maiúsculas na natureza do estado – e, quando PLATÃO parte da antiga máxima *conhece-te a ti mesmo*, que SOCRÁTES aplicara em relação ao próprio indivíduo e a transpõe para o contexto da vida humana, no plano político e social, projeta essa antiga sabedoria para plano mais amplo.

A vida política não é a única forma de existência comunitária humana. Na história da humanidade, o estado, em sua forma presente, é produto tardio do processo civilizador. Muito antes de o homem descobrir essa forma de organização social, este havia feito outras tentativas de organizar seus sentimentos, desejos e pensamentos. Tais organizações e sistematizações estão contidas na linguagem, no mito,

---

avaliações e significados diferentes. Quadros podem ser guardados como tesouros, exibidos ou escondidos no sótão, vistos como grandes realizações artísticas ou rabiscos de excêntricos. (...) A divisão entre idéias – conhecimento, valores, crenças tradicionais – e a cultura material, embora muitas vezes útil, é, de certo modo, arbitrária, pois para descrever plenamente artefatos culturais é necessário conhecer-lhes os usos, as atitudes tomadas em relação a eles e o conjunto de habilidades e conhecimentos necessários para produzi-los."

[553] E. CHINOY (op. cit., 1961, ed. 1976, 'a organização da cultura', pp. 67-68): "Tais relações constituem tema significativo de análise sociológica. Essa análise pode permanecer no nível da cultura em geral ou, o que é mais freqüente, pode ser dirigida para *uma* cultura, o conjunto ou sistema de instituições, valores, crenças e objetos possuídos por determinado grupo de pessoas. (...) É apenas pelo cotejo das culturas específicas que poderemos, finalmente, dilatar nosso conhecimento da cultura em geral. Os componentes de qualquer cultura particular não se associam ao acaso, mas formam um todo mais ou menos coerente. (...) A estrutura da cultura – seus princípios de organização e as relações entre as partes – é, portanto, relevante para a compreensão de qualquer padrão cultural específico. / Os componentes de qualquer cultura, bem como da cultura como um todo, podem ser encarados como se consistissem em sistemas mais ou menos independentes, cada qual com sua estrutura ou organização própria."

[554] Ernst CASSIRER, **Ensaio sobre o homem: introdução a uma filosofia da cultura humana** (do original **An essay on man: an introduction to a philosophy of human culture**, © 1944, 1972, trad. Tomás Rosa BUENO, 1ª ed. bras. 1994, 3ª tiragem, 2001, esp. parte ii, 'o homem e a cultura', pp. 105-372, 'prefácio' de E.CASSIRER, pp. 1-5, cit. p. 2): "Um de meus objetivos mais importantes foi o de convencê-lo [o leitor] de que todos os temas tratados neste livro são apenas, afinal, um *único* tema. São caminhos diferentes que levam ao mesmo centro – e, a meu modo de ver, cabe a uma filosofia da cultura descobrir e determinar esse centro."

na religião e na arte. Devemos aceitar essa base mais ampla, se quisermos desenvolver uma teoria do homem. O estado, por mais importante que seja, não é tudo. Não pode expressar ou absorver todas as outras atividades do homem.[555]

Mostra a história humana, os homens se organizam em grupos sociais independentes, regidos por ordem interna, em tribos, cidades, cidades-estado ou estados. Tão logo distintas unidades e seus soberanos estabeleçam contato, umas com as outras, primeiro o costume, e, em seguida, o direito costumeiro, se desenvolve para conduzir tais relacionamentos, já revestidos de caráter internacional. O primeiro tratado do qual se tem documentação, no sistema das cidades-estado da Mesopotâmia, fixa as fronteiras entre as cidades de Lagash e Umma, com participação de MESILIM, soberano do vizinho estado de Kish, normalmente datado por volta de 3100 a.C.[556].

Direito consuetudinário, já esboçava na época, e conterá, em toda parte, como direito internacional geral *de facto*, regras a respeito: a) da inviolabilidade de arautos e mensageiros; b) da obrigatoriedade, se não mais, da santidade dos tratados (*pacta sunt servanda*)[557], incluindo a boa-fé (*bona fides*) na interpretação[558] e aplicação destes[559]; c) regras sobre o estatuto jurídico dos estrangeiros e estas, na medida em

---

[555] E. CASSIRER (op. cit., 1944, ed. 2001, cap. vi, 'a definição do homem nos termos da cultura humana', pp. 107-120, cit. p. 108) e prossegue: "É claro que essas atividades, em sua evolução histórica, estão intimamente ligadas ao desenvolvimento do estado; em muitos aspectos, elas dependem das formas de vida política. No entanto, embora não possuam uma existência histórica separada, têm mesmo assim um propósito e um valor próprios".

[556] Stephan VEROSTA, **International Law in Europe and Western Asia between 100 and 650 A.D.** (RCADI, 1952, t. 80, pp.485-620, "introduction", p. 494, nota 7).

[557] J. B. WHITTON, **La règle 'pacta sunt servanda'** (RCADI, 1934, t. 49, pp. 147-276).

[558] Teresa NEGREIROS, **Fundamentos para uma interpretação constitucional do princípio da boa-fé** (prefácio M. C. B. de MORAES, Rio: Renovar / bilbioteca de teses, 1998), 'introdução', pp. 1-23, cit. pp. 1-2): "A boa-fé é uma noção jurídica tão antiga quanto obscura. Tais características parecem justificar-se reciprocamente. Com efeito, a ancestralidade da boa-fé – cujas origens já se delineiam na tradição jurídica romana – pode ser associada à ancestralidadede do próprio direito, como forma de organização social, na medida em que a idéia de uma conduta leal e confiável – substrato da boa-fé – integra a essência do direiot, sua dupla fundamentação de viabilizar a justiça e a segurança das relações intersubjetivas. A conexão assim vislumbrada, entre a idéia de direito e o conteúdo ético evocado pela boa-fé implica, numa perspectiva de assimilações mútuas, que a conceituação desta reflita a conceituação daquele. Sob esse aspecto, portanto, as tantas dificuldades em conceituar a boa-fé – chamada, também por isso, de *'une mer sans rivages'* -- revelam apenas um pequeno córrego que aflui ao grande oceano, pressuposto pela eterna questão acerca do que seja o conteúdo (mínimo) do direito"; cita Simone DAVID-CONSTANT, *La bonne foi: une mer sans rivages* (in **Bonne foi**: Actes du colloque organisé le 30 mars par la Conférence libre du jeune barreau de Liège, A.S.B.L., Liège: Éditions du jeune barreau de Liège, 1990, p. 7).

[559] Robert KOLB, **La bonne foi en droit international public: contribution à l'étude des principes généraux du droit** (Paris: PUF / publ. IUHEI, 2000); Elizabeth ZOLLER, **La bonne foi en droit international public** (Paris : Pedone, 1977) ; Suzanne BASTID, *Mutations politiques et traités : le cas de la Chine* (in **La communauté internationale : Mélanges offerts à Charles ROUSSEAU**, Paris : Pedone, 1974, pp. 1-15,

que se intensificam os intercâmbios, resultam em regras a respeito de comércio internacional, asilo[560] e relações familiares (*commercium et connubium*); d) regras sobre sanções de direito internacional e especialmente em matéria de guerra e conflitos armados.

Desde os mais remotos tempos da história, os registros mostram a existência de corpos de regras que podem ser caracterizados como contendo todas as características básicas do direito internacional[561]. Contudo, muitos relutarão em falar de sistema de direito internacional na Antigüidade[562].

Entre 1500 e 1200 a.C. os estados do oriente médio tinham desenvolvido não somente sistema político de equilíbrio de poder, mas também corpo de normas substantivas de direito internacional, que pode ser reconstituído a partir dos tratados celebrados entre egípcios e hititas, conservados em arquivos de estado de ambos[563]. O mesmo equilíbrio de poder, na mesma região, faz falta, desde que os mandatos do tempo da Liga das Nações foram encerrados: pólo de tensão e risco para a paz e a segurança internacionais, cuidadosamente mantidos e explorados ...

As grandes migrações de povos indo-europeus da Ásia central e Rússia meridional, abrangendo hititas, filisteus, gregos, indianos e iranianos, suplantam o sistema mesopotâmico e levam à organização dos povos iranianos em grande império persa, que estabelece sistemas de contatos e relações com as cidades-estado gregas, o sistema de estados indianos e o império chinês. O legado grego ao direito internacional[564].

As tribos itálicas, em torno da cidade-estado de Roma, a partir de 500 a. C. desenvolvem a federação itálica, sob o nome de República romana, aceito como a

---

cit. p. 15) : « la notion de continuité de l'état ne s'adapte pas à tous les problèmes issus, pour les traités, des mutations politiques. »

[560] E. REALE, **Le droit d'asile** (RCADI, 1938, t. 63, pp. 469-602).

[561] Stephan VEROSTA (op. cit., 1952, "introduction" p. 491): "There is no doubt that from the earliest periods of international relations between sovereign political units such a body of rules of a general law of nations can be traced showing all the basic characteristics of international law."

[562] Nesse sentido, em lugar de controvérsias infrutíferas a respeito do marco temporal inicial da disciplina, pode-se ter a consciência de ser o direito internacional, como toda obra humana, produto do tempo (história) e meio (cultura) no qual se cria e se desenvolve, em perspectiva pós-moderna, e mais abrangente.

[563] Stephan VEROSTA (op. cit., 1952, pp. 494 s.): "among these treaties, the convention of peace and alliance between RAMSES II and HATTUSILI II of 1279 b.C. is particularly important; it is written in Accadian, the language of diplomacy and international instruments of that period."

[564] Josep BLANES Sala, **Noção e instituições de direito internacional na Grécia clássica** (São Paulo: FDUSP, mestrado em direito internacional, 1993); G. TÉNÉKIDÈS, **Droit international et communautés fédérales dans la Grèce des cités** (RCADI, 1956, t. 90, pp 469-652). A perspectiva pôde ser ampliada, pelo mesmo TÉNÉKIDÈS, em outro curso na Haia, **Regimes internes et organisation internationale** (RCADI, 1963, t. 110, pp. 271-418).

caçula do sistema estatal helenístico, depois de suplantar todas as demais se torna a herdeira do mundo helenístico. Roma estende suas fronteiras até o Reno e o Danúbio e de principado, se torna monarquia.

Nas 'relações internacionais' entre os impérios persa e romano se continham não somente regras indispensáveis para essas mesmas relações, como também muitos elementos do moderno direito internacional[565]. No período entre 100 e 650 A. D., na área da Europa e Ásia ocidental é marcada pelo equilíbrio de poder entre os impérios persa e romano, com contínuos esforços de ambas as grandes potências, no sentido de preservar o equilíbrio, contra qualquer tentativa hegemônica da outra.

No período de 100 até 650 AD, a Ásia ocidental e a Europa, abrange toda a costa mediterrânea no norte da África, e constitui sistema de estados e unidades políticas soberanas, sistema esse regido por regras de direito, nas suas relações internacionais. Ressalta VEROSTA[566], esse sistema político tem como eixos dois grandes impérios, o persa e o romano[567].

Cabe enfatizar que Roma, durante mil e quinhentos anos, muito embora tenha tido poucas décadas sem estar envolvida em conflitos armados, com a exceção da conquista das Ilhas Britânicas, consistentemente aplicou o princípio de fazer guerras de defesa, mais do que guerras de ataque. Motivada pela necessidade de defender, fortalecer ou recuperar províncias do império, e menos por espírito de agressão, ganância ou vaidade imperial. Roma manteve relações de direito internacional com muitos dos estados, nações e tribos além dos limites do *limes* a linha de fortificações que marcava o limite do Império romano[568].

---

[565] Stephan VEROSTA (op. cit., loc. cit.): "Embassies and envoys were not only inviolable, but enjoyed privileges and immunities; so did the heads of state on official visits to another state. The conclusion of treaties was operated by the exchange of signed and sealed documents of ratification and authenticated copies of the agreed text in the other Empire's official language. Commercial relations between the two Empires (Roman and Persian) and other subjects of international law of the period not only existed but were regulated by treaties; merchants, for instance, had to use certain roads and certain emporia. Treaties guaranteed religious minorities the exercise of their faith. The allies of the two Empires were included in the treaties and participated in its benefits and obligations. Disputes arising between the two nations were to be decided by courts of arbitration."

[566] Stephan VEROSTA (op. cit., p. 496-498).

[567] Stephan VEROSTA (op. cit., pp. 500-501): "traditional historical maps are highly misleading; they show the Roman and Persian Empires as centralised unitarian states. In reality, each of the two Empires constituted a rather complex commonwealth of nations, states, city-states and cities."

[568] Stephan VEROSTA (op. cit., loc. cit.): "The Romans had to realize very soon that the domination of the whole world was beyond the Empire's powers." Com parceiros considerados iguais eram celebrados tratados de amizade ou neutralidade (*amicitia*) e alianças defensivas (*foedus*). Alguns tratados constituiam formas variadas de dependência (*deditio in fidem, clientela*), mais ou menos correspondentes aos pactos de vassalagem e protetorado do direito internacional moderno, ou constituiam submissão à autoridade de Roma (*deditio*).

O princípio jurídico básico – *pacta sunt servanda* – tinha aplicação não somente nos contratos civis, mas também nos tratados[569]. A guerra (*bellum justum*), somente poderia ser declarada havendo justa causa (*justa causa belli*).

A grande ruptura da época não foi a queda do Império romano do Ocidente em 476 A. D., mas a chegada do Islão, impulsionado por MAOMÉ[570]. Os 'invasores bárbaros' não põem termo à unidade mediterrânea do mundo antigo, nem ao que se pode chamar de esencial da cultura romana, tal como se conservam o modelo e os ideais romanos, quando deixa de haver império romano no ocidente. Ravena é mais que símbolo, mas também modelo e inspiração para os reinos germânicos[571].

O fim do mediterrâneo como *mare nostrum* romano marca o final da antigüidade e o início da idade média[572]. A ruptura do mundo antigo foi causada pelo avanço rápido e inesperado do Islão[573]. Teve por conseqüência separar definitivamente o ocidente e o oriente, pôs fim à unidade mediterrânea[574]. Da África à Espanha, que estavam na órbita do mundo ocidental, passam a gravitar em torno a Bagdá. É outra religião e surge outra cultura, que se manifesta em todos os campos. O ocidente

---

[569] J. B. WHITTON, **La règle 'pacta sunt servanda'** (RCADI, 1934, t. 49, pp. 147-276).

[570] Henri PIRENNE, **Mahomet et Charlemagne** (1936) seguido de Bruce LYON, *le débat historique sur la fin du monde antique et le début du moyen âge*, André GUILLOU, *Byzance et la genèse de l'europe occidentale*, Francesco GABRIELI, *Effets et influences de l'Islam sur l'europe occidentale* , Heiko STEUER, *De Théodoric le grand à Charlemagne* (trad. de Hélène SEYRÈS, Milão: Jaca Book, © 1986, 1ª ed. francesa, 1987)

[571] Henri PIRENNE (op. cit., "conclusion", pp. 131-132): "Malgré les troubles et les pertes qui en ont résulté, il n'apparaît de principes nouveaux , ni dans l'ordre économique, ni dans l'ordre social, ni dans la situation linguistique, ni dans les institutions. Ce qui subsiste de civilisation est méditerranéen. C'est aux bords de la mer que se conserve la culture et c'est là que sortent les nouveautés: monachisme, conversion des anglo-saxons, art barbare etc. / "L'Orient est le facteur fécondant; Constantinople, le centre du monde. En 600, le monde n'a pas pris une physionomie qualitativement différente de celle qu'il avait pris en 400.

[572] Fernand BRAUDEL, **La méditerranée et le monde méditerranéen à l'époque de Philippe II** (Paris: Armand Colin, © 1966, impr. 1987, 2 vols.), Fernand BRAUDEL, **Écrits sur l'histoire** (Paris: Flammarion/Champs, © 1969, impr. 1984), Fernand BRAUDEL (coord.), **La méditerranée: espace et histoire** (Paris: Flammarion / Champs, 1ª ed., 1977, impr. 1985), Fernand BRAUDEL e Georges DUBY (coord.), **La méditerranée: les hommes et l'héritage** (Paris: Flammarion / Champs, 1ª ed., 1977, impr. 1986), Georges DUBY, **L'Europe au moyen âge** (Paris: Flammarion / Champs, 1ª ed., 1981, impr. 1984), Georges DUBY, **An 1000 – an 2000: sur les traces de nos peurs** (Paris: Textuel, 1995), Henri FOCILLON, **L'an mil** (Paris: Denoel, 1984), Norman F. CANTOR, **The civilization of the middle ages** (New York: Harper, 1993).

[573] Maurice LOMBARD, **L'Islam dans sa première grandeur (viii-xi siècle)** (préf. de Hichem DJAÏT, Paris: Flammarion / Champs, © 1971, impr. 1980).

[574] Contrariamente à célebre tese de Henri PIRENNE, afirma Maurice LOMBARD (op. cit., pp. 19-20): "Si les invasions germaniques ont précipité le déclin de l'Occident, les invasions musulmanes ont provoqué la relance de sa civilisation. Bref, le problème posé en Occident à propos de l'arrivée des barbares, de la continuité ou de la régression économique, doit être tranché, dans le cas de la conquête arabe st sur l'ensemble du domaine musulman, par l'affirmation non seulement de toute absence de coupure, mais plus encore, d'un prodigieux éssor."

se vê cercado de todos os lados, e obrigado a viver, voltado para si mesmo[575]. Pela primeira vez, o eixo da vida histórica é empurrado do mediterrâneo para o norte.

O fracionamento da unidade do império, leva à instauração do feudalismo e do que se convenciona chamar de "idade média"[576], em longa transição, que se estende de 650 até 750 AD. O mundo ocidental se dará conta da extensão das mudanças ocorridas por ocasião da ascensão de CARLOS MAGNO, instaurando novo império no ano 800 AD.

Esta foi uma das grandes rupturas da história. As lições para o direito internacional são relevantes[577]. A história do período é normalmente dividida entre a história do império romano tardio, a história das grandes migrações como tempo de 'convulsões' e 'transição', e a história do império persa, até sua conquista pelos árabes[578].

A idéia do *imperium romanorum* estendeu-se muito adiante de seus efeitos. Pode-se ver, com altos e baixos, a continuidade deste anseio, até 1918, ao enterrar-se o modelo de Vestfália, com a queda da dinastia dos HABSBURGO, e o fim do Império Austro-húngaro, após o término da primeira guerra mundial, para dar lugar às tentativas de instauração, nos anos vinte do século passado, de novo paradigma de ordenação internacional.

---

[575] Henri PIRENNE (op. cit., loc. cit.): "La Méditerranée occidentale, devenue un lac musulman, cesse d'être la voie des échanges et des idées qu'elle n'avait cessée d'être jusqu'alors."

[576] Jacques LE GOFF com a colaboração de Jean-Maurice de MONTREMY, **Em busca da idade média** (trad. Marcos de CASTRO, Rio: Civilização brasileira, 2005).

[577] Stephan VEROSTA (op. cit.) mostra as relações entre os impérios persa e romano (caps. i, iii e vi), as relações entre os dois impérios e os estados, cidades-estado e tribos das fronteiras norte e sul (caps. ii e v), o estatuto da Armênia como estado-tampão entre os dois impérios (cap. iii), e as relações entre os dois impérios e os hunos, entre os quais os hunos europeus constituiram poderosa terceira força, na europa entre 380 e 460 AD. (cap. iv).

[578] Stephan VEROSTA (op. cit., "conclusion", pp. 612-613): "There is always continuity in history. The continuity in the history of international law was assured by the East Roman or Byzantine Empire. / "The West Roman Empire was replaced by a system of new West-European states from AD. 450 onwards, which later split into many territorial and feudal units and city-states, a Christian family of sovereign political units and states. The Persian Empire was replaced by the Arabs who, by annexing the Eastern and the North-African shore of the Mediterranean had brought the period of later antiquity, based on the unity of the Mediterranean area, to an end, and with it a period in the history of the Law of Nations. / "The re-hellenized East-Roman or Byzantine Empire remained in full political and cultural continuity as the depositary heir of the Law of Nations developed between 100 and 650 AD. in Roman-Persian relations. Establishing co-existence and international relations with the West-Asian power of the Caliphate and its Islamic successor states and with the new state-system of Western Europe, the East-Roman or Byzantine Empire transmitted to the West-European and to the West-Asian states, to East and West as seen from Constantinople, a part of the tenor and much of the forms of the Law of Nations elaborated by Europe and Western Asia in later antiquity."

Na segunda metade do século XII, a autoridade monárquica achava-se completamente diminuída no império romano-germânico[579]. Mas a idéia do *imperium romanorum* permanece.

O exclusivismo político e religioso traz ínsita a ausência de idéia de igualdade, e a vontade de dominação universal a negação da idéia de sociedade internacional[580]. Esse dado se põe na história, e parece ressurgir, desastradamente.

No século xiii, o império romano-germânico ainda é fórmula de longa duração e múltiplos avatares, que desliza progressivamente para o sul, e tenta manter seu impacto sobre a realidade: para conter as rebeliões constantes na Itália, coberta de cidades, muda o foco dos campos germânicos e dos projetos de expansão para o leste, que se realiza, sem presença imperial, a cargo dos príncipes reinantes nas regiões de fronteira do império.

O imperador HENRIQUE VI reclama para si o *dominium mundi*, a direção universal da cristandade, o controle do papado, à moda carolíngia, a autoridade moral e precedência sobre os *provinciarum reges*, os demais reis do ocidente, considerados satélites do império, e tenta efetivar essa concepção por meio de relações de vassalagem, obtendo a homenagem dos reis de Chipre e da Inglaterra, mas encontra a encarniçada resistência de FILIPE AUGUSTO, de França e dos Papas.

HENRIQUE VI, dono da Sicília, sonha com a dominação mediterrânica e seu filho, FREDERICO II, quis alicerçar seu poder em Roma. Para evitar ferir suscetibilidades renuncia à idéia das relações de vassalagem e propõe pacto, por meio do qual todos os soberanos do ocidente formariam espécie de comunidade espiritual, a *respublica universae christianitatis*, liga dirigida simultaneamente à luta contra as heresias e contra as pretensões temporais do Papado. Foi feroz a resistência deste,

---

[579] Edouard PERROY, Jeannine AUBOYER, Claude CAHEN, Georges DUBY e Michel MOLLAT, **A idade média** (trad. J. GUINZBURG e Vítor RAMOS, São Paulo: Difel, 4ª ed., 1974, História Geral das Civilizações, vols. 6, 7 e 8, cit. vol. 7, p. 148): "na segunda metade do século xii, o renascimento do direito romano, os contatos mais estreitos com Bizâncio, a própria personalidade de FREDERICO BARBA-ROXA fortaleceram singularmente a idéia imperial. Confundida agora com a realeza alemã, embora a sagração pelo Papa tendesse a tornar-se uma simples formalidade ritual e os príncipes da Germânia julgassem eleger verdadeiramente o Imperador, ligado mais solidamente à tradição carolíngia, como manifestara com brilho, em 1165, a canonização de CARLOS MAGNO, centrado em Aquisgrana e as regiões renanas, o Império apresentava-se, entretanto, como o prolongamento direto do *imperium romanorum*, cuja majestade única e caráter sagrado os juristas de Bolonha exaltavam."

[580] Slim LAGHMANI, **Histoire du droit des gens**: du *jus gentium* impérial au *jus publicum europaeum* (Paris : Pedone, 2003, esp. ch. premier, section troisième, par. II : facteurs et fonctions du droit des gens : A. 'l'exclusivisme politique et religieux ou l'absence de l'idée d'égalité' e B. 'la volonté de domination universelle négation de l'idée d'une société internationale', pp. 52-60).

apegado com crescente ardor à sua primazia espiritual, usando também de termos muito terrenos de expressão de submissão[581].

Incapaz de sustentar oposição, simultaneamente, em várias frentes, o Império desaparece como instituição eficaz, na metade do século xiii. Como observam Edouard PERROY et alii[582], só sobrevive como sonho de unidade e de paz, a idéia imperial, vivificada por toda uma corrente de pensamento messiânico, que se alimentava nas obras do Abade italiano JOAQUIM DE FIORE (nascido entre 1130 e 1145 – falecido em 1202), recentemente fortalecida pelos tratados doutrinários que FREDERICO II mandara redigir em sua luta contra o papa[583].

Quando encetada, no século xiii, a afirmação da supremacia, não somente espiritual, como temporal, do papa – simbolizada no acréscimo de segunda coroa à tiara pontifical, representando a pretensão da soberania temporal, ao lado da espiritual –, já era anacrônica e não poderia ser sustentada[584]. Tal como o imperador, o papa não podia impor a sua tutela aos estados, que agora partilhavam entre si a Europa. Estas afirmativas talvez chocassem os elementos, cada vez mais numerosos, que, afetados por todos os escritores que, desde o **De Consideratione** (1145) de SÃO BERNARDO, abade DE CLAIRVAUX[585], colocavam o pontífice em guarda, contra as tentações do poder temporal, e alertados pelos polemistas a serviço de FREDERICO II, julgavam que o papa, aspirando à dominação temporal, traía a sua verdadeira missão[586].

---

[581] Justamente nessa mesma época de exacerbação do poder político e temporal da Igreja Católica, como iniciativa política, na Europa, a partir do século xiii, curiosamente, quando, igualmente, se insere o prostrar-se de joelhos, durante a celebração da missa, e se encetam as perseguições contra judeus, heréticos e homossexuais. A respeito v. John BOSWELL, **Christianity, social tolerance and homosexuality** (Chicago: Chicago U.P., © 1980, edition 1981), cf. item iv, "direito internacional e duração".

[582] Edouard PERROY, Jeannine AUBOYER, Claude CAHEN, Georges DUBY e Michel MOLLAT, **A idade média** (trad. J. GUINZBURG e Vítor RAMOS, São Paulo: Difel, 4ª ed., 1974, História Geral das Civilizações, vols. 6, 7 e 8, cit. vol. 7, p. 149).

[583] Prosseguem Edouard PERROY et al., **A idade média** (vol. 7, pp. 149-151): "Esse esboroamento rompeu a união que ligava a Itália à Alemanha, cavou profunda depressão política entre as regiões, que estiveram diretamente submetidas ao Imperador, entregando-as, em contraste com os reinos coerentes do ocidente europeu, à fragmentação e às rivalidades." Sobretudo na Itália e Alemanha, a fragmentação do espaço antes imperialmente organizado, em múltiplas unidades políticas e poderes concorrentes, perdurará até a metade do século xix, e explica a particular virulência do nacionalismo italiano e alemão, que foram causa de consideráveis estragos na história européia e mundial, no final do séculos xix e primeira metade do século xx.

[584] Edouard PERROY et al., **A idade média** (vol. 7, p. 151).

[585] São BERNARDO, abade de CLAIRVAUX e doutor da Igreja (1090-1153), no seu **La Consideration au pape Eugène III** (1145), denuncia com veemência os abusos cometidos por Roma, ao mesmo tempo em que oferece ao papa a fórmula de mediação. V. Pierre PIERRARD, **Dictionnaire des prénoms et des saints** (Paris: Larousse, 1974, pp. 40-41).

[586] Edouard PERROY et al., **A idade média** (vol. 7, p. 151): "De fato, a cristandade unida da época feudal, das primeiras cruzadas, fracionara-se definitivamente. E este próprio fracionamento, o reforço das potências

Depois desta longa fase de ruptura e reacomodação de parâmetros[587], mostra-se obsoleta a idéia de ordenação do sistema internacional, como todo gravitando em torno de único eixo[588]. A multipolarização da Europa foi fato marcante de sua história, durante os seguintes seiscentos anos[589].

A grande ruptura seguinte será a combinação dos grandes descobrimentos e a reforma protestante, mudando substancialmente as condições de criação e circulação da riqueza, os modelos de ordenação política e as regras de convivência entre as diferentes unidades soberanas, com o surgimento dos estados modernos e dos conceitos a estes relacionados, como mostrarão os escritos de Jean BODIN[590], ensinando que não se deve medir as leis da natureza pelas ações dos homens[591].

Outros teóricos do Renascimento prepararão o caminho para o direito internacional moderno. Dentre os quais se pode, segundo A. GARDOT (1934)[592], reservar o lugar de Jean BODIN.

Depois dos períodos de formação e consolidação do direito, e de 'sistema internacional', nos séculos xvii e xviii, a lição que se pode tirar, a partir da experiência do século xix, é o paradoxo, no qual se desenvolve o estudo sistemático do direito, no sentido de quanto se perde como aspiração universal, para ser visto e tratado em

---

laicas de um lado, e de outro o desenvolvimento econômico, o crescente poder do dinheiro e a consecutiva transformação dos costumes, acarretavam desde a metade do século xii, o mal estar cada vez mais penoso, no interior da Igreja."

[587] Louis E. Le FUR, **Le développement historique du droit international : de l'anarchie internationale à une communauté internationale organisée** (RCADI, 1932, t. 41, pp. 501-602), b/c do mesmo Le FUR, tb. seu curso **Règles générales du droit de la paix** (RCADI, 1935, t. 54, pp. 1-308).

[588] Seria excessivo ver-se a pretensão de re-edição dessa concepção primária de ordenação do sistema mundial na política externa dos Estados Unidos da era BUSH Jr.? O paralelo não deixa de estar esboçado, quando se cotejam declarações oficiais deste e da Secretária de estado, Condoleeza RICE. Mais que simplesmente *primus inter pares* seria a hegemonia norte-americana o eixo central de ordenação do sistema, visto a partir de Washington? Séculos atrás, já se mostrou, insustentável teoricamente, e inviável na prática, a pretensão de tal modelo.

[589] Em curso de revisão à medida que simultaneamente se amplia geograficamente e se aprofunda operacionalmente o processo de integração regional na Europa, que não por acaso vem suscitando tantas resistências, por parte daqueles todavia apegados a concepções tradicionais da soberania do estado e funcionamento de sistema internacional preponderantemente estatal. Do funcionamento de sistema com ênfase no bloco regional e neutralizando a carga das identidades e heranças nacionais poderia se consolidar Europa mais ampla e mais vasta, com a possibilidade concreta de ser eixo de equilíbrio do sistema internacional presente. A recusa, ao menos momentânea, em 2005, dos eleitores franceses e dos países baixos, vem atrasar a implantação desse novo modelo de Europa, afirmando o interesse em conservar o modelo anterior.

[590] Jean BODIN, **Les six livres de la République** (ed. orig. Paris: Jacques Du Puys, 1576, esta edição segue a 10ª ed., publicada em Lyon: Gabriel Cartier, em 1593, reimpressa em 1594, Corpus des oeuvres de philosophie en langue française, Paris: Fayard, 1986, 6 vols.).

[591] Jean BODIN (op. cit., livro I, cap. 5, p. 91): "il ne faut mesurer la loy de nature aux actions des hommes".

[592] A. GARDOT, **Jean Bodin: sa place parmi les fondateurs du droit international** (RCADI, 1934-IV, t. 50, pp. 545-748).

boa medida como anteparo formal, engajado para dar respaldo legal às potências européias. Esse fenômeno foi examinado por Martti KOSKENNIEMI (2001, ed. 2005)[593].

Perde-se a dimensão de universalidade. Ao tentarem regular, entre si, as potências européias, as suas respectivas conquistas coloniais e a manutenção do *status quo*, sobretudo em África e Ásia, depois das Américas terem se desligado das antigas metrópoles, saídas do 'jugo colonial', entre o final do século xviii e as primeiras décadas do século xix, se deixa de ter direito que ao menos enquanto aspiração, poderia ter caráter universal.

As Américas do sul e central tinham passado por seus momentos de conquista colonial no início do século xvi, do qual se põe como precursor da crítica aos mecanismos de conquista colonial, Frei Bartolomeu de LAS CASAS, com seu *opus magnum*, a **História das índias** (ca. 1529)[594]. Tiveram, depois, a sua fase de desligamento dos laços coloniais, para se instaurarem como unidades políticas soberanas, e construírem as suas relações e interações em sistema internacional.

Na segunda metade do século xix as Américas vivem outro momento histórico, e se inserem, ou ao menos tentam inserir-se, ainda que marginalmente, no sistema europeu do concerto das potências. Guardam menos ressentimentos, pois a herança colonial já ficara mais distante.Convive-se mais facilmente com herança que se faça pesada, na medida em que esta se ponha mais distante. O tempo comporá os elementos dessas identidades nacionais, para mesclar dados nativos e transplantes europeus.

Nesse mesmo tempo, as potências européias instauravam, consolidavam e sistematizavam conjuntos coloniais, na África e Ásia. Estes, por sua vez, somente virão encontrar seu termo na metade do século xx.

O processo de descolonização, sobretudo entre 1945 e 1960, foi uma das grandes transformações de todo o sistema internacional. Ainda não foram absorvidas todas as transformações daí decorrentes.

---

[593] Martti KOSKENNIEMI, **The gentle civilizer of Nations : the rise and fall of international law 1870-1960** (Cambridge: Univ. Press, 1st. publ., 2001, pb. ed., 2005, p. 229): "Peace and justice were not an spontaneous outcome of economic interdependence or cultural integration".

[594] Fray Bartolomé de LAS CASAS (* Sevilha, 1474 / + Madri, 1566), dentre "memoriales, Cartas, tratados, historias, opusculos teológicos, disquisiciones políticas" escreveu a famosa **Historia de las indias** (edición de Agustín MILLARES Carlo y estudio preliminar de Lewis HANKE, Mexico: FCE, 1ª ed., 1951, 2ª ed., 1965, 4ª reimpr. 1995, 3 vols.).

As transformações sociais podem exigir mais tempo que as mudanças políticas, para serem absorvidas. E esse descompasso, todavia, se reflete no sistema normativo e institucional internacional.

Por isso, o presente ensaio 'sociologia para principiantes, na perspectiva do direito' se põe como advertência quanto à necessidade de situar a superestrutura normativa e seu aparato de implementação no contexto cultural mais amplo, no qual se inscreve, sob pena de somente serem percebidos os dados técnicos, com perda da essência e do conteúdo social intrínseco ao direito.

A seguir se passa a considerar 'tempo e suas correlações com a vida'.

Tempo e suas correlações com a vida

> o que é tempo ? se ninguém me perguntar, eu o sei; mas, se o quiser explicar a quem me pergunta, não sei
> Santo AGOSTINHO (400)[595]

> a mente é adaptada ao mundo em que vivemos e o mundo está em mudança constante. (...) a significância suprema do tempo é encontrada em sua natureza transitória
> G. J. WITHROW (2005)[596]

O tempo traz dificuldade, quase insuperável, em sua definição. Mas, aqui, não caberá retornar à versada e controvertida questão filosófica, mas de o considerar em suas correlações com a vida. E aí se terá dimensão que nos interessa a todos, diretamente: literalmente estamos todos e cada um nessa mesma condição, e a questão nos diz respeito a todos.

Como também se põe enquanto questão de distanciamento: estar fora do tempo é sinônimo de estranhamento e de condição patológica do ser – esse está fora do tempo! – mas, tampouco, pode o ser estar totalmente imerso no tempo, sem se deixar esvaziar de sua condição específica de ser, e de seu contexto. Aí se tem questão de equilíbrio a ser considerada, como em tantas coisas da vida, aliás!

---

[595] Santo AGOSTINHO, **Confissões** (livro XI, cap. XIV): "Quid est ergo tempus? Si nemo ex me quaerat, scio; si quaerenti explicare velim, néscio" (**Obras de San Agustin**: texto bilingue, vol. II: Las confesiones, "ed. crítica y anotada" Angel Custódio VEIGA, O.S.A., Madri: Biblioteca de autores cristianos, 7ª. ed. (8ª. do autor), 1979)

[596] G. J. WITHROW, **O que é tempo?** uma visão clássica sobre a natureza do tempo (do original **What is time? the classic account of the nature of time**, © 1972, 2003, com introdução de J. T. FRASER, e ensaio bibliográfico de J. T. FRASER e M. P. SOULSBY, trad. Maria Ignez Duque ESTRADA, Rio: Jorge Zahar, 2005, p. 177).

Enquanto controvérsia filosófica, não caberia pretender retomar, esta se estende desde os pré-socráticos[597], e vem até o foco se não da principal, ao menos a mais conhecida obra da importante produção de Martin HEIDEGGER, **o ser e o tempo** (1927)[598]. A relação do ser com o tempo pode ser o foco[599]: "temos nós, hoje, resposta para a pergunta o que queremos efetivamente dizer com o termo 'ser-no--tempo' (*seiend*)? De modo algum. Por isso cabe ver *a pergunta a respeito do sentido do ser* novamente colocada". De alegria, como de angústia para o ser, no tempo e com o tempo.

Os pré-socráticos, ao inaugurarem o pensamento filosófico e o pensamento ocidental, defrontaram-se com a necessidade de determinar o ponto de partida e várias teorias e correntes foram formuladas, pelos milésios, a partir do século VI a. C., TALES, ANAXIMANDRO e ANAXIMENES e seus sucessores, PITÁGORAS e os pitagóricos, antigos e recentes, XENÓFANES, HERÁCLITO e PARMÊNIDES, SÓCRATES, PLATÃO e ARISTÓTELES, ZENÃO DE ELÉIA, MELISSO DE SAMOS e EMPÉDOCLES de AGRIGENTO[600]. A mesma perplexidade se

---

[597] Ou seja, todos os filósofos anteriores a SÓCRATES. Veja, por exemplo: Giovanni REALE, **História da filosofia antiga** (do original **Storia della filosofia antica** 1ª ed. obra completa em cinco volumes, 1975-1980, 9ª ed., 1992) **I. das origens a SÓCRATES** (trad. Marcelo PERINE, 2ª ed., rev. São Paulo: Loyola, 1993), **II. PLATÃO e ARISTÓTELES** (trad. Henrique Claudio de Lima VAZ e Marcelo PERINE, São Paulo: Loyola, 1994), **III. os sistemas da era helenística** (trad. Marcelo PERINE, São Paulo: Loyola, 1994), **IV. as escolas da era imperial** (trad. Marcelo PERINE e Henrique C. de Lima VAZ, São Paulo: Loyola, 1994), **V. léxico, índices e bibliografia** (com a colab. de Roberto RADICE, trad. Henrique C. de Lima VAZ e Marcelo PERINE, São Paulo: Loyola, 1995); a respeito veja também, Michael ERLER & Andreas GRAESER (orgs.), **Filósofos da Antigüidade: I. dos primórdios ao período clássico** (do original **Philosophen des Altertums: von der Frühzeit bis zur Klassik**, © 2000, trad. Lya LUFT, rev. técnico Nélio SCHNEIDER, São Leopoldo: Unisinos, 2002, impr. 2003); referência clássica dos textos são os **Fragmentos**, coligidos e ordenados por H. DIELZ e W. KRANZ, veja a seguir.

[598] Martin HEIDEGGER, **Sein und Zeit** ("fünfzehnte, an Hand der Gesamtausgabe durchgesehene Auflage, mit der Randbemerkungen aus dem Handexemplar des Autors im Anhang", Tübingen: Max Niemeyer, 1984); M. HEIDEGGER, **Holzwege** (Frankfurt: Vittorio Klostermann, © 1950, 6. durchgesehene Auflage, 1980); M. HEIDEGGER, **Kant und das Problem der Metaphysik** (herausgegeben von Friedrich Wilhelm von HERRMANN, Frankfurt: Vittorio Klostermann, © 1973, "fünfte, vermehrte Auflage", 1991).

[599] M. HEIDEGGER, **Sein und Zeit** (ed. cit., 1984, p. 1).

[600] A referência de base em relação aos pré-socráticos permanece H. DIELS- W. KRANZ, **Die Fragmente der Vorsokratiker** (1ª ed., Berlim, 1903, 2 vols; 2ª ed., Berlim, 1934-37, 3 vols.), ou a edição francesa **Les présocratiques** (ed. établie par Jean-Paul DUMONT et al., Paris: Gallimard – Pleiade, © 1988, impr. 1989). Não posso deixar de referir: Werner JAEGER, **Paideia: a formação do homem grego** (trad. de Artur M. PARREIRA, São Paulo: Martins Fontes, 1979), Wolfgang SCHADEWALT, **Die Anfänge der Philosophie bei den Griechen: Die Vorsokratiker und ihre Voraussetzungen** (*Tübingen Vorlesungen Band 1*, unter Mitwirkung von Maria SCHADEWALT, herausgegeben von Ingeborg SCHUDOMA, Frankfurt: Suhrkamp, 1978), **Die Anfänge der Geschichtsschreibung bei den Griechen: HERODOT - THUKYDIDES** (*Tübingen Vorlesungen Band 2,* unter Mitwirkung von Maria SCHADEWALT,

renova ao longo do tempo, em várias correntes de pensamento e autores diversos, e chega aos dias de hoje. Mas é preciso resistir à tentação fácil de embarcar em digressão amadorística sobre o nascimento da filosofia e a construção da ciência. Pode-se, contudo, guardar o sentido: a perplexidade e a necessidade de formular perguntas gerais[601].

Ao enunciar "entramos e não entramos nos mesmos rios, que somos e não somos", HERÁCLITO[602] já punha, na origem do pensamento ocidental, o dilema do tempo e do ser[603]. Não somos, posto que não cessamos de mudar. E, no entanto, somos, justamente porque mudamos. Ninguém pode ser sem mudar, nem mudar sem ser.[604]

SANTO AGOSTINHO, escreve as suas **Confissões** entre os anos 398 e 400, portanto, há mais de mil e seiscentos anos, onde confessava a sua perplexidade diante do tempo, e isto se mantém, até os nossos dias, como ilustram os ensaios a respeito da relação *ser-tempo*, publicados por André COMTE-SPONVILLE, em 1999[605]. Fale-se em elementos: evite-se falar a respeito de sucessão do tempo. Tenha-se

---

herausgegeben von Ingeborg SCHUDOMA, Frankfurt: Suhrkamp, Erster Auflage, 1982, 3. Aufl, 1990), **Die frühgriechische Lyrik (und PINDAR)** (*Tübingen Vorlesungen Band 3,* unter Mitwirkung von Maria SCHADEWALT, herausgegeben von Ingeborg SCHUDOMA, Frankfurt: Suhrkamp, Erster Auflage, 1989), **Die griechische Tragödie** (*Tübingen Vorlesungen Band 4,* unter Mitwirkung von Maria SCHADEWALT, herausgegeben von Ingeborg SCHUDOMA, Frankfurt: Suhrkamp, Erster Auflage, 1991).

[601] Aponta Bertrand RUSSELL **História do pensamento ocidental** (trad. Laura ALVES e Aurélio REBELLO, São Paulo: Ediouro, 2003, p. 26): "fazer perguntas gerais é o início da filosofia e da ciência. Então qual é a forma dessas perguntas? No sentido mais amplo, elas correspondem à busca de uma ordem naquilo que, para o observador casual, parece uma série de eventos fortuitos e acidentais. É interessante notar de onde deriva pela primeira vez a noção de ordem. Segundo ARISTÓTELES, o homem é um animal político. Não vive isolado, mas em sociedade. Mesmo no nível mais primitivo, isto envolve algum tipo de organização e a noção de ordem brota desta fonte. A ordem é, antes de tudo, a ordem social. Algumas mudanças regulares que ocorrem na natureza, como a seqüência do dia e da noite e o ciclo das estações, foram descobertas, sem dúvida, há muito tempo. Contudo, foi à luz de alguma interpretação humana que essas mudanças puderam ser compreendidas pela primeira vez."

[602] HERÁCLITO, Fragmento 133 (49a).

[603] Martin HEIDEGGER, **Heráclito** (do original **Heraklit**, vol. 55 das Obras completas de M. H., edição 1994, trad. Márcia Sá C. SCHUBACH, Rio: Relume-Dumará, © 1998, ed. 2002).

[604] Martin HEIDEGGER, **Heráclito** (ed. cit. 2002, pp. 44-45): "HERÁCLITO não é 'o skoteinós', o obscuro, porque se exprime intencional ou inconscientemente de forma incompreensível, mas porque o pensamento dos pensadores, ou seja, o pensamento essencial, exclui todo pensamento constituído meramente no plano do entendimento. Para ele, a filosofia não é obscura. Segundo HEGEL, a essência consiste em conduzir o que de início é inacessível e encoberto para a luz do saber de uma certeza incondicional. O a-se-saber coloca-se a si mesmo na clareza de um saber incondicionado, onde se apaga todo resquício de obscuridade, isto é, do que não se sabe incondicionalmente."

[605] André COMTE-SPONVILLE, **O ser-tempo**: algumas reflexões sobre o tempo da consciência (do original **L'être-temps** © 1999, trad. Eduardo BRANDÃO, São Paulo: Martins Fontes, 2000).

presente, somente, que este inevitável e inexoravelmente afeta não somente os seres vivos como os estados e o funcionamento de uns e outros.

Como SANTO AGOSTINHO, todos temos a percepção do tempo: "se nada ocorresse, não haveria tempo passado; se nada sucedesse, não haveria tempo futuro; se nada existisse, não haveria tempo presente".[606]

Da mesma forma como se disse em relação à história[607], que se põe como matéria de relevância profissional, como qualquer outra, dentre as disciplinas do conhecimento e da ação humanas, mas, acima e ao lado desta atuação 'profissional', cabe considerar o papel, como *informação* e como *formação* de qualquer ser humano, em sua humana condição. Aí se inscreve dimensão do tempo, que, a todos, nos diz respeito e a todos nos interessa. Como tal será, aqui, considerado.

A questão do tempo, na ótica do direito, reportar-se-ia à busca de ordem, em meio à sucessão de casos aparentemente isolados e fortuitos, de critério, de modo ordenado de ação. A construção de ordem social, em determinado agrupamento humano. Novamente, aqui, é preciso resistir à tentação fácil de embarcar em digressão a respeito da formação do estado e dos fundamentos deste. Boa parte da história, toda a teoria geral do estado, doravante denominada oficialmente ciência política se dedica a essa busca e várias são as explicações possíveis para tal propósito. Ter presente, sem adentrar essa outra seara. Novamente, cabe manter a distância e guardar o sentido. A busca tem objeto específico.

Não trabalha o tempo, como tampouco as lições da história, com noções de *certo* e de *errado*, de *justo* e de *injusto*, trabalham com o que funcione, com o que possa assegurar resultados – não são idealistas, são pragmáticas. Deixam registro do que foi feito, não necessariamente do mais adequado.

Tempo não é somente questão teórica: nos diz respeito a todos, em relação ao que nos faz a vida, enquanto lapso de tempo durante o qual estamos no mundo e neste podemos interagir com o próprio mundo e com os demais seres, com os quais possamos estabelecer contato e interagir, durante o nosso percurso temporal. Tão simples e tão complexo, simultaneamente.

---

[606] Santo AGOSTINHO, **Confissões** (livro e cap. cit.): "De que modo existem aqueles dois tempos – o passado e o futuro –, se o passado já não existe e o futuro ainda não veio? Quanto ao presente, se fosse sempre presente, e não passasse para o pretérito, já não seria tempo, mas eternidade. Mas se o presente, para ser tempo, tem necessariamente de passar para o pretérito, como podemos afirmar que ele existe, se a causa de sua existência e a mesma pela qual deixará de existir? Para que digamos que o tempo verdadeiramente existe, porque tende a não ser?"

[607] V. ensaio 'história e suas lições'.

Ainda AGOSTINHO: "vejamos, portanto, ó alma humana, se o tempo presente pode ser longo".[608] Visto não mais existir o passado, e todavia não existir o futuro, somente em relação ao presente se pode pretender agir. "Existirá somente o presente, visto que os outros dois não existem? Entra o tempo noutro esconderijo, quando de presente se faz passado? Onde é que os adivinhos viram as coisas futuras que vaticinaram, se elas ainda não existem? Efetivamente não é possível ver o que não existe".[609]

Será, justamente, na interação entre o ser e o tempo, que se poderá captar a sua dimensão humana: "o ser é tempo; o tempo é a presença do ser".[610]

Na percepção e na problematização da relação entre o ser e o tempo se inscreverá a pós-modernidade. Como percepção do que passa e do que se pode resgatar.

O nascimento do pensamento pós-moderno se dá como fenômeno meta--jurídico: após as análises do pensamento ocidental, tal como são desenvolvidas por F. NIETZSCHE[611] e M. HEIDEGGER[612], nasce o que vem a ser denominado

---

[608] Santo AGOSTINHO, **Confissões** (livro XI, cap. XV, 'as três divisões do tempo' e XVI, 'pode medir-se o tempo').

[609] Santo AGOSTINHO, **Confissões** (livro XI, cap. XVII).

[610] André COMTE-SPONVILLE, **O ser-tempo** (2000, 'conclusão', pp. 139-145, cit. p. 139): "Se o tempo é o presente, como creio, é portanto, também a eternidade, é portanto também o ser, que chamo de ser-tempo –, é portanto a matéria, é portanto a necessidade, é portanto o ato, é portanto o devir, em sua presença eterna, material e necessária, em sua potência sempre em ato, ou o que dá na mesma, em sua atualidade dinâmica, múltipla e mutável. O ser não é *no* tempo, ele é o próprio tempo (o presente)."

[611] Friedrich NIETZSCHE, **Aus dem Nachlass der Achtzigerjahre** (in **Werke**, edição Karl SCHLECHTA, Frankfurt: Ullstein, Nachdruck der 6. durchgesehene Auflage, 1969, reimpr. 1977, vol IV, pp. 7-926); **Die fröhliche Wissenschaft** (in **Werke**, edição Karl SCHLECHTA, Frankfurt: Ullstein, Nachdruck der 6. durchgesehene Auflage 1969, reimpr. 1976, vol II, pp. 281-548); **The will to power** (a new translation by Walter KAUFMANN & R. J. HOLLINGDALE, edited, with commentary by Walter KAUFMANN, New York: Random House / Vintage, © 1967, reprinted 1968); **Fragmentos do espólio (julho de 1882 a inverno de 1883/1884** (seleção, trad. e prefácio de Flávio R. KOTHE, Brasília: UnB, 2004); **Menschlich, Allzumenschliches: ein Buch für freie Geister** (in **Werke**, edição Karl SCHLECHTA, Nachdruck der 6. durchgesehene Auflage 1969, reimpr. 1976, vol. I, pp. 435-1008).

[612] Martin HEIDEGGER, em sua já referida obra-prima, **Sein und Zeit** ("fünfzehnte, an Hand der Gesamtausgabe durchgesehene Auflage, mit der Randbemerkungen aus dem Handexemplar des Autors im Anhang", Tübingen: Max Niemeyer, 1984), mas também em várias outras, como nos ensaios dos caminhos perdidos no bosque, **Holzwege** (Frankfurt: Vittorio Klostermann, © 1950, 6. durchgesehene Auflage, 1980), e no exame do dilema kantiano diante da metafísica, **Kant und das Problem der Metaphysik** (herausgegeben von Friedrich Wilhelm von HERRMANN, Frankfurt: Vittorio Klostermann, © 1973, "fünfte, vermehrte Auflage", 1991); A. DELORENZO Neto, *Duas concepções do pacifismo: os projetos de KANT e Max SCHELER* (in **Estudos jurídicos em homenagem ao professor Haroldo VALLADÃO: estudos, homenagens, manifestações de solidariedade, currículo**, Rio: Freitas Bastos, 1983, pp. 24-33, cit. p. 27): "Nem sempre os críticos aplaudiram o projeto de KANT, opondo-lhe alguns juristas sérias reservas, como Michel VILLEY, considerando o conjunto da *Rechtslehre* uma intrusão no campo do direito, exageradamente influenciada pelo direito romano, insensível à realidade jurídica, instrumento de uma política particularista do individualismo e do liberalismo burguês";

'pensamento pós-moderno', quando a história cessa de reivindicar a pretensão de constante progresso e passa a reconhecer como remanescente válido apenas a mobilidade das interpretações, na linha do que já apontava Gianni VATTIMO (1985)[613], como sinais do "fim da modernidade", da superveniente crise e da "emergência da cultura pós-moderna".

A crise da pós-modernidade não começa no campo jurídico, mas atinge o direito e neste, faz "cessar de reivindicar a pretensão de constante progresso e passar a reconhecer como remanescente válido apenas a mobilidade das interpretações". Em contraposição à expectativa do século xix e início do xx, não mais se pode acreditar em progresso constante, nem sequer em desenvolvimento auto-sustentável, mas sempre se podem alterar as perxpectivas de avaliação e de interpretação[614].

A crise da pós-modernidade nos é legada, não como mérito, mas antes, como pesado *karma*,[615] por estes dois filósofos, NIETZSCHE e HEIDEGGER, mais que de F. HEGEL[616] e seus epifenômenos, arautos do 'fim da história': não acaba a história, podem ser lembradas as lições de E. HOBSBAWN (2005)[617] ou J. H. RODRIGUES (1976)[618] ao chamar a "*história, corpo do tempo*": "é o espírito da verdade, buscada

---

Michel VILLEY, *La doctrine du droit dans l'histoire de la science juridique: préface à Emmanuel KANT* (in E. KANT, **Métaphysique des moeurs**, première partie, **Doctrine du droit**, trad. A. PHILONENKO, Paris: Vrin, 1979).

[613] Gianni VATTIMO, **La fine della modernità: nihilismo ed ermeneutica nella cultura post-moderna** (Milano: Garzanti, 1985)

[614] Serge SUR, **L'interprétation en droit international public** (Paris : L.G.D.J., 1974) ; S. SUR, **La coutume internationale** (Paris : Litec, 1990) ; S. SUR, *Système juridique international et utopie* (**Le droit international**, Archives de philosophie du droit, tome 32, Paris: Sirey, 1987, pp. 35-45) ; S. SUR, **Vérification en matière de désarmement** (RCADI, 1998, t. 273, pp. 9-102) ; S. SUR, **Relations internationales** (Paris : Montchrestien, 1a. ed., 1995 ; 3a. ed., 2004).

[615] V. tb. ensaio, ,*karma*'

[616] G. W. F. HEGEL, especialmente em sua **Einleitung in der Geschichte der Philosophie** (hrsg. von Johann HOFFMEISTER, Hamburg: F. Meiner, 3. Aufl., 1940), b/c **Grundlinien der Philosophie des Rechts oder Naturrecht und Staatswissenschaft im Grundrisse** (mit H. eigenhändigen Notizen in seinem Handexemplar und den mündlichen Zusätzen, hrsg. und eingeleitet von Helmut REICHELT, Frankfurt: Ullstein, 1972 / em francês, **Principes de la philosophie du droit**, trad. A. KAAN, Paris: Gallimard, 1989).

[617] Eric HOBSBAWN, **Sobre história : ensaios** (ed. cit., 2005, 2, 'o sentido do passado', pp. 22-35, b/c, 15, 'pós-modernismo na floresta', pp. 207-215; cit. pp. 22-23 e, a seguir, 25-26): "Em história, na maioria das vezes, lidamos com sociedades e comunidades, para as quais o passado é essencialmente o padrão para o presente" (...) onde a "dominação total do passado excluiria todas as mudanças e inovações legítimas, e é improvável que exista alguma sociedade humana que não reconheça nenhuma delas." (..) "Quando a mudança social acelera ou transforma a sociedade para além de um certo ponto, o passado deve cessar de ser o padrão do presente, e pode, no máximo, tornar-se modelo para o mesmo."

[618] José Honório RODRIGUES, **História, corpo do tempo** (São Paulo : Perspectiva / co-ed. Secretaria da cultura, ciência e tecnologia do estado de São Paulo, 1976, esp. ensaio i, 'reflexões sobre os rumos da história', pp. 15-39, cit. p. 38).

sem temor; é a compreensão de que o objetivo da história é dar sentido ao passado; é conhecer e compreender, não para contemplar um passado morto, mas para agir, para libertar consciências, para dar força às forças do progresso, para identificar e integrar o país todo com sua história e seu futuro, essa é toda a tarefa da história".[619]

Não acaba a história! Tem fim a pretensão humana de que esta se faça com progresso linear, tendente ao aperfeiçoamento, para admitir a falibilidade e a precariedade do humano, na face da terra e de todas as construções, pelo homem encetadas. O que constitui lição de humildade e de humanismo: a contraposição de interpretações pode revelar facetas, igualmente válidas, antes insuspeitadas, do mesmo fenômeno – e permitir que se aprenda com a visão do outro.

Insere-se o direito como produto do tempo histórico e do contexto cultural. O direito há de ser entendido não como mera técnica, mas como parte de construção humana, entre história e cultura[620], como entre política e moral [621]: produto do seu meio e do seu tempo, o direito internacional põe a nu a fragilidade que os direitos internos tentam disfarçar sob a aparência de coerência dos sistemas nacionais, aparência essa muito mais ilusória que efetiva.

A dúvida crítica fez progredir a humanidade. Mesmo em tempos de afirmação de facetas não críticas (pela afirmação da fé que não questione, e das realizações externas), é preciso manter a consciência quanto ao papel desempenhado pela dúvida crítica: a reavaliação do legado e a releitura das lições do passado, na construção do arcabouço institucional e normativo, que possa ser levado adiante.

É preciso manter vivo o espírito humanista e de indagação. O que não vem a ser exatamente novidade, quando se retoma a ode de PÍNDARO, na qual este advertia ser o homem "a sombra de um sonho".[622]

À exclamação de PÍNDARO se pode contrapor, dois mil e quinhentos anos depois, Pier-Paolo PASOLINI[623]: "na nossa história – e na minha espécie – não a

---

[619] J. H. RODRIGUES (op. cit., 1976, p. 37): "Só a lingüística histórica pode libertar a história do uso das imprecisões vocabulares. E essa é uma grande contribuição."

[620] Conforme se considera no ensaio 'história e suas lições', já referido.

[621] No último ensaio, 'z – ainda está vivo'.

[622] PÍNDARO (vi e v sécs. a. C.), *Oitava Pítica*, vv. 95-100: ... Efêmeros! / O que é o homem? O que não é o homem? O homem é o sonho / De uma sombra ... Mas, as vezes, como / raio descido do alto, a breve luz / De uma alegria embeleza sua vida, e ele conhece / Algum contentamento ... v. tb. Marguerite YOURCENAR, **La couronne et la lyre** (poèmes traduits du grec, Paris: Gallimard / NRF, © 1979, impr. 1993, « Pindare », pp. 158-173).

[623] Pier-Paolo PASOLINI, **Bestemmia: tutte le poesie** ("a cura di Graziella CHIARCOSSI e Walter SITI, prefazione di Giovanni GIUDICI", Milano: Garzanti, 1993, 2 vols.).

poesia está em crise, mas a crise está em poesia".[624] Assim se exprime a percepção do tempo, em sua correlação com a vida.

Trata-se de, "em suma, aceitar a história?" Pois, incita PASOLINI: "nunca há desespero sem um pouco de esperança".[625]

A crise da pós-modernidade dá lugar à exposição da fragmentação e torna evidente a necessidade da busca dos valores, como dados indispensáveis para as tentativas de construção de pontos ou de elos de coesão, nesse conjunto desconstruído. Desconstruído o mundo, e neste, o direito, em relação às pretensões codificadoras, sistematizadoras e totalizantes, herdadas do século xix, e doravante marcadas pela visão duplamente crítica, pois esta se projeta, em relação ao passado, que não se renega, mas do qual se tem consciência quanto à necessidade de revisão e de adaptação, para que possa intervir e interferir de modo válido, para a regulação do sistema legal do mundo, e se põe de modo igualmente crítico, em relação à adequação dos instrumentos legais de regulação, diante das exigências e dos desafios do futuro[626].

A mutação essencial do modelo institucional internacional, decorrente da emergência dos fatores privados no direito internacional, como examina Emmanuel ROUCOUNAS (2002)[627] seria típica do contexto pós-moderno: "a questão dos di-

---

[624] P.-P. PASOLINI (op. cit., vol. ii, **Poesie disperse I**, "7 risposte a Nuovi argomenti", p. 1729): i. "Nella storia nostra – e nella specie mia – / non la poesia è in crisi, ma la crisi è in poesia."

[625] P.-P. PASOLINI (op. cit., vol. i, **La meglio gioventù (1941-1953) – Seconda forma de la meglio gioventù** (1974), 'La nuova gioventù', p. 1169): "Accetare la storia, insomma?" / "Non c'è mai disperazione senza un pò di speranza …"

[626] O século xx, além das tenebrosas lições de guerra e violência, viveu esse dilema, entre os esforços encetados, no sentido da institucionalização do direito internacional e da codificação deste ao longo do século, ao mesmo tempo em que mais e mais se evidencia a diversidade cultural e os conflitos de valores do contexto pós-moderno. O direito internacional terá de buscar o modo de superar essas duas tensões antagônicas, para construir o arcabouço necessário para a regulação eficiente do contexto no qual se inscreva, no tempo (histórico) e no contexto (cultural) em que se vem fazer presente e necessário superar a crise da pós-modernidade? Terminados os dias de concepção estatizante e uniformizadora do direito internacional, que se pautava pelas normas de *coexistência* entre os estados e somente entre estes se reconhecia a condição de sujeito, para ver instalado o direito internacional pós-moderno: dividido entre o anseio de construção da *cooperação*, com alguns laivos de implementação de patamar tendente à *integração*, em contextos específicos, de coesão econômica e de compartilhamento de valores, que permita superar algumas das dicotomias mais gritantes do direito internacional, como a sobrevivência da pretensão da exclusividade dos papéis estatais, no plano do direito e das relações internacionais, quando mais e mais se vê a emergência e a atuação dos agentes não estatais.

[627] Emmanuel ROUCOUNAS, **Facteurs prives et droit international public** (RCADI, 2002, t. 299, pp. 9-420, 'une doctrine partagée sur le statut de l'individu en droit international public', pp. 23-40, cit. p. 23): "Le droit international est l'un des rares systèmes juridiques qui suscite régulièrement des interrogations sur ses sources et sur ses sujets, pour ne rien dire de son efficacité. Malgré le fait que tous s'accordent sur la nécessaire adaptabilité de ses mécanismes, ont est encore loin d'avoir dégagé l'ensemble des activités politiques, économiques et sociales qu'il englobe, ou qu'il devrait englober, pour que l'on parvienne à identifier tous ses *acteurs, usagers ou destinataires* actuels et potentiels."

reitos do homem não deixa, hoje, indiferente, nenhum autor de direito internacional, mas, em geral, as conseqüências que cada um tira, não chegam necessariamente a uma definição de estatuto para o indivíduo. Sem dúvida, os autores estão mais e mais dispostos a atribuir-lhe, nesse campo preciso, a qualidade de sujeito do direito internacional".[628]

Este contexto internacional pós-moderno se mostra condicionado, como todo produto humano, pelo tempo (histórico) e pelo meio (cultural), como inevitavelmente se dará também em relação ao direito internacional, no contexto pós-moderno, bem mostra Erik JAYME (1995)[629]: o caráter de mudança, de crise, de variabilidade de nosso tempo e de nosso direito.

Para André-Jean ARNAUD (1999)[630], mais que surpresa ou novidade, "o pós--modernismo se apresenta, hoje, como um paradigma": o saber muda de *status*, na medida em que se transformaram as sociedades européias, e ai se põe a necessidade de "definir critérios do pós-modernismo e das vias de acesso a um direito que responda às exigências do futuro".[631]

A crise da pós-modernidade pode levar ao aperfeiçoamento do direito internacional, na medida em que este se adapte ao tempo (histórico) e contexto (cultural) no qual tem de atuar, para permitir regulação humanamente válida do sistema do mundo: ordenação teleologicamente humana do mundo, por meio do direito internacional pós-moderno.

Exprime a dimensão do humano, como sujeito de direito internacional, alinha-se Fábio K. COMPARATO (1998)[632]: "o estado nada mais é que o *status* de um povo, unificado politicamente. O verdadeiro titular do interesse, nas relações prota-

---

[628] E. ROUCOUNAS (op. cit., par. 4, 'la percée par les droits de l'homme et par l'économie', pp. 31-35, cit. p. 31).

[629] Erik JAYME, **Identité culturelle et intégration: le droit international privé postmoderne : cours général de droit international privé** (RCADI, 1995, t. 251, pp. 9-268) "avant-propos: explication du titre": "Nous assistons en effet au développement de deux tendances opposées: la première vise à favoriser de plus en plus le rapprochement des États au sein des marchés uniques, dans l'objectif d'améliorer le bien-être économique des différentes sociétés. La seconde tendance, dont le moteur est la réalité de l'identité culturelle des personnes qui sont unies par une tradition commune, conduit à la fragmentation des grands États pour donner naissance à de nouvelles nations indépendantes" ; Erik JAYME, **Considérations historiques et actuelles sur la codification du droit international privé** (RCADI, 1982-IV, t. 177, pp. 9-102).

[630] André-Jean ARNAUD, **O direito entre modernidade e globalização : lições de filosofia do direito e do estado** (trad. Patrice Charles WUILLAUME, Rio: Renovar, 1999, esp. lição 6, 'da globalização ao pós-modernismo em direito', pp. 195-234).

[631] A.-J. ARNAUD (op. cit., 1999, p. 197)

[632] Fábio K. COMPARATO, *Reconhecimento de direitos coletivos na esfera internacional* (in **O direito internacional no terceiro milênio: estudos em homenagem ao professor Vicente Marotta RANGEL**, coord. L. O. BAPTISTA e J. R. FRANCO DA FONSECA, São Paulo: LTr, 1998, pp. 643-652).

gonizadas pelos estados, ou seja, a parte em sentido material é, portanto, sempre o povo", também cita Carl SCHMITT (1989)[633].

A questão do tempo e de suas correlações com a vida se liga ao discurso, que norteará essa busca. Como dizia HEIDEGGER, trata-se de produzir discurso que seja revelador e reunificador da *polis* de seu tempo[634].

O discurso revelador e reunificador da *polis* de seu tempo – grande ambição nas artes, como no caso da série de artigos de Affonso R. de SANT'ANNA (2003), onde este ensaia determinar qual pode ser a arte que exista como tal e não somente como intenção ou emanação da assinatura do artista, neste nosso tempo. Outros entendem que a arte se tornou supérflua, se não impossível[635]. O discurso contemporâneo[636], aparentemente agregador: TUDO é arte, tem o inevitável corolário filosófico: então NADA é arte. Esvazia em lugar de acrescentar e extermina a arte enquanto busca e construção da beleza[637].

A distância desde o ideal platônico quanto a ser o belo a expressão da verdade[638]. Mais que pretender afirmações categóricas, compete refletir com humildade a respeito, e ter a consistência de visão pessoal, cuja formulação e embasamento se sustentem, desde o veterano Giorgio VASARI (1511-1574), ensaia construir a história da arte, em meio à Renascença italiana, até os contemporâneos[639]. Novamente, outra digressão fascinante a ser evitada. Mas o sentido da busca pode ser equiparado. Serve o paralelo.

---

[633] F. K. COMPARATO (art. cit., 1998, p. 652); Carl SCHMITT, **Verfassungslehre** (Berlim: Duncker & Humblot, 7ª ed., 1989, p. 205).

[634] Affonso Romano de SANT'ANNA "O pastiche do caos: o *kitsch* da pós-modernidade na Bienal de São Paulo" (30 de março de 2002) in **Desconstruir DUCHAMP: arte na hora da revisão** (Rio, Vieira & Lent, 2003, pp. 62/64), retoma a análise de HEIDEGGER e a situa em relação ao dicurso desconstrutor da arte contemporânea – ou o que se tenteou fazer sob tal denominação, no período de 1970 a 2000 – e já se vê confrontado pela necessidade de unificação de critérios para a análise e a valoração da produção dessa época. Em boa medida, mais do que pelos resultados concretamente alcançados, valerá mais como registro histórico do "mal estar do artista na civilização", parafraseando o **Unbehagen** de S. FREUD.

[635] Aracy A. AMARAL, **Arte pra quê? – a preocupação social na arte brasileira 1930-1970** (São Paulo: Studio Nobel, 3ª ed., 2003), Philippe DAGEN, **L'art impossible** (Paris: Grasset, 2002), com o sugestivo subtítulo, que vale todo um programa: *"de l'inutilité de la création dans le monde contemporain* bem como seu anterior **La haine de l'art** (Paris: Grasset, 1997).

[636] Moto aliás da 26ª Bienal de São Paulo, out.-dez. 2004.

[637] Umberto ECO (org.), **História da beleza** (trad. Eliana AGUIAR, Rio: Record, 2004). Do mesmo ECO, anteriormente publicado **Arte e bellezza nell'estetica medievale** (Milano: Bompiani, 1987) e outros.

[638] V. ensaio 'apreciação da beleza – caminho para a verdade, segundo PLATÃO'.

[639] Giorgio VASARI, **Le vite dei più eccellenti pittori, scultori e architetti** (ed. Integrale; intr. de Maurizio MARINI, Roma: Newton Compton, 1991). Mário SCHENBERG, **Pensando a arte** (São Paulo: Nova Stella, 1988), José NEISTEIN, **A feitura das artes** (S. Paulo: Perspectiva, 1981).

A questão do tempo, hoje? Como conseguir o *discurso revelador e reunificador da polis de nosso tempo*, em relação ao direito internacional? Árdua tarefa. Vêem-se os limites, as falhas, as quebras, menos se vê a necessidade de resguardar a ferramenta: pode ter limites e defeitos – como toda obra humana, aliás – mas não se fez algo melhor até aqui, nem se tem a receita de que ser substituído. Nesse contexto, cabe resgatar os fundamentos do direito internacional. Reconhecer as bases, para poder edificar a partir destas, o que possa corresponder ao tempo que vem, e poder situar os fundamentos do que pode vir a seguir, no contexto pós-moderno.

A partir da aclaração dos fundamentos e da consciência destes, pode-se ter a construção do sistema, para operar na prática. Algumas questões terão de ser enfrentadas, como a determinação de seu conteúdo mínimo, de sua condição vinculante e qual a extensão destes. Em suma, pode-se sustentar a existência e qual a configuração das normas e valores basilares ou cogentes, para qualquer sistema institucional[640], e tantas outras.[641]

Em suma, ainda HERÁCLITO, "tudo passa e nada permanece, e comparados os existentes ao fluxo da água, não se pode entrar duas vezes no mesmo rio".[642] Tal passagem é referida por PLATÃO, no diálogo **Crátilo**[643].

Não seria, assim, circular o tempo, mas a definição que deste podemos dar, enquanto círculo lógico e não ontológico, como frisa COMTE-SPONVILLE, "nossa definição é, talvez, menos circular do que tautológica: mudança e continuação supõem menos o tempo do que *são* tempo. Não é porque há tempo que o ser continua e muda; é porque o ser continua e muda que há tempo. Ou melhor: o ser continua e muda, e é isso que chamamos de tempo".[644]

---

[640] Objeto de ensaio específico, 'valores e suas conseqüências'.

[641] Benedetto CONFORTI, **International law and the role of domestic legal systems** (RCADI, 1988, t. 212); B. CONFORTI, **Le rôle de l'accord dans le système des Nations Unies** (RCADI, 1974, t. 142, pp. 203-288). Foi o desafio do século xx dar-se conta da considerável ampliação da esfera de ação do direito internacional. No século passado ocorre: enorme e assustadora ampliação de suas esferas de ação e competência. O desafio deste século xxi será o de dotar o direito internacional dos meios para a consecução dos fins a que se destina. Desse modo, depois de mapear o terreno no qual virá a exercitar as suas competências, ir buscar a operacionalidade e a efetividade.

[642] HERÁCLITO Fragmento A 6 (**Les présocratiques**, ed. cit., impr. 1989, pp. 136-137).

[643] PLATÃO, **Cratylus** 402 a (edited by H. N. FOWLER, **LOEB Classical Library**, em 12 volumes, Cambridge: Harvard UP / Londres: Heinemann, 1st. printed 1926, reprint, 1977, pp. 1-191, cit. pp. 66-67): "HERACLEITUS says, you know, that all things move and nothing remains still, and he likens the universe to the current of a river, saying that you cannot step twice into the same stream".

[644] A. COMTE-SPONVILLE, **O ser tempo** (ed. cit., 2000, pp. 140-141, e a seguir, 142): "O presente continua presente; é por isso que ele dura, é por isso que ele é tempo".

Na indagação a respeito do tempo e suas correlações com a vida se inscreve a questão da criação do direito e da fundamentação dos modelos teóricos para a validação do direito, enquanto sistema, para a regência da vida em sociedade. Esta é uma das facetas da grande questão do tempo, mas, esta, de interesse direto e de exame necessário, por parte dos profissionais do direito.

A seguir se passa ao exame da 'utopia, como dado necessário'. Menos utópica e mais presente do que se poderia imaginar, no campo jurídico.

Utopia como
dado necessário

> a influência histórica e a importância ab-
> soluta de uma idéia não dependem nunca da
> sua novidade, mas sim da profundidade e da
> força com que foi compreendida e vivida.
> Werner JAEGER, **Paideia** (© 1936)[645]

A utopia pode ser estrutura fundamental da reflexão teórica, por meio da qual possam ser concebidos os papéis sociais, de modo a poder conceber lugar ao menos idealmente vazio, no qual possamos refletir sobre nós mesmos e sobre o mundo em torno de nós. No momento em que estamos inseridos no mundo, a todo o momento, este nos cobra a coerência e a resposta ao que nos circunda e afeta, em condição permanente e inerente à contingência humana. A utopia, assim, se põe como dado necessário, para a construção da percepção do mundo: o distanciamento, ainda que teórico, pode permitir compreender o que, imersos no dia-a-dia, nos escaparia.

À vida se soma a *utopia*, não como anseio irrealista e desligado da realidade, mas como elemento que não deixa de ser necessário, para manter o equilíbrio da vida, mantido dentro de certos limites. A utopia se contrapõe ao desencanto do mundo; não nega o mundo, mas pretende fazê-lo melhor. Pode a utopia, às vezes, vir a ser alcançada pela realidade?

As utopias renascentistas mostram a dúvida em relação à civilização que, esquecendo-se do que haveria de bom na tradição, desta somente conservavam os erros e as rotinas. Michel de MONTAIGNE não somente se indigna diante das atrocidades cometidas, contra os 'índios' nas Américas, pelos espanhóis, mas fala como

---

[645] Werner JAEGER, **Paideia: a formação do homem grego** (trad. do original **PAIDEIA: die Formung des griechischen Menschen** © 1936, de Artur M. PARREIRA, São Paulo: Martins Fontes, 1979, "o homem trágico de Sófocles", pp. 293-310, cit. p. 302).

europeu que tem vergonha de seu tempo: o capítulo dos **Ensaios**, sobre os canibais, põe crítica fundamental à sociedade de seu tempo.[646]

Como ressalta Sérgio BUARQUE DE HOLANDA (1958, ed. 1977)[647], "essa psicose do maravilhoso não se impunha só à singeleza e credulidade da gente popular. A idéia que do outro lado do mar oceano se acharia, se não o verdadeiro paraíso terreal, sem dúvida um símile em tudo digno dele, perseguia, com pequenas diferenças, a todos os espíritos. A imagem daquele jardim fixada através dos tempos em formas rígidas, quase invariáveis, compêndio de concepções bíblicas e idealizações pagãs, não se podia separar da suspeita de que essa miragem devesse ganhar corpo num hemisfério ainda inexplorado, que os descobridores costumavam tingir da cor do sonho. E a suspeita conseguia impor-se até mesmo aos mais discretos e atilados, àqueles cujo espírito se formara no convívio assíduo com os autores da Antigüidade".[648]

A vida real, do lado de cá do Atlântico, mostrou-se menos utopicamente ideal. Do que poderia ter parecido vista do lado de lá.[649]

---

[646] Michel de MONTAIGNE, **Essais** (in **Oeuvres complètes**, textes établis par Albert THIBAUDET et Maurce RAT, introduction et notes par Maurice RAT, Paris : Gallimard / Pléiade, (c) 1962, impr. 1992, livre premier, chap. xxxi, 'des cannibales', pp. 200-213, cit., p. 200) : « J'ay eu long temps avec moy un homme qui avoit demeuré dix ou douze ans en cet autre monde qui a esté découvert en nostre siècle, en l'endroit où VILEGAIGNON print terre, qu'il surnomma la France Antarctique. Cette descouverte d'un païs infini semble estre de consideration. Je ne sçay si je me puis respondre que il ne s'en face à l'advenir quelqu'autre, tant de personnages plus grands que nous ayans esté trompez en cette-cy. J'ay peur que nous avons les yeux plus grands que le ventre, et plus de curiosité que nous n'avons de capacité. Nous embrassons tout, mais nous n'étreignons que du vent. »

[647] Sérgio BUARQUE DE HOLANDA, **Visão do paraíso: os motivos edênicos no descobrimento e colonização do Brasil** (originalmente tese de titularidade em história na USP, 1958; 1ª ed., 1959; 2ª ed., 1968; São Paulo: Nacional / Secretaria da cultura, ciência e tecnologia, 3ª ed., 1977).

[648] S. BUARQUE DE HOLANDA (op. cit., ed. 1977, cap. vii, 'paraíso perdido', pp. 144-178, cit. p. 178 e a seguir p. 144) : "De qualquer modo, não se poderá dizer que a sedução do tema paradisíaco tivesse sido menor para os portugueses, durante a idade média e a era dos grandes descobrimentos marítimos, do que o fora para outros povos cristãos de toda a Europa, e até mesmo para judeus e muçulmanos. E não é menos certo pretender-se que tal sedução explica muitas das reações a que dera lugar, entre eles, o contato de terras ignoradas do ultramar. / A crença na realidade física e atual do Éden parecia, então, inabalável. (...) notar que aquela crença não se fazia sentir apenas em livros de devoção ou recreio, mas ainda nas descrições de viagens, reais e fictícias, como as de MANDEVILLE e sobretudo nas obras dos cosmógrafos e cartógrafos. Do desejo explicável de atribuir-se, nas Cartas geográficas, uma posição eminente ao paraíso terreal, representado de ordinário no oriente, de acordo com o texto do **Gênese**, é bem significativo o modelo de mapa-mundi mais correntemente usado. Modelo este, em que, no hemisfério conhecido, Europa e África ocupam sempre a metade inferior, ao passo que a Ásia se situa acima dos demais continentes."

[649] P. B. CASELLA, *O olhar do viajante* (in **Livro dos ancestrais imaginados e outros ensaios pós-modernos**, Madri : Edtrl. Amaral Gurgel, 2008); Jean BOGHICI (org. & Instituto Cultural França-Brasil), **Missão artística francesa e pintores viajantes** (exposição) (Rio de Janeiro : Fundação Casa França Brasil, 1990); Mário CARELLI, **Cultures croisées : Histoire des échanges culturels entre la France et le Brésil de la**

O ideal utópico fez escola, ao longo do tempo, em meio à abominável aventura da história[650]. Relembrando Gilles LAPOUGE, nenhuma leitura do tempo pode elidir os sistemas, elaborados contra o sistema do tempo: a cidade ideal de PLATÃO, como as muralhas de MORUS ou de CABET povoam as nossas estações[651].

A idéia de organização reguladora do uso da força, com a participação dos estados, foi, durante séculos, utópica, antes de encetada na prática. Tornou-se

Découverte aux Temps modernes (préface de Gilbert DURAND, Paris : Nathan, 1993); M. CARELLI, **À la découverte de l'Amazonie : les carnets du naturaliste Hercule Florence** (Paris : Gallimard, 1992) / **A descoberta da Amazônia : os diários do naturalista Hercule Florence apresentados por Mário Carelli** (São Paulo : Marca d'Água, 1995); M. CARELLI, **Brasil-França : cinco séculos de sedução / France-Brésil : cinq siècles de séduction** (Rio de Janeiro : Espaço e Tempo, 1989); M. CARELLI, **Brésil : épopée métisse** (Paris : Gallimard, 1987); Jean-Baptiste DEBRET, **Voyage pittoresque et historique au Brésil** (Paris : Firmin Didot & Frères, 1834-39) / **Viagem pitoresca e histórica ao Brasil** (Belo Horizonte : Itatiaia / São Paulo : EDUSP, 1989, 3 vols.); J.-B. DEBRET, **Rio de Janeiro, cidade mestiça : nascimento da imagem de uma nação** (ilustrações e comentários de Jean-Baptiste DEBRET, org. Patrick STRAUMANN, textos de Luiz Felipe de ALENCASTRO, Serge GRUZINSKI e Tierno MONÉNENBO, trad. Rosa Freire d'AGUIAR, São Paulo : Cia. das Letras, 2001); Gilles LAPOUGE, **Utopie et civilisations** (Paris : Flammarion – Champs, 1978) ; G. LAPOUGE, **Belém, Manaus, São Luís : les capitales englouties** (Paris : Hermé, 1996) ; G. LAPOUGE, **La mission des frontières** (Paris : Albin Michel, 2002); G. LAPOUGE, **En étrange pays** (Paris : Albin Michel, 2003, *« Mémoires de perroquet »*, pp. 75-79; *« Le protecteur des oiseaux »*, pp. 80-84) ; Claude LÉVY –STRAUSS, **Tristes tropiques** (Paris : Plon, 1955) / **Tristes trópicos** (trad. Rosa Freire d'AGUIAR, São Paulo : Cia das Letras, 1996 ; 3ª reimpr., 2000); C. LÉVY –STRAUSS, **Saudades de São Paulo : album fotográfico** (São Paulo : Cia das Letras, 1995); C. LÉVY –STRAUSS, **Saudades do Brasil : album fotográfico** (São Paulo : Cia das Letras, 1994); Auguste de SAINT-HILAIRE, **Viagem ao Espírito Santo e rio doce** (trad. de Milton AMADO de **Voayage dans le district des diamans et sur le littoral du Brésil** Paris, 1833, caps. vii - xv, pref. Mário G. FERRI, Belo Horizonte : Itatiaia / São Paulo, EDUSP, 1974); Lília M. SCHWARCZ, *Introdução è dição brasileira* a Nikolaus PEVSNER, **Academias de arte: passado e presente** (trad. Vera Maria PEREIRA, coord. Sérgio MICELI, São Paulo: Cia. das Letras, 2005, pp. 9-20) ressalta o papel da missão artística francesa no Brasil de D. JOAO VI e nos anos imediatamente posteriores à independência; Afonso de E. TAUNAY, **A missão artística francesa de 1816** (Brasília : Ed UnB, 1983); Aimé-Adrien TAUNAY, **Aquarelas e desenhos** (Expedição LANGSDORFF ao Brasil, 1821-1829, vol. 2, Rio de Janeiro : Alumbramento, 1988); André THEVET, **Les singularitez de la France Antarctique autrement nominné Amérique et de Plusieurs terres et îles découvertes de notre temps** (Paris, 1558); Pierre VERGER, **O mensageiro : fotografias 1932-1962** (« O mensageiro » de Jean Loup PIVIN / Pascal Martin SANT LEON, Salvador : Fundação Pierre Verger, 2002 / re-edição de **Le messager : photographies 1932-1962**, Paris : Editions Revue Noire, 1993); P. VERGER, **Orixás : deuses Iorubá na África e no novo mundo** (Salvador : Corrupio, 1981) / **Orisha : les dieux Yoruba en Afrique et au Nouveau Monde** (Paris : A-M Métailié, 1982); P. VERGER, **Bahia de tous les poètes** (Lausanne : Guilde du Livre, 1955); P. VERGER, avec A. BON et M. GAUTHEROT, **Brésil** (Paris : Paul Hartman, 1951).
[650] Gilles LAPOUGE, **Utopie et civilisations** (op. cit., 1978) ; Émile DERMENGHEM, **Thomas Morus et les utopistes de la Renaissance** (Paris: Plon, 1927).
[651] Gilles LAPOUGE (op. cit., 1978, "conclusion", pp. 297-302, cit. pp. 301-302): "L'utopie parle avec l'histoire. Leur dialogue fait une rumeur sourde même si nous entendons mal les choses qui se disent. Et si l'histoire est celle de la mort, si ses palimpsestes sont à déchiffrer, peut-être partie blanche du manuscrit est-elle occupée par les runes des grimoires utopiques. Exclues l'une et l'autre, et parce qu'elles partagent un seul vertige, l'utopie et l'histoire avouent à la fin leur dérision avec leur connivence. À la question indicible que pose le temps, NAPOLÉON et PLATON, CAMPANELLA et CHARLES-QUINT répondent ensemble."

indispensável, e mesmo condição de sobrevivência da humanidade, enfatiza Christian TOMUSCHAT (1999)[652], na medida em que o progresso técnico aumentou a capacidade de destruição humana, mas esse progresso técnico não nos tornou mais sábios. Que esta prática tenha evidenciado os limites da implementação encetada mostra, antes, a necessidade de aperfeiçoar os mecanismos de implementação, muito mais do que a fuga no sentido de abandonar o objetivo de alcançar regulação, mais eficaz, do que anteriormente.

Graças à experiência (e fracasso) da Liga das Nações, alguns erros fatais desta puderam ser, na Organização das Nações Unidas, evitados. É mais fácil ser sábio, retrospectivamente, mostrava William E. RAPPARD (1947)[653]. A ONU, por sua vez, viria a cometer outros erros – que tenta sanar, embora tais mutações conceituais remotamente possam ser esperadas no contexto presente.

Não por acaso tantas representações se denominam o 'teatro do mundo', porquanto este assumidamente vende o que não existe e faz da essência a transcendência, mostrando o que existe, por meio do que não é real, mas se faz passível de captação. A mais ampla e mais abrangente soberania, conclui Harold BLOOM (2004)[654] se faz presente no teatro de SHAKESPEARE[655]: exatamente onde não existe, como aparência, será mais real e mais efetiva, na sua essência.

"Todo o mundo é um palco, e todos os homens e mulheres meros atores; estes têm as suas entradas e as suas saídas, e um homem, no seu tempo, desempenha muitos papéis".[656] A vida social sempre tem dado de representação de papéis, que incumbem a cada um. Como na arte, tais papéis podem ser bem desempenhados – ou nem tanto ...

---

[652] Chr. TOMUSCHAT, **International law : ensuring the survival of mankind in the eve of a new century : general course on public international law** (RCADI, 1999, t. 281, pp. 9-438).

[653] William E. RAPPARD, **Vues rétrospectives sur la Société des Nations** (RCADI, 1947, t. 71, pp. 111-226).

[654] Harold BLOOM, **Onde encontrar a sabedoria?** (do original **Where shall wisdom be found?** © 2004, trad. José Roberto O'SHEA e revisão de Marta Miranda O'SHEA, Rio: Objetiva, 2005) esclarece no item "sabedoria": "resulta de uma necessidade pessoal, e reflete a busca de um saber que possa aliviar e esclarecer os traumas do envelhecimento, do convalescimento após doença grave, e do pesar causado pela perda de amigos queridos" (...) "A mente sempre volta às suas próprias necessidades de beleza, verdade, discernimento. A mortalidade flutua no ar, e todos aprendemos que o tempo triunfa"; v. esp. parte i, cap. 3, "CERVANTES e SHAKESPEARE" (pp. 96-138).

[655] William SHAKESPEARE, **The complete works** (a new edition, with an introduction and glossary by Peter ALEXANDER, Londres e Glasgow: Collins, 1st. publ., 1951, reprinted, 1975).

[656] W. SHAKESPEARE, **As you like it** (Ato II, cena VII, l. 139-142, ed. cit., 1975): "All the world's a stage, / And all the men and women merely players; / They have their exits and their entrances; / And one man in his time plays many parts".

O direito, durante séculos, parece ter sido dominado pelo ideal de justiça absoluta – embora seja esta utópica – concebida ora como se fosse de origem divina, ora como natural ou racional, fez que este fosse definido como *ars boni et aequi* [657] a arte de determinar o que é justo e eqüitativo. No direito internacional as expectativas normalmente se pautam por padrões comportamentais e normativos mais humanamente realistas. Mas sem deixar de acolher o espírito e de reservar espaço para a utopia, que podem voltar a enriquecer o direito internacional pós-moderno, acrescentando-lhes novos fatores e novas dimensões de atuação.

Apesar da ocorrência de ideal absoluto, adverte Chaim PERELMAN (1979, ed. 1998)[658], já referido[659], mesmo quando as leis são apresentadas como revelações de ser divino ou quase divino, sua aplicação jamais deixou de suscitar controvérsias, entre os mais qualificados intérpretes.[660]

A conclusão essencial: seja qual for a técnica de raciocínio utilizada em direito, este não pode desinteressar-se da reação das consciências diante da iniqüidade do

---

[657] **Digesto**, I. I. 1: "Iuri operam daturum prius nosse oportet, unde nomen iuris descendat, est autem a iustitia appellatum: nam, ut eleganter CELSIUS definit, ius est ars boni et aequi." (**Corpus iuris civilis**, vol. primum, **Digesta** recognovit Theodorus MOMMSEN retractavit Paulus KRUEGER, Dublin / Zürich: Weidmann, 22ª. ed., 1973)

[658] Chaim PERELMAN, **Lógica jurídica**: *nova retórica* (trad. do original francês **Logique juridique** © 1979, Vergínia K. PUPI, rev. trad. Maria Ermantina GALVÃO, rev. técnica Gildo RIOS, São Paulo: Martins Fontes, 1998, 'introdução', pp. 1-26, cit. itens 6 e 7, pp. 8 e 9): "Se quisermos aprofundar ao máximo a experiência seremos obrigados a constatar que os raciocínios jurídicos são acompanhados por incessantes controvérsias, e isso tanto entre os mais eminentes juristas que atuam nos mais prestigiosos tribunais. Tais desacordos, tanto na doutrina quanto na jurisprudência, obrigam o mais das vezes, depois de eliminadas as soluções despropositadas, a impor uma solução mediante autoridade, trate-se da autoridade da maioria ou daquelas das instâncias superiores, as quais, aliás, na maior parte dos casos, coincidem. É nisso que o raciocínio jurídico se distingue do raciocínio que caracteriza as ciências, especialmente as ciências dedutivas – nas quais é mais fácil chegar a um acordo sobre as técnicas de cálculo e de medição –, e daqueles que encontramos em filosofia e nas ciências humanas, nas quais, na falta de um acordo e na ausência de um juiz capaz de encerrar os debates, com sua sentença, cada um permanece em suas posições. Por ser quase sempre controvertido, o raciocínio jurídico, ao contrário do raciocínio dedutivo puramente formal, só muito raramente poderá ser considerado *correto* ou *incorreto*, de um modo, por assim dizer, impessoal."

[659] PERELMAN (op. cit., loc. cit.), como se vê claramente pelos textos talmúdicos. Se tanto pode ser dito, mesmo em relação a sistemas supostamente coesos, com laços históricos, culturais, político-administrativo-institucionais comuns, tanto mais em relação ao contexto internacional presente, descentralizado e fragmentário, em todas essas mesmas dimensões.

[660] Ainda PERELMAN (op. cit., ed. cit., loc. cit.): "Quem é encarregado de tomar uma decisão em direito, seja ele legislador, magistrado ou administrador público, deve arcar com as responsabilidades. Seu comprometimento pessoal é inevitável, por melhores que sejam as razões que possa alegar em favor de sua tese."

resultado ao qual tal raciocínio conduziria[661]. Cabe esperar que o mesmo esteja ocorrendo em relação aos desmandos no contexto internacional, como seria de se esperar ante a emergência da assim chamada 'sociedade civil internacional'.

As alternativas ante a utopia, como dado necessário, são a construção do mundo pós-moderno ou o colapso na crise da pós-modernidade, com ou sem a pós-modernização, a respeito do quais já se desenhavam panoramas sombrios, no início dos anos 1990, como em R. KURZ (1991, ed. 1992)[662] ou de modo mais positivo R. DAHRENDORF (1997)[663] ou E. HOBSBAWN (1997, ed. 2005)[664]. Esteve a humanidade muito perto de ambas. E ainda permanece.

As análises de conflito de civilizações, na linha de S. HUNTINGTON (1993, 1996, 1998)[665], depois do fim da confrontação leste-oeste, está servindo para mostrar quanto permanecem presentes e atuantes as forças disruptoras do sistema internacional, conforme interesse suscitá-las, em razão de manobras diversionistas. Como igualmente os clamores dos arautos do fim da história – antes do contemporâneo F. FUKUYAMA, agora em edição revista, já em G. HEGEL[666], ao exclamar que

---

[661] PERELMAN (op. cit., ed. cit., p. 13): "o esforço dos juristas, em todos os níveis e em toda a história do direito, procurou conciliar as récnicas do raciocínio jurídico com a justiça, ou ao menos com a aceitabilidade social da decisão. Esta preocupação basta para salientar a insuficiência, no direito, de um raciocínio puramente formal que se contentaria em controlar a correção das inferências, sem fazer um juízo sobre o valor da conclusão."

[662] Como sombriamente apontava Robert KURZ, **O colapso da modernização** (do original **Der Kollaps der Modernisierung**, © 1991, Frankfurt: Vito von Eichborn Verlag, trad. Karen Elsabe BARBOSA, Rio: Paz e Terra, 1992, esp. 'superação da crise e utopias', pp. 223-234, cit. p. 223): "O momento de inércia da vida e do pensamento humanos parece imenso, e a capacidade de sofrimento dos indivíduos talvez chegue muito perto daquela dos animais. Não obstante, existe um limite absoluto, mesmo que este esteja à beira da destruição do mundo, limite do qual ninguém pode dizer o quanto estamos distantes. É possível que a era das trevas da crise do sistema produtor de mercadorias, com suas formas de percurso e acontecimentos castastróficos, abranja boa parte do século xxi."

[663] Ralf DAHRENDORF, **Após 1989: moral, revolução e sociedade civil** (do original **After 1989: morals, revolution and civil society**, © 1997, trad. Patrícia ZIMBRE, apres. Fernando Henrique CARDOSO, Rio: Paz e Terra, 1997).

[664] Eric HOBSBAWN, **Sobre história: ensaios** (do original **On History** © 1997, trad. Cid Knipel MOREIRA, São Paulo: Cia. das Letras, 2005, esp. 3, 'o que a história tem a dizer-nos sobre a sociedade contemporânea?', pp. 36-48, cit. pp. 36-37): "A postura que adotamos com respeito ao passado, quais as relações entre passado, presente e futuro não são apenas questões de interesse vital, para todos nós: são indispensáveis. (...) Necessitamos e utilizamos a história, mesmo quando não sabemos por quê."

[665] Samuel HUNTINGTON, *The clash of civilizations* (Foreign Affairs, 1993, 72, n. 3, pp. 22 ss.); Samuel HUNTINGTON, **The clash of civilizations and the remaking of world order** (Londres: Simon & Schuster, 1998); Samuel HUNTINGTON, *The West unique, not universal* (Foreign Affairs, 1996, 75, n. 6, pp. 28 ss.).

[666] G. W. F. HEGEL, **Grundlinien der Philosophie des Rechts oder Naturrecht und Staatswissenschaft im Grundrisse** (mit H. eigenhändigen Notizen in seinem Handexemplar und den mündlichen Zusätsen, hrsg. und eingeleitet von Helmut REICHELT, Frankfurt: Ullstein, 1972 / em francês, **Principes de la**

seria NAPOLEÃO, a encarnação do espírito do tempo, e a marca do fim da história. Passaram, uns e outros, e a história prossegue. Paradoxalmente, mais próxima da realidade permaneceu a linha de I. KANT.[667]

Logo depois se retornaria à história, com o Congresso de Viena, em 1815 e as tentativas de ordenação de sistema internacional[668] com a Santa Aliança e a Tríplice Aliança, que colocaram os interesses dinásticos acima dos interesses mais amplos, representaram a reação reacionária, pretendendo a retomada do sistema de Vestfália, de 1648, que perduraria sem mutações substanciais, até Versalhes[669] e a instauração da Liga das Nações, a partir de 1919. A mutação qualitativa viria a partir desse marco. Daí adviria a configuração do "sistema internacional contemporâneo" como analisa J.-J. ROCHE (1998).[670]

---

philosophie du droit, trad. A. KAAN, Paris: Gallimard, 1989), b/c seu **Einleitung in der Geschichte der Philosophie** (hrsg. von Johann HOFFMEISTER, Hamburg: F. Meiner, 3. Aufl., 1940).

[667] A. DELORENZO Neto, *Duas concepções do pacifismo: os projetos de KANT e Max SCHELER* (in **Estudos jurídicos em homenagem ao professor Haroldo VALLADÃO: estudos, homenagens, manifestações de solidariedade, currículo**, Rio: Freitas Bastos, 1983, pp. 24-33, cit. p. 25): "KANT reconhece a insuficiência das nações individualmente consideradas, em preservar a liberdade dos cidadãos, mesmo quando subordinadas às normas jurídicas." (...) "O pensamento de KANT é realmente austero sem ser pessimista, levando-nos mesmo à confiança e à esperança."

[668] O. NIPPOLD, **Le développement historique du droit international depuis le Congrès de Vienne** (RCADI, 1924, t. 2, pp. 1-24) ; M. BOURQUIN, **La sainte alliance : un essai d'organisation européenne** (RCADI, 1953, t. 83, pp. 377-464). Não vejo, contudo, mutações qualitativas substanciais em decorrência do Congresso de Viena, de 1815. Pode-se dizer que a consolidação da proteção internacional dos interesses dinásticos, sacralizados em alianças internacionais, levaria à eclosão das revoluções de 1830 e 1848, em vários lugares da Europa, prepararia o caminho para a eclosão violenta da manifestação das reivindicações das nacionalidades, que varreria os impérios multinacionais, no curso e após a primeira guerra mundial (1914-1918), com transformação radical do mapa e da ordenação da Europa, que passa a ser a 'Europa das nacionalidades'. As tentativas de estabelecer configuração política refletindo os 'estados-nação', em toda a Europa central, suscitariam múltiplos outros problemas, no curso das duas décadas seguintes e não pouco terá influenciado a eclosão do novo conflito generalizado (1939-1945).

[669] P. B. CASELLA, **Tratado de Versalhes na história do direito internacional** (São Paulo: Quartier Latin, 2007), **Tratado de paz entre as potências aliadas e associadas e a Alemanha, e Protocolo anexo, assinados em Versalhes, aos 28 de junho de 1919**; no Brasil, foi sancionado pelo Dec. 3875, de 11 de novembro de 1919, publicado no D.O.U. de 12 do mesmo mês. Ratificado pelo Brasil em 10 de dezembro de 1919, deu-se o depósito da ratificação brasileira em Paris, a 10 de janeiro de 1920. Promulgado pelo Dec. 13.990 de 12 de janeiro de 1920.

[670] Jean-Jacques ROCHE, **Le système international contemporain** (Paris : Montchrestien, 3a. ed., 1998, 'introduction', pp. 9-10) : « Les treize millions de morts de la première guerre mondiale avaient sonné le glas de 'la mission civilisatrice' du vieux continent qui tenta néanmoins de reproduire les mécanismes diplomatiques de l'Europe du xix.e siècle. Le refus des États-Unis d'assumer leurs responsabilités et l'isolement de la nouvelle Union soviétique contribuèrent ainsi à place la France et la Grande-Bretagne sur le devant de la scène. Cette dévolution faussée de la puissance et le lent déclin des anciens grands furent dès lors à l'origine des multiples crises qui menèrent inéluctablement à la seconde guerre mondiale. / Le monde

Entre a utopia e a realidade pode ser também questão de passagem de tempo[671]. Assim se inscrevem os 'grandes projetos', que serão acolhidos como totalmente utópicos ou destituídos de impacto possível sobre a realidade, muitas vezes não somente na altura em que são formulados, como durante tempo histórico considerável, até que se venham adotar elementos destes[672], na regulação efetiva e prática da ordenação jurídico-internacional do mundo.

Aí terá deixado de ser utópica, para se inscrever na realidade. Mas antes de poder chegar a ser efetivamente instaurado foi, antes, pensado como modelo e possibilidade.

Toda e qualquer sociedade, ao elaborar concepção global de sua organização social, produz mitos fundadores, explicando suas origens e seus ideais. Estes não podem nem devem ser vistos como fábula, mas como tentativa de criação de sociedade, a partir de evento real, que ocorreu nas origens, ou seja, *in illo tempore*.

Em forma literária, sob impulso dos detentores dos atributos do sagrado, poetas ou sacerdotes, exprimem o ponto de vista do grupo humano, que comunga aquele ideal social. A origem sagrada lhe confere a legitimação.

Nos contextos moderno e pós-moderno, este se faz laico, perde a legitimação intrínseca que lhe conferiria a sua origem sagrada, mas, para que possa existir, primeiro formar-se e, em seguida, operar, terá sempre de ser visto e reconhecido, como elemento para a construção da coesão, entre as sociedades, reguladas por esse sistema internacional. Pode mudar a caracterização[673], mas não deixará de haver

---

en gestation dès 1918 se dessina finalement en 1945. (...) Les relations internationales entrèrent dans une ère nouvelle qui rompait radicalement avec l'expérience passée. »

[671] E. GIBBON (op. cit., p. 545): "Desde a descoberta primeva das artes, a guerra, o comércio e o ardor religioso difundiram entre os selvagens do velho e do novo mundo esses dons inestimáveis. Eles se propagaram aos poucos e jamais poderão perder-se. Podemos, portanto, chegar todos à aprazível conclusão de que cada época da história do mundo aumentou e continua a aumentar efetivamente a riqueza, a felicidade, o saber e quiçá a virtude da raça humana."

[672] Dois exemplos marcantes podem ser apontados. O primeiro de vocação universal e o segundo regional.
A idéia de organização política de vocação universal, regulando a convivência entre unidades políticas soberanas, da qual alguns elementos já podem ser apontados em Christian WOLFF serão retomados por W. WILSON e estarão na base da Liga das Nações e da sucessora desta, a Organização das Nações Unidas.
Em âmbito regional europeu, as formulações durante séculos teóricas ou francamente utópicas, no sentido da regulação jurídica vinculante entre as soberanias européias, desde Dante ALIGHIERI, se instaurarão em extensão considerável no âmbito da União Européia e suas sucessivas ampliações, aumentando a esfera de colocação em funcionamento prático desse anseio de construção da paz na Europa, mediante regulação da convivência entre estados.

[673] Beatriz SARLO, traz caracterização adequada do contexto pós-moderno, **Cenas da vida pós-moderna**:

necessidade de fonte legitimadora do sistema, que se vai instaurar como regulador, para que possa ser aceito pelos regulados.

A legitimação do sistema, sem recurso a elemento externo da atribuição da origem divina, terá de ser construída pelo próprio sistema. Este terá de conter, simultaneamente, as suas bases conceituais e os seus mecanismos de aplicação.

As sociedades se mantêm de pé graças a sistemas normativos, enquanto reguladores de conduta. A convivência entre estas igualmente se faz mediante conjunto de princípios e normas, no direito internacional, ou mediante relações de força e poder, nas relações internacionais.

Em lugar de sempre enfatizar o caráter fragmentário e disperso do sistema internacional, pode-se ver quanto este ganha em precisão e dados mais 'positivos', por meio de normas e precedentes judiciais. No sistema internacional, dada a sua natureza e a sua configuração, tem papel importante a consolidação de normas e parâmetros de atuação por meio da jurisprudência, como apontava S. BASTID (1962, 1957, 1951).[674]

O modelo romano, mesmo após o desaparecimento do império do ocidente, com a queda de Roma (476 A.D.) se aplica não somente aos reinos sucessores do império, mas também ao império universal. Em certo modo, esse modelo se conservará no Império romano do oriente ou bizantino e deste passará à Santa Rússia

---

intelectuais, arte e videocultura na Argentina (trad. Sérgio ALCIDES, Rio: Ed. UFRJ, 3ª. ed., 2004, i.a., pp. 178-179): "A dificuldade dos saberes e a perda de um sentido do geral são efeitos de processos que correm em paralelo. As sociedades estão cada vez mais informatizadas e comunicadas, do ponto de vista técnico, mas algumas questões essenciais parecem cada vez mais opacas: as decisões, então, ficam a cargo dos especialistas e seus patrões políticos. Ao mesmo tempo, a revanche do senso comum popular consiste em considerar esses mesmos políticos como incorrigivelmente corruptos. / "A perda dos sentidos não tem a ver somente com o rompimento vivido no presente, mas também com a sombra que o acompanha: o esquecimento da história e de um tempo que 'deixou de ser tempo histórico', e, portanto, não mantém laços com o passado nem faz promessas de continuidade futura. Com a dispersão de sentidos e a fragmentação de identidades coletivas, não é somente a autoridade da tradição que vai a pique; também se perdem as âncoras que permitem viver o presente não como o instante, ao qual se seguirá outro instante que também chamaremos de 'presente', mas sim como projeto. O passado, como pretendia o filósofo, já não pesa sobre nós; pelo contrário, se tornou tão leve, que nos impede de imaginar a 'continuidade de nossa própria história'." De Beatriz SARLO, v. tb. **Tempo presente: notas sobre a mudança de uma cultura** (do original **Tiempo presente: notas sobre el cambio de una cultura** © 2004, trad. Luís Carlos CABRAL, Rio: José Olympio, 2005).

[674] Suzanne BASTID, em três cursos na Haia, **Les problèmes territoriaux dans la jurisprudence de la C.I.J.** (RCADI, 1962, t. 107, pp. 361-495); **Les tribunaux administratifs internationaux et leur jurisprudence** (RCADI, 1957, t. 92, pp. 343-518) e **La jurisprudence de la CIJ** (RCADI, 1951, t. 78, pp. 579-686).

dos Czares, como a 'terceira Roma', onde permanece, ao menos como idéia, até a extinção do regime pela revolução (1917 e 1918)[675].

Esse modelo, não imitado e não imitável, se conserva especialmente na Itália, apesar dos fracionamentos, em seis unidades, dentre as quais o ducado de Roma, como embrião abortado, ou miniatura do império, a Espanha em três, a Gália em oito, a Germânia em quatro, os reinos anglo-saxões na Heptarquia, em número de sete, como indica o nome, os célticos em quatro, sem falar dos principados episcopais, como Clermont, Órleans, Auxerre e outros.

Apesar da crise do modelo e do fracionamento político, a dominação conceitual romana do espaço continua, em diversas escalas, dos seus quadros institucionais. A *civitas* perdura, ao menos enquanto ideal. A remissão a Roma se repete, direta ou indiretamente, ao menos até 1806 – data da abolição do império, após as conquistas de NAPOLEÃO. De certa forma, a idéia do poder central de inspiração romana pode-se dizer se tenha ainda prolongado até 1918 – quer no Império Austro--húngaro, sob a égide dos HABSBURGOS, quer no Império Russo, sob a égide dos ROMANOVS.

A noção de império romano universal se conserva, não obstante os avatares da segunda metade do século VII. Universal ou regional, a concepção de Roma estará sempre presente. Se inviável como anseio generalizado, atuará de modo pontual ou setorial, mas não deixará de estar presente[676].

Diversamente do que ocorre em relação aos estados de direito contemporâneo, e no âmbito interno de considerável parte destes – nos quais se respeitam os assim chamados direitos fundamentais, garantias individuais, direitos políticos e direitos sociais – nas relações entre os estados, no âmbito internacional, pode-se dizer, comparativamente falando, estarmos em época em torno do ano 500 A.D., na altura e contexto em que o então *homo liber* começará o percurso de cerca de mil anos, até atingir a condição do cidadão nos estados de bem estar social.

---

[675] Nesse momento poderia a Rússia ter feito a transição para sociedade democrática e estado de direito, o que não veio a ocorrer. A respeito, dentre considerável bibliografia disponível, a recente contribuição de Hélène CARRÈRE d'ENCAUSSE, **Russie, la transition manquée (Nicolas II, Lenine, Unité proletarienne et diversité nationale** (Paris: Fayard, 2005).

[676] Michel ROUCHE, **Les racines de l'Europe: les sociétés du haut moyen âge 568-888** (Paris : Fayard, 2003, esp. cap. i, « les conceptions des sociétés », pp. 9-25, cit. p. 13), no exarcato de Ravena, os cidadãos se dizem romanos e se recusam a ser considerados gregos. O termo *Romagna*, de *Romania*, aparece no século viii, na crônica de AGNELLUS: « Or, c'est à Ravenne que continuera, sans jamais s'éteindre, l'école municipale romaine, qui relancera le droit romain au xi. siècle »

O contexto histórico do estado no mundo atual pode ser equiparado como cópia surpreendentemente fiel da condição do *homo liber* há mais de mil e quinhentos anos. Essa constatação se impõe, no sentido de termos clareza quanto a ser a sociedade internacional consideravelmente mais 'primitiva', no sentido de politicamente menos estruturada e organizada, que a maioria dos estados atualmente existentes, conforme explanava Maarten BOS na "metodologia do direito internacional" (1984).[677]

A determinação da posição histórica do estado permite reconhecer o estado como fenômeno de poder. Este se manifesta, pode-se dizer, antes, e, sobretudo, na ordem interna ou nacional – que, em considerável medida, escapa às considerações do direito internacional – mas também na ordem externa ou internacional.

Pode-se argumentar ter ocorrido considerável redução da extensão na qual pode o estado alegar a 'não-ingerência em assuntos internos' para afastar interferências externas: podem estas chegar a ponto de se afirmarem como '*dever de ingerência*', sob a rubrica aparentemente inocente da '*assistência humanitária*', o que pode acabar indo de extremo a outro. A capacidade do estado de resistir a tal tipo de pressão somente remete e reforça o argumento de que o estado, na ordem internacional, tem de ser compreendido como fenômeno de poder. E também de força, para dar respaldo material à vontade de expressão desse poder.

A idéia, antes, a utopia da integração, teria surgido no contexto hispano-americano, logo após a independência das antigas colônias, na primeira metade do século xix, portanto antes do eqüivalente na Europa. Paradoxalmente, a idéia de integração, lançada desde a primeira metade do século xix, no contexto interamericano, até hoje não alcançou patamar equivalente de efetividade[678].

A utopia como dado necessário para a vida se expressa também no direito, pela combinação entre técnica, espírito e (sem esquecer a indispensável dose de)

---

[677] Maarten BOS, **A methodology of international law** (Amsterdam – New York – Oxford: North Holland, 1984, cit. p. 19): "the historical background of the State in international relations is one totally different from the historical background of the citizen in, say, the modern welfare state." V., tb., Maarten BOS, *"Old Germanic Law analogies in International Law, or: the state as **homo liber**"* (Netherlands International Law Review, 1978, pp. 51-62).

[678] Remete-se a bibliografia específica, que não seria cabível retomar extensamente aqui. V. P. B. CASELLA, **MERCOSUL: exigências e perspectivas** (São Paulo: LTr, 1996, 2ª. ed. em prep.), b/c **MERCOSUR** (Haia: Kluwer / International Encyclopaedia of Laws / Intergovernmental Organizations, 2007).

utopia[679]. Cabe precisar a extensão e campo de operacionalidade[680] de cada um desses conceitos e sua interação.

Depois deste ensaio, sobre 'utopia como dado necessário', cabe, a seguir, passar a considerar 'valores e suas conseqüências'.

---

[679] A *utopia* se afirma como recusa do mundo tal como é e vai buscar o mundo, tal como poderia ou deveria ser. Não somente como ele é. Émile DERMENGHEM, no seu ensaio, **Thomas Morus et les utopistes de la Renaissance** (Paris: Plon, 1927, divide o volume entre a primeira parte, 'le monde tel qu'il est : l'europe au seizième siècle' e a segunda parte, 'le monde tel qu'il devrait être : les utopies et les idées sociales de Thomas Morus, d'Érasme, de Bacon, de Guillaume Postel et de Campanella', parte i, cap. iii, 'l'utopie', pp. 96-127, cit. p. 99) : « Il est à remarquer que nos utopistes de la Renaissance placent leurs cités idéales dans des régions lointaines. Influencés sans doute par l'idée d'évolution, leurs successeurs, au contraire, les placeront presque toutes dans l'avenir. »

[680] Remete-se a P. B. CASELLA, **Fundamentos do direito internacional pós-moderno** (prólogo de Hugo CAMINOS, São Paulo: Quartier Latin, 2008, esp. item ii, 'precisões terminológicas e valorativas', e item iii, 'direito internacional pós-moderno entre técnica, espírito e utopia'). A análise das críticas, por meio das negações do direito internacional pós-moderno, permite determinar o conteúdo positivo deste: justamente o que os ataques predatórios não conseguem esvaziar. O perigo, maior, contudo, permanece o uso indiscriminado da força e a tentação de fazer valer as armas e a ameaça de uso destas, quer convencionais, atômicas, ou químico-bacteriológicas, ante o que surge a tentação de declarar vãs quaisquer tentativas de regulação jurídica do mundo e das relações entre unidades políticas soberanas e demais agentes do contexto internacional. Aí se tem a dimensão do direito internacional pós-moderno como 'técnica'. A esta dimensão 'de base' haverá de acrescer as dimensões conceitualmente mais complexas e operacionalmente mais frágeis, do direito como 'espírito' e como 'utopia'. E deduzir as combinações e as interações possíveis, entre os vários planos.

Valores e suas conseqüências

> A historical materialist cannot do without the notion of a present that is not a transition, but in which time stands still and has come to a stop. For this notion defines the present in which he himself is writing history. Historicism gives the 'eternal' image of the past. The historical materialist leaves it to others to be drained by the whore called 'once upon a time' in historicism's *bordello*. He remains in control of his powers, man enough to blast open the continuum of history.
>
> Walter BENJAMIN, *Theses on the philosophy of history*[681]

Cuidado com o termo, e ainda mais com o conteúdo, porquanto, na medida em que se utilizem sem discernimento, 'valores' podem servir para acobertar os piores fanatismos e dar respaldo às mais cruéis manifestações da intolerância. Sob a invocação de motivos transcendentes. Tanto quanto são necessários, como critérios ordenadores da vida de cada um e da vida em sociedade, podem se prestar a abusos, caso não se tenha a precisão quanto à determinação do respectivo conteúdo. Será, por isso, indispensável que o uso do termo 'valores' se faça acompanhar da avaliação de suas conseqüências!

O uso e o abuso em relação aos valores podem se manifestar nos mais variados campos. Alguns notórios exemplos, como as religiões e as ideologias políticas,

[681] Walter BENJAMIN, *Theses on the philosophy of history* (originally published in German, © 1955, **Illuminations: essays and reflections** © 1968, edited, with an introduction by Hannah ARENDT, translated by Harry ZOHN, New York: Schocken Books, 1st. paperback edition, 1969, these nr. XVI, p. 262).

e o uso por ambas dos valores, em suas manifestações sobre a vida pessoal e social. Podem servir para legitimação formal das piores opressões.

Não vá, como tantos, com ou sem razão, arrogar-se o direito de falar em nome de Deus – tantos, na política internacional, como na interna, o fizeram e fazem isso, de modo desastrado e desastroso. Somente se pode dizer que a mais autorizada manifestação a respeito, do próprio CRISTO, ao declarar textualmente que nos competiria "dar a César o que é de César e a Deus o que é de Deus" – portanto situou e delimitou claramente duas esferas de atuação separadas. Existem as coisas de Deus, como existem as coisas de César: cada uma das quais tem a sua esfera de atuação e competência distintas. Dentre as quais as normas de regência da convivência entre os homens, sejam no direito interno, como as normas de regência da convivência entre os homens no campo internacional, como entre os estados (o que habitualmente se vai chamar direito internacional privado e direito internacional público).

Cumpre, portanto, repudiar firmemente a técnica, e questionar a legitimidade conceitual de toda norma de direito, interno ou internacional, invocada em nome de Deus e por Deus. Ele nos deu a legitimidade de pensar por nós mesmos, deu-nos, ao mesmo tempo, a graça e o livre-arbítrio, e deu-nos, ainda, a responsabilidade de arcar com as conseqüências de nossos atos, seja pessoalmente, seja nacionalmente, seja o conjunto da humanidade, em relação às gerações seguintes. E é melhor parar por aí.

O problema da esfera humana de interferência em relação ao divino causa todos os descalabros, matanças e barbaridades cometidas na história, não por culpa de Deus, mas dos homens. Tenha-se clareza para separar as coisas.

É a iniqüidade dos homens que leva a matar e cometer injustiças, travestidas de ações declaradas como sendo feitas em nome de Deus. Não podem tais estragos ser imputados a Deus: são por eles culpados os homens e às más ações destes. À ação nefanda há de ser agregada a iniqüidade de o fazerem tomando "seu santo nome em vão".

Colocadas as igrejas nas suas específicas esferas de atuação e competência, neutraliza-se o poder temporal e a capacidade destas de fazerem estragos como os cometidos, ao longo do tempo, quando puderam ou de qualquer modo exerceram poder secular, ou seja sobre este mundo[682]. Por tudo isso, tanto mais inquietante ver

---

[682] Na medida em que comunidades confessionais enfatizem a coesão, acima de qualquer outra característica da ordenação da vida podem ser cometidos graves erros: a comunidade judaica de Amsterdam, na época,

o recrudescimento atual do 'messianismo' e das interferências entre a política dos homens e as coisas de Deus[683].

Seja qual for a confissão religiosa, o fundamentalismo é a negação da humanidade, pois esta nunca será nem se pode conceber como uma. Na medida em que se admitam as diferenças, podem estabelecer-se diálogos entre mundos distintos.

Após a eclosão da reforma luterana, que se estende, com colorações distintas, a diferentes regiões da Europa, rompida a até então, ao menos nominalmente existente, unidade em torno da Igreja católica[684], armam-se as guerras de religião

---

exclui e amaldiçoa Baruch de SPINOZA, impedindo-o de participar da vida comunitária de sua sinagoga e restringido o contato de todos os demais integrantes de referida comunidade com o proscrito, o que o leva a morrer pobre e isolado, e deixando inacabado o **Tractatus politicus** (publicado postumamente, e no estado, em 1677). João CALVINO também mandou opositor para a fogueira, o que nada honra a nova tradição, que se queria instaurar, justamente eliminando o que se consideravam distorções.

Por alguns de seus erros, pediu desculpas, em nome da Igreja Católica, o papa JOÃO PAULO II (1978-2005), tais como a Inquisição, pela qual foram, em nome da fé, queimados Giordano BRUNO e tantos outros, em tantos lugares, durante tantos penosos tempos. Quase condenaram Galileu GALILEI, mas isto não mudou a validade do sistema astronômico, nem tornou menos obsoletas as posições então oficiais e dominantes da tese do geocentrismo. A verdade acabou por prevalecer, e tinha razão Galileu, como antes deste, seus colegas Johannes KEPLER e Tycho BRAHE, e não os homens que, alegando agirem em nome de Deus, quase o levaram à condenação. Bem ilustra o quadro a anedota, *si non è vera, è ben trovata*, de que Galileu, depois de 'retratar-se', teria contudo acrescentado: *"Eppur si muove"*-- e apesar de tudo, ela (a terra) se move! O peso da doutrina oficial da Igreja de Roma, a repressão da liberdade de pesquisa, e indagação intelectual e filosófica, no século xvii, não puderam fazer parar a terra, mas conseguiram jogar, para o norte da Europa, os centros criativos e de maior desenvolvimento relativo, a partir dessa época! Os centros econômico, intelectual e artístico mais dinâmicos se deslocam para os países nos quais haja mais liberdade de iniciativa e indagação.

A respeito v. John BOSWELL, **Christianity, social tolerance and homosexuality** (Chicago: Chicago U.P., © 1980, edition 1981), mostra que a intolerância, em relação à homossexualidade, não foi dado essencial do Cristianismo, durante mais de mil anos! Somente se torna predominante, na história da Igreja, justamente em momento de busca de hegemonia política, simultaneamente às perseguições desencadeadas contra outras minorias. O estudo da história ensina a ver as coisas em dimensão menos marcada pelos acontecimentos da semana e permite destacar o essencial do contingente.

[683] Os Estados Unidos da América, nos anos de governo liderado por George W. BUSH (2000-2008), pautaram a sua política interna e externa por postura de menos consideração para com as instituições internacionais, tendo retirado (em março de 2005) a aceitação por parte deste da jurisdição da Corte Internacional de Justiça, conjugada com baixa consistência na aplicação do direito internacional. Espere-se possam passar tais desmandos, sem deixar traços, no futuro.

[684] As sucessivas reformas protestantes, a partir de Martinho LUTERO, expandem a ruptura religiosa para grande escala intra-européia,e causarão mais de século das assim chamadas 'guerras de religião', até a Guerra dos trinta anos (1618-1648). Outras rupturas com gruopos denominados 'heréticos', tinham ocorrido ao longo da história, em relação aos gnósticos, monofisitas, maniqueístas, pelagianistas, hussitas e cátaros, para mencionar alguns dentre os principais, bem como a separação da igreja ortodoxa, no século XI.

da primeira metade do século xvi, com desdobramentos especialmente sangrentos, nas regiões que hoje compõem o sul da Alemanha e região austríaca. O objetivo estratégico-militar era o de determinar se o alinhamento se faria ao lado católico ou aos protestantes, com marcada tendência nacional, dentre estes, criando igrejas 'reformadas' vinculadas às respectivas unidades políticas e influência mais ou menos direta do soberano sobre a composição e atuação dessas igrejas 'nacionais'.

Contrariamente ao que tinham negociado os príncipes do tempo, com o tratado de Augsburgo, estabelecera a paz religiosa, em 1555, por meio da qual a liberdade de escolha entre o alinhamento católico ou protestante se atribuía ao soberano, de tal modo que restava aos súditos o *beneficium emigrationis*, ou seja, em caso de mudança confessional da casa reinante, o direito de mudar-se para outra terra. Isso acarretou consideráveis deslocamentos populacionais, forçadas a mudarem-se ou a se converterem.

Valores e suas conseqüências podem ser ilustrados com a questão da emergência de conceitos científicos laicos, em oposição às doutrinas confessionais. Como notoriamente se deu, em matéria de astronomia.

Johannes KEPLER se inscreve na constelação histórica do final do renascimento e começo da era barroca, marcada esta como foi pelos conflitos a respeito da reta confissão cristã, em nome da qual se matava na Europa do seu tempo. O tempo e contexto exigiram a mudança de atitude de geração de sábios que foi buscar na natureza as explicações por meio de leis naturais, e não mais com base nas interpretações feitas, a partir dos escritos de ARISTÓTELES, pela escolástica e a doutrina oficial da Igreja, o que causou algumas baixas e outras tantas manobras, para salvar a própria pele da fogueira. Foram esses pesquisadores que prepararam o advento da ciência moderna – e fizeram passar o eixo do desenvolvimento do sul para o norte da Europa, do final do renascimento para o advento da era moderna.

Nesse tempo histórico e contexto cultural se inscreve o esforço de KEPLER no sentido de determinar os fundamentos matemáticos para o universo, de modo a neutralizar as fontes de conflito, de base religiosa[685]. Moisés MAIMONIDES (1135-1204), no **guia dos perplexos**, apontara: "os pontos sobre os quais reina confusão (entre as opiniões) são muito numerosos nas coisas metafísicas, em pequeno número nas coisas físicas e inexistentes nas coisas matemáticas".[686]

---

[685] V. tb. ensaio '*metodologia e pesquisa*'

[686] MAIMONIDES, **Le guide des égarés** (ed. cit., première partie, n. 31, 'l'intelligence et ses limites', pp.

A instauração da modernidade viu a necessidade de estabelecer nova base física para a descrição do sistema, afastando o sistema *geocêntrico*, de inspiração aristotélico-escolástica, para fundamentar o *heliocentrismo*[687]. A verdade científica não se submete a emanações de autoridade (*ex cathedra*).

A construção dos sistemas científicos, dentre os quais a astronomia daquele tempo, se desliga dos argumentos de autoridade, herdados da imposição dogmática religiosa, para buscar os fundamentos a partir da observação da natureza e deduções a partir da realidade física. A criação de toda a ciência moderna, nos seus vários ramos e futuras especializações, se deu a partir desse movimento[688].

A construção das normas se faz dentro do tempo histórico e do contexto cultural, no qual operam. A ciência e o direito também se constroem no tempo e no meio em que operem. Ao mesmo tempo, se criam e se aplicam.

ARISTÓTELES, na **Poética**, diz[689] a respeito do domínio do possível, não ser o ofício do poeta narrar o que aconteceu; e sim o de representar o que poderia acontecer, quer dizer: o que é possível segundo a verossimilhança e a necessidade. Assim, tratar-se-ia de ter clareza quanto às respectivas divisões de tarefas.

Não diferem o poeta e o historiador por escreverem verso ou prosa; diferem sim, em que diz um as coisas que sucederam, e o outro, as que poderiam suceder.

69-72, cit. p. 71) já citado, reporta a lição de ALEXANDRE DE AFRODÍSIA, que apontava como três as razões das discordâncias entre os homens sobre determinadas coisas : 1.as pretensões ambiciosas e rivais que impedem o homem de perceber a verdade, tal como ela é; 2. a sutileza da coisa perceptível em si mesma, sua profundidade e a dificuldade de a perceber; 3. a ignorância daquele que percebe, e sua incapacidade de captar mesmo o que é passível de o ser. Acrescenta quarta causa, que não era mencionada, por não existir àquele tempo: o hábito e a educação, pois está na natureza do homem amar o que lhe é familiar, e ser por isso atraído.

[687] Johannes KEPLER, **Prodromus dissertationum cosmographicarum, continens mysterium cosmographicum, de admirabili proportione orbium coelestium, deque causis coelorum numeri, magnitudinis, motuumque periodicorum genuinis & propriis, demonstratum per quinque regularia corpora geometrica** (edição original Tübingen: Georgius Grupenbachius, 1596, Johannes KEPLER, **Was die Welt im innersten zusammenhält** "mit einer Einleitung, Erläuterungen und Glossar, herausgegeben von Fritz KRAFT", Wiesbaden: Marix Verlag, 2005)

[688] Argumentos de autoridade e a força das armas ou do braço secular da Igreja não puderam nem podem mudar as leis naturais. As ciências modernas puderam desenvolver-se comparativamente melhor e mais rápido nos países nos quais reinou a liberdade de investigação e divulgação das pesquisas, sem correr risco de responder na fogueira por opiniões não-ortodoxas, segundo a doutrina oficial da Igreja daquele tempo. Quantas outras, todavia, esperam?

[689] ARISTÓTELES, **Poética** (trad., comentários, índices analítico e onomástico de Eudoro de SOUZA, São Paulo: Abril, 1ª ed., 1973, IX "poesia e história – mito trágico e mito tradicional – particular e universal – piedade e terror – surpreendente e maravilhoso", pp. 451/452 b/c comentários).

Por isso a poesia é algo de mais filosófico e mais sério do que a história, pois refere, aquela, principalmente o universal, e esta o particular.

Por referir-se ao universal, entenda-se atribuir a indivíduo de determinada natureza pensamentos e ações, que por liame de necessidade e verossimilhança, convém a tal natureza; e, ao universal, assim entendido, visa a poesia, ainda que dê nomes às suas personagens. O domínio de ação se abre para o poeta, e é precisamente isso que o distingue do historiador, que deve ater-se ao acontecido; mas, acrescenta, que só é crível ou possível o que já aconteceu. Portanto, a imaginação séria tem fundamento n'**os tesouros da memória**[690], sendo a experiência histórica a sua premissa: *Sed certe necessariae sunt litterae ad aeternitatem memoriae.*[691]

É essa experiência histórica que impede a imaginação de vagar sem rumo no ilimitado domínio do acaso. Mas, a pura e simples repetição de um evento pode ser efeito do acaso, o que negaria a afirmação precedente.

Pode ser sugerido paralelo com a música. Nesse sentido, Silvio FERRAZ, ao estudar "música e repetição: a diferença na composição contemporânea" (1998),[692] observa "tanto a repetição que identifica pelas semelhanças superficiais, quanto aquela que envolve um certo grau de diferenciação podem ser vistas como repetição e garantem, para grande parte dos compositores – e, por conseqüência, dos ouvintes – que uma música se mantenha a mesma, ao longo da escuta, do começo ao fim".[693]

Quando a repetição não se deve ao acaso, mas às leis da verossimilhança e da necessidade – as grandes leis da história –, aí já não se trata de caso particular, mas de fato universal[694]. Para Gaston BACHELARD[695], a filosofia da poesia deve reco-

---

[690] Uwe FLECKNER (ed. by, with a picture essay by) SARKIS, **The treasure chests of Mnemosyne**: selected texts on memory theory from PLATO to DERRIDA (Dresden: Verlag der Kunst, 1998)

[691] Indispensáveis são as letras, ou seja, o registro escrito, para preservar a memória para a eternidade.

[692] Silvio FERRAZ, **Música e repetição: a diferença na composição contemporânea** (São Paulo: EDUC, 1998).

[693] S. FERRAZ (op. cit., 1998, p. 34).

[694] Interessante a colocação da passagem da **Poética** de ARISTÓTELES em relação à arte e contexto do século XVII que ARGAN denomina de século trágico. V. Giulio Carlo ARGAN, **Imagem e persuasão: ensaios sobre o barroco** (org. Bruno CONTARDI, trad. do original **Imagine e persuasione: saggi sul barroco** © 1986, por Maurício Santana DIAS, São Paulo: Cia das Letras, 2004, "Europa das capitais", pp. 46/185, cit. p. 68).

[695] Gaston BACHELARD, **A poética do espaço** (ed. cit., loc. cit.): "o passado cultural não conta; o longo trabalho de relacionar e construir pensamentos, trabalho de semanas e meses, é ineficaz. É necessário estar presente, presente à imagem, no minuto da imagem: se há uma filosofia da poesia, ela deve nascer e renascer por ocasião de um verso dominante, na adesão total a uma imagem isolada, muito precisamente no próprio êxtase da novidade da imagem. A imagem poética é um súbito realce do psiquismo, realce mal estudado em causalidades psicológicas subalternas. Além disso, nada há de geral e de coordenado, que possa servir de base para uma filosofia da poesia. A noção de princípio, a noção de 'base' seria desastrosa neste caso. Bloquearia a

nhecer que o ato poético não tem passado, pelo menos passado próximo, ao longo do qual pudéssemos acompanhar sua preparação e seu advento.

Entre idealismo e conformismo, muito se pode objetar em relação ao direito internacional, no sentido de tantas vezes aceitar os imperativos do fato consumado – *le fait accompli*[696], *ora direis, ouvir besteiras!*[697] aí fazendo a confusão entre coisas distintas: entre o operacionalmente viável e o ideologicamente desejado[698]. Quantas vezes hesitando entre ambos.

O enfoque dos valores, e suas conseqüências, tem de situar-se entre conformismo e deformação, no sentido em que os analisa Evangelos MOUTSOPOULOS (1978)[699]: entre mitos conformistas e estruturas deformantes. No caso 'deformante' não ocorre somente engano, mas vontade deliberada de acarretar distorção.

A norma legal lembra-nos da divisão de tarefas entre as coisas de Deus e as de César: enquanto tarefa humana, humanamente terá de ser buscada. E isso nós merecemos.

Oportuno e relevante pensar quando e como surge o direito internacional, propriamente dito – sem prejuízo da importância dos predecessores[700] – justamente a paz de Vestfália, em 1648, ao término de trinta anos das guerras de religião

---

atualidade essencial, a essencial novidade psíquica do poema."

[696] Por mais surpreendente que possa ser, parece haver hoje em dia quem afirme acreditar, no presente mundo globalizado não mais se haverá de precisar de idiomas estrangeiros, para a comunicação internacional, mesmo por parte dos profissionais representantes do estado, no exterior? Depois de se abolir a obrigatoriedade do exame de proficiência em francês, alguns anos antes, foi dado passo radical, em 2004, declarando-se que passaria a ser classificatória e não mais eliminatória a prova de proficiência em inglês, para os candidatos à escola preparatória para o serviço diplomático brasileiro. Na mesma altura, de qualquer recém-formado, que vá procurar emprego, muitas vezes se haverá de exigir segundo idioma estrangeiro ou alguma titulação pós-graduada, como pré-requisito para diferenciar o candidato, dentre tantos outros, buscando a sua admissão no mercado de trabalho. Pode ser 'injusto' mas é inevitável.

[697] Não resisto a fazer paralelo com o famoso verso de Olavo BILAC.

[698] O mesmo Mircea ELIADE, no mesmo livro, tem outro artigo delicioso, cujo nome é sobremodo sugestivo para descrever os tempos que passam: *"Le droit d'énoncer des banalités"* (**Fragmentarium**, op. cit., pp. 190-192).

[699] Evangelos MOUTSOPOULOS, **Conformisme et déformation: mythes conformistes et structures déformantes** (Paris : Vrin, 1978).

[700] Nesse sentido, por exemplo, o estudo de Antonio TRUYOL y Serra a respeito da "história do direito internacional", fazendo-o remontar à antiguidade, **Histoire du droit international public** (Paris: Economica, 1995). De modo semelhante, Dominique GAURIER, **Histoire du droit international : auteurs, doctrines et développement de l'Antiquité à l'aube de la période contemporaine** (Rennes: Presses Universitaires de Rennes, 2005). Por sua vez Slim LAGHMANI, **Histoire du droit des gens** (Paris : Pedone, 2003) o situa na passagem do *jus gentium* imperial para o *jus publicum europaeum*.

na Europa[701]. Ou seja, a partir da constatação da impossibilidade de aniquilar o "inimigo", trata-se de ordenar regras de convivência com os defensores de opiniões distintas.

O fracionamento político obrigou à institucionalização das regras de convivência entre as unidades. Movimento inverso, a globalização obriga as unidades a considerar medidas para manter distanciamento entre umas e outras e em direção ao todo.

Existem precedentes relevantes[702], mas costuma ser apontado como ponto de partida a institucionalização da vida internacional, no sistema da paz de Westfália (1648). Se se quiser apontar marco para tal, pode ser este colocado no ensejo da instauração de sistema de convivência internacional regulada, a partir de 1648 e que durará até a primeira metade do século xx.

Por sua vez, a segunda metade do século XX buscou a institucionalização de modelo de convivência hierarquizada (cinco 'grandes', no Conselho de Segurança da ONU, em relação a todos os outros), criticado como distorcido e agravador de tensões. Este modelo, embora claudicante, manteve-se durante as décadas da guerra fria.[703]

Paradoxalmente, o que se acreditava fosse a ameaça ao sistema e à sobrevivência da humanidade, mantinha estável o fiel da balança. O desequilíbrio funcional agravou-se a partir do desaparecimento do segundo mundo, como força política.

O modelo de convivência organizada está mais claudicante que antes. Novo modelo ainda não se delineou, nem nas relações de força, no âmbito das relações internacionais, nem tampouco no direito internacional pós-moderno. Ainda não se

---

[701] Para maior desenvolvimento a respeito do contexto internacional ao término da guerra dos trinta anos e a consolidação de conceitos para o direito internacional, remeto ao já citado Jacques DROZ, **Histoire diplomatique de 1648 à 1919** (Paris: Dalloz, 3ª ed., 1972).

[702] Como ilustrariam os processos de institucionalização das relações internacionais, com adoção da prática de embaixadores residentes, na Itália, na segunda metade do século xv. Especificamente em relação ao direito internacional, como ilustrariam, no século xvi, as reflexões de Francisco de VITÓRIA e Francisco SUAREZ ante os desafios do tempo, e a construção do quadro teórico no qual buscaram inserir as descobertas na América e as relações dos representantes da coroa espanhola com os ameríndios.

[703] Curiosidades históricas, totalmente defasadas e irreversivelmente aposentadas, embora cronologicamente recentes: L. N. ORLOV, *Soviet joint enterprises with capitalist firms and other joint ventures between east and west* (RCADI, 1990, t. 221, pp. 371-414) e Russell H. CARPENTER Jr., **Soviet joint enterprises with capitalist firms and other joint ventures between east and west: the western point of view** (RCADI, 1990, t. 222, pp. 365-421, 'conclusion', p. 421) encerrava seu exame a respeito das mudanças então em curso na União Soviética como "take the plunge into the unknown".

conseguiu nada melhor, o que torna indispensável manter estável e operacional o sistema existente.

Nesse sentido, Hugo GRÓCIO, no seu consideravelmente menos conhecido **De imperio** (1617)[704] somente publicado em 1647, após a morte do autor, aponta a consideração do poder secular, estendendo-se também às coisas sagradas, e definindo o poder em sua mais ampla extensão, não como oposto à jurisdição, mas abrangendo-a, do no que constitui o direito de comandar, de permitir e de defender.

Pode-se, igualmente, assinalar a considerável medida na qual 1648 transforma a religião institucional em dado da política: a adoção do princípio *cuius regio ejus religio*, solenemente sancionado pela paz Augusta, traz a premissa para a identificação entre a luta de confissões e a luta de estados, para o dado dramático da história[705] do século XVII – e que se transpõe ao contexto, não menos dramático início deste século XXI, no qual está armado pólo de conflito e tensão que necessitará muito tempo e muito esforço para ser amainado[706].

A antevisão da ascensão do nazi-fascismo nos anos vinte e trinta e o impacto que essas ideologias representaram como primazia da força sobre a idéia de legalidade

---

[704] Hugo GRÓCIO, **Traité du pouvoir du magistrat politique sur les choses sacrées** (do original em latim **De imperio summarum potestatum circa sacra**, edição facsimilar da edição publicada anonimamente em Paris, em 1751, com falsa menção a Londres, na página de rosto, trad. de Charles Armand L'Escalopier de NOURAR, présentation de Vincent GUILLAUME, Caen: Publications de l'Univ. de Caen, 1991). O texto, muito provavelmente escrito em 1617. No cap. I "le pouvoir du magistrat politique s'étend sur les choses sacrées" (pp. 1-33, observa, p. 3): "Je prends ici le pouvoir dans une signification plus étendue; ce n'est pas en ce qu'il est opposé à la juridiction, mais en ce qu'il la renferme, & qu'il est le droit de commander, de permettre et de défendre".

[705] Frederic HOFFET, **Psychanalyse de l'Alsace** (texto de 1951, augmenté d'une préface de l'auteur et d'un avant-propos de Germain MULLER, Colmar : Editions Alsatia, 1973) mostra como a paz em 1648 traz o marco da crise e instaura institucionalmente a dualidade na Alsácia, com a passagem desta, em decorrência de acordo, para a França. A partir desse momento se insere na Alsácia o esforço de LUÍS XIV de integrá-la ao reino e esfera cultural e linguística francesas, depois de séculos de quase total integração da região entre os povos do império germânico, não somente da futura Alemanha, propriamente dita, como dos holandeses e flamengos, e dos suiços de língua alemã.

[706] Com a assim chamada, *faute de mieux*, confrontação de civilizações, no discurso do atual governo dos Estados Unidos, entre os assim blasfematoriamente declarados "valores cristãos" e ainda por cima "democráticos" (???) em face do mundo islâmico. Esse discurso confrontacionista serve para alienar massas inteiras nos países árabes e coloca em situação difícil as minorias mais cultas e correntes políticas moderadas, que tenderiam à acomodação com o 'ocidente' e aceitação de valores democráticos, na medida em que se transformam tais posições em entreguismo e traição do islamismo. A estupidez do discurso de BUSH Jr. e a estreiteza de suas posições mentais e políticas deixarão marcas durante tempo consideravelmente mais longo que seu segundo mandato presidencial (2004-2008), agravando os desmandos do primeiro período (2000-2004). Além das ilegalidades cometidas (violações de direitos fundamentais e de normas internacionais), mostraram-se, ademais, estratégias fracassadas, tanto em termos militares, como econômicos.

e da regência estatal das relações sociais e dos interesses nacionais, acima de tudo, em lugar de buscar soluções internacionais, reguladas pelo direito. Nós temos outras ameaças em nosso tempo, que nos fazem igualmente temer "quando a nossa cultura toda, abalada por uma experiência histórica monstruosa, se vê forçada a um exame de seus próprios fundamentos".

A indagação principal e a questão da fundamentação e da construção desta, em relação ao conjunto de países que atualmente compõem o cenário internacional, com suas extremas desigualdades de meios e de aspirações e a necessidade de encontrar bases comuns, para se ter a fundamentação possível de normas comuns? Existirá essa possibilidade?

Há possibilidade de se construir 'comunidade internacional' – se e na medida em que esta sociedade internacional possa ser chamada de 'comunidade'[707] – com base em valores compartilhados? A base desses valores comuns se faz estreita, para nela fundamentar os alicerces de civilização comum[708].

A dúvida é pertinente e as respostas não serão automáticas, dada a natureza e extensão do problema, como bem ilustra a referência à obra magistral de Werner JAEGER[709]. Trata-se de reconhecer na idéia de cultura e no conceito de civilização

---

[707] Wilhelm WENGLER, **Public international law : paradoxes of a legal order** (RCADI, 1977, t. 158, pp. 9-86) ; H. MOSLER, **The international society as a legal community** (RCADI, 1974, t. 140, pp. 1-320).

[708] Karl ZEMANEK, **The legal foundations of the international system: general course on public international law** (RCADI, 1997, t. 266, pp. 9-335).

[709] Werner JAEGER (na **Paideia**, intr. "lugar dos gregos na história da educação humana", cit. pp. 6-8), aponta as bases para o estudo e compreensão da história: "precisamos adquirir uma consciência clara do sentido que damos à palavra 'história'. (...) é preciso distinguir a história nesse sentido quase antropológico, da história que se fundamenta numa união espiritual viva e ativa e na comunidade dum destino, quer seja o do próprio povo, quer seja o de um grupo de povos estreitamente unidos. Só nesta espécie de história se tem uma íntima compreensão e contato criador entre uns e outros. Só nela existe uma comunidade de ideais e de formas sociais e espirituais que se desenvolvem e crescem independentes das múltiplas interrupções e mudanças através das quais varia, se cruza, choca, desaparece e se renova uma família de povos diversos na raça e na genealogia. Essa comunidade existe na totalidade dos povos ocidentais e entre estes e a antigüidade clássica. Se considerarmos a história nesse sentido profundo, no sentido duma comunidade radical, não podemos supor-lhes como cenário o planeta inteiro e, por muito que alarguemos os nossos horizontes geográficos, as fronteiras da 'nossa' história jamais poderão ultrapassar a antiguidade daqueles que há vários milênios traçaram o nosso destino. Não é possível dizer até quando a humanidade continuará a crescer na unidade de sentido que tal destino lhe assinala, nem isso importa para o objeto de nosso estudo". E prossegue: "Não é possível descrever em poucas palavras a posição revolucionária e solitária da Grécia na história da educação humana. (...) Não se trata de conjunto de idéias abstratas, mas da própria história da Grécia na realidade concreta de seu destino vital. (...) E foi sob a forma de *paideia*, de cultura, que os gregos consideraram a totalidade da sua obra criadora em relação aos outros povos da antigüidade de que foram herdeiros. Augusto concebeu a missão do império romano em função da idéia da cultura grega. Sem a concepção grega da cultura, não teria existido a antigüidade como unidade histórica, nem o 'mundo da cultura' ocidental.

o cimento básico que deu unidade ao que se poderia chamar de mundo ocidental. Esse hoje se renega, depois dos desmandos que cometeu, sobretudo nos séculos XIX e primeira metade do XX, pelas potências européias, na atuação como potências coloniais[710], e todavia não se encontrou desde então.

A fragmentação do mundo atual torna questionável pretender erigir esse legado da antiguidade clássica como parâmetro de civilização e de construção de valores, mas na falta deste, de que forma se poderá alcançar formatação simultaneamente abrangente e sólida, para abarcar o conjunto da humanidade, no tempo presente? A história cultural pode ser base compartilhada para a construção de sistema normativo internacionalmente vigente.

Ante, de um lado, a escalada do nazi-fascismo, no final dos anos vinte, e sua instauração como regime vigente em diversos países, nos anos trinta, e de outro, o descompasso entre os idealismos de esquerda e a realidade dos regimes de comunismo real ou de capitalismo de estado, como a União soviética mostrou na mesma época, as vítimas foram os idealistas, dentre os quais os do direito internacional, que ao término da primeira guerra mundial – para eles a "grande guerra", pois mal sabiam que logo, ainda no espaço daquela mesma geração, viria outra – pareciam ter acreditado na possibilidade de construir arcabouço normativo, suficientemente sólido, para regular a vida internacional, mediante normas de conduta, universalmente válidas, e uniformemente aplicáveis. Infelizmente ai poderia ter estado o rumo, para a regulação da vida internacional, em bases mais eqüitativas. O que somente pouco se fez.

Em tempos de crise, sistemas pacíficos podem parecer menos atraentes[711]. Mas serão estes a permitir a superação das crises, mediante a instauração de normas e parâmetros, para nortear a ação (dos estados e demais agentes da ordem internacional) na perspectiva de regras comumente aceitas e adotadas, e não em razão das escolhas e critérios de cada um desses agentes, sem consenso.

Fazendo paralelo com o que ocorre nas artes, nesse mesmo período entre guerras, os anos vinte e trinta, vê-se a crise conceitual e pessoal vivida por tantos artistas

---

[710] Martti KOSKENNIEMI, **The Gentle Civilizer of Nations**: the rise and fall of international law 1870-1960 (Cambridge: University Press, 1st. publ., 2001, reprinted 2005, cit. p. 229): "Peace and justice were not an spontaneous outcome of economic interdependence or cultural integration."

[711] Ante os protestos em razão da ineficácia da ocupação e da perda sem sentido de vidas, liderado pela Sra. Cindy SHEEHAN, cujo filho morreu em combate no Iraque, fica a resposta da administração BUSH Jr. de que 'o pacifismo enfraqueceria os Estados Unidos'.

que, liberados das constrições formais, como conseguira instaurar o modernismo, permitindo mais fluidez e adoção de linguagens mais pessoais e informais, de outro lado os confronta com a crise do vazio. Foi período de experimentação como de inovações formais, no que viria a ser chamado de "arte degenerada" pelos nazistas[712].

Essa crise se dá em diversos contextos e poderiam ser lembrados muitos casos. O exemplo de Mário de ANDRADE (1893-1945), no Brasil do tempo, é ilustrativo disso[713]. O projeto de instaurar abrangente aparato estatal de captação e conservação do legado popular soçobra ante a instauração do estado novo de VARGAS em 1937 e a nomeação de interventor no estado de São Paulo. Mário se muda para o Rio de Janeiro e aceita posição muito menos relevante que antes tivera. E percebe o contexto de crise das idéias e do seu tempo, que marcava a confrontação entre fascistas e comunistas, e deixava pouco espaço para as visões liberais e de defesa do estado de direito.

A concepção, proposta por Mário de ANDRADE, seria no sentido de deixar em segundo plano a personalidade do artista e suas aspirações pessoais, para buscar dimensão social, na qual este pudesse se integrar, e fazer seu esforço se conjugar com o meio sócio-cultural onde estaria inserido. A busca da cultura popular e a tentativa de mapeamento desta, como esforço para encontrar e afirmar a identidade nacional brasileira e as especificidades do país.

A ilusão da libertação pela ação foi a falácia do existencialismo[714]. A solução pela ação inspirava-se no existencialismo, a corrente de idéias contemporânea que se conscientizara da falência dos conceitos tradicionais para compreender os eventos políticos da época, em especial o totalitarismo, e chegara à conclusão de que até mesmo a relevância do esforço compreensivo precisava ser questionada. Não foi tão simples assim derrotar os totalitarismos: foi pela lenta ação combinada de humanistas, somadas às garantias e prerrogativas do estado de direito. A consolidação

---

[712] A respeito, Erik JAYME, **Entartete Kunst und internationales Privatrecht** (Heidelberg: Verlag Recht und Wirtschaft, 1994).

[713] O pai e mentor intelectual do modernismo brasileiro parece ter-se tornado instituição monolítica e quase santo, deixando de lado todas as angústias que o acompanharam e todos os questionamentos que sempre fez a respeito da própria vida e da obra e do sentido que poderia ter o modernismo, tendendo a afirmar o fracasso das suas próprias realizações: "E se agora percorro a minha obra já numerosa e que representa uma vida trabalhada, não me vejo uma só vez pegar a máscara do tempo e esbofeteá-la como merece. Quando muito lhe fiz, de longe, umas caretas. Mas isto, a mim, não me satisfaz" Mário de ANDRADE, **Aspectos da literatura brasileira** (São Paulo: Martins / INL, 1972, p. 253).

[714] Noel MARTIN-DESLIAS, **L'homme disloqué**: à la recherche de lui-même (Paris e Genebra : Ed. Nagel, 1977).

de instituições democráticas fez mais pela liberdade. As soluções mágicas tendem a permanecer como tais: não conseguem ou pouco somente se adaptam à realidade.

Os partidários existencialistas da libertação pela ação foram contemporâneos da descoberta dos textos de juventude de MARX, ocorrida nos anos trinta, especialmente das **Teses sobre Feuerbach**, onde se encontra a conhecida passagem: *'os filósofos se limitaram a interpretar o mundo de diversas maneiras; o que importa é transformá-lo'*. Para setores importantes da intelectualidade da época, a ação revolucionária parecia conter muito mais verdade que a filosofia e que todas as artes[715].

N'**O banquete** (1944)[716], Mário de ANDRADE aponta a sua conclusão, lucidamente pessimista: "Talvez toda a arte 'erudita' seja um erro infamante dos donos--da-vida ... Talvez seja um erro ... Talvez a arte erudita, com suas conseqüências de 'belas-artes', de 'arte pura', seja um avanço indevido da 'civilização' sobre a 'cultura', no sentido sociológico dessas palavras."

A grande questão da civilização, dos modelos e dos fundamentos, que permeia a história e a cultura, como o debate a respeito do que seja e como seja a arte atual, também se faz presente em relação ao direito e aos valores por este acolhidos e amparados. O papel, a atuação do direito em relação a estes. A fundamentação deste, como norma vinculante para pautar a conduta dos sujeitos de direito (para passar a acomodar, no plano internacional, a emergência do ser humano), além do controle estrito e por vezes excessivo dos estados.

Quantas vezes os detratores enfatizam as lacunas conceituais e de aplicação do direito internacional, e estas inegavelmente ocorrem. Mas não serão estes os pontos fundamentais.

Há que se ter consciência e reafirmar a importância de reconhecer na idéia de cultura e no conceito de civilização o cimento básico de unidade ao que se poderia chamar de mundo ocidental. Há que se ter presente que os melhores e mais duradouros resultados foram alcançados no diálogo dos mundos e nas zonas e períodos de confluência destes, e não nas políticas de confronto: estas não tem possibilidade de durar, pois se alimentam do ódio e das divisões, no meio da humanidade, que é uma só, e tem somente este planeta, para habitar e neste criar parâmetros de regulação

---

[715] Eduardo JARDIM, no seu livro **Mário de Andrade: a morte do poeta** (Rio: Civilização brasileira, 2005, pp. 103-104).

[716] Mário de ANDRADE, **O banquete** (Belo Horizonte: Itatiaia, 3ª ed., 2004).

que possam, na medida do possível, ser aceitos como válidos e como tal aplicados, para reger a vida das unidades políticas que compõem o sistema internacional.

A ênfase nas distorções e nos conflitos obscurece a percepção do alcance das realizações alcançadas. O processo de codificação do direito internacional, no século XX, é história com marcos relevantes de sucesso[717]. Estes se construíram em meio às contingências do tempo passado e podem servir de exemplo para o presente e os próximos passos. Ao mesmo tempo, questões conceituais centrais permanecem sem respostas institucionalmente eficazes e adequadas.

Mais uma vez, somente se pode pretender construir direito e especificamente direito internacional, na medida em que se reconheça em idéias suficientemente abstratas tais como 'cultura' e no 'conceito de civilização'[718], não obstante o alegado teor de abstração possam ter, foram o cimento básico que deu unidade ao que se poderia chamar de mundo ocidental. Com seus feitos e seus defeitos, suas glórias e suas abominações.

---

[717] Pode-se questionar se este se teria esvaziado, por esgotamento dos grandes temas, que poderiam ser objeto de codificação. Seria, a meu ver, antes questão de temas que encontraram suficiente amadurecimento, para poderem ser codificados de modo válido e aceitável por número suficientemente amplo de estados, para refletirem a convicção da juridicidade daqueles conteúdos, segundo a *opinio juris sive necessitatis*, tal como se conhece e aplica.

[718] Toda síntese pode ser arriscada, mas pode também ter o mérito de situar perspectiva de conjunto, que se perderia na consideração de casos isolados e detalhes de situações específicas. Para Virgínia WOOLF alguns dos pontos mais altos, já alcançados pelo espírito humano, seriam o teatro clássico grego e os últimos **Quartetos** de BEETHOVEN: a viagem pelos **Diários** desta pode ser longa e prazerosa, ao mesmo tempo em que conturbada e angustiosa (v. refs. edição completa em cinco volumes dos **Diários** de Virginia WOOLF). O brilhante ensaio de Kenneth CLARK, **Civilization: a personal view** (© 1969, em português **Civilização**, trad. Madalena NICOL, São Paulo: Martins Fontes, 1ª ed., 1980, 2ª ed., 1995). Lembraria também: Allan BLOOM, **O declínio da cultura ocidental** (do original **The closing of the American mind**, © 1987, trad. João Alves dos SANTOS, São Paulo: Best Seller, 1989), Harold BLOOM, **O cânone ocidental** (do original **The Western Canon**, © 1994, trad. Marcos SANTARRITA, Rio: Objetiva, 2001), Leonardo BOFF, **Ethos mundial**: um consenso mínimo entre os humanos (Rio: Sextante, 2003), Leonardo BOFF, **Civilização planetária**: desafios à sociedade e ao cristianismo (Rio: Sextante, 2003), J. BRONOWSKI e Bruce MAZLISCH, **A tradição intelectual do ocidente** (do original **The Western Intellectual Tradition**, © 1960, trad. Joaquim J. B. C. ROSA, Lisboa: Edições 70, 1988), Paul CLAVIER, **Le concept de monde** (Paris: PUF, 2000), André COMTE-SPONVILLE e Luc FERRY, **A sabedoria dos modernos** (do original **La sagesse des modernes**, © 1997, trad. Eduardo BRANDÃO, São Paulo: Martins Fontes, 1999), Charles van DOREN, **A history of knowledge** (New York: Ballantine Books, © 1991, printed 1992), Nicolas MALEBRANCHE, **A busca da verdade** (textos escolhidos, do original **De la recherche de la vérité**, sel., intr., trad. e notas de Plínio Junqueira SMITH, São Paulo: Discurso Editorial, 2004), Adauto NOVAES (org.), **A outra margem do ocidente** (São Paulo: Cia das Letras, 1999), Frederick TURNER, **O espírito ocidental contra a natureza** (do original **Beyond geography**, © 1980, trad. José Augusto DRUMMOND, Rio: Campus, 1990).

Este mundo ocidental tem tantas realizações como cargas pelo passado a levar em conta, mas sobretudo não pode nem deve esquecer a lição da necessidade da humildade e do imperativo da convivência, como caminhos para a construção de parâmetros eficazes de regulação da vida entre estados[719]. Mas nem sempre pautado pela disposição para o diálogo com outras civilizações e visões de mundo que, por serem distintas, nem por isso serão menos válidas, nem tampouco menos legítimas nem menos dignas de se lutar por elas e serem protegidas de ameaças a essas civilizações e visões de mundo estranhas.

O mundo se fez mais vasto e mais complexo que o concerto europeu acreditava poder controlar, ainda na primeira metade do século XIX, embora fosse esse modelo de precário equilíbrio e mutáveis alianças políticas vigente durante séculos e regulado, em considerável medida, mais pelas relações de força, estratégias e intrigas palacianas que pelas normas e princípios legais, mas, estes últimos mostraram a sua importância e recorrência. A recorrência entre força e valores é sintomática: o esgotamento dos sistemas de força leva à instauração ou à re-instauração dos sistemas de convivência organizada. Se não por virtude, ao menos por interesse e por necessidade.

O direito e mais especificamente o direito internacional vive condicionado pela percepção do esgotamento dos sistemas de força e esse esgotamento não deveria levar à renovação das tentativas de instauração pela força, sempre mais força, e irremediavelmente sempre mais resistência a estas demonstrações de força[720]. Além de conceitualmente insustentável, qualquer sistema baseado somente na força é fisicamente inviável: não haverá modo de o realimentar ininterruptamente, para o poder sustentar.

O direito internacional pós-moderno visa levar à instauração ou à re-instauração de sistemas de convivência organizada, o que simultaneamente significa reconhecer na idéia de cultura e no conceito de civilização o cimento básico que deu unidade ao que se poderia chamar de mundo ocidental, e se poderia tentar ampliar, para ser aceitável para o contexto o mais amplo possível de mundo. O mundo ocidental tem erros e acertos a serem computados. Ambos muito numerosos.

---

[719] V. tb. ensaio 'perspectiva do mundo'.

[720] Barbara Herrnstein SMITH, **Crença e resistência**: a dinâmica da controvérsia intelectual contemporânea (do original **Belief and resistance: Dynamics of contemporary intellectual controversy**, © 1997, trad. M. E. M. SAYEG, São Paulo: Ed. UNESP, 2002).

O mundo atual tem a consciência do esgotamento do antigo modelo, imposto pelos estados europeus ocidentais, modelo marcado pelas contingências de seus interesses 'nacionais'. Projetados extra-territorialmente, praticaram extenso e abusivo uso da força nos contextos 'colonial' africano e asiático[721]. Nas Américas a memória do tempo colonial europeu está mais distante e causa menores incômodos. Embora parcialmente substituídos por outros vínculos, que *faute de mieux* se chamariam neocoloniais.

Os efeitos dos valores e das percepções políticas se refletem até mesmo na cartografia[722]: o traçado dos limites, como as questões de fronteiras, herdadas do período colonial, continuam a fazer estragos[723]. Os estragos feitos foram consideráveis e os seus efeitos são duradouros, como também os dados positivos que podem ter ficado, herdados da convivência entre civilizações e visões de mundo.

Vê-se a emergência do já referido 'direito à diferença', a respeito do qual fala René-Jean DUPUY, ao considerar **a humanidade no imaginário das nações** (1991)[724], como sinal de transformação radical na percepção da humanidade. A respeito da contribuição de DUPUY, enfatiza M. BETTATI (1998, publ. 2000)[725] a diferença entre direito *relacional* e direito *institucional*, no plano internacional.

---

[721] E moldaram sistema normativo internacional à imagem e semelhança de suas necessidades, para a regulação dos espaços coloniais, cfr. o ref. estudo de M. KOSKENNIEMI, **The Gentle Civilizer of Nations**: the rise and fall of international law 1870-1960 (ed. cit., 2005).

[722] Jeremy BLACK, no seu **Maps and politics** (Londres: Reaktion Books Ltd., 1ª. publ., 1997, edition, 2000, cit. "introduction", p. 9 and chapter 5 "frontiers", pp. 121 ss.): "Maps have played and play a major role in politics, both international and domestic, reflecting the powerful ability of visual images and messages to represent and advance agendas." E prossegue: "mapping frontiers is difficult because it requires the consent of at least two parties. Aside from differences of opinion over the course of the frontier, or over where a to-be-determined frontier ought to go, there can also be problems with different mapping cultures, not simply technically, but also involving, more generally, contrasting notions about the meaning of maps. Furthermore, understanding of frontiers is culturally contingent, although the spread of dominant Western notions is an aspect of greater Western control, or, at least, influence, in the world in the nineteenth and twentieth centuries. Though presented as a source, or product of security, of political and cartographical order, these notions, however, have, in particular contexts, been a cause of dissension and strife. / "Mapping frontiers is about mechanisms as well as consent."

[723] Quantas das decisões e pareceres da Corte Permanente e da Corte Internacional de Justiça tem por objeto questões de limites e fronteiras? E, felizmente, as que para lá ou para julgamento arbitral foram levadas, não se transformaram em conflitos armados.

[724] René-Jean DUPUY, **L'humanité dans l'imaginaire des nations** (Paris : Julliard, 1991) ; R.-J. DUPUY, **La clôture du système international: la cité terrestre** (Paris, 1989, p. 115).

[725] Mario BETTATI, "*Droit relationnel et droit institutionnel dans la pensée de René-Jean DUPUY*" (no volume já ref., **Ouvertures en droit international: hommage à René-Jean DUPUY** Paris: Pedone / SFDI, 2000, pp. 97-104). Do **direito relacional** ao **direito institucional**, no plano internacional, este último corresponderia à nova fase de evolução do direito internacional pós-moderno.

Dessa forma, completa Erik JAYME, são os direitos socio-culturais elevados à condição de direitos fundamentais da pessoa humana[726]. E especificados como conteúdo inerente ao direito internacional pós-moderno – o que os faz passar de questão dos ordenamentos internos dos estados para questão intrinsecamente internacional, e em relação à qual todos os estados tenham interesse compartilhado, e mutuamente se empenhem em assegurar a sua implementação.

A afirmação do respeito à diferença poderia parecer contraditória em relação à afirmação da igualdade entre os homens. Esse contraste será somente aparente. O que caracteriza a cultura pós-moderna está no fato de que a idéia da diferença acarreta sobretudo o direito ao respeito da identidade cultural[727].

Saudável e renovador, nesse processo, para os indivíduos, como para os grupos, muitas vezes se faz a revisão do que se considerava 'essencial' para o agente da reflexão e se pode descobrir quanto tinha antes de 'conjuntural' e herdado sem questionamentos, do que a palavra essencial e viva, que traz a concordância, e permite a compreensão na convivência, entre seres e sistemas humanos. Ai se pode encontrar renovação.

O enfoque da diversidade e da multiculturalidade não se faz sem a resistência do antigo face ao moderno. A recorrência do antigo normalmente se traveste de defesa dos 'valores', da 'civilização', da 'família', da 'sociedade' e de 'deus', em face de 'ameaças', quais sejam nunca são precisadas. A tolerância, o humanismo, o respeito ao outro e dos direitos do outro são as vítimas de tais incursões. São justamente estes os valores de base do humano e da regulação harmônica da convivência.

A noção de civilização elimina até certo ponto as diferenças entre os povos: ela ressalta o que, na sensibilidade de quem utiliza o termo, é comum a todos os

---

[726] Erik JAYME, **Identité culturelle et intégration: le droit international privé postmoderne : cours général de droit international privé** (RCADI, 1995, t. 251, pp. 9-267, cit. p. 251).

[727] Erik JAYME (op. cit., p. 252): « Le pluralisme post-moderne est autre chose. Pour les matières qui touchent à l'identité culturelle d'une personne, la méthode conflictuelle garantit, mieux que les autres méthodes, les droits à la différence. L'unification des règles substantielles emporteraient la destruction des différences. La protection de l'identité culturelle entraîne une pluralité d'identités. En outre, la sauvegarde de l'identité culturelle a engendré certaines modifications des techniques de droit international privé. » E dá bom exemplo da tomada de tais aspectos em consideração: « Rappelons la nouvelle Convention de La Haye qui prévoit une procédure spéciale visant à la protection de l'identité culturelle de l'enfant comme condition de la validité de l'adoption. »

homens, ou ao menos deveria ser. É preciso evitar, adverte Norbert ELIAS[728], o simplismo de confundir 'civilização' com a noção desta no contexto ocidental[729].

No sentido de determinada configuração de 'costumes', o que manteria essa noção de civilização em patamar bastante superficial. E inócuo. Polidamente, pode--se aniquilar o outro. A vida acadêmica[730] bem mostra a que ponto o refinamento de técnicas de aniquilamento pode chegar, sem precisar deixar de ser polido; sem chegar às cenas de pugilato, como pode ocorrer às vezes nas transmissões de debates dos parlamentos nacionais.

Trata-se de passar, do singular para o plural, mas que este não se volte para o singular, com ênfase na cultura e na diversidade cultural, como elementos da ordem jurídica pós-moderna[731]. Na medida em que tal se possa alcançar, para o conjunto da humanidade, na sua extensão geográfica e cultural a mais ampla e abrangente possível, se estarão preparando bases para mundo mais estável e mais pacífico, onde a segurança se faça não mais pela ilusão decorrente da força das armas.

Os quarenta anos de 'equilíbrio do terror', durante a 'guerra fria', de 1949 a 1989,[732] deveriam ser o mais eficaz antídoto contra qualquer tentativa de retomada desse tipo de discurso – que vergonhosamente ainda se põe como moeda corrente,

---

[728] Norbert ELIAS, **La civilisation des moeurs** (do original alemão **Über den Prozess der Zivilisation** © 1969, trad. Pierre KAMNITZER, Paris: Calmann-Lévy, © 1973, impr. 1999).

[729] Norbert ELIAS, **La civilisation des moeurs** (première partie, 'culture et civilisation', cap. i, pp. 11-51, cit. pp. 11-14): "quand on examine la fonction générale de la notion de 'civilisation', quand on recherche l'élément permettant de qualifier telles attitudes ou actions humaines de 'civilisées', on découvre d'abord quelque chose de très simple: l'expression de la conscience occidentale, on pourrait dire le sentiment national occidental. En effet le terme résume l'avance que la société occidentale des deux ou trois derniers siècles croit avoir prise sur les siècles précédents et sur les sociétés contemporaines plus 'primitives'. C'est par ce même terme que la société occidentale tente de caractériser ce qui la singularise, ce dont elle est fière: le développement de *sa* technique, *ses* règles de savoir-vivre, l'évolution de *sa* connaissance scientifique et de *sa* vision du monde, et beaucoup d'autres choses de ce genre."

[730] V. tb. o ensaio 'z – *ainda está vivo*'.

[731] Mireille DELMAS-MARTY, **ne pas parler en formation / un ordre juridique mondial** (Paris: "extrait de la conclusion des cours prononcés au Collège de France en 2005, Paris : Éditions du Seuil, 2006, 'un pluralisme ordonné' tome II des **Forces imaginaires du droit**") contrapõe à ordem jurídica pós-moderna a anterior, pela primeira englobada, como a geometria euclidiana é englobada por concepção não-euclidiana, dita pós-moderna.

[732] Louis J. HALLE, **The cold war as history : with a new epilogue on the ending of the cold war** (© 1967, new ed., 1991) cita trecho de George SANTAYANA, como epígrafe do volume: "Practical men may not notice it, but in fact human discourse is intrinsically addressed not to natural existing things but to ideal essences, poetic or logical terms which thought may define and play with. When fortune or necessity diverts our attention from this congenial ideal sport to crude facts and pressing issues, we turn our frail poetic ideas into symbols for those terrible irruptive things. In that paper money of our stamping, the legal tender of the mind, we are obliged to reckon all the movements and values of all the world."

em tantas posições políticas e estratégias oficiais, tanto mais arrogantes e intransigentemente asseveradas, quanto mais conscientes da necessidade de se proclamarem ruidosamente, para lhes esconder o vazio e as ameaças de ruptura, pela inconsistência sistêmica.

Ainda se fala pouco ou nada a respeito do multiculturalismo no direito internacional e na construção de direito internacional (público) pós-moderno. O multiculturalismo é, contudo, dado inexorável. Terá de ser levado em conta.

O reconhecimento e a absorção do multiculturalismo serão cruciais na construção do direito internacional pós-moderno. Pois aí estaria caminho para consolidar a percepção da relevância e do alcance da dimensão cultural, como cimento de princípios e normas, que possam pretender regular a vida do conjunto da humanidade, não como imposição externa, trazida pelo jugo das armas, pela potência 'colonial' ou neo-colonial, mas construída a partir do consenso, e por este mantida, como a única alternativa, para regular a vida internacional dos estados, em suas relações, entre iguais, e pela forma que possa ser, para o maior número destes, aceita como válida.

A crítica dos mecanismos de conquista colonial já se põe, sob a pena de Frei Bartolomeu de LAS CASAS (1474-1566), na primeira metade do século xvi, no seu **Historia de las Indias**.[733] Este ensinamento a respeito de valores e suas conseqüências deveria ser mais freqüentemente meditado.

A seguir se passa a considerar '*work in progress*'. A obra aberta como dado característico do contexto da pós-modernidade. No qual também tem de situar-se o direito, como dado da vida em sociedade.

---

[733] Fray Bartolomé de LAS CASAS, **Historia de las indias** (edición de Agustín MILLARES Carlo y estudio preliminar de Lewis HANKE, Mexico: FCE, 1ª ed., 1951, 2ª ed., 1965, 4ª reimpr. 1995, 3 vols.).

Work in progress

> "a obra de arte aberta (...) "o campo vetorial da arte de nosso tempo"
>
> Haroldo de CAMPOS, *A obra de arte aberta* (1955)[734]

A idéia do *work in progress*, literalmente, obra em andamento, ou obra aberta, aparece em James JOYCE, sobretudo com relação ao **Ulysses** (1922)[735] e é levado ao paroxismo no **Finnegans wake** (1939).[736] O conceito sugere a idéia de obra que, embora publicada, se encontre, todavia, em construção, na medida em que se perfaz, na sua interação com o leitor.

Ao menos dois aspectos podem ser considerados, como característicos da pós-modernidade. Que convém situar, em grandes linhas.

Obra em andamento, ou obra aberta, de certo modo, se pode dizer o mesmo em relação a qualquer obra, no sentido de que a relação com o leitor, e isto se renova para cada leitor, e, em relação ao mesmo leitor, a cada vez, que a obra se torna viva e presente, e pode ensejar a reflexão e a crítica. Nesse sentido, pode ser aplicada e vivida a reflexão em relação a qualquer grande obra, seja esta literária ou artística, que nos comova, e mobilize a nossa atenção.

---

[734] Haroldo de CAMPOS, *A obra de arte aberta* (1955, novamente publicado em **Teoria da poesia concreta**, São Paulo: Invenção, 1965, pp. 28-31).

[735] James JOYCE, **Ulysses** (1st. publ., Paris, 1922, this edition © The Bodley Head Ltd., 1960, "with Ulysses: a short story" by Richard ELLMANN, Londres: Penguin, reprinted 1978). Antes se costumava dizer ter sido Antonio HOUAISS o único no Brasil que lera o Ulisses, para dele fazer a tradução (São Paulo: Círculo do Livro, 2ª. ed., 1975). Agora já se podem contar ao menos dois: **Ulisses** (trad. Bernardina da Silva PINHEIRO, Rio: Objetiva, 2005).

[736] James JOYCE, **Finnegans wake** (1st. publ., 1939, Nova York: Viking Press, "centennial edition", 1982).

Para Lygia Fagundes TELLES (2008)[737], "MACHADO DE ASSIS adorava a dúvida, o oculto, o encoberto". Essa 'abertura' conceitual da obra permite distintas leituras, por diferentes leitores, e até pelo mesmo leitor, em diferentes épocas[738].

A possibilidade, de permitir distintas e sucessivas leituras, seria dado, caracterísito da obra aberta. Seria expressão da pós-modernidade, *avant la lettre*!

Seria a versão literária do '*falem mal, mas falem de mim*', seria verdadeiro também em relação aos livros e poderia exprimir esse conteúdo de vitalidade e de presença da obra em relação ao leitor e à massa crítica da análise literária.

Obra em andamento, ou obra aberta, por sua vez, se põe como fenômeno característico da pós-modernidade, onde as divisões clássicas e estanques se esvaem, em favor de novas configurações de noções tradicionalmente conhecidas e aplicadas, como o autor, a obra, o leitor, a leitura. As categorias podem ser flexibilizadas na sua materialidade e na sua expressão.

Não será o caso, como tendem a fazer tantos, de criticar a pós-modernidade, como se fosse esta a responsável pelo desabamento das noções tradicionais. As noções e os parâmetros caíram por si mesmos: a pós-modernidade somente constitui instrumental de análise e de verificação dessas mutações para determinar o quanto ainda está vivo e o que pode ser resgatado, e o que se tornou dado histórico e como tal deva ser tratado.

O lixo da história também precisa ser reciclado. Para ver o que dele se possa aproveitar, de útil, para as gerações futuras.

A ordenação como metáfora seria traço característico do contexto pós-moderno, considerado como a porta de entrada para o negro labirinto dos intrincados mistérios da vida, ou, antes, as tentativas de ordenação possível[739]: onde a beleza,

---

[737] Lygia Fagundes TELLES, *Meu Machado de Assis* (OESP – Caderno Cultura, 27 de janeiro de 2008, p. D14) onde narra as suas mudanças de opinião, ao longo dos tempos, em relação à possível traição de Capitu: "Capitu era uma santa; virou monstro. Hoje, não sei."

[738] Daniel PIZA, **Machado de Assis**: um gênio brasileiro (São Paulo: Imprensa Oficial do Estado, 2ª. ed., revista e corrigida pelo autor, 2006).

[739] Cf. se refere P. B. CASELLA, **Livro dos ancestrais imaginados e outros ensaios pós-modernos** (Madri: Amaral Gurgel, 2008, esp I – pós-modernidade: proposta metodológica): aplicam-se nestes ensaios e textos pós-modernos à atividade artística o famoso esquema conceitual, elaborado por T. S. KUHN, para a evolução da ciência (1962). o mesmo se deu para a arte; para a arquitetura e para o conjunto das atividades do fazer do homem. / pós-modernos somos e estamos, quer queiramos, ou não. pós-modernos seriam estes ensaios e textos e o serão na exata medida em que põem em crise os estereótipos da ordem estabelecida, rejeitam os paradigmas vigentes e visam à sua substituição por outros, novos, como busca da inovação. o conhecimento, que faz as revoluções científicas, que enseja progresso para a humanidade, e permite buscar novas respostas,

em lugar de atributo inerente ao ser, se põe como forma que o amor dá às coisas! A convivência e a percepção dos desdobramentos da pós-modernidade se põem como proposta metodológica, norteadora do presente.

A pós-modernidade não se põe como escolha, mas como fato da vida: o mundo mudou, e as percepções culturais têm de enxergar o mundo e tentar captá-lo. A sua operação se porá como necessidade: é preciso entender o mundo, tal como o temos, hoje; pouco ou nada adianta deplorar que não mais existam os 'bons velhos tempos', em que as coisas se punham como certezas – tudo tinha, ou teria, o seu devido lugar no mundo. Hoje, nem se dirá com certeza o que seja o mundo, muito menos quais sejam os lugares determinados – terão terminado os lugares marcados?

No ensaio **Obra aberta** (ed. brasileira, 1976)[740], Umberto ECO repropõe os conceitos de comunicação, informação, abertura, alienação e outros, e será a partir de tal empreitada de recuperação que se iniciam e se fundam as contribuições mais originais do autor, para a formulação de uma poética sobre a abertura da obra. É todo um programa.

Por sua vez, Haroldo de CAMPOS no artigo "a obra de arte aberta" (1955)[741], procurava delinear "o campo vetorial da arte de nosso tempo", com base na conjunção de obras como **Un coup de dés** de MALLARMÉ, o **Finnegans Wake** de James

---

para novos desafios e novos posicionamentos, diante de novos contextos, que inexoravelmente se põem para a humanidade. / de nada adianta deplorar o estado do mundo, nem tampouco pretender insistir em "rejeitar a cultura contemporânea", sob a alegação de que esta seria 'desagregadora' dos 'valores' da 'família' – cabe perguntar, quais 'valores' e qual 'família'? pois as respostas impositivas e hegemônicas podem ser desastrosas. disso a história traz numerosos e inquietantes exemplos, que se multiplicam"; T. S. KUHN, **The structure of scientific revolution** (Chicago, 1962) distingue entre "ciência normal", aquele tipo de atividade científica que se desenvolve em função de determinados 'paradigmas', isto é, em função de blocos de conhecimento já estabelecidos, onde "a tarefa da ciência normal é, portanto, operar no interior dessas células pré-fabricadas de saber, procedendo a limpezas, verificações, complementações". Todavia, ao lado da 'ciência normal', o esquema de KUHN prevê a chamada 'ciência extraordinária': "a pesquisa que põe em crise os estereótipos da ordem estabelecida, que rejeita os paradigmas vigentes e visa à sua substituição por outros, novos. É a ciência da inovação, a ciência que faz as revoluções científicas".

[740] Umberto ECO, **Obra aberta: forma e indeterminação nas poéticas contemporâneas** (do original **Opera aperta**, trad. Sebastião Uchoa LEITE, São Paulo: Perspectiva, 1976).

[741] Haroldo de CAMPOS, *A obra de arte aberta* (art. cit., 1955, novamente publicado em **Teoria da poesia concreta**, São Paulo: Invenção, 1965, pp. 28-31); v. tb. Haroldo de CAMPOS, *A arte no horizonte do provável* (Revista Invenção, São Paulo, n. 4, dez. 1964, pp. 5-16).

JOYCE, os **Cantos** de Ezra POUND[742], os poemas espaciais de e.e.cummings, a música de WEBERN e seus seguidores e os móbiles de CALDER.[743]

O conceito de abertura, proposto por ECO, é de maior amplitude, na medida em que é mais variado e diferenciado, o campo de aplicações por ele submetido à indagação, além, obviamente, da diversa possibilidade de desenvolvimento das idéias[744], mas ficam evidentes as coincidências de alguns pontos de vista fundamentais, em relação aos 'concretistas' brasileiros[745]. ECO sustenta 'modelo teórico' de obra aberta, e este não reproduz uma presumida estrutura objetiva, de certas obras, mas representa, antes, a estrutura de relação fruitiva, independentemente da existência fatual de obras caracterizáveis como 'abertas'.

Seria, em ECO, o conceito platônico de obra aberta. Ou a potencialidade da obra aberta, que reúna as qualidades ideais desta.

ECO não fornece 'modelo' de determinado grupo de obras, mas elenco de relações de fruição, entre estas e seus receptores. Trata-se da tentativa de estatuir nova ordem de valores, que extrai os seus próprios elementos de juízo, e os seus próprios parâmetros de análise, do contexto, no qual a obra se insere, de modo a mover-se em suas indagações, para antes e depois desta, a fim da expressar o que realmente interessa. Dois serão os dados centrais de tal caracterização.

Primeiro aspecto fundamental do discurso aberto, típico da arte, e especificamente da arte de vanguarda, trata de considerar não a *obra-definição*, mas o mundo de relações de que esta se origina; não a *obra-resultado*, mas o processo, que preside à sua formação; não a *obra-evento*, mas as características do campo de probabilidades que a compreende.

---

[742] Ezra POUND, **The Cantos** (© 1934 a 1971, New York: New Directions, 1st. printing of Cantos 1-117 in onve volume, 1970, eighth printing, 1981, Canto CXX, p. 803): "I have tried to write Paradise / Do not move / Let the wind speak / that is paradise. / Let the Gods forgive what I / have made / Let those I love try to forgive / what I have made."

[743] Giovanni CUTOLO, *A abertura da obra aberta* (1968, na edição brasileira de U. ECO, **Obra aberta**, cit., 1976, pp. 7-13). À maneira de conclusão Haroldo de CAMPOS relatava conversa entre Pierre BOULEZ e Décio PIGNATARI, durante o qual o compositor manifestara o seu desinteresse por obra de arte 'perfeita', 'clássica', 'tipo diamante', declarando-se, por outro lado, a favor de uma *obra aberta*, como espécie de *barroco moderno*, mais apta a interpretar as necessidades de expressão e de comunicação da arte contemporânea.

[744] Umberto ECO declara recusar-se a exercitar o seu mister de crítico na análise de obras de arte, como um 'cristal', e se vê excomungado, em termos polidamente polêmicos, por Claude LEVI-STRAUSS à luz da 'ortodoxia' estruturalista.

[745] Estes concretistas expressam o seu desinteresse por atividade poética voltada para a criação de obras de arte, 'tipo diamante', posição sobretudo característica da fase inicial, dita 'orgânica', ou 'fenomenológica' da poesia concreta brasileira. V. Giovanni CUTOLO (1968, cit.).

Isto se faz presente em todo conjunto de procedimentos e de mecanismos de 'expressão'. O foco passa do resultado (a obra) para o processo de gênese desta: a arte contemporânea, em boa medida, como a *expressão* do *processo do artista*, e da sua trajetória, necessariamente abrangente de antes e depois da obra, em todo convergente entre a personalidade e a sua criação.

Segundo aspecto fundamental será o da *ambigüidade*, dado que a abertura elide a univocidade. O aberto não pode, por definição, ser unívoco.

O foco no *processo*, e não na *obra*, perfeita e acabada, enseja a captação de momentos distintos, cada um dos quais possa ser diversamente interpretado. O mundo se abre, para abrigar as distintas facetas, de todo mais amplo e cujo conjunto se esvai, como percepção de todo, em favor das percepções dos instantes do processo, no qual se estrutura – ou se desestrutura, como virá a acentuar a pós-modernidade!

Ambos aspectos, em verdade convergem e instauram correlação: a atenção se volta para a análise e o estudo das *estruturas*, e se admite serem estas regidas por *probabilidades*, onde a *ambigüidade* passa a representar *corolário* derivado da assunção de base. A *obra-evento*, como *manifestação ambígua*, de arte cujos limites são fixados por leis matemáticas, leis que regem a teoria da *probabilidade*.

Considerar a obra aberta ou obra em andamento – *work in proggress* – assim se põe como a atitude intrinsecamente pós-moderna de captação do momento que passa, do que é fugaz e passageiro, além e ao lado da obra como expressão terminada e finita em si mesma. Não é somente detalhe, mas muda essencialmente a relação entre o sujeito cognoscente e o objeto cognoscível.

A captação da obra em andamento se põe como dado da vida, no seu fluxo vital e no conjunto de flutuações das percepções possíveis, a partir de conjuntos de facetas, dos quais podem ser destacados uns, em detrimento de outros, com a liberdade para o agente, que faz tais escolhas e norteia a sua percepção da obra, a partir dos elementos que prioriza. E esses dados se flexibilizam. E se multiplicam as percepções possíveis: a obra aberta, enquanto processo em andamento, pode ensejar captações diversificadas, dessa mesma realidade, conforme o ângulo a partir do qual a percepção se faça[746].

Torna-se fluida a percepção da obra em andamento, mas também a torna ambígua. Pode fluir para diferentes rumos, sem que uma percepção possa mostrar-se, aprioristicamente, mais 'válida' ou mais 'verdadeira' do que outra.

A seguir se passa a considerar '*x* da questão'.

---

[746] V. tb. ensaio '*yo soy yo y mi circunstancia*'.

'X' da questão

> The long words are easy: it's the short words that are difficult.
> Gilbert K. CHESTERTON

Qualquer demonstração matemática precisa partir de dados conhecidos, para poder alcançar a determinação do conteúdo de outros dados, até então não conhecidos, ou, ao menos, não determinados. A partir da combinação entre dados conhecidos, pode-se chegar à determinação de outros dados, até então não disponíveis. Assim se integrarão novos conteúdos, ao que antes já era conhecido.

Na história da evolução do conhecimento, além do matemático, também na arqueologia avanços de igual maneira ocorreram de modo espetacular: a decifração do conteúdo, grafado em três línguas, sobre a Pedra da Roseta, por CHAMPOLLION partiu da mesma premissa. A partir de texto grego e da correspondente versão em 'demótico' egípcio antigo foi possível encontrar conjuntos de equivalências, que permitiram determinar o conteúdo da terceira inscrição, em hieróglifos[747]. Desse modo, a partir do dado conhecido, somado a outros dados conhecidos, se podem ensaiar deduções, que nos permitam aceder ao que, todavia, ainda não era conhecido.

No sentido de análise histórica e de modelos culturais[748], se poderia fazer paralelo com a evolução do pensamento arqueológico, na linha de B. TRIGGER (2004).[749] Como mostra este professor canadense de arqueologia: "muitos arqueó-

---

[747] Georges JEAN, **Writing: the story of alphabets and scripts** (transl. from the French by J. OATES, New York / Londres: H. S. Abram / Thames & Hudson, 1992).

[748] Nesse sentido se remete tb. a P. B. CASELLA, **Fundamentos do direito internacional pós-moderno** (São Paulo: Quartier Latin, 2008, esp. itens i, 'construção do direito internacional e contexto pós-moderno' e vi, 'direito, história e cultura'), no paralelo com a evolução do pensamento arqueológico.

[749] Bruce G. TRIGGER, **História do pensamento arqueológico** (do original **A history of archeological thought**, © Cambridge UP, s/d, trad. Ordep Trindade SERRA, rev. téc. de Lucas de Melo BUENO e Juliana

logos, na esteira de historiadores e sociólogos, abandonaram a certeza positivista e passaram a ter dúvidas acerca da objetividade de sua pesquisa. Advertem estes arqueólogos que fatores sociais determinam não apenas as questões que eles colocam, mas também as respostas que julgam convincentes".[750]

Exatamente assim se descrevem os sintomas da crise da pós-modernidade, mesmo sem lhe dar este nome. A partir da constatação da crise podem ser encetados esforços visando construir patamar de regulação internacional conjugado a arcabouço institucional eficaz, para a condução dos interesses mais amplos da humanidade: a idéia da ordenação teleologicamente humana do mundo!

É compreensível a tendência em se conceber que a evolução, em outras áreas do conhecimento, possa ser feita de modo linear, progressivo e cumulativo: "paradigmas, ao sofrer modificações, não apenas selecionam novos assuntos, como também desviam a atenção de problemas que outrora teriam sido considerados dignos de abordagem. Tal modo de ver, diferentemente dos evolucionismos, não tem como certo que a maioria das mudanças de orientação teórica resulta em avanço da pesquisa arqueológica", ainda acompanhando B. TRIGGER (2004).[751]

Questão crucial é a de saber se "podemos ter esperança de apurar alguma coisa a respeito da objetividade, ou subjetividade, das interpretações arqueológicas; de ver até que ponto a arqueologia pode ser mais do que o passado revivido no presente (...) de avaliar o grau em que qualquer tipo de conhecimento se faz comunicável de uma época para outra – ou de uma cultura para outra – e, por fim, de estimar em que medida uma compreensão da história da arqueologia pode influenciar a interpretação

---

MACHADO, São Paulo: Odysseus, 2004).

[750] B. TRIGGER (op. cit., 2004, cap. I, 'a importância da história da arqueologia', pp. 1-26, cit. p. 1): "Versões extremas desta concepção negam que os arqueólogos possam apresentar interpretações de seus dados que não sejam um mero reflexo de valores transitórios das sociedades nas quais vivem. No entanto, se é verdade que a arqueologia não pode produzir algum tipo de entendimento cumulativo e um comentário do passado independente, ao menos em parte, de contextos históricos específicos, então que justificativas científicas (e não apenas políticas, psicológicas ou estéticas) podem ser dadas para se fazer pesquisa arqueológica? / Este livro examina as relações entre a arqueologia e seu meio social, em uma perspectiva histórica. Um tal enfoque possibilita uma visão comparativa a partir da qual problemas sujeitos a subjetividade, objetividade e acumulação gradual de conhecimentos podem ser apreciados."

[751] B. TRIGGER (op. cit., 2004, cap. I, p. 7): "a interpretação arqueológica não evolui de modo linear, com uma construção cada vez mais abrangente e satisfatória de dados; em vez disso, as mudanças do modo de entender o comportamento humano podem alterar radicalmente interpretações arqueológicas, tornando informações que antes se afiguravam relevantes em informações de pouco interesse relativo." E, mais adiante (p. 15) aduz: "novas perspectivas inauguram novas linhas de investigação".

arqueológica", onde mínimo de objetividade exigirá que se tente "compreender a história intelectual de cada uma das principais correntes em seu contexto social".[752]

"O interesse atual pela explicação é uma conquista moderna", muito embora "todos os grupos humanos parecem ter alguma curiosidade quanto a seu passado" pois, como B. TRIGGER (2004)[753] aponta: "alega-se que antes de 1960 não havia um corpo teórico estabelecido. Em vez disso, cada pesquisador tinha liberdade para erigir a disciplina sobre suas próprias idéias. No entanto, dá-se que convicções de caráter geral, potencialmente testáveis, com emprego de dados arqueológicos, relativas às origens humanas, e ao desenvolvimento da sociedade, de muito antecedem uma disciplina da arqueologia, reconhecível como tal."

Para explicar o interesse pelos estudos clássicos e pelo surgimento do que poderia vir a ser chamado de arqueologia, podem ser apontadas as mudanças econômicas e sociais aceleradas, ocorridas no norte da Itália, por volta do século XIV, marcando o fim do feudalismo na região, levando os eruditos a tentar justificar inovações políticas demonstrando que tinham precedentes nos tempos antigos. Mas o resultado foi o inverso: "os eruditos constataram a separação e a diferença entre o passado e o presente, e perceberam que cada período tinha de ser entendido em seus próprios termos, não podendo o passado ser julgado pelos padrões do presente".[754]

Os estudos clássicos forneceram o modelo para o desenvolvimento da egiptologia e da assiriologia, pois como ressalta B. TRIGGER[755] "no final do século XVIII, quase nada se conhecia das antigas civilizações do Egito e do Oriente próxi-

---

[752] B. TRIGGER (op. cit., 2004, cap. I, p. 25): "Questão final é a de saber se um estudo histórico tem como avaliar o grau de progresso na interpretação de dados arqueológicos. Estarão acontencendo grandes avanços em direção a uma compreensão mais abrangente e objetiva dos achados arqueológicos, como muitos arqueólogos presumem? Ou seria a interpretação desses dados, em grande medida, uma questão de modismos, e as realizações de uma etapa posterior não se tornariam necessariamente mais amplas e objetivas que as de uma fase anterior? Examinando os padrões sucessivos, que influenciaram a interpretação de dados arqueológicos, tentarei determinar até que ponto a interpretação da história e do comportamento humano foi irresistivelmente modificada a partir da atividade arqueológica. É possível, porém, que as influências sociais responsáveis por moldar uma tradição científica no passado se desnudem mais facilmente, depois de mudadas as condições sociais, ao passo que as influências contemporâneas são muito mais difíceis de se reconhecer. Isso faz com as que as interpretações atuais de dados arqueológicos geralmente pareçam mais objetivas que as do passado."

[753] B. TRIGGER (op. cit., 2004, cap. ii, 'arqueologia clássica e antiquarianismo', pp. 27-70, cit. p. 27).

[754] B. TRIGGER (op. cit., 2004, cap. ii, p. 35 e a seguir, p. 36): "A apreciação da antigüidade clássica não ficou restrita à literatura, expandindo-se rapidamente, de modo a incorporar os domínios da arte e da arquitetura, objeto de particular interesse da nobreza italiana e dos mercadores ricos, que rivalizavam como patronos das artes."

[755] B. TRIGGER (op. cit., cap. ii, pp. 39-40).

mo, a não ser o que fora registrado na **Bíblia**, e pelos antigos gregos e romanos. Os manuscritos daquelas civilizações não podiam ser lidos; seus textos e obras de arte não eram estudados e, em grande medida, permaneciam enterrados".

A pesquisa sistemática do Egito antigo teve início com as observações feitas pelos eruditos franceses que acompanharam a invasão do Egito por NAPOLEÃO BONAPARTE, em 1798-9, e produziram a **Description de l'Egypte** (obra em vários volumes, iniciada em 1809)[756]: "outro resultado dessa campanha militar foi a descoberta acidental da Pedra da Roseta, inscrição bilíngüe que teve papel fundamental na decifração de escritos egípcios antigos por Jean-François CHAMPOLLION (1790-1832), coisa que começou a produzir resultados substanciais por volta de 1822".

Com relação ao conhecimento e ao estudo da civilização mesopotâmica, "embora relatos sobre inscrições cuneiformes chegassem à Europa já em 1602, a primeira tentativa bem sucedida de decifrá-las foi feita por Georg GROTEFEND (1775-1853) em 1802. Foi somente em 1849 que Henry RAWLINSON (1810-1895) conseguiu publicar um estudo completo da antiga versão persa do longo texto trilíngue que o rei aquemênida DARIO I (cujo reinado estendeu-se de 522 a 486 a.C.) fizera inscrever em uma penha em Bitisum, no Irã. Por volta de 1857, RAWLINSON e outros estudiosos decifraram a versão do texto que fora composto na antiga língua babilônica, facultando, assim, um meio de desvendar a história da Babilônia e da Assíria antigas".[757]

A criação da arqueologia pré-histórica foi o passo seguinte dessa evolução, em dois momentos, dos quais o primeiro, no início do século XIX, na Escandinávia, e baseou-se na invenção de novas técnicas para a datação de achados arqueológicos, o que tornou possível o estudo completo de períodos mais recentes da pré-história: "marcou o início da arqueologia pré-histórica, que logo se tornou capaz de assumir

---

[756] **Description de l'Egypte: publiée par les ordres de** NAPOLÉON BONAPARTE **édition complète** (Colonia : Taschen, (c) 2002, « les légendes sont celles de l'édition originale et respectent l'ortographie fluctuante, et souvent contradictoire, de l'époque napoléonienne »).

[757] B. TRIGGER (op. cit., cap. ii, p. 40): "Tanto a egiptologia quanto a assiriologia dependiam da arqueologia ainda mais profundamente que os estudos clássicos, uma vez que a grande maioria dos textos estudados por assiriólogos e egiptólogos tinham de ser encontrados em escavações. Em vista disso, muito embora a pesquisa da história da arte continuasse dependente de registros escritos para o ordenamento cronológico de seus dados, a extensão desse método a períodos mais recuados tornou um número cada vez maior de arqueólogos conscientes de quanto os objetos resgatados arqueologicamente são fundamentais como fonte de informação a respeito das realizações humanas. Nesta medida, o desenvolvimento da arqueologia clássica, que começou na Renascença, mostrou o caminho para um estudo mais puramente arqueológico de tempos pré-históricos."

seu posto ao lado da arqueologia clássica como um componente significativo do estudo do desenvolvimento humano"; e o segundo, em meados do mesmo século, na França e na Inglaterra, "pioneiro no estudo do paleolítico, e acrescentou uma enorme e até então inimaginada, profundidade temporal à história humana".[758]

A arqueologia pré-histórica desenvolveu-se, no começo e em meados do século XIX, fundamentalmente como um estudo evolucionista da história humana: "a arqueologia pré-histórica originou-se de dois movimentos complementares. O primeiro, que começou na Dinamarca, em 1816, estudou principalmente o desenvolvimento cultural do neolítico, na Idade do bronze e na Idade da pedra; e o segundo, que começou 50 anos depois, na Inglaterra e na França, desenvolveu-se em torno do estudo do paleolítico".[759]

O desenvolvimento da arqueologia como ramo do conhecimento humano se deu por vagas sucessivas, em contextos diversos, desde a Itália renascentista para a Antigüidade clássica, ao Egito antigo para a França napoleônica, a civilização mesopotâmica, na Inglaterra, em meados do século XIX, enquanto o neolítico começava a ser desvendado a partir do início do século XIX, na Dinamarca e na Suécia, e o paleolítico começa a ser estudado na França e na Inglaterra, a partir da segunda metade do mesmo século XIX.

Foi, ainda, preciso combater os partidários de leitura literal da **Bíblia**, que pretendiam fazer caber toda a história humana em período de cerca de 6000 anos de duração e que negavam a evolução das espécies e do homem, a partir do macaco, por não estar assim escrito no livro do **Gênesis**.[760] Todas as evidências históricas e arqueológicas mostram a idade da terra e os traços de formas de vida que se perderam, mas cujos registros mostram a antiguidade da ocupação deste planeta.

---

[758] B. TRIGGER (op. cit., cap. iii, 'os inícios da arqueologia científica', pp. 71-106, cit. p. 71): "A arqueologia paleolítica ocupou-se de questões relativas à origem humana que se tinham tornado de interesse crucial para toda a comunidade científica e para o grande público, em função dos debates entre os evolucionistas e os criacionistas que se seguiram à publicação de **A origem das espécies** de Charles DARWIN, em 1859"; Walter TORBRÜGGE, **Europäische Vorzeit** (Munique: Naturalis Verlag, s/d); Carel J. Du RY, **Völker des Alten Orient** (Munique: Naturalis Verlag, s/d); o importante arqueólogo da pré-história, Colin RENFREW, dentre outros, em seu **Before civilization: the radiocarbon revolution and prehistoric Europe** (© 1973, London: Penguin, reprinted 1990).

[759] B. TRIGGER (op. cit., cap. iii, p. 105): "Ela não apenas revelou que as tecnologias industriais mais complexas tinham-se desenvolvido a partir do início da Idade da pedra, mas também que a própria Idade da pedra dava testemunho do aperfeiçoamento gradual da capacidade humana de controlar o meio ambiente."

[760] O mais surpreendente é que tais controvérsias ainda circulem, em meio a certas correntes fundamentalistas cristãs, nestes tempos pós-modernos que correm! Todas as evidências históricas e arqueológicas se põem em sentido contrário a tal leitura literal e distorcida do relato bíblico da criação.

A construção do conhecimento se deu por meio de mutações de modelos culturais, onde a oposição, enfrentada pelas descobertas científicas, mostra como os preconceitos, quanto mais se aferrem como *pré*-conceitos – ou seja conceitos pré--concebidos, independentemente de haver ou não base real, para os mesmos – e que estes se respaldem em convicções, alegadamente religiosas, tenderão a ser mais ferrenhamente mantidos, mesmo diante das evidências materiais contrárias.[761] Mas, evolui o conhecimento e mostra, justamente, quanto é admirável a obra da criação, em seu conjunto, mesmo sem que possa pretender manter essa suposta leitura literal das escrituras, ante as evidências históricas e arqueológicas disponíveis.

A busca da duração configura anseio humanamente compreensível, mas até que ponto possível? Entendida a duração como 'processo e efeito de durar' e 'continuidade exercida no tempo'[762]. E especificamente na perspectiva humana, como se situa o decurso do tempo, em relação ao conteúdo?

A essas quantidades todavia não determinadas aplica-se a denominação de 'x' da questão: constituem os pontos a serem focados, as matérias, em relação às quais cabe perquirir como determinar-lhes o conteúdo, como poder conhecer-lhes a essência, como poder integrar esses desconhecidos ao conjunto dos dados que podem ser manejados. Como inseri-los, em conjunto passível de ordenação racional e de compreensão?

O 'x' da questão aplica-se não somente à matemática, ou ao conjunto das ciências exatas, mas pode ser e foi, igualmente, a ferramenta de dedução e de operação, para se chegar ao conhecimento de língua morta, cujas inscrições permaneciam de conteúdo desconhecido, até que se pudessem fixar referenciais, para permitir a compreensão. A partir da inserção, em conjunto de dados conhecidos, a sistematização permitirá captar todo mais amplo, doravante abrangendo, além do antes já conhecido, também os dados adicionais, que, ao conjunto precedente, venham a ser integrados.

O propósito deste breve ensaio sobre o '*x da questão*' está, assim, colocado: cabe, sempre, operar a partir do que se conheça, para poder agregar outros dados, àqueles que já nos são familiares. Desse modo se pode progredir no conhecimento, nas ciências exatas, em matéria de línguas, como na compreensão de dados e de

---

[761] V. tb. ensaio, '*yo soy yo y mi circinstancia*'.
[762] **Dicionário** HOUAISS **da língua portuguesa** (Rio: Objetiva, 1ª ed., 2001, p. 1090).

sistemas jurídicos. Parte-se do conhecido, para a este agregar, por meio do raciocínio, outros elementos.

Pode não ser o caso de línguas mortas, ou seja, não se tem de manejar legado, que nos seja totalmente estranho, ou em relação ao qual não haja intérpretes vivos, com os quais se possa entabular diálogo, não será este o caso. Mas, no contexto jurídico, os dados têm conteúdo específico, os termos tem definições próprias e estas, nem sempre, se alinham pelo sentido comum das palavras.

Para manejar conteúdos legais, como, ademais, em outros ramos do conhecimento, será, assim, necessário que se faça a construção progressiva, a partir do que se conhece, para poder alcançar o que, todavia, não se conhece, e se pode começar a manejar, a partir do que antes não se conhecia[763]. Eis o 'x' da questão!

A seguir se passa a considerar *'yo soy yo y mi circunstancia'*.

---

[763] V. tb. ensaio *'nada em excesso'*.

'Yo soy yo y mi circunstancia'

Ya no hay protagonistas: solo hay coro.
José ORTEGA Y GASSET[764]

O conjunto de circunstâncias que compõem a individualidade e o 'pequeno mundo', que é a vida, de cada um de nós, constitui, ao mesmo tempo, a expressão concreta de mundo, passível de ser captado e experimentado, em meio aos múltiplos caminhos que, a partir daí, em cada caso, possam ser escolhidos e trilhados. Enquanto conjunto, compõe-se não necessariamente do mais adequado, mas do que pareceu mais vitalmente necessário, ou, ao menos possível.

Coisas da vida e na vida, são facetas, são caminhos, são alternativas, são modos pelos quais os caminhos possam ser descobertos. E, depois, percorridos[765].

José ORTEGA Y GASSET (1883-1955)[766] foi, de certa forma, o criador do que se pode chamar de filosofia espanhola contemporânea, cujo foco é pensar à

---

[764] José ORTEGA Y GASSET, **La rebelión de las masas** ("con un prólogo para franceses, un epílogo para ingleses, y un apéndice dinámica del tiempo", introducción de Julián MARÍAS, Madri: Espasa-Calpe, 4ª. ed., 1981, p. 67).

[765] V. tb. ensaio '*z – ainda está vivo*'.

[766] José ORTEGA Y GASSET, **El hombre y la gente** (Madri: Espasa-Calpe, 1972); José ORTEGA Y GASSET, **Espíritu de la letra** (Madri: Espasa-Calpe, 1965); José ORTEGA Y GASSET, **El libro de las misiones** (Madri: Espasa-Calpe, 1ª. ed., 1940, 9ª. ed., 1976) onde considera, respectivamente: 'Misión del bibliotecario', 'Misión de la Universidad', 'Miseria y esplendor de la traducción'; José ORTEGA Y GASSET, **Ideas y creencias** ("con arreglo a la ordenación definitiva de los textos del autor", Madri: Espasa-Calpe, 1ª. ed., 1940, 8ª. ed. 1976); José ORTEGA Y GASSET, **¿Qué es filosofia?** (Madri: Espasa-Calpe, 1ª. ed. 1973, 3ª. ed. 1981); José ORTEGA Y GASSET, **Tríptico (MIRABEAU o el político – KANT – GOETHE desde dentro)** (Madri: Espasa-Calpe, 1ª. ed., 1941, 9ª. ed., 1972); José ORTEGA Y GASSET, **Mocedades** (Madri: Espasa-Calpe, 1ª. ed., 1941, 7ª. ed., 1974); José ORTEGA Y GASSET, **Notas** (Madri: Espasa-Calpe, 1ª. ed., 1938, 11ª. ed., 1975), que se dividem entre: 'Notas de andar y ver', 'Notas de arte y filosofia', 'Notas del vago estío'; José ORTEGA Y GASSET, **En torno a GALILEO: Esquema de las crisis** (Madri: Espasa-Calpe, 1965); José ORTEGA Y GASSET, **Meditación del pueblo joven** (Madri: Espasa-Calpe, 1964) contém, sobretodo, ensaios a respeito da Argentina e do Chile; José ORTEGA Y GASSET, **La caza y**

altura do tempo – daí a sua frase mais conhecida, *yo soy yo y mi circunstancia* – porquanto o homem está na História[767], a vida é a realidade radical, e esta o leva à *teoria da razão vital*[768]. Seria esta a contribuição original do pensamento orteguiano. Além do conteúdo, ORTEGA se mostra mestre na arte do ensaio, e maneja esta forma com grande agilidade e adequação.[769]

Para ORTEGA importa evitar que "o sentido e o valor da vida, que é, em essência, atualidade presente, se ache sempre em um amanhã melhor, e assim sucessivamente. Fica a existência real perpetuamente reduzida a mero trânsito rumo a futuro utópico. Culturalismo, progressismo, futurismo, utopismo, são um só e único *ismo*. Sob uma ou outra denominação, achamos sempre uma atitude, para a qual é a vida, por si mesma, indiferente, e esta somente se faz valiosa como instrumento e substrato desse 'mais adiante' (*más allá*) cultural".[770] A vida é sempre um agora.[771]

Esse enfoque vitalmente integrador recebe o nome de "*la cultura para la vida*".[772] A atualidade não é senão o modo da convivência[773]. Em função do que considerava acerca desta convivência social informe, a análise do que ORTEGA chamou de '*España invertebrada*' causa à época impacto com sua crítica ao estado.[774]

---

los toros (Madri: Espasa-Calpe, 1962); José ORTEGA Y GASSET, **Meditación de la técnica**: vicisitudes en las ciencias / bronca en la física / prólogos a 'la biblioteca de ideas del siglo XX' (Madri: Espasa-Calpe, 1965); José ORTEGA Y GASSET, **VELÁZQUEZ** (Madri: Espasa-Calpe, 1ª. ed., 1963, 2ª. ed., 1970).

[767] José ORTEGA Y GASSET, **Meditaciones del Quijote / Ideas sobre la novela** (Madri: Espasa-Calpe, 1ª. ed., 1964, 3ª. ed., 1976, p. 25): "El hombre rinde el máximum de su capacidad cuando adquiere la plena conciencia de sus circunstancias. Por ellas comunica con el universo."

[768] José ORTEGA Y GASSET, **El tema de nuestro tiempo** (con apéndices: 'ni vitalismo ni racionalismo', 'el ocaso de las revoluciones', 'epílogo sobre el alma disilusionada', 'el sentido histórico de la teoria de EINSTEIN', Madri: Espasa-Calpe, 1ª. ed., 1938, 14ª. ed., 1980, p. 56): "someter la razón a la vitalidad, localizarla dentro de lo biológico, supeditarla a lo espontáneo". Ou também (**El tema de nuestro tiempo**, 1938, 14ª. ed., 1980, p. 25): "El hombre se ha formado en la lucha con el exterior, y solo le es fácil discernir las cosas que están fuera. Al mirar dentro de sí se le nubla la vista y padece vertigo".

[769] José ORTEGA Y GASSET, sobretodo na série dos oito tomos de ensaios **El espectador** (Madri: Espasa-Calpe, 1966, e edições posteriores).

[770] J. ORTEGA Y GASSET, **El tema de nuestro tiempo** (1938, ed., 1980, p. 66).

[771] José ORTEGA Y GASSET, **El espectador VIII** (Madri: Espasa-Calpe, 1966, p. 206): "La vida es siempre un ahora."

[772] J. ORTEGA Y GASSET, **El tema de nuestro tiempo** (1938, ed., 1980, pp. 66-67): "Esa divinización ilusionaria de ciertas energías vitales a costa del resto, esa desintegración de lo que solo puede existir junto – ciencia y respiración, moral y sexualidad, justicia y buen régimen endocrino – trae consigo los grandes fracasos orgánicos, los ingentes derrumbamientos. La vida impone a todas sus actividades un imperativo de integridad, y quien diga 'si' a una de ellas tiene que afirmarlas todas."

[773] José ORTEGA Y GASSET, **El espectador VI** (Madri: Espasa-Calpe, 1966, p. 150): "La actualidad no es sino el modo de la convivencia."

[774] José ORTEGA Y GASSET, **España invertebrada** bosquejo de algunos pensamientos históricos (Madri: Espasa-Calpe, 1ª. ed., 1964, 6ª. ed., 1980, p. 105): "España se arrastra invertebrada, no en su política, sino,

Ao mesmo tempo em que enfatiza a necessidade do vitalmente presente, OR-TEGA, enquanto filósofo, não esquece a importância de estabelecer e de manter o diálogo com o legado do passado: "onde não se conserve piedosamente o legado do passado, seja este pobre ou rico, grande ou pequeno, não esperemos que brote nem pensamento original nem uma idéia dominadora".[775] Justamente, cabe a mesma advertência: para que se progrida, é preciso estar no presente, mas, sem deixar de ter a consciência do que passou, ao mesmo tempo, em que se contemple, o que está por vir. A essa dimensão poder-se-ia dar o nome – que ORTEGA, todavia, não utiliza – de pós-modernidade: o diálogo com as fontes, (enquanto dado) para a consciência do presente, consciência esta interligada, entre o ser e o tempo, enquanto mantém o olhar voltado para o futuro.

"O intelecto é ato de comparar".[776] Para ORTEGA, "a missão última do intelecto, será sempre a de caçar a essência, ou seja, o modo único de ser cada realidade".[777]

No seu **História como sistema** (1935)[778] ORTEGA enfatiza ser a vida humana a realidade radical, à qual temos de referir todas as demais, porquanto todas estas demais realidades, efetivas ou presumidas, tem, de modo ou de outro, de aparecer nesta[779]: a nota mais trivial, mas, por sua vez, a mais importante da vida humana, é que o homem não tem outro remédio, se não fazer algo, para manter-se na existência – *"estar haciendo algo para manternerse en la existencia"*. A vida nos é dada, posto que não a damos a nós mesmos, mas nos encontramos nela, de uma vez, e sem saber como. Mas a vida que nos é dada, não nos é dada pronta, mas necessitamos fazê-la, nós mesmos, cada um a sua – *"la vida es quehacer"*. E, o mais grave, de todos esses afazeres, em que a vida consiste, não é que seja preciso fazê-los, mas, de certo modo,

---

lo que es más hondo y sustantivo que la política, en la convivencia social misma".

[775] José ORTEGA Y GASSET, **San ISIDORO, CERVANTES y otros estudios** ("selección y nota preliminar de José María de COSSÍO", Madri: Espasa-Calpe, 1ª. ed., 1941, 4ª. ed., 1959, p. 147): "Donde no se conserve piadosamente la herencia de lo pasado, pobre o rica, grande o pequeña, no esperemos que brote un pensamiento original ni una idea dominadora".

[776] José ORTEGA Y GASSET, **Estudios sobre el amor** (Madri: Espasa-Calpe, 1ª. ed., 1964, 4ª. ed., 1980, p. 187): "El intelecto es acto de comparar".

[777] José ORTEGA Y GASSET, **Estudios sobre el amor** (Madri: Espasa-Calpe, 1ª. ed., 1964, 4ª. ed., 1980, p. 56): "La misión última del intelecto será siempre cazar la esencia, es decir, el modo único de ser cada realidad".

[778] José ORTEGA Y GASSET, **Historia como sistema** (Madri: Espasa-Calpe, 1ª. ed., 1935, impr., 1971).

[779] J. ORTEGA Y GASSET, **Historia como sistema** (Madri: Espasa-Calpe, 1ª. ed., 1935, impr., 1971, p. 9): "La vida humana es una realidad extraña, de la cual lo primero que conviene decir es que es la realidad radical, en el sentido de que a ella tenemos que referir todas las demás, ya que las demás realidades, effectivas o presuntas, tienen de uno u otro modo que aparecer en ella".

o contrário: "quero dizer que nos encontramos sempre forçados a fazer algo, mas não nos encontramos nunca estritamente forçados a fazer algo determinado, que não nos é imposto este ou outro afazer (*quehacer*), como é imposta ao astro a sua trajetória, ou à pedra a sua gravitação".

O fazer humano é algo precedido pela escolha, para cada um, por sua conta e risco, do que vai fazer. Mas essa decisão é impossível, se o homem não possuir algumas convicções, a respeito do que sejam as coisas a seu redor, os outros homens e a si mesmo. Somente em vista de tais referenciais pode preferir uma ação a outra, e se pode, em suma, viver.

Por isso, que o homem tenha de estar sempre em alguma crença (*creencia*), e que a estrutura de sua vida dependa, primacialmente, das crenças em que está, e que as mudanças mais significativas, as mutações mais decisivas para a humanidade, sejam as que dizem respeito às crenças, a intensificação ou a debilitação das crenças. O diagnóstico da existência humana – de um homem, de um povo, de uma época – tem de começar pelo repertório de suas convicções.[780] São estas o solo de nossa vida. Por isso se diz que nelas o homem está: "*las creencias son lo que verdaderamente constituye el estado del hombre*".

As crenças, que coexistem em uma vida humana, que a sustêm, impulsionam e dirigem são, por vezes, incongruentes, contraditórias, ou ao menos, desconexas.[781] As crenças, mero repertório incongruente, enquanto são somente idéias, formam sempre um sistema, enquanto crenças efetivas ou, o que é igual, que, inarticuladas, do ponto de vista lógico, ou propriamente intelectual, tem sempre uma articulação vital: funcionam como crenças, apoiando-se umas nas outras, integrando-se e combinando-se. Em suma, que se dão sempre como membros de um organismo, de uma estrutura. Isto faz, entre outras coisas, que possuam sempre uma arquitetura e também uma hierarquia.

---

[780] J. ORTEGA Y GASSET, **Historia como sistema** (Madri: Espasa-Calpe, 1ª. ed., 1935, impr., 1971, p. 10): "Las he llamado *repertorio* para indicar que la pluralidad de creencias en que un hombre, un pueblo o una época está no posee nunca una articulación plenamente lógica, es decir, que no forma un sistema de ideas, como lo que es o aspira a serlo, por ejemplo, una filosofía."

[781] J. ORTEGA Y GASSET (op. cit., 1935, impr., 1971, pp. 10-11): "Nótese que todas estas calificaciones afectan a las creencias por lo que tienen de ideas. Pero es un error definir la creencia como idea. La idea agota su papel y consistencia con ser pensada, y un hombre puede pensar cuanto se le antoje y aun muchas cosas contra su antojo. El la mente surgen espontáneamente pensamientos sin nuestra voluntad ni deliberación, y sin que produzcan efecto alguno en nuestro comportamiento. La creencia no es, sin más, la creencia que se piensa, sino aquella en que, además, se cree. Y el creer no es ya una operación del mecanismo 'intelectual', sino que es una función del viviente como tal, la función de orientar su conducta, su quehacer."

Existem, em toda vida humana, crenças básicas, fundamentais, radicais, e há outras, derivadas daquelas, sustentadas sobre aquelas, e secundárias. Com bom humor, observa ORTEGA: "esta indicação não pode ser mais trivial, mas não tenho culpa quanto ao fato de que, embora trivial, seja da maior importância".

Se as crenças, de que se vive, carecessem de estrutura, sendo, como são, em cada vida, inumeráveis, constituiriam proliferação, indócil a qualquer ordenação (*una pululación indócil a todo orden*), e, por isso mesmo, ininteligível. Ou seja, seria impossível o conhecimento da vida humana.[782]

O diagnóstico de uma existência humana – a de um homem, de um povo, de uma época – tem de começar pela filiação do seu sistema de convicções, e para tanto, antes de qualquer coisa, fixar a sua crença fundamental, a decisiva, a que leva, e vivifica todas as demais. Mas, justamente, para fixar o estado das crenças, em certo momento, não há mais método, do que comparar, este com outro, ou com outros. Quanto maior seja o número dos termos de comparação, mais preciso será o resultado. E conclui ser esta: "*otra advertencia banal*".

Estaria ORTEGA engajado na pós-modernidade sem sequer dar-se conta? A questão terminológica pode corresponder a certos modismos, mas quanto ao conteúdo, o procedimento será equivalente: a compreensão tem de buscar parâmetros, e estes se estabelecem por meio da comparação[783]. Quanto maior o número dos termos desta, mais preciso poderá ser o resultado!

Aqui se conecta esta percepção de ORTEGA Y GASSET, com o eixo central de outra percepção filosófica contemporânea. A interação entre ambas mereceria desenvolvimentos ulteriores.

Quando Ludwig WITTGENSTEIN advertia "os limites da minha linguagem são os limites do meu mundo" estaria, igualmente, presente esta percepção da necessidade do aparelhamento da linguagem, para a construção da comunicação? Estaria, ainda, a advertência, quanto à necessidade de construir os conjuntos de referenciais, para que se possa estabelecer a comunicação? Estaria o anseio, de tantos homens, e de tantas épocas, quanto à necessidade de se ter a percepção do que sejam

---

[782] J. ORTEGA Y GASSET (op. cit., 1935, impr., 1971, pp. 11-12): "El hecho de que, por el contrario, aparezcan en estructuras y con jerarquía permite descubrir su orden secreto y, por lo tanto, entender la vida propia y la ajena, la de hoy y la de otros tiempos".

[783] V. tb. o ensaio '*x da questão*'.

e onde estejam os limites, para se poder expandir o espaço de existência, de ação e de interação do ser humano?

A seguir se passa a considerar 'z—ainda está vivo'. Este ensaio se põe 'à guisa de conclusão' do ciclo ABZ.

'Z' – ainda está vivo
Nota pessoal, à guisa de conclusão

> Caminante, no hay camino,
> se hace camino al andar.
> Antonio MACHADO [784]

> "uma viagem de milhares de quilômetros começa por um passo".
> LAO-TZU[785]

Este conjunto *ABZ de ensaios didáticos* serve para ilustrar percurso possível, da chegada à vida universitária e da descoberta do mundo do direito, para suscitar a percepção dos múltiplos caminhos que, a partir daí, possam ser trilhados. Partindo de A e B, chega-se a Z: este será a marca do fim? Não, 'z' não será o fim, será, antes declaração de *'ainda estar vivo'*.

Enquanto conjunto, compõe-se não necessariamente do mais adequado, mas do que pareceu mais vitalmente necessário[786]. Como em tantas outras coisas na vida, paga-se o preço pelos acertos, como pelas escolhas equivocadas.

São dados da vida, são facetas, são caminhos, são alternativas, são modos pelos quais as coisas possam ser trilhadas. Compõe-se de *'erros'* como de *'acertos'* – termos esses utilizados, somente para serem, a seguir, relativizados – válidos ou não,

---

[784] Antonio MACHADO, **Poesías completas** (edición crítica de Oreste MACRI, con la colaboración de Gaetano CHIAPPINI, Madri: Espasa-Calpe / Fundación Antonio Machado, 1ª. ed., 2ª. reimpresión, 1989, CXXXVI, 'proverbios y cantares', XXIX, p. 575): "Caminante, son tus huellas / el camino y nada más; / caminante, no hay camino, / se hace camino al andar. / Al andar se hace camino, / y al volver la vista atrás / se ve la senda que nunca / se ha de volver a pisar. / Caminante no hay camino, / sino estrelas en la mar."

[785] LAO-TZU, **Tao-tei-king** (ed. Guy RACHET, introduction et notes, **Les fleurs du taoïsme** in **Les fleurs de la pensée chinoise** : vol. II, Paris : Presses du Chatelet, 2007, **Tao-tei-king** (Daodejing) l'oeuvre de LAO-TZU, livro II.64 B, p. 77) : « un voyage de mille stades a débuté par un pas. »

[786] Como várias vezes referido, em diferentes ensaios. V. *'yo soy yo y mi circunstancia'*.

na medida não de teóricos certo e errado, mas na proporção direta e na dependência de como tenham sido vividos.

O dado mais importante será conservar a carga vitalmente indispensável – por isso cada um poderá buscar, e alcançar a sua medida e a sua receita, mas em tudo e por tudo, será a medida do vitalmente possível, necessário, se não indispensável, a força condutora, para percorrer os caminhos do mundo. 'Z' – porque ainda está vivo: o conjunto pode ganhar sentido, na medida em que é insuflado pela vida. E, enquanto houver vida, pode o conjunto ser renovado, ser estendido, pode ser modificado, pode ser redirecionado. Exista vida e existirá escolha e possibilidade de renovação[787].

O título 'z' dialoga com Konstantinos GAVRAS, dito COSTA-GAVRAS, cineasta (nascido em 1933), que se volta para o filme político e denuncia os totalitarismos, de direita, no filme "Z" (1969), como de esquerda, no filme "a confissão" (*L'aveu*, 1970). Retorna ao tema, alguns anos mais tarde, no filme *Missing* (1982). 'Z' significa ainda estar vivo!

Na trajetória vital de cada um, logo se descobre ser mais importante saber trilhar o caminho do que a pretensão de 'chegar lá' – esse imediatismo vazio pode matar o que de mais humano e de mais rico e delicado cada um de nós pode ter[788]. Não se fale em perder-se pelo caminho, pelos caminhos, mas em saber que o tempo e o percurso são ao menos tão importantes, quanto chegar.

É preciso saber andar primeiro, para poder, em seguida, pensar em chegar a algum lugar. Todo o conhecimento e toda a meditação começam com a simples arte de se concentrar[789]. O ensinamento taoísta se põe no sentido de "uma viagem de milhares de quilômetros começa por um passo".[790]

---

[787] Nesse sentido, P. B. CASELLA: **Ciclo da vida** (São Paulo: Massao Ohno, 1993); **Sabor dos dias** (São Paulo: Edicon, 1997); **Mapeamento vital** (São Paulo: Edicon, 1999); **Cada ano que passa** (São Paulo: Edicon, 2004); **Livro dos ancestrais imaginados e outros ensaios pós-modernos** (Madri: Amaral Gurgel, 2008). Pode ganhar coerência o conjunto enquanto indagações poéticas em torno da vida e da capacidade de renovação desta. Dependerá da percepção e da capacidade de adaptação de cada um, às circunstâncias que nos sejam dadas. Muitas das quais não podemos escolher, mas podemos sempre fazer o que for possível, a partir do contexto que nos foi dado.

[788] V. ensaios '*nada em excesso*' e '*qualidade de vida*'.

[789] Pierre FEUGA, **L'art de la concentration** (Paris : Albin Michel – espaces libres, 1992, impr. 1993).

[790] LAO-TZU, **Tao-tei-king** (ed. Guy RACHET, introduction et notes, **Les fleurs du taoïsme** in **Les fleurs de la pensée chinoise** : vol. II, Paris : Presses du Chatelet, 2007, **Tao-tei-king** (Daodejing) l'oeuvre de LAO-TZU, livro II.64 B, p. 77) : « un voyage de mille stades a débuté par un pas. »

O percurso não se há de medir somente pela distância percorrida, nem tampouco pelo ato de chegar. Cumpre-se o trajeto e este pode ser o dado mais pessoal da trajetória de cada um: "conhecer aos outros é sabedoria, mas conhecer a si mesmo é sabedoria superior".[791]

O percurso pode transformar-se no encanto maior da trajetória de cada um, porquanto chegar pode ser mais ou menos equivalente para cada um, e para todos. Mas a possibilidade de percorrer o caminho que, a cada um, incumba ser trilhado, aí estará o dado mais humanamente presente e necessário – e este o dado a ser preservado, porquanto: "o conhecimento que o homem tem do princípio universal depende do estado de seu espírito".[792]

Neste momento, de recepção de nova turma, nesta Faculdade de Direito da Universidade de São Paulo, na qual se sucedem gerações, desde os primeiros a nela ingressarem em 1828, inexoravelmente conduz à reflexão, e esta se põe, simultaneamente, em dois planos: pessoal, como marco de trajetória vital, passados exatos trinta anos,[793] desde que ingressei no primeiro ano da graduação, até aceder à titularidade da prestigiosa cadeira de direito internacional público, e outro, mais amplo, que se volta para a dimensão que poderia ser dita institucional. Justamente, da interação entre as pessoas e as suas respectivas obras, se compõem as instituições.

As pessoas passam e as instituições ficam, advertia o diretor João Grandino RODAS, no seu discurso de posse, aos 11 de agosto de 2006, mas são as pessoas que compõem e fazem existir as instituições. Justamente nessa conjugação dos dois planos se propõe encerrar a presente reflexão. Que servirá para este *abz de ensaios didáticos*, se manter em limites temporais e materiais adequados.

Posso, devo e me alegra, publicamente, dar graças a Deus pela vida, de cada dia, pelo conjunto das realizações nesta alcançadas, dentre as quais a de meu projeto de vida – ser professor de direito do Largo de São Francisco – e, ao mesmo tempo, ter consciência, como adverte CAMÕES[794]: *"Deus por certo vos traz, porque pretende / Algum serviço seu por vós obrado / Por isso só vos guia e vos defende /*

---

[791] LAO-TZU, **Tao-tei-king** (ed. cit., livro I.33 A e B, pp. 56-57).

[792] LAO-TZU, **Tao-tei-king** (ed. cit., I.1 D, p. 31).

[793] Passados mais dez anos, desde então, são exatos quarenta anos desde que ingressei nas Arcadas: para o curso de graduação (1978-1982), seguido da pós-graduação, e mais de trinta anos, decorridos desde o doutoramento em direito internacional, em 1986.

[794] Luís de CAMÕES, **Os Lusíadas** (com ilustrações de LIMA DE FREITAS, prefácio e notas de Hernani CIDADE, "edição comemorativa do quarto centenário da publicação dos Lusíadas 1572-1972", Lisboa: Círculo de Leitores, canto VII. estrofe 31).

Dos imigos, do mar, do vento irado" – e, hoje, aqui, agora, agradeço por toda a vida.

Esse olhar reúne as dimensões pessoal e institucional, e projeta todo o conjunto muito além do plano da competência e da abrangência do obrar humano: a enorme dimensão da vida e do mundo, vai além do pouco e do fragmentário, de quanto pode captar e manejar a nossa percepção, humanamente restrita e estocástica das coisas, do mundo e da vida, mais rica e mais vasta que todas as teorias. Todas as teorizações possíveis não a esgotam!

Pode-se e deve-se, cada um, lembrar e agradecer aos pais e aos "ancestrais" – que chamei, *imaginados* [795] – a todos agradecer, por serem e por terem sido, como pelos exemplos dados.

Pais e ancestrais respondem pelo modo silencioso pelo qual foram passados os valores de base de ordenação de vida: o amor ao trabalho bem feito, o profissionalismo, e a dedicação; a honestidade, e o caráter inquestionável da necessidade do cumprimento da palavra dada, não como abstrações, para serem alardeadas, mas como realidades, diuturna e silenciosamente, vividas e aplicadas; não se brinca com a palavra dada; e a confiança se constrói, como a honorabilidade.

Quando excessivamente enfatizadas denotam esse fatal descompasso – e este se faz tanto mais claro e crescente, com os meios correntes, na política. Mas pouco inovadora se constitui tal constatação: "nenhuma lei fez vestal da messalina" já sabia D. PEDRO II. A política é o que é. Pode-se esperar que se lhe mude a natureza? E as regras do jogo podem ser insufladas pela ética e pelo respeito do interesse público?

Mas, ainda nesse plano pessoal, em torno do núcleo familiar, o paradoxo de que a formação da identidade de cada um muitas vezes se há de fazer quase tanto *graças* à família, como *apesar* desta. Aí se inscreve a formatação bastante conformista, das famílias como todo, e de cada uma, em particular. Cada um poderá avaliar.

Mas, aí se inscreverá a dicotomia, tão brasileira e tão especificamente paulista, entre, de um lado, as famílias com seus trisavós, eleitores do império, que recebiam para saraus literários em francês, nos Campos Elíseos, e as raízes de imigrantes, com enorme contingente de italianos, com as diversidades marcantes entre regiões e culturas desta, ao mesmo tempo, norte, centro e sul, quase mundos estanques. Mesmo

---

[795] P. B. CASELLA, **Livro dos ancestrais imaginados e outros ensaios pós-modernos** (op. cit., 2008).

sem sair dos quadrantes do país, do estado, ou mesmo da cidade, mas com abismos, marcados de um bairro a outro.

Do mesmo modo, em todos esses contextos familiares, a diversidade em relação às idéias, para louvar a abertura de espírito de um avô ateu, por matricular o filho caçula em escola, religiosa e tradicional, como o Colégio do Carmo!

Aí, para ser justo, se teria de lembrar que os fundamentalistas, de todos os modos, não retribuirão a mesma flexibilidade e equivalente tolerância: e todos erram, ao quererem reduzir a visão da vida e do mundo, e mais ainda, a visão de Deus, ao pouco que pode abranger e alcançar o entendimento humano. Em suma, todos os caminhos se valem. O mais rico e inefável são as relações interpessoais com Deus.

Os arautos desta ou daquela via, ao pretenderem excluir as demais, perdem o principal, em nome do acessório: os canais e os caminhos de Deus, e deste para os homens, são muito mais ricos e abertos, do que podem estes conceber, com todas as suas teorias. Em nome disto, se mataram e se matam, se cometem as piores atrocidades, se pretende legitimar a intolerância, e a perseguição, aos que tenham a coragem de buscar os caminhos próprios.

Mas, como em todas as famílias, também cabe lembrar os limites desses mundos, contra os quais pode ser necessário colocar-se, sobretudo quando a vida não se deixa enquadrar em moldes pré-determinados, nem se pode aceitar a autoridade, como dado presente e inquestionável – talvez, por isso, se venha escolher cursar faculdade de direito, e tornar-se profissional de uma das áreas jurídicas, quem sabe, tornar-se professor de direito, por querer enxergar e poder trabalhar com o que, muitas vezes, justamente tem de ser questionado (e talvez, por oposição, se tenha também ensinado), mas, aí também, se encontrará a contraposição, de mais abertura de espírito e de acolhida, por parte de uma tia, ou outra pessoa da família, a quem vão dedicados os fundamentos da descoberta de uma vida pós-moderna, – e, nisso se pode agradecer por toda a vida – pela forma como os seus pais, como essa sua tia, como aquelas pessoas da sua, e de cada família, souberam te passar o conhecimento, o gosto pela cultura, pela filosofia, e pela história; um pai, apesar de engenheiro, que soubesse transmitir o gosto pela música, pela literatura, pela poesia, e uma mãe, o gosto pela pintura; – quem sabe, a partir de hoje, aqui, agora, venham agradecer por toda a vida, pela sublime descoberta, do poder transformador da cultura e da educação.

Poder-se-ia dizer que, sem acreditar poder transformador da cultura e da educação, não se pode ser professor: ser professor há de significar a convicção, no poder transformador da cultura, no papel da palavra, falada e escrita – importa o conteúdo, mais que o suporte, como na busca de Deus. A convicção humanista, de que somente a educação e o conhecimento podem transformar o ser humano, e fazer deste o que pode ser. Humanamente possível.

Pode-se, e se devem lembrar os companheiros, e agradecer-lhes por estarem contigo, pelos laços que, entre si, criem, e estes não se põem a partir da sociedade, mas por escolha do compromisso de estar juntos e compartilhar a vida – e, hoje, aqui, agora, agradecer por toda a vida. Vida, que se constrói a cada dia. E se descobre, em seus momentos e dimensões, de realização compartilhada.

Poder-se-ia, também, pensar, um dia, virão os filhos – e, hoje, aqui, agora, agradecer por toda a vida – e esperar pelas descobertas dos caminhos de vida, desses filhos, que aprendam a interagir e conviver, de modo enriquecedor. Esse, aliás, o grande fascínio da educação: que cada um descubra seus caminhos, na vida e no mundo, que vislumbre o que quer, e o que pode ser, e tenha a sabedoria e o discernimento, para trilhar o percurso, até a realização possível, desse desiderato, vitalmente indispensável.

Pode-se e se devem lembrar os mestres cuja influência, direta e marcante, tenham talvez contribuído para despertar, em cada um, a mesma vocação? Muitos se apresentem como lembranças, desde uma professora de português, um professor de geografia, e a professora de francês, por conseguirem fazer vivas as disciplinas, no tempo do "primário", do "ginásio" e do "colégio", que nem mais tem esse nome – ora se denomina "ensino fundamental" e "médio" – para aceder ao "ensino superior"! E quais outros professores, cada um pode ter na lembrança, e a gratidão, por terem mostrado e ensinado o gosto pelo ensino e a alegria por ensinar.

Descobre-se que ensinar é antes arte que ciência[796]. É também dom: como a festa[797], como o alimento, tem de ser algo, que se compartilhe com alegria. De outro modo, não funcionará.

[796] Gilbert HIGHET, **The art of teaching** (Londres: Methuen & Co., 1ˢᵗ. publ., 1951, reprint 1956), esclarece, desde o prefácio: "This is not a book of educational theory, but a book of suggestions drawn from practice".

[797] Josef PIEPER, **Una teoria de la fiesta** (do original **Zustimmung zur Welt: eine Theorie des Festes**, © 1963, trad. espanhola Juan José Gil CREMADES, Madri: Rialp, 1974, cit. p. 11): "Existem coisas a respeito das quais não se pode tartar suficientemente se não se falar, ao mesmo tempo, sobre a totalidade do mundo e da existência humanas. Quem não estiver disposto a isso terá, de antemão, renunciado a dizer algo importante. 'Morte' e 'amor' são temas desse porte. Mas também o tema 'festa' é um deles. A simples intenção de ir além

Depois, na universidade, podem vir a descobrir professores que apesar da aridez da matéria, como da candência dos temas, saibam marcar os conceitos de forma clara e precisa, como fizeram alguns, e como farão, para cada um de vocês. Poder-se-ia consignar à memória aqueles que se foram, na presença dos que aqui estão: a alegria e a gratidão por terem aberto espaço e dado oportunidade para o desenvolvimento de cada vocação possível para o direito, como teriam intuído e ensejado viesse a se desenvolver.

Façam-se as palavras de ABELARDO, **Historia calamitatum**: *Tu eris magister in aeternum* – e, hoje, aqui, agora, agradeço por toda a vida. Deixaram despertar cada vocação, seja em qualquer dentre as facetas possíveis do mundo jurídico, e nesta conjugação, possa cada encontrar a realização pessoal e de vida; nesta se inscreve a atuação, na regência das ilustres cátedras, que foram confiadas, onde se há de ter representado dado para tal avaliação o trabalho já realizado, e o fazer, a partir daqui, pelos anos que cada um puder trabalhar.

Aqui, poder-se-ia lembrar, igualmente, alguns dos que também marcaram presença, mas não pelo bom exemplo – melhor calar-se: cumpre deixar que o tempo venha cuidar, das falsas "aulas", nas quais nos eram impingidos comentários sobre o capítulo da telenovela da véspera, ou extemporâneas digressões sobre *best sellers* da menor expressividade cultural e literária possível, ou métodos de puro terror e tremor intelectual, que dificultavam a comunicação intelectual, em lugar do estudo e da compreensão da disciplina – a todos fica a menção aqui feita: os exemplos operam e funcionam, não somente quando positivos, no sentido de serem emulados, como também os negativos, para serem evitados – uns e outros, pelo que souberam e puderam dar; – e, hoje, aqui, agora, cabe agradecer por toda a vida. Não se trata de denegrir, nem de apontar nomes.

A mediocridade triunfante é praga que assola permanentemente a humanidade. Tão bem mostraram a estupidez humana, com dose de bom humor FLAUBERT[798], e com amarga lucidez, BAUDELAIRE[799]: *"crier harô sur la bêtise triomphante!"*

---

de descrição dos fatos o delata."

[798] Gustave FLAUBERT, **Bouvard et Pécuchet** avec um choix de scénarios, du **Sottisier, L'album de la Marquise** et **Le dictionnaire des idées reçues** (éd. prés. et établie par Claudine GOTHOT-MERSCH, Paris : Gallimard-Folio, (c) 1950, 1979).

[799] Charles BAUDELAIRE, **Les fleurs du mal** (1857, Genebra : Ed. Ferni / Les cent livres, 1978 ; existe edição bilingue, **As flores do mal**, trad. intr. e notas de Ivan JUNQUEIRA, Rio : Nova Fronteira, 1985, 6a. impressão, 2000). BAUDELAIRE dá o tom, desde a abertura do volume : '*au lecteur*' : « La sottise, l'erreur, le péché, la lésine, / Occupent nos esprits et travaillent nos corps » (...) e encerra esta abertura com o célebre :

Posso (e devo?) lembrar o fato de ter sido aluno de escolas públicas, desde o primeiro ano do "ensino fundamental" até o último do curso de pós-graduação, ter recebido ensino de qualidade suficiente, para me permitir formação de base, à qual se agrega o esforço pessoal de cada um, com o lado lúdico também da descoberta do conhecimento. Cada um aplique a reflexão ao seu caso específico.

Estuda-se, porque se gosta, porque assim se realiza, o que se pode chamar de 'vocação', de *vocare*, ouvir a voz, e dar a resposta ao chamado, acolher a intuição, de poder ser, por aí, que se pode tentar realizar a vida – e, hoje, aqui, agora, agradecer por toda a vida. Não há meio nem modo de substituir o interesse. Cada um tem o seu foco.

Lembro-me, a cada viagem, minha mãe ao dar-me algum dinheirinho extra, enfatizar deveria este servir para comer, e não para tudo gastar em livros, como a cada viagem, mais uma vez, ocorria. Em boa medida, se repete, até hoje.

Aí, para ser justo, há que agregar os complementos, pelo qual seus pais pagaram, e os que cada um vá buscar por conta própria, com todos os cursos de línguas – pois, somente o francês e o inglês 'do colégio', nunca lhe ensejariam alcançar comunicação operacionalmente eficaz, base mínima de formação complementar adequada, se não indispensável, para trabalhar com direito, neste mundo globalizado, seja ou não especificamente no direito internacional, aos quais cada um saberá agregar outros dados, por sua conta e risco. Uma segunda ou terceira língua estrangeira, alguns cursos de formação complementar e de pós-graduação tornam-se dados correntes do currículo de qualquer profissional jurídico que pretenda inserir-se em mercado sobrecarregado e marcado pela competição, cada vez mais acirrada.

Tentaram, ainda, seus pais, proporcionar-lhe outros cursos, quem sabe, mais ou menos, aproveitados: anos de aulas de piano ou outro instrumento, numerosas tentativas de direcioná-lo para alguma atividade desportiva, pode ser que tenham bons ou parcos resultados. Aí, para ser justo, caberá enfatizar a responsabilidade, de todos os que o recebem, público e gratuito o ensino, para que não se esqueçam ter havido alocação de dinheiro público, para o proporcionar: daí decorre o dever de usufruir, de modo responsável, para fazer frutificar, ao máximo, a oportunidade que a nossa sociedade ofereceu e se tem de "prestar contas dos talentos recebidos".

Pense, especificamente, na sua oportunidade de estar, gratuitamente, na melhor faculdade de direito do país! Cada um tem a responsabilidade por isso.

« Hypocrite lecteur, mon semblable, mon frère ! »

Essa mesma sociedade, de modo paradoxal, em país quase integralmente se-miletrado como o nosso, no qual os universitários mal chegam a 3% da população – e sabe-se como – com a enorme carência de que padecemos, em termos de conhecimento, de educação e de cultura, cometer o absurdo de limitar a dedutibilidade de gastos com educação, gastos esses aos quais se recorre, justamente, visando sanar lacunas que a escola pública não supra – e afigura-se, duplamente, penoso: que a escola pública, quiçá, nem sempre permita ensino adequado, e inconsciência, inconsistência, e falta de visão, de governo que entende ser tributariamente equivalente se gaste dinheiro em compras suntuárias ou para custear a educação, do profissional como de filhos deste, visto incidir a mesma carga tributária, sobre as compras ou sobre cursos e material de ensino, de pesquisa e de cultura, nestes casos.

Podem-se lembrar as agências financiadoras oficiais, das quais, em nota pessoal, tive, por exemplo, do programa CAPES-COFECUB, bolsa de pós-doutorado, que me permitiu passar inteiro ano para pós-doutorado em direito internacional, em Paris (1986-1987), como da Fundação CARNEGIE (Haia, 1988), e da Fundação MAX PLANCK (Heidelberg, 1991, para pesquisa da qual resultou a tese livre-docência, 1993, e o primeiro livro sobre direito da União Européia, publicado no país, em 1994), mas, aí, para ser justo, o que, hoje, posso ver como, no mínimo, divertidas experiências, quando aceito para a prestigiosa sessão do Centro de estudos da Academia de direito internacional da Haia (1988), ou convidado para lecionar dois meses nas Universidades de Estrasburgo III e Paris II (2005-6), porquanto pagavam as instituições estrangeiras pelo tempo de permanência, mas não pelos custos de viagem, ver indeferidos pedidos de simples passagens de ida e volta, em classe econômica, sob a (injustificada e descabida) justificação de "*não subvencionarem a participação em cursos*" – como se de assistir cursos se tratasse – cumprimentos pelo discernimento e critérios adotados: possam estes servir de exemplos; a serem evitados!

A vida universitária, como todas as facetas desta humana vida, tem as suas alegrias e as suas agruras: alguns demonstraram a possibilidade, como dizia Geraldo Eulálio do NASCIMENTO E SILVA, ser "colegas porém amigos". Aqui, deixo consignada, com carinho, a lembrança deste e de Celso D. de Albuquerque MELLO, grandes internacionalistas e seres humanos. Registro de admiração intelectual, de amizade – e também de saudade – de meus mestres e depois colegas, Irineu STRENGER, José Roberto FRANCO DA FONSECA, Araminta de Azevedo

MERCADANTE e Vicente Marotta RANGEL. Existem exemplos leais – mesmo no meio universitário –, e sou grato, por toda a vida.

Aí, para ser justo, caberia lembrar outros que podem ensejar-lhe sobreviver à impiedosa prática da *sobrevivência na selva acadêmica*, e nisso também contribuirão para o seu aperfeiçoamento, como ser humano, na linha estóica de que todas as dificuldades, que não nos destruam, podem contribuir, para nos tornar mais fortes, desde que se saiba, e se consiga sobreviver, ao duro *learning under fire* -- e o fogo pode se manter cerrado, e isso durante anos. Às vezes, mais fogo que aprendizado era dispensado. Mas, passou.

Acabaram-se os tempos de provação! Eu, asseguro-vos, em muitos momentos, por mais de vinte anos, não foi fácil sobreviver a tal aprendizado – mas se além do registro pessoal, puder ser útil o exemplo, fique este aqui consignado: a sobrevivência é possível; o resultado pode ser útil – e, hoje, aqui, agora, agradeço por toda a vida; que se renova.

Com a cátedra de direito internacional público da Faculdade de Direito da Universidade de São Paulo, permitiram-me, os senhores professores da E. Congregação, realizar a minha vocação profissional, e a grande alegria, desde 1984, no ensino de direito internacional nesta casa, e de o fazer, pelos anos que puder – quiçá, como Vicente MAROTTA RANGEL, e também o primeiro lente de direito das gentes, desta casa, por cinco décadas, José Maria de Avelar BROTERO, o mesmo fez; quiçá, possa seguir-lhes o exemplo.

Além de plano pessoal, poder-se-ia e dever-se-ia dar contas do que se pretenda, pois se trata, não somente de solene regozijo, que se compartilha com o exemplo dos que nos precederam. Também se trata de apresentar programa de trabalho, de ação e de convicções, pelas quais se haverá de pautar a condução do percurso de cada um, como digo em relação a esta prestigiosa cátedra que me foi confiada: quanto foi necessário para a consolidação da vida e do que pôde ser a esta agregado depois, como superestrutura intelectual, a convicção da necessidade da democracia e do estado de direito, por isso escolhemos estar, em uma e, mais especificamente, nesta faculdade de direito.

Ao mesmo tempo, se põe a consciência da necessidade de defesa do estado democrático de direito e de seus valores, com intransigente determinação – mesmo ao preço da própria vida (como homenagearia a lembrança "aos acadêmicos de direito, mortos por São Paulo, em 1932", plantada no pátio das Arcadas), e isso para quem cursou a graduação ainda durante os anos finais do regime militar, não é mera abstração.

Mas, aí, para ser justo, frisar o apoio à corajosa escolha e exemplo, ante a necessidade de proteger e de zelar pela ordem, pela preservação das instituições, e pelo estado democrático de direito, se haveria de fazer, se fez e se há de fazer, em faculdade de direito, e nesta nossa casa, pelo estudo das razões do direito, como da formação deste, mas sem descurar da aplicação da lei, pois o direito nem é ciência, nem o pode ser em abstrato, mas se perfaz em sistema operacional, dizia o KELSEN tardio, como "técnica para regulação social, segundo fins determinados pela política", ao mesmo tempo em que se examinem os motivos e os fundamentos do direito e da adequação desta técnica, para a regulação da vida em sociedade, interna ou internacional.

Se não, de nada adianta, depois da satisfação de ver a evolução promissora que se esboçava, no sentido de racionalização da máquina do estado, da estabilização econômica – que poderiam ser premissas necessárias da tranqüilidade, indispensável para se poder prosperar – rumo a inserção mais madura e mais competitiva do Brasil, no contexto internacional, confessar o desgosto, por ver, a seguir, pautar-se pelo desgoverno o Brasil, nos desmandos do gozo do poder, na desfaçatez das manobras para a manutenção deste, a qualquer custo, que nos assola, no popu-lulismo da pior laia, pelas reiteradas práticas de suborno e de compra de consciências, práticas degradantes de negociatas para composição de ministérios (loteamento de interesses políticos, que ignoram capacitação técnica e mesmo "ficha limpa" para exercitar altos cargos de gestão, de interesse da nação), conspurcam a verdade, a decência, a honestidade intelectual e o estado de direito, parecem querer esvaziar de sentido toda busca de aperfeiçoamento pessoal, seja pelo trabalho como pelo esforço intelectual, taxado de escapista e desligado da realidade, pelo tosco líder, em suas canhestras e preconceituosas invectivas, para tornar duvidosa a vontade de trabalhar e aprender, e fazer bem feito o que se faça, do modo melhor que se puder.

Vaidade e ilusão, vituperar as "élites", tudo nivelar por baixo, às vezes, muito baixo e baixamente, no culto da mediocridade, essa lástima de popu-lulismo, há anos, nos assola, e renova ameaças às bases e ao futuro do estado democrático, da liberdade de imprensa e de informação, da higidez e da sanidade de princípios da sociedade, pelo "mau exemplo" que "vem de cima", repercute e se multiplica, o "encanto do despreparo", a arrogância da ignorância. Perdem-se tempo e energias que não deveríamos desbaratar com o escândalo da semana, com a última falcatrua, cometida por ministros de estado, por senadores da república e por nem tão nobres deputados, todos com letras minúsculas e envergadura menor ainda, e ninguém parece enxergar nem cuidar do Brasil; que, espera-se, confiante, que a tudo sobreviva!

Hoje, para ser justo, cumpre indagar, não a quem vendeu seu voto em troca do "bolsa família", mas sobretudo a escolhas de alguns colegas, cujas inteligências prezo, como puderam acreditar (?) e mais surpreendentemente, ainda, como podem, ainda, dizer que acreditem (?) nessa deslavada farsa política que nos vem de Brasília, desse cavalo de Tróia partidário, que se apossou das estruturas institucionais do estado, o maior dos insultos ao próprio passado, ao presente e ao futuro nacional, o estrago que nos causaram, o "vírus tenebroso da desesperança, da desilusão, da descrença, da desistência moral, da sensação de 'tanto faz'," pois todos seriam da mesma laia, sem ideologia alguma, mas apenas com a obsessão do poder, e a manutenção neste a qualquer custo, – e se e quanto se comprazem, com o atual regime, e modo deste conduzir o nosso Brasil, e qual atitude adotarão, ante as ameaças de perpetração de atentado às instituições, visando a perpetuação no poder?

Criticam alguns, açodadamente, o caráter censitário do estado de direito, nesse crucial período, para a consolidação do Brasil, e a determinação da identidade nacional, que representaram, sobretudo os anos do Império, e se prolongaram com os quadros então formados, na República velha: muitos dentre tais expoentes, egressos desta casa. Justamente deve-se ter presente este período crucial da história, para tirar lição a ser refletida, sobretudo em relação ao que venha. Ainda nos fica o modelo, são estes heróis cultivados? Mas quanto de vitalmente presente do modo como atuaram, para a consolidação do Brasil e a atuação deste, nos planos interno e internacional, permanece? Onde, igualmente, se multiplicam os desmandos.

O segundo imperador, cujo exemplo de desprendimento do interesse pessoal e de preocupação com os interesses do Brasil merece ser lembrado: a quem pretendia oferecer-lhe estátua eqüestre pediu fosse construída uma escola, com o dinheiro da subscrição. Na sua acepção mais ampla e mais duradoura, o cuidado de PEDRO II, deveria ser meditado: menos suntuosos prédios públicos para a administração, e mais estabelecimentos de ensino e pesquisa. Para depois se construírem menos estabelecimentos prisionais.

A sua importância se homenageia, no retrato que todos os anos, transcorridos desde o advento da República, não fizeram remover desta mais nobre parede deste salão nobre, desta casa, por todo o patriótico engajamento deste, na defesa e ocupação diligente, com a construção e a defesa da dignidade nacional, mandando pagar indenização, com a qual não concordava, determinada esta, por tribunal arbitral, ao qual se submetera o Brasil – pelo motivo de *não se misturar a honra do Brasil com dinheiro.*

Aí, justamente, é preciso contrapor, como, hoje, vemos o Brasil, ridicularizado e tratado, como o fizeram e fazem, vizinhos e distantes, nacionalizados investimentos sem indenização pela Bolívia, manipulado pela Argentina, usado como "inocente útil" pela Venezuela (foi o ingresso desta no MERCOSUL, incentivado pelo Brasil, tão contraproducente para a vida e o futuro do organismo) – tudo se arroga o 'poder', que se pretende 'poder', para se 'poder' manter, e tudo releva, como "deslizes", desde que perpetrados por amigos, aos atentados contra as liberdades democráticas, como as ameaças à imprensa livre, serão objeto de nota de aprovação do partido do governo?

Lamentável e vergonhosa a retumbante coleção de fracassos da política externa, desde 2003, com perda de oportunidades históricas de acordos amplos de livre comércio com a União européia (jogados fora dez anos de negociação, no final de 2004, o que ora se negocia menos será do que antes já se obtivera), com os Estados Unidos e o conjunto da América latina (em relação à ALCA e outros projetos em escala continental ou sub-regional), anatemizados pela ideologização das relações internacionais, onde ficou o Brasil? Enquanto outros defendem-se, com acordos de comércio bilaterais, bem o mostram o Chile e o Uruguai, soma o Brasil sucessivos fracassos com a Rússia, com a China (cedendo muito em troca de nada), fracassos esses por falta de foco e condução inadequada no diálogo MERCOSUL – países árabes, fracassos na mal-fadada campanha, que tanto nos custou e nenhum benefício nos trouxe, na busca de sonho vazio, no assento permanente no Conselho de segurança da ONU – de nada serviram as lições do "fiasco completo" do Brasil, na Sociedade das Nações, em 1926? – ou pelos esforços, igualmente esvaziados, em relação a outras organizações internacionais, fracassos econômicos e políticos, nos descabidos gestos de perdão de dívidas do Brasil, com diversos estados, cuja apuração deveria acarretar "crimes de responsabilidade" do presidente da república que exorbitou de suas atribuições – fracasso geral dessa política externa feita como comício em porta de fábrica? Perder-se-á a nossa boa tradição, ao se desrespeitar a tradição humanitária, de que o Brasil precisa? o respeito aos direitos fundamentais, inscritos na Constituição da República e na base da ordem internacional, cuja adoção e respeito o país proclama, mas descumpre, açodadamente, para atender pedido de caçada humana e entrega imediata, que exigiu e viu atendida, imediatamente, a devolução de nacionais, que no Brasil se refugiaram e foram devolvidos? Que vergonha, ver entregues à ditadura da qual fugiam, depois de caçados pela polícia, casos que guardam triste semelhança com o que fizera a ditadura de VARGAS.

Para onde foram os princípios internacionais e constitucionais? Inexoravelmente vem a lembrança do discurso de Rui BARBOSA no Senado da República, em agosto de 1914: "*de tanto ver triunfar as nulidades*" ... e estas parecem mais triunfantes que nunca, na exata proporção em que mais morrem recém-nascidos, nos mesmos estados cujos políticos mais rapidamente expandem seus patrimônios pessoais, desavergonhadamente amealhados! somos todos coniventes com isso? Por que destes não se invadem justamente essas fazendas e propriedades? Por que reelegemos os que corruptos e indignos se mostraram?[800]

Poderia e deveria lembrar o papel institucional de professor de direito, e, mais especificamente, de direito internacional, no Brasil, em São Paulo, e, ainda mais especificamente, da titularidade em direito internacional, nesta casa: qual modelo internacional se concebe e se erige para o Brasil? Pergunto se se vai ter coragem e percepção para inovar, ou se se vão perpetuar os desmandos ideologizados de modelo datado, no qual se persiste, por obtusa obstinação ou por falta de visão crítica? Por falta de formação internacional? Para refletir qual modelo internacional pode ensejar a mais adequada inserção brasílica? A falta de foco decorre de vontade deliberada? Ou emana da ignorância e da falta de percepção de quanto o mundo mudou, à volta do que ocorrera nos anos 1960, desde que o Brasil se viu "congelado" ideologicamente, no arcabouço do sistema militar, e, desde então, parece reinar a tentação edênica, de resgate de motivos ultrapassados?

Chega de "pais da pátria": precisamos de gestores, competentes e responsáveis. Desde o 'descobrimento' os motivos edênicos – já apontava BUARQUE DE HOLANDA (1958)[801] – são foco da relação entre a realidade e a utopia no Brasil!

---

[800] Ou Mauro CHAVES (em artigo de 2005, republicado em 2007): "eles são falsos, mentirosos, aleivosos; eles passaram mais de duas décadas fingindo ser o que nunca foram; eles se tornaram uma cambada de ladrões, que preparou, durante muito tempo, um grande golpe". O risco existe!

[801] Sérgio BUARQUE DE HOLANDA, **Visão do paraíso: os motivos edênicos no descobrimento e**

Nós somos fruto dessa "psicose do maravilhoso". E ainda parecemos estar imersos nesse contexto cultural e intelectualmente indiferenciado.[802]

No plano institucional, poder-se-ia falar a respeito da importância e da necessidade de formação legal, internacionalmente responsável e aberta, não somente em relação aos diferentes ramos do direito (interno), mas igualmente, para que os alunos enxerguem a dimensão deste "mundo que não se resume ao quintal de casa", dizia STRENGER. Há que atentar para a compreensão das bases de construção e operação de sistema internacional, ontologicamente distinto, daquelas dos equivalentes nacionais, e como tais têm de ser estudadas e compreendidas.

Aí, justamente, caberia lembrar, desta cadeira de direito das gentes, os internacionalistas, que me precederam nesta cátedra, nestes 180 anos, decorridos desde a fundação da Academia, e dizer a Vicente Marotta RANGEL, na pessoa de quem aos demais ilustres predecessores também presto a homenagem, porquanto graças ao empenho deste mestre nunca se interrompeu o ensino do direito internacional nesta casa, mesmo durante os nefandos anos do 'regime' que tornou facultativo o ensino das nossas disciplinas de direito internacional público e privado: existe legado intelectual, de bases do direito internacional, de tradição nacional, ouso dizer estar consciente da extensão da responsabilidade, inerente à condição de "professor titular de direito internacional público da faculdade de direito da universidade de São Paulo", porquanto esta responsabilidade e esta missão vão além da pessoa do seu titular do momento, para inscrever-se, como se há de fazer, na missão do professor, no ensino e na pesquisa, também na orientação de produção intelectual, na preparação de quadros futuros, e de acervo crítico de reflexão, como serviços à comunidade, local, nacional e internacional.

colonização do Brasil (originalmente tese de titularidade em história na USP, 1958; 1ª ed., 1959; 2ª ed., 1968; São Paulo: Nacional / Secretaria da cultura, ciência e tecnologia, 3ª ed., 1977).

[802] S. BUARQUE DE HOLANDA (op. cit., ed. 1977, cap. vii, 'paraíso perdido', pp. 144-178, cit. p. 178 e a seguir p. 144) : "De qualquer modo, não se poderá dizer que a sedução do tema paradisíaco tivesse sido menor para os portugueses, durante a idade média e a era dos grandes descobrimentos marítimos, do que o fora para outros povos cristãos de toda a Europa, e até mesmo para judeus e muçulmanos. E não é menos certo pretender-se que tal sedução explica muitas das reações a que dera lugar, entre eles, o contato de terras ignoradas do ultramar. / A crença na realidade física e atual do Éden parecia, então, inabalável. (...) notar que aquela crença não se fazia sentir apenas em livros de devoção ou recreio, mas ainda nas descrições de viagens, reais e fictícias, como as de MANDEVILLE e sobretudo nas obras dos cosmógrafos e cartógrafos. Do desejo explicável de atribuir-se, nas Cartas geográficas, uma posição eminente ao paraíso terreal, representado de ordinário no oriente, de acordo com o texto do **Gênese**, é bem significativo o modelo de mapa-mundi mais correntemente usado. Modelo este, em que, no hemisfério conhecido, Europa e África ocupam sempre a metade inferior, ao passo que a Ásia se situa acima dos demais continentes."

A missão docente se exerce, com as prerrogativas do cargo, onde se combinam a liberdade de expressão, e a responsabilidade, pelo uso que desta se faça, como dever de criticar, apontar falhas e inconsistências, dentro e fora da Universidade, como, também, fazer conhecer os avanços alcançados, dos quais temos vários exemplos relevantes, promissores, mesmo, destes últimos vinte e cinco anos: a expansão do interesse, do ensino e da pesquisa em direito internacional, a adoção de relevantes convenções internacionais pelo Brasil, a aplicação destas na ordem interna, com ainda incipiente porém presente mudança de mentalidade, em relação ao direito e às relações internacionais, com a aceitação progressiva pelo Brasil, de jurisdições internacionais (como o Tribunal Penal Internacional, e a Corte Americana de direitos humanos), para fazer prova de mais receptividade e interesse, embora tantas vezes exercitados de maneira acrítica.

União dos planos pessoal e institucional, antes referidos, realiza-se meu sonho e meu projeto de vida, desde que há exatos trinta anos ingressei e ora vejo as gerações seguintes ingressarem na graduação em direito, nesta casa. Ainda sem saber o que era direito, sabia que queria trabalhar com direito internacional: em 2007, me acolheram como titular da cadeira de direito das gentes desta casa. Mais uma vez, não somente pela importância da cadeira de direito internacional público da Universidade de São Paulo, em si e por si, mas também, e sobretudo, pela importância da possibilidade, quase o dever, de buscar e de manter a excelência desta, a primeira de nosso departamento de direito internacional, para esta faculdade, para esta universidade e a primeira, para o país, também. Aí, cumpre lembrar quanto se fez, mas, adiante, vislumbrar quanto trabalho está por fazer, pois "a messe é grande e os operários são poucos".

Qual linha imprimir ao ensino e ao enfoque do direito internacional, a partir desta cadeira, pelo tempo que me couber a conduzir – o lapso de tempo útil de uma geração – zelar pelo legado, cuidar da busca da excelência, manter o departamento de direito internacional da Universidade de São Paulo como referência no direito internacional, aqui e fora, e, depois, poder preparar a continuação desta: as homenagens aos que se aposentam e aos que nos deixaram transcende o devido enquanto tributo pessoal e laços individuais, para se inscrever como registro de continuidade, de encadeamento histórico e temático, da tradição no seu mais verdadeiro e mais útil sentido, de legado intelectual, que somente se conserva, enquanto se mantenha vivo – e, hoje, aqui, agora, agradeço por toda a vida.

Pela importância da continuidade e do encadeamento histórico, na reflexão de C. PERELMAN (1979)[803], sobre as fontes e as aplicações, sobre as causas e as conseqüências: *"quem é encarregado de tomar uma decisão em direito (...) deve arcar com as responsabilidades"* – cumpre ressaltar a necessidade de se prestar atenção no conteúdo e no viés ideológico, que se imprima, ao ensino jurídico, nesta casa, como em outras, porquanto, afigura-se-me, não somente juridicamente infundado, como institucionalmente írrito, e humanamente odioso sirva-se qualquer docente, da sua condição de professor, para manipular a verdade e induzir em erro os que lhe sejam confiados como alunos. Existe e se há de proteger o direito à opinião, como às convicções. Mas a ninguém é lícito valer-se de sua condição para impor essas premissas, sem que intelectualmente se discutam.

Aí, cabe voltar o olhar para o momento de consolidação das universidades, como centros de acolhimento de todas as verdades (*pan-episteme*), ao lado do papel desta para a formação funcional, como marcos para a formulação intelectual do papel do professor universitário, em relação a outros grupos, e outras classes da sociedade: nessa busca da diferença, por vezes da oposição, tratar-se-á de situar as etapas da conscientização, pelos universitários, de seu estado e de sua evolução, no seio da sociedade! Há que se combater a ignorância e a truculência de quem se vale de sua condição de força, para cometer ilegalidades e vilezas humanas: não somente merece repúdio e menosprezo, como aqui o faço e deixo inscrito, mas também para alertar, como o faço, neste momento, quanto ao conteúdo e ao rumo do que se ensina aqui, nesta casa, em matéria de papel do direito, do conteúdo da jurisprudência, como da doutrina? Possa servir de aviso, visto não sermos nem os primeiros nem os últimos vitimados por tais abusos ...

Alvissareiro ver, no espaço de vida útil de uma geração, nos exatos anos, desde o momento em que terminava a graduação e, logo depois, inda antes de completado o doutorado em direito internacional, tive a oportunidade e o privilégio de encetar a assistência em docência nesta casa, até a atual importância e repercussão, entre nós alcançada, pelo direito internacional: quanto se difundiu o estudo deste, nas quiçá excessivas tantas centenas várias de cursos de graduação em direito, por todo este vasto Brasil esparramados. Resta esperar, ao menos aqui, se mantenha a qualidade, boa escola de ensino e de aprendizado deste, entre a "boa tradição e a que se deve

[803] Chaim PERELMAN, **Lógica jurídica**: *nova retórica* (trad. do original francês **Logique juridique** © 1979, Vergínia K. PUPI, rev. trad. Maria Ermantina GALVÃO, rev. técnica Gildo RIOS, São Paulo: Martins Fontes, 1998, cit. p. 13).

evitar", e esperar que nos próximos vinte e cinco anos prossiga esta casa o centro de excelência na área do direito internacional, referência não somente nacional como, *et pour cause*, internacional – tanto isso assim se põe, a ponto de outros estados falarem em 'hegemonia de São Paulo no direito internacional' – que esta floresça e se conserve, como fruto maduro e cuidado, desta nossa tradição viva, de 180 anos: possamos ter a pequena porém certa contribuição, para que se projete e se renove, para o futuro, no diálogo com as fontes, característico da pós-modernidade. Se puder e couber fazer tal observação.

Cumpre registrar a presença e agradecer aos alunos, pois são estes que fazem a escola – ao lado dos professores – e também, dos funcionários, e destes, tantos exemplos de dedicação, para prestar homenagem a todos os bons funcionários desta casa. Não poderia deixar de lembrar Edna, Aiko e Cláudia – a tradição do profissionalismo e do sorriso, humanamente indispensável, das carinhosamente chamadas "gueixas" do departamento de direito internacional e comparado, como diz Georgete Nacarato NAZO – além e ao lado da estrutura institucional material (o prédio, o acervo das bibliotecas) e imaterial (a tão decantada, por vezes tão mal compreendida, 'tradição da casa').

Não deixemos de prestar atenção nos alunos, pois estes prestam atenção em nós: para o bem e para o mal. Apesar de certa falta de diálogo, às vezes mais aparente que real, cumpre frisar a existência de interesse, de motivação, de percepção pelo que se faz, pelo cuidado com a qualidade e com o profissionalismo, por isso são estes os menos suscetíveis de serem enganados: o melhor e o mais sólido é o teste do trabalho, com os alunos, em sala de aula, semana após semana, em todo o ano letivo, como na orientação de pesquisas e teses, as mais variadas. Esses dados, não têm paralelo: todas as 'avaliações' e formulários, gerados pela administração universitária (por vezes tende a ver-se como fim em si mesma), são menos eficazes e menos certeiros que a avaliação que promana da voz dos alunos, a partir da sala de aula – e esta voz deveria ser ouvida, em relação às esferas de seu interesse e competência, não no esgarçamento da autoridade e da ordenação indispensável ao trabalho intelectual, espicaçado pela política partidária da pior espécie, como se viu, no curso do ano 2007, na USP, mas se deteve, a tempo, e com discernimento, antes de atentado contra esta casa, do saber jurídico!

Ao mesmo tempo, para ser justo, cumpriria por termo ao descaramento da falsificação sistemática das listas de controle de presença, que nada controlam: tanto mais quanto tão simples seria fazer a substituição destas por controles digitais magnéticos, com a impressão digital de cada estudante, onde a presença física se computaria a partir da entrada no prédio, mas sobretudo, em sala de aula, a partir da passagem do dedo do professor, pelo leitor magnético, no dia e no horário da aula: seria o fim das inúteis e fraudulentas listas e a moralização do cumprimento do trabalho (por alunos e por professores também, pois somente estes, com os seus dedos 'credenciados' acionariam a contagem de presença válida, de modo pessoal e intransferível, para aquele dia e hora de aula).

Da mesma forma, ainda, permitam-me cumprimentar a competência e a dedicação das bibliotecárias desta nossa escola, mas, ciente da importância do acervo, e do desejo de o ver, do modo melhor, utilizado e preservado, para veicular a sugestão e o reclamo dos alunos, no sentido de incremento da operacionalidade de nossas bibliotecas, o que se poderia fazer, mais uma vez, de modo simples, ao digitalizar todo o acervo, e transformar as nossas bibliotecas, quer a central, como as departamentais, como interligar as bibliotecas pessoais dos docentes, que assim assentissem, em redes integradas, e ferramentas mais ágeis e mais presentes, para a pesquisa e a multiplicação do conhecimento.

Que não mais perdure a necessidade de conservação no isolamento, para toda a seção de obras raras. Quanto se ganharia em eficiência, com todas as revistas, e todo o acervo, enfim, poderia se tornar acessível a partir de qualquer terminal de computador, dentro e fora desta casa, para ser pesquisado a partir de 'palavras-chave'. Ao mesmo tempo em que se pode e se há de fazer mais intensa e mais freqüente a conexão virtual entre as nossas e as demais bibliotecas, a começar pelas de outras unidades da própria USP e de outros centros de pesquisa e de referência em direito internacional.

A cooperação internacional não pode ser somente teórica. Esta faz parte dos programas e dos propósitos, ao mesmo tempo em que, tantas vezes, se vê limitada na sua operacionalidade, porquanto tropeça na implementação, quando alunos de graduação ou de pós-graduação efetivamente a façam: se existe e se se oferece, deveria poder funcionar, ou de nada adianta dizer-se que exista: pois quem cursa um ou dois semestres fora tem de poder fazer contar aqui os créditos que amealhou.

Esta cooperação internacional se haverá de fazer, sempre e cada vez mais, não somente como adorno adicional, mas como necessidade conceitual e essencial, para que os sistemas jurídicos respondam, de modo, tanto quanto possível, adequado, aos desafios e às mutações, em curso, no mundo, entre universalidade e fragmentação, como todo, e, nesta nossa faculdade, com instituições dentro e fora do país, também considerar a necessidade e conveniência, por exemplo, de institucionalização de cooperação desta nossa casa, com outras instituições nacionais e estrangeiras, não somente como receptora, mas também com assertividade internacional.

Ao mesmo tempo, há muito se deveria refletir o nome e prestígio que esta casa tem a zelar, para assessorar de modo institucional, os tribunais superiores, tais como o STF, o STJ e também os estaduais – para que se evitem falhas técnicas, e se perpetue a falta de comunicação institucional, de parte a parte, não somente por mérito pessoal. Sistema institucional de consultas poderia ser mutuamente benéfico.

"As pessoas passam e a instituição fica" – disse João Grandino RODAS, em seu discurso de posse, como diretor, em 11 de agosto de 2006 – e qual há de ser nosso espaço, entre o que passa e o que fique? Cumprir o nosso papel, a cada dia – na responsabilidade em relação ao que passa, e isso se renova, tautologicamente, a cada dia que passa – mas, ao mesmo tempo, preparar o que fica: dialogar com as fontes – de modo a resgatar do passado a herança viva deste – preparar o caminho para as gerações que virão a seguir – a responsabilidade em relação ao que fica – e se renove, por meio da ação docente, da produção bibliográfica, da produção de reflexão crítica, da orientação de teses e monografias, da prestação de serviços à comunidade, da realização de atividade institucional de interesse nacional; que também internacionalmente se projete.

Mais uma vez, a todos os nomeados, docentes, alunos e funcionários, a todos os que compõem a Faculdade de Direito da USP, doravante regozijem-se em poder chamar "seus pares". Nova fase se abre na vida de cada um de vocês!

O vestibular foi voto de confiança dado, o reconhecimento da consistência e do sentido dos anos de trabalho realizado, a oportunidade de dar continuidade ao direito institucional, nesta faculdade, e a partir desta, para o aprimoramento institucional e do estado democrático de direito no país, para cultivar e desenvolver o diálogo com outros quadrantes e culturas. Agora vejam o que façam!

Apesar de quanto se diga e se faça, dizer aos professores associados e doutores, dizer aos atuais alunos da graduação e da pós-graduação, dentre os quais se suscitarão as nossas futuras vocações docentes, o convite e a palavra de estímulo, para que perseverem, se empenhem na qualidade, que busquem a solidez da formação profissional, intelectual e acadêmica, e acreditem na recompensa do trabalho intelectualmente honesto e da excelência acadêmica, pois, como frisa CAMÕES[804]: "*ao propósito firme segue o efeito*" – e, hoje, aqui, agora, agradecermos por toda a vida. Muito obrigado!

A relação com os alunos pode nem sempre ser fácil, para fazê-los sair da indiferença, e vencer a inércia, de acreditar que tudo pode ser entregue mastigado e digerido, ou que a '*wikipedia*' ou a '*internet*' podem resolver todos os problemas de pesquisa de sua vida, mas também tem as suas alegrias. A principal delas seria, justamente, a autenticidade: pode um docente enganar quase todo mundo, durante tempo considerável. Pode enganar os colegas, pode enganar a administração da Universidade, mas não pode enganar os alunos. Nada supera o teste da sala de aula, e da relação direta de aprendizado, do professor com os alunos.

O verdadeiro professor o é na sala de aula, na relação com os alunos. E o respeito vem a partir do trabalho mostrado! O professor que trabalha é respeitado.

Mesmo que seja severo o professor e exija resultados, pode haver aquelas exceções que confirmam a regra, que virão se queixar ou dizer ser excessivo o trabalho do semestre, mas a grande maioria cumprirá o avençado, respeitar-se-ão horários, e o que foi combinado. E para isso lá estamos, professores e alunos!

Por que dizer que o professor pode enganar colegas e a administração da Universidade? Porque, afinal, num caso como no outro, quem menos trabalha e menos produz intelectualmente tem mais tempo e mais disponibilidade de energia e de recursos criativos, seja para se relacionar com os demais, na Universidade, ou seja para infernizar a vida dos que trabalham.

Como disse, certa vez, um antigo Reitor da USP, "a Universidade de São Paulo dá muita liberdade para os seus professores, inclusive a liberdade para não fazerem nada". E isso parece ser levado ao pé da letra, por alguns – sem nomes. Ao mesmo tempo em que se corre o risco de passar mais tempo para preencher formulários e cumprir procedimentos administrativos, do que para cuidar do ensino, da pesquisa e de prestar serviços à comunidade. E isso parece se tornar cada vez mais acirrado, ao longo do tempo.

---

[804] L. de CAMÕES, **Os Lusíadas** (ed. cit., 1972, canto III. estrofe 30).

Em meio a tudo isso o exercício da docência se põe como uma das maiores realizações possíveis para ser humano. Ser professor é uma profissão – é trabalho – mas, é também escolha de vida, e somente pode funcionar, se responder a uma vocação, sentida e vivida.

Para encerrar este ABZ de ensaios didáticos com esta nota pessoal, à guisa de conclusão, posso dizer que, em trinta anos, desde que ingressei no primeiro ano da graduação em direito, até chegar a titular da cadeira de direito internacional público, desta mesma Faculdade, realizei a minha vida e a minha vocação profissional. Gosto do que faço e sou feliz por ter podido escolher esse caminho.

Ainda uma vez, a lição precisa de CAMÕES: **"nos perigos grandes, o temor / é maior muitas vezes que o perigo; / e se não o é, parece-o"**.[805]

Quem sabe o que pode a Faculdade de Direito da Universidade de São Paulo vir a representar para você? São muitos os caminhos da vida, e nesta altura, ainda muitos podem ser trilhados. Algumas escolhas feitas já se tornaram irreversíveis em sua vida; outras coisas ainda podem ser pensadas e mudadas, e a realização pessoal e profissional deve também fazê-lo feliz. Preste atenção nisso.

Escute-se: *conhece-te a ti mesmo*. Na tradição grega antiga, várias vezes foi esta lição referida.

Ou enfatizada, também na lição taoísta chinesa, do Velho mestre: *"o conhecimento que o homem tem do princípio universal depende do estado de seu espírito"*.[806]

Este limite pode ser a sua consciência. Ou a sua linguagem, diria WITTGENSTEIN!

Não aceite facilmente que ponham limites para o seu mundo: construa-o você mesmo! Na maior extensão possível. E faça que o seu mundo tenha o conteúdo humanamente mais rico que te for possível alcançar.

A sua vida pode depender disso, para progredir. E pode ganhar em qualidade e em dimensão humanas. Cuide destas facetas, que o podem tornar ser mais pleno. E perceba os limites do seu mundo. Para poder aceder ao princípio universal – conforme permita o estado do seu espírito!

---

[805] L. de CAMÕES, **Os Lusíadas** (ed. cit., 1972, canto IV, estrofe 29).
[806] LAO-TZU, **Tao-tei-king** (ed. cit., 2007, I.1 D, p. 31).